港口机械装备

主编 / 梅 潇 单葆郁
主审 / 余洲生 董达善

上海科学技术出版社

内容提要

《港口机械装备》以港口起重机、港口连续输送机械、港口搬运及专用机械等三大基本类型为中心内容，结合港口实际，重点介绍各类型中典型机型的工作原理、主要性能和技术参数、结构特点及应用范围等，帮助学生了解港口机械装备的选择原则、运营管理和最新发展趋势。

书中"绪论"部分介绍了港口机械装备的应用现状与发展趋势，以及主要通用零部件（钢丝绳、滑轮、卷筒、取物装置、制动器、减速器、车轮与轨道、缓冲器、输送带、链条、滚筒组、托辊组等）的构造特点、工作原理和选型原则。"港口起重机"部分以国家标准局2008年发布的GB/T 3811—2008《起重机设计规范》为设计计算的必要准则和安全管理需遵守的技术准则，详细介绍了设计计算总则（工作级别、计算载荷和载荷组合），起重机总体设计（生产率、支承反力、抗倾覆稳定性和防风抗滑安全性），典型港口起重机的构造特点和适用范围，起重机四大机构（起升、运行、回转和变幅）的组成和零部件的选型校核要求。"港口连续输送机械"部分重点介绍了带式输送机、链式输送机（刮板、埋刮板输送机）、斗式提升机、气力输送机（气力吸粮机）和螺旋输送机的基本概念、主要参数、关键技术指标计算等；"港口搬运及专用机械"部分分别对港口搬运机械（集装箱正面吊、集装箱跨运车、空箱堆高机）、散货专用机械（装卸船机械、堆场和装卸车机械）进行了简要阐述。本书采用最新的国家标准和部颁标准，附有必要的数据和图标，内容系统完整，具有典型的专业特色。

本书可作为高等院校非机械设计类专业的工程教育课程教材，为将来从事港口规划设计、港口装卸与搬运工艺设计、港口装卸与搬运机械产品设计、港口装卸与搬运机械使用与维护等工作打下良好基础，同时也可供业内工程技术人员和相关大专院校师生学习、参考使用。

前言

自早期贸易航线出现以来，港口/码头就是联系内陆腹地和海洋运输的一个天然界面，是现代综合交通运输体系中实现水陆中转运输的重要物流枢纽，同时，港口/码头作为发展国际物流的一个特殊结点，历来在各国的内外经济贸易中扮演着重要的角色。当今世界，经济全球化发展趋势势不可挡，国际经济贸易和物流自动化格局正面临大变革，现代化港口/码头建设也将迎来新的发展战略机遇和挑战。

港口/码头最基本也是最重要的功能就是提供物流服务，主要包括集装箱、大宗散货和件杂货的中转、装卸、搬运和仓储等，涉及装、卸、搬运作业，包括码头前沿的装船、卸船作业，前沿与后方间的搬运作业，港口仓库/堆场的堆码拆垛作业，后方的铁路车辆和卡车的装卸作业等。港口机械装备则是完成这一系列作业任务所必不可少的生产工具，是交叉融合诸如起重机械、输送机械、搬运及专用机械等一系列装卸与搬运机械设备的总称，且其合理配置是港口企业取得最佳经济效益的重要保证。

本书是编者们根据港口机械行业国内外技术发展水平和动态，以现行国家标准 GB/T 3811—2008《起重机设计规范》《工程机械手册——港口机械》等为基础，参考余洲生教授主编的《港口装卸机械》（第二版）专业教材大纲与内容，结合长期教研、工程项目经验，融合我国改革开放四十多年来港口机械装备发展成果，根据教学需求，按照新版规范的相关内容，进行了修订和补充，并融入了各种机型的新标准、新应用、发展现状及图片等。本书继承了上海海事大学航运、物流、海洋的学科特色，积极响应教育部新工科建设导向，并推进上海市一流本科专业建设，注重基本概念、认知关键以及工程实际等，特别适合从事港口机械装备研究、交通管理、物流管理等专业的本科学生使用。

本书由上海海事大学梅潇和单葆郁共同完成，对全书进行修改、整理、统稿和定稿。由上海海事大学余洲生教授、董达善教授担任主审，两位教授对全稿进行了认真的审阅，并提出了宝贵意见。参与本书编写的还有滕媛媛、乔榛、王尧老师。教研室研究生薛玉坤、王鑫、王康等负责书稿录入、插图整理以及编排等工作。在此对以上支持本书编写的单位和个人，表示衷心的感谢！

受编者的水平限制，书中疏漏、不当之处在所难免，诚请广大读者予以批评指正。

编者

2022 年 3 月

目 录

第 1 章	绪论	1
1.1	港口机械装备的特点及发展趋势	1
	1.1.1 港口起重机	2
	1.1.2 港口连续输送机械	4
	1.1.3 港口搬运及专用机械	6
1.2	港口机械装备的应用范围	8
	1.2.1 港口——力与美的风景线	8
	1.2.2 港口——货物中转站	9
	1.2.3 港口——功能多样的桥梁	10
1.3	港口装卸作业的对象	11
	1.3.1 集装箱	11
	1.3.2 成件物品	12
	1.3.3 散状物料	12
1.4	通用零部件的计算与选用	16
	1.4.1 钢丝绳	16
	1.4.2 滑轮	22
	1.4.3 卷筒和卷筒组	24
	1.4.4 取物装置	27
	1.4.5 制动器	33
	1.4.6 减速器	35
	1.4.7 车轮与轨道	36
	1.4.8 缓冲器	39
	1.4.9 输送带	41

        1.4.10 滚筒组 43
        1.4.11 托辊组 47
        1.4.12 链条 49

第 2 章 港口起重机 53

2.1 港口起重机概述 53
2.1.1 起重机基本组成 53
2.1.2 起重机基本参数 54

2.2 起重机的工作级别 58
2.2.1 工作级别 58
2.2.2 起重机整机的分级 59
2.2.3 机构的分级 60
2.2.4 结构件和机械零件的分级 62

2.3 计算载荷及载荷组合 63
2.3.1 计算载荷与载荷系数 63
2.3.2 起重机设计和载荷组合 78

2.4 港口起重机总体计算 80
2.4.1 生产率 80
2.4.2 起重机支承力 80
2.4.3 起重机抗倾覆稳定性 83
2.4.4 防风抗滑安全性 85

2.5 典型港口起重机介绍 86
2.5.1 门座起重机 86
2.5.2 岸边集装箱起重机 90
2.5.3 集装箱门式起重机 101
2.5.4 桥式抓斗卸船机 109
2.5.5 浮式起重机 113

2.6 起重机的驱动形式和典型机构 115
2.6.1 起重机的驱动形式 115

2.6.2 起升机构 117
2.6.3 变幅机构 127
2.6.4 运行机构 138
2.6.5 回转机构 149

第3章 港口连续输送机械 161

3.1 带式输送机 161
 3.1.1 结构和布置特点 161
 3.1.2 主要的组成部件 164
 3.1.3 主要参数及基本计算 171
 3.1.4 特种带式输送机 182

3.2 链式输送机 185
 3.2.1 链板输送机 185
 3.2.2 刮板输送机 186
 3.2.3 埋刮板输送机 187

3.3 斗式提升机 191
 3.3.1 特点与应用 192
 3.3.2 主要部件 193
 3.3.3 装料和卸料方法 196
 3.3.4 主要参数及基本计算 198

3.4 气力输送机 201
 3.4.1 分类与应用 202
 3.4.2 主要部件 204
 3.4.3 主要参数及基本计算 213

3.5 螺旋输送机 216
 3.5.1 水平螺旋输送机 216
 3.5.2 垂直螺旋输送机 220

第 4 章　港口搬运及专用机械　　　223

4.1　集装箱正面吊　　　223
4.1.1　分类　　　223
4.1.2　主要部件及系统　　　224
4.1.3　主要技术参数和指标　　　229

4.2　集装箱跨运车　　　232
4.2.1　分类　　　233
4.2.2　主要部件及系统　　　233
4.2.3　主要技术参数和指标　　　237

4.3　空箱堆高机　　　239
4.3.1　主要部件及系统　　　239
4.3.2　主要技术参数和指标　　　244

4.4　散货专用机械　　　247
4.4.1　散货装、卸船机械　　　247
4.4.2　散货堆场机械　　　256
4.4.3　散货装卸车机械　　　259

参考文献　　　263

第 1 章

绪 论

1.1 港口机械装备的特点及发展趋势

21世纪既是海洋的世纪,也是经济全球化迅速发展、深度融合的世纪。全球贸易物资的90%是通过港口/码头由远洋船舶运输实现的。伴随着物流现代化的进程,物流工程获得高速发展,其中水运成本约占公路的1/9、铁路的1/3。特别是大宗散货如煤炭、水泥、粮食等的水运,以其大运输量、低成本而备受青睐。港口作为水陆中转运输的咽喉要地,在沟通各国贸易往来和全球资源流通方面发挥着日益重要的作用。

作为快速的货物集散地,港口的正常运转离不开机械装备,港口机械装备作为现代物流的重要技术支撑,是港口物流自动化作业的基础,是交叉融合诸如起重机、输送机械、搬运及专用机械等一系列装卸与搬运机械设备的总称(图1-1),其技术水平和配置规模,直接决定了港口的服务功能、生产效率和竞争实力。

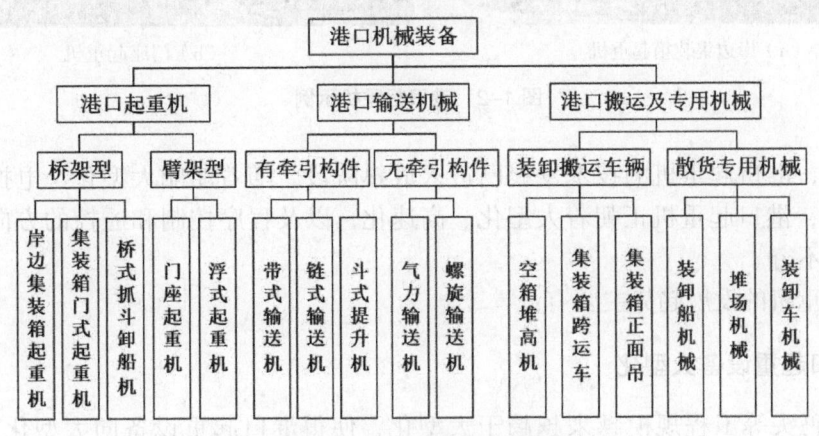

图1-1 港口机械装备的分类

港口机械装备的种类繁多，已经成为港口生产的"主力军"。在相同的条件下进行装卸、搬运作业，可以采用不同类型的机械装备，应根据具体情况选择经济、合理、先进的设备。对现有港口/码头，机械装备也应合理地安排调度，使其尽可能按最佳的技术状态工作。这就要求管理工作者掌握各种港口装卸与搬运机械的技术性能及相关知识。

1.1.1 港口起重机

起重机是一种循环、间歇往复运动的机械，用来垂直升降物品或兼作物品的水平移动，从而实现货物的空间位移，以满足货物的装卸、转载和安装等作业要求。

起重机的一个工作循环一般包括上料、运送、卸料及回到原位等过程，即：取物装置从取物点由起升机构把货物提起，由运行、回转或变幅机构将货物移位并在指定地点放下，接着进行复位动作，使取物装置回到原位，准备进行下一次工作循环。在两个工作循环之间一般有短暂的停歇。起重机工作时，各个工作机构（如起升、运行、回转、变幅等机构）经常是处于起动、制动以及正向、反向等相互交替的运动状态中。

港口起重机是根据港口装卸作业特点和要求设计的，具有工作速度快、装卸效率高、起制动频繁等特点，如图1-2所示。按构造特征可分为桥架型和臂架型、回转式和非回转式、固定式和运行式。运行式起重机又可分为轨道式（在固定的轨道上运行）和无轨式（无固定轨道，由轮胎或履带支承运行）。

（a）岸边集装箱起重机　　　　　　　　（b）门座起重机

图1-2　港口起重机示例

近年来，港口起重机的技术发展已进入成熟阶段。随着船舶大型化、电控设备与控制系统发展，港口起重机正朝着大型化、高速化，以及程序控制和遥控的方向迈进，技术革新层出不穷。

港口起重机的发展趋势主要有：

1）港口起重设备大型化

港口/码头等工程规模越来越趋于大型化，使得港口起重设备向大型化方向发展，即能力更强（大起重量）、速度更快（高速）、范围更大（大跨度、大幅度）。资料表明：岸边集装箱起重机（简称"岸桥"）在满载与空载工况下的起升速度已分别增加到 90/200 m/min；小车运行速度达 240 m/min，先前专家预见的 300～350 m/min 的速度也已出现；3E（高效、经济、环保）型岸桥轨上起升高度为 48.0～53 m 或更高；外伸距由 32 m 逐渐增大到了 65～75 m，3E Plus 岸桥已达 80 m；吊具下的额定起重量逐步从 30.5 t 增大到 80 t，且双吊具模式下最大可达 120 t。

2）港口装卸作业工艺先进化

采用先进的装卸作业工艺，如双起升双小车岸桥，不仅通过增加一次可吊起的集装箱数量来提高装卸效率，且利用主小车在前方对船作业，并与中转平台上的全自动门架小车对接，完成陆侧装卸作业，这样缩短了主小车的运行时间提高装卸效率；也可降低主小车运行速度，从而减小主小车的电动机功率，降低能耗。

3）港口发展智能化

以物联网、云计算、大数据、智能传感等新一代信息技术对港口进行透彻感知、广泛互联和深度挖掘，实现港口各类资源要素的无缝衔接和各功能模块的协同联动，实现自动化港口的集成一体化与智能集群控制，以期达到采集、计算、存储、数据和信息的全面共享与智能决策。

目前智能集群控制技术仍处于探索阶段，但集成一体化控制已有诸多应用，如水平运输采用自动化引导小车（automated guided vehicle，AGV）的自动化码头、采用跨运车（straddle carrier，SC）的自动化/半自动化码头、采用立体装卸系统的自动化码头及采用集装箱卡车的半自动化码头等。

4）港口起重机绿色和节能创新设计

为适应世界港口"节能化、自动化、智能化"的发展趋势，港口起重机在低能耗、高效率、低排放及高安全性等方面涌现出一批技术创新。

如改进吊具系统，减轻其 60% 以上的自重，与同类岸桥相比，节能达 10% 以上；磷酸铁锂电池运用于轮胎式集装箱门式起重机，可将货物下降环节势能所产生的电能进行聚能回收，实现能源的循环利用，在相同工况下，可比传统柴油机组省油 50% 以上，并解决了转场问题；铝合金材料已有运用于桥式起重机的案例，与一般结构钢制成的桥架相比，具有低的脆性转变温度、抗锈蚀、自重轻（同吨位、同跨度、同工作类型时，桥架自重可减轻 29.4%～61.4%）等优点，但存在费用昂贵、变载荷下截面应力集中敏感、型材杆件容易失稳等缺陷。

5）基于新的设计理念和设计方法的自主创新

在经典成熟设计方法基础上，融合新思想和新理念，如优化设计、绿色设计、计算机辅助工程技术（CAE）、产品生命周期管理（PLM）技术、虚拟制造（VM）技术等，开发出适应发展与特殊要求的新技术、新方法和新工艺。

研制数字化设计与虚拟制造一体化仿真平台，将新开发产品的设计结果在虚拟环境中组装，同时对整个产品的各零部件进行可行性、动力学分析后，再把完善的图纸投入到生产，不仅有效控制了产品制造过程中的设计质量问题，而且对产品的性能提升起了很大作用。

6）关键零部件的整合、更新及安全防护技术

基于"减量化、再制造、本质安全化"等原则，设计满足轻量化、易拆解、易维修、可重用、高寿命、高安全性等要求的港口起重机关键零部件产品。

如在运行机构中采用电动机、制动器、减速器结合为一体的"三合一"电机（或称三合一减速机等），研制体积小、重量轻、制动平稳的盘式电磁制动器和镍铬钼合金钢材料的高寿命车轮；在安全防护方面，为防止高速运行小车的碰撞问题，除使用缓冲器外，还利用红外线反射器以及超声波和励磁线作用的新式缓冲器，有的起重机甚至配备了实时监控系统，在起重机遇到障碍时，及时发出信号，由计算机处理后使起重机停车，以策安全。

7）加工制造中的高质量控制与高寿命保证

提升产品质量和保证服役寿命，不仅是加工制造层面上"工匠精神"的具体体现，也是产品的核心竞争力所在。

港口起重机金属结构在制造工艺上，普遍采用数控火焰切割及埋弧自动或半自动焊接，按照国际焊接协会（IIW）标准，通过 X 射线、γ 射线或超声波检查焊缝质量，确保结构的安全寿命；应用数控机床加工齿轮等精密零件，并以超声波应力消除装置消除加工拉应力、改善焊趾的几何形状等。

1.1.2　港口连续输送机械

连续输送机械是指在一定的线路上连续输送散货（散状物料）或件货（成件物品）的设备。其生产效率高，输送能力大，设备简单，可进行水平、倾斜和垂直输送，也可组成空间输送线路，还可在输送过程中同时完成若干工艺操作。连续输送机的型式、构造种类较多，其工作原理各异，由于生产发展的要求，新的机型正不断涌现。本教材仅介绍适于港口装卸与搬运工作的类型。

按照所输送货物的种类，可分为成件物品（简称件货或件杂货）输送机和散状物料（简称散料）输送机。

按照结构特点，可分为具有挠性牵引构件和无挠性牵引构件输送机。前者利用牵引构件的连续循环运动，实现货物沿既定空间线路（水平、倾斜、垂直或转弯等）输送，如带式输送机、链式输送机、斗式提升机、刮板／埋刮板输送机等。常见的挠性牵引构件有输送带、链条等。后者则是利用工作构件的旋转运动、气力推（吸）送等，使货物朝一定方向运送，其输送构件不具有往复循环形式，如螺旋输送机、气力输送机等。

按安装方式不同划分，可分为固定式和移动式。前者是指整个输送机固定安装在特

定的地方，主要用于固定输送场合，特点是输送量大、单位能耗低、效率高。后者是指整个设备安装在运行支承装置（如车轮、履带）上，可以移动，具有机动性强、利用率高、能及时布置输送作业达到装卸要求等特点。此类设备的输送量不太高，输送距离不长，适用于中小型仓库。

港口连续输送机械是组成与实现港口半自动化或全自动化流水作业线必不可少的机械设备，如图 1-3 所示。

（a）带式输送机　　　　（b）气力输送机　　　　（c）斗式提升机

图 1-3　港口连续输送机示例

近年来，我国大宗散料（如铁矿石、煤炭、粮食等散状物料）的进出口量和港口水运的流通量迅速增长，在港口枢纽与大型工矿、能源、仓储企业之间的快速装卸、中转和存储等作业化过程中，必将对大输送量、高输送速度的港口连续输送设备和系统产生迫切需求。随着人类社会的不断发展和进步，绿色（低碳）环保成为当今社会关注的焦点，因而，港口连续输送机械领域的节能环保技术发展也备受重视，成为市场的必然选择。

港口连续输送机械的发展趋势主要有：

1）智能输送技术

人工智能（AI）作为新时期最具发展潜力的技术领域，其推广和前景不可限量。将人工智能技术中的知识表现、机器学习、自动推理、智能计算等与输送技术相结合，可为港口输送机械中的数据和信息分析和处理提供有效的新方法，是推动智能输送技术形成与发展的重要因素，如人工智能和 MEMS 传感器的最佳匹配、可编程阵列与嵌入式控制系统等。

2）低碳环保技术

"碳达峰、碳中和"目标下，绿色低碳技术创新能力亟须加强。煤炭、铁矿粉、散水泥及散粮等散状物料在输送过程中存在着比较严重的扬尘、噪声等环境污染问题，部分港口连续输送设备仍存在技术含量低、能源利用率低、资源耗费量大等问题亟待解决。如与国外先进高效螺旋输送机相比，国内相关技术整体相对落后，存在传动效率偏低、阻力过大等问题，进而能耗问题较为严重。

3）设备故障自诊断和性能预测

港口输送设备日趋大型化和高速自动化。输送设备一旦发生故障，故障停机检修与维护的经济损失难以估量，甚至极易导致严重事故。因此，设备故障自诊断和性能预测技术是当今港口输送机械研发与革新的热点。虽初级的功能模块已有开发，但实际使用过程中有时也产生运行逻辑错误故障，其功能和智能水平尚需进一步提高。

4）环境感知、识别与在线监测

传感技术的发展与普及为获取和有效分析输送过程中的数据信息提供了便捷的技术手段。港口连续输送机械、输送物料的运行状态，以及环境感知、识别与在线监测是实现智能输送的必备功能，如非常规及恶劣工况作业情况下，整机性能及零部件劣化的实时传感和识别；特殊散状物料（如易爆、有放射性和强氧化性）的输送以及在线监测等。

5）基于云计算等大数据收集、分析、服务的管理技术

通常用户对散状物料有严格的质量要求，输送环节的质量把控尤为重要，一旦发生质量问题，发现被输送物料不合格，轻则报废整批物料，重则导致整个项目失败。因此，开发云计算等大数据收集、分析、服务管理技术，用于记录散状物料在输送过程中可能发生的质变，完成物料追踪与溯源，以实现高效服务。虽然全球定位系统（global positioning system，GPS）的使用在一定程度上解决了大宗散料输送的定位与反溯，但如何降低成本同时提升高效服务仍有待深入研究。

1.1.3 港口搬运及专用机械

港口搬运机械指实现货物中转或移动集装箱的一类机械，如集装箱正面吊、集装箱跨运车、集装箱空箱堆高机等，如图 1-4 所示。作为一类边缘产品，有时也被归入工程机械；作为车辆，与叉车、牵引车、拖挂车、可移动式设备（如 AGV）等同属于工业车辆或装卸搬运车辆。

(a) 空箱堆高机　　　　　(b) AGV 小车　　　　　(c) 集装箱跨运车

图 1-4　港口搬运机械示例

港口搬运机械通常自带动力、机体结构紧凑、转向灵活,能够在狭窄场地或通道内作业;货物的升降多采用液压操纵,操作简单、动作平稳;搬运集装箱时自身具有装卸功能,无须人员辅助。港口搬运机械对于实现港口作业的自动化、提高生产率、降低人员劳动强度等非常重要,是现代港口水平运输的重要设备。

此外,为适应某种货物、流向或船型,以及提高装卸效率,各类港口/码头的建设趋向于专用化。一方面,对于形状特殊和规格不便于或无法实现集装箱化的成件物品,通过更换专用的取物装置实现装卸作业;另一方面,对于某些特定的大宗散货(如煤炭、矿石、黄沙等),采用各类港口专用机械,如与后方带式输送机相衔接组成作业线的散货装、卸船机等,如图 1-5 所示。

(a)装船机　　　　　　　　(b)链斗卸船机　　　　　(c)螺旋卸船机

图 1-5　港口专用机械示例

港口搬运及专用机械的发展趋势主要有:

1)多维监控技术

监控技术是港口自动化装卸与搬运系统中的关键技术,主要有:电视监控和基于现场信号反馈的数字监控,但多以监视为主,控制通过人工、远程干预或现场解决。多维监控不仅是手段和角度的多样性,还包括设备寿命、系统关键指标监控等;不仅监控当前运行状态,还为系统提供预警、预防故障发生等。

2)大数据决策、跟踪、服务

大数据包含范围广泛,所有被控制对象的位置、运动参数以及环境数据等都属于大数据范畴。当前,大数据时代已悄然而至,虽然还没有成熟的大数据技术在港口机械装备系统中应用的典型案例,但可以预期,系统诊断、集成控制等关键技术的应用将有赖于大数据决策、跟踪、服务。这是一项崭新的研究课题,若快速获取、及时反馈有用的数据信息越多,系统可靠性就越高。

3)智能存储技术

市场竞争日益激烈,成本控制对于港口/码头、企业用户来说至关重要。如何在满足集装箱转运存储过程中存储量、存取速度和存储摆放调度的基础上降低成本,是目前关注的焦点。发展智能存储技术，既是概念性改变，也是实际问题所需，如摆放位置的最合理存储与调度。

4）产品多样化

为适应港口/码头服务产品和业务的特性，港口专用机械随之有了多样化的发展趋势，而且基于场地和应用的限制，各种极端化的产品也有需求，如防爆、防腐、防磨损等特殊防护要求的港口专用机械等。有些多样化的产品虽有应用案例，但现在很多产品难以满足复杂的要求，往往需要定制化开发。

5）人机交互式智能设备的全面应用

随着 Internet 传输技术和接入技术的发展，各种智能终端均可接入 Internet 进行通信，基于机器人遥操作技术有了更广阔的应用前景，如港口机械装备系统中信号盲区的遥操作技术、虚拟现实和遥感系统的无缝衔接技术、自主控制和远程控制相结合的高精确操作系统等。

1.2 港口机械装备的应用范围

1.2.1 港口——力与美的风景线

港口起重机是港口/码头最美丽的一道风景线，被喻为"画在空中的弧"，作为港口装卸作业的主角，是港口机械装备的重要组成部分。

目前，港口起重机结构型式多样，性能参数变化大，采购、使用、维护等成本都会不同。其设计、选型及应用，受到环境温度（一般港口/码头的环境温度在 $-20\sim50\,^\circ\mathrm{C}$，昼夜温差变化大）、场地规划（起重机的配置需适应港口/码头的设计规模与作业模式）以及周围环境（周边有飞机场时，有严格的航空限高要求；离居民区较近时，有严格的噪声控制等）等因素影响。

① 岸边集装箱起重机（简称岸桥）作为集装箱港口/码头最前沿的主力装卸设备，需满足全年全天候作业要求，主要用于集装箱的装船与卸船。为适应个别集装箱船舶的重件装卸，部分岸桥备有重件吊钩，也有岸桥兼具集装箱与抓斗装卸两种功能。

② 集装箱门式起重机主要有轮胎式集装箱门式起重机（简称轮胎吊，RTG）和轨道式集装箱门式起重机（简称轨道吊，RMG），可有效地利用场地空间，是最常见的集装箱堆场机械。随着港口环保要求的日益严格，RTG 开始了"油改电"热潮，RMG 则成为自动化集装箱港口/码头、堆场的首选。

③ 桥式抓斗卸船机是国内外最主要的大宗干散货卸船机械。作为专业化比较强的一类设备，其工作效率和抓斗适应性要求均较高，广泛应用于港口/码头、电厂等需要卸载煤炭、矿石、橄榄石、硫磺等散状物料的场合。其额定生产能力最小为 500 t/h，最大为 3 500 t/h，宜根据国家标准《桥式抓斗卸船机》（GB/T 26475—2011）的额定生产率优先

数值进行设计。

④ 门座起重机（简称门机），可用于港口/码头进行船舶和车辆的货物装卸、转载作业，或用于船台、浮船坞和舾装现场进行船体结构拼装、设备舾装等吊装工作，或用于水电站进行大坝浇灌、设备或预制件吊装等，其用途十分广泛。如通用门座起重机采用吊钩进行成件物品或采用抓斗进行散货等的装卸作业；多用途门座起重机配置吊钩、抓斗及集装箱吊具进行成件物品、散货和集装箱吊装作业；带斗门座起重机用于大宗散货的抓斗装卸作业，也是一种港口专用机械。

⑤ 浮式起重机（简称浮吊）用于海上打捞、海上救援、海上装卸、桥梁施工、风电设备安装以及其他水上及岸边工作，适用于起重作业、拖船/航行以及恶劣工况等。

1.2.2 港口——货物中转站

港口连续输送机械作为港口机械装备系统中执行装卸与搬运任务的重要组成部分，在大宗散货现代化、专业化港口/码头上起着关键作用。

港口连续输送机械所输送的货物主要为成件物品和散状物料。设计该类机械时，所输送货物的主要特性影响到选型及主要参数的确定。对于成件物品，需考虑物品的质量、形状、外形尺寸、重心、物理特性（如摩擦系数、强度等）、包装形式等；对于散状物料，需考虑物料的粒度、颗粒组成、堆积密度、堆积角、湿度（或称含水率）、温度、流动性、内/外摩擦系数、黏结性以及特殊性能（如爆炸危险性、腐蚀性、有毒性）等，具体可参见国家标准《连续搬运设备 散状物料分类、符号、性能及测试方法》（GB/T 35017—2018）。

① 带式输送机的输送线路十分灵活，主要用于输送如粉状、颗粒状和块状以及具有腐蚀性、磨损性和高温的散状物料，也可输送成件物品。通用带式输送机的最大倾角可达 18°~20°，若采用特殊结构型式的输送带（如深槽带、花纹带等），输送倾角可达 30°~60°，甚至可以垂直提升（如波状挡边、压带等）。

② 链式输送机包括刮板输送机和埋刮板输送机。刮板输送机适合输送流动性较好的散状物料，如矿石、煤炭、石膏等，但不宜输送易破碎和易磨损的脆性物料；而埋刮板输送机具有封闭的壳体，可进行多种物料的输送，无论是沉重的物料（如矿石），还是较轻的物料（如其他输送机很难输送的纸屑、炭黑），或是粉状、颗粒状以及有毒、腐蚀性和高温（100~400℃）的物料，环保性高。

③ 斗式提升机适用于垂直方向或大倾角条件下，输送粉状、颗粒状以及小块状等散状物料，如粮食、水泥、煤炭、耐火材料等。被输送散状物料的温度要求一般不超过 60℃。

④ 气力输送机主要用于输送粉状、粒状及粒度（或块度）不大于 20~30 mm 的散状物料，被输送物料的温度不得超过其着火点（一般都低于 400℃，否则改用惰性气体），也可输送成件物品。此类设备可在港口/码头上输送谷物、大豆、化肥等大宗散料，甚至用于石油化工系统的工业输送中，不仅可在封闭管线中输送多种不同的物料，还可以安全地输送具有危险性的物料。

⑤ 螺旋输送机同样适用于水平、倾斜或垂直输送粉状、颗粒状以及小块状散状等物料，可输送的散状物料繁多，如灰渣、水泥、化学品、煤、豆类、谷物、面粉、沥青等，且可输送成件物品（如袋装物品等）。被输送散状物料的温度通常要求小于200℃。随着无轴螺旋输送机的研发与应用，在倾角小于20°时，亦可输送来不及结块的散状物料。

1.2.3 港口——功能多样的桥梁

港口搬运及专用机械是港口机械装备的重要分支，在港口/码头功能服务多样化与专用化方面发挥了"桥梁"作用。

① 集装箱正面吊可用于装卸集装箱、木材和其他货物。在集装箱码头堆场，正面吊可用作堆场与码头前沿之间集装箱水平运输的设备，也可作为繁忙时期大型集装箱码头的备用设备或大型装卸机械维修保养期间的暂代设备；在集装箱货场、拆装箱库、中转站，正面吊可用于集装箱的吊装工作；更换U形吊钩后，正面吊还可装卸钢卷等。

② 集装箱跨运车在欧洲各大港口（如荷兰的阿姆斯特丹港、德国的汉堡港口等）应用最为广泛，我国厦门港应用也比较成功。传统的堆垛型跨运车用于集装箱的水平运输和堆码，适用于进口重箱量大、出口重箱量小的集装箱码头。低矮型跨运车仅用于1~2层集装箱的水平运输和装卸，或只对集装箱拖挂车进行装卸。集装箱跨运车也可用于拆装箱库，或者代替正面吊、集装箱叉车完成装卸、搬运和堆垛作业。

③ 空箱堆高机用于港口/码头、中转站及堆场内的集装箱空箱的堆垛和转运，是岸桥、场桥及正面吊的配套搬运设备。集装箱生产制造商利用堆高机进行集装箱下线、堆垛发货等工作。

④ 装卸船机械包括装船机和卸船机。散货装船机将大宗散货连续装入货船中，以煤炭、矿石移动装船机的使用最为普遍。散货卸船远比装船要困难得多。卸船机种类较多，如链斗卸船机可用于铁矿石、煤炭、石灰石、砂土、化肥原料等散状物料的卸船作业，在大型专业散货码头应用日益广泛；悬链斗卸船机常用于内河或海上驳船，适合于原煤、砂石、白云石、铁矿石、粮食等大宗散状物料；双带式卸船机一般用于散粮、饲料等流动性较好的均匀颗粒状散状物料的卸船作业；波状挡边带式卸船机适用于小麦、大豆、粗糖、石灰、水泥、磷酸盐、化肥等流动性好的散状物料，国外也有用于煤炭（最大粒度不超过150 mm）、矿石卸船作业；螺旋卸船机适用于各种船型，可用于接卸水泥、谷物、煤、化学原料、饲料、铝矾土、磷矿粉、糖等各种散状物料，中小型螺旋卸船机一般要求物料粒度不超过50 mm，大型螺旋卸船机的物料最大允许粒度为300 mm；斗轮卸船机几乎可以卸载任何散状物料，但从经济性角度，主要用来卸载易结块、磨损性大等较难挖取的重物料，如矿石、泥土、盐等；埋刮板卸船机主要适用于谷物、榨油原料、饲料、硝酸盐、氧化铝、苛性钾等具有类似流动性的细粒或粗粒散状物料；气力卸船机具有粉尘环保性、船舶适应强、可清舱等优点，一直以来被广泛地应用于港口接卸散状物料，但对被送物料有一定的粒度、黏度、湿度等要求，如最大粒度应小于输送管径的1/2。

⑤ 散货堆场机械实际上就是散货堆、取料机械。堆料机用于堆场散货的堆料，如单（双）臂式堆料机适用于配合坑道输送机工作，或适用于堆料范围要求不高的场合；悬臂

式堆料机适用于大面积的散货堆场，越来越被广泛地运用。取料机用于挖取堆场上的散状物料，门式取料机和斗轮取料机在港口/码头上应用较多。斗轮堆取料机则具有堆料和取料双向作业功能，如门式斗轮堆取料机等。

⑥ 散货装卸车机械主要有散货装车机、散货卸车机。散货装车机用于将来自堆场的大宗散货连续装入火车车厢，而散货卸车机则用于卸车或堆放。链斗卸车机使用较为广泛；螺旋卸车机适于接卸具有侧开门的铁路敞车，适合于松散和堆积密度不大的散状物料；翻车机用于自动翻卸整个铁路敞车，多用于煤炭、矿石等散状物料。螺旋平料机取代人工平料作业，用于平整车厢内如煤炭、矿石等散状物料。

除此之外，对于如石油、液化石油气及腐蚀性液体等装卸作业多样化的需求，港口输油臂等一些专用管道机械在国内外众多油品及液体化工码头上得到了广泛的应用。

1.3 港口装卸作业的对象

1.3.1 集装箱

集装箱是一种具有标准规格的，能反复使用并装有便于装卸和搬运装置的大型载货容器。

由于市面上集装箱的规格繁多，为便于统计船舶的载运量、港口/码头的吞吐量、库场的通过能力和港口机械的装卸效率等，国际上以 20 ft 集装箱作为当量箱来进行换算，并将 20 ft 集装箱称为标准箱。各种集装箱的几何关系如图 1-6 所示。参见国家标准《系列 1 集装箱　外部尺寸和额定重量》（GB/T 1413—2008）：1A 型——40 ft（12 192 mm）、1B 型——30 ft（9 125 mm）、1C 型——20 ft（6 058 mm）、1D 型——10 ft（2 991 mm），其中间距为 3 in（76 mm）。

为了使集装箱的结构适于装卸机械进行搬运或在运输工具上进行固定，集装箱的箱顶和箱底各设有四个角件，如图 1-7 所示。集装箱吊具上装有与集装箱顶角件相配合的旋锁装置（图 1-8）。起吊集装箱时，将锁销（图 1-9）插进角件的椭圆形孔内，转动 90°，四个角件锁紧后，方可起吊集装箱。

图 1-6　各种集装箱的几何关系图　　图 1-7　角件　　图 1-8　旋锁装置　　图 1-9　锁销

1.3.2 成件物品

成件物品是指按件计算的物品。成件物品有袋装、筒装、单件、托盘、箱装和集装箱等。成件物品搬运的主要特征是重量和外形尺寸（长×宽×高），以及这种物品对温度的敏感性、爆炸的可能性和易燃性等。

1.3.3 散状物料

散状物料（简称散料）是指各种块状、粒状或粉状等物料。散料具有流动性，仅在一定范围内能保持其形状，一般由大量形状相近的颗粒组成，又可称为散体、颗粒物料等，其物理性质介于固体和液体之间。

现将散料几项主要物料特性分述如下：

1）粒度

粒度，即颗粒的大小。在确定运输机械的工作构件尺寸以及料仓、漏斗和料槽排出口的尺寸时，必须考虑散料的粒度。而粒度的大小是以颗粒最大线长度表示的，如图1-10所示。颗粒尺寸在 $(0.8 \sim 1.0) a_{\max}$ 之间的料块叫作最大料块组。

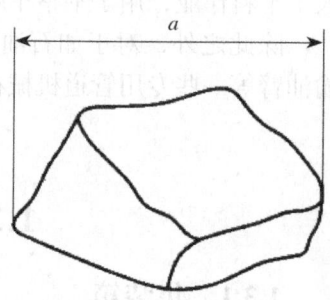

图 1-10 粒度示意图

散料的粒度用取试样过筛的方法确定。当试样中最大料块重量小于试样总重量的10%时，该批散料的粒度为 $a = 0.8 a_{\max}$；当试样中最大料块重量大于试样总重量的10%时，该批散料的粒度 $a = a_{\max}$。不同粒度的分类如表1-1所示。

表 1-1 散状物料的粒度分类

分 类		粒度范围（GB/T6003.1、GB/T6003.2）
粉尘状	尘状	≤ 0.075 mm
	细粉状	≤ 0.150 mm
	粗粉状	≤ 0.425 mm
粒状		> 0.425 mm，≤ 3.35 mm
颗粒状	小颗粒状	> 3.35 mm，≤ 5.6 mm
	颗粒状	≤ 12.5 mm
块状	小块状	> 12.5 mm，≤ 25 mm
	中块状	> 25 mm，≤ 75 mm
	大块状	> 75 mm，≤ 180 mm
	特大块状	> 180 mm，≤ 400 mm
		> 400 mm
不规则		—

2）堆积密度和空隙率

密度是指材料在绝对密实状态下单位体积的质量。按下式计算

$$\rho = \frac{m}{V} \tag{1-1}$$

式中　ρ——材料的密度，t/m³；
　　　m——材料的质量（干燥至恒重），t；
　　　V——材料在绝对密实状态下的体积，m³。

散料的密度分为表观密度、体积密度和堆积密度。表观密度是指单位体积（含材料实体及闭口孔隙体积）物质颗粒的干质量。体积密度是指材料在自然状态下的体积，包括材料实体及其开口与闭口孔隙条件下的单位体积的质量。堆积密度是指散粒或纤维状材料在堆积状态下单位体积的质量。

散料的表观密度一般采用排水法进行测量，其计算公式如下：

$$\rho_0 = \frac{m}{V_0} = \left(\frac{G_0}{G_0 + G_2 - G_1} - \alpha_t \right) \times \rho_水 \tag{1-2}$$

式中　ρ_0——表观密度，kg/m³；
　　　V_0——材料在包含闭口孔隙条件下的体积（即只含内部闭口孔，不含开口孔），m³；
　　　$\rho_水$——水的密度，取为 1 t/m³；
　　　G_0——散体的质量，t；
　　　G_1——容量瓶、水和散体的总质量，t；
　　　G_2——水和容量瓶的总质量，t；
　　　α_t——水温修正系数。

堆积密度可由下式计算：

$$\rho_0' = \frac{m}{V_0'} \tag{1-3}$$

式中　ρ_0'——散料的堆积密度，t/m³；
　　　V_0'——散料的堆积体积，m³。

散料的堆积体积包括散料绝对体积、内部所有孔体积和颗粒间的空隙体积。堆积密度反映散粒构造材料堆积的紧密程度及材料可能的堆放空间。一般颗粒粒度较大的散料，空隙率较大；颗粒粒度较小的散料，空隙率较小。

空隙率是物料堆积主要特征之一，其计算公式如下：

$$n = \frac{V_0 - V}{V_0} \tag{1-4}$$

式中　n——空隙率。

根据堆积密度大小，散料分级为：轻散料 $\rho_0' \leq 0.8$ t/m³，中等散料 0.8 t/m³ $\leq \rho_0' \leq 1.6$ t/m³，重散料 $\rho_0' \geq 1.6$ t/m³。运输机械的类型和散料级别有关。常见散料的堆积密度见表 1-2。

表1-2 散料常见特性表

名称	堆积密度 ρ_0' /(t/m³)	堆积角/° α_d'	堆积角/° α'	外摩擦系数(物料-钢) 动	外摩擦系数(物料-钢) 静
稻谷	0.55~0.57	35~45		0.33	0.57
砂糖	0.72~0.88		51	0.85	1.0
尿素	0.65(粉)~0.78(粒)		43(粉)~31(粒)		0.58(粒)
磷矿粉	1.47~1.7		38		
细盐	0.9~1.3	42	47.7	0.49	0.7
陶土	0.32~0.49		54	0.45	0.75
石英砂	1.3~1.5	30	40		0.75
型砂	0.8~1.3	30	45		0.71
白云石	1.2(粉)~2.0(块)	32.5~35		0.625(粉)	
石灰石	1.5~1.9	30	43		
砾石	1.5	30~38			
熟石灰(粉)	0.6		43		
水泥	0.9~1.7	35	40~45		0.73
焦炭	0.36~0.53	30	50	0.57	1.0
褐煤	0.65~0.78	35	50	0.5~0.7	1.0
高炉渣	0.6~1.0	35	50	0.7	1.2
平炉渣	1.6~1.85		45~50		
煤渣	0.64~1.0	35	45		
铁矿石(含铁53%~60%)	2.1~2.4	30~35	40		
铁矿石(含铁33%)	2.2	30~35	38~40		
铁烧结块	1.7~2.0	35	45		
磁铁矿	2.5~3.5	30~35	40~45		
赤铁矿	2.0~2.8	30~35	40~45		
褐铁矿	1.2~2.1	30~35	40~45		

3)流动性与自然坡度角

作为散料一个重要特征,散料的流动性与散料的内摩擦力、黏聚力,以及堆积密度等因素有关,一般可用散料自然坡度角来表征。

散料的自然坡度角又可称为休止角或者堆积角，是散料撒到平面上自然形成的散料堆的表面与水平面的最大夹角。可通过锥形料堆的高度 H' 与料堆的半径 R' 之比求得，如图 1-11 所示。测量方法可参考《表面活性剂 粉体和颗粒休止角的测量》（GB 11986—1989）或《连续搬运设备 散状物料分类、符号、性能及测试方法》（GB/T 35017—2018）。

堆积角有静态、动态之分，在静止平面上自然形成的叫静堆积角 α'，在运动的平面上形成的叫动堆积角 α'_d。两者均由实测得出，一般 $\alpha'_d = (0.65 \sim 0.890)\alpha'$，常取 $\alpha'_d = 2/3\alpha'$。两者的数值参见表 1-2。

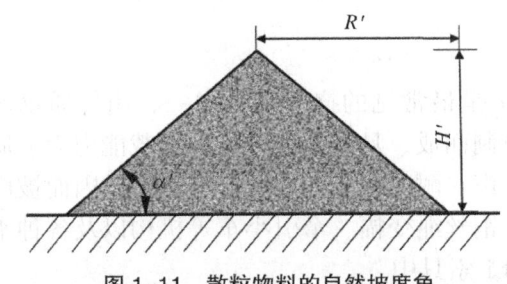 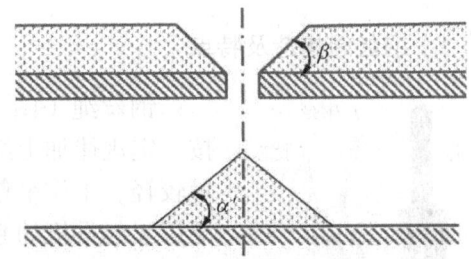

图 1-11　散粒物料的自然坡度角　　　　图 1-12　黏性散料的安息角与逆息角

流动性良好的散料，堆积角等于散料的内摩擦角；流动性不好的黏性散料，堆积角比内摩擦角大。将黏性散料放在有孔的平板上，把孔打开后，一部分散料从孔中落下，在平板上余下的散料堆表面与水平面的夹角称为该散料的逆止角 β（也叫陷落角）；从孔中落下的料堆表面与水平面的夹角称为该散料的堆积角 α'，如图 1-12 所示。在设计散料储仓时，储仓锥体斜面的倾角必须大于逆止角 β。

4）外摩擦系数

外摩擦系数是散料与其承载件接触表面间的摩擦系数。常用散料-钢的摩擦系数值见表 1-2。

5）含水率（湿度）

散料中除自身的结晶水外，还有从周围空气中吸入的收湿水和充满颗粒间的表面水。含水率即收湿水和表面水质量与干燥散料质量之比。含水率将增加散料的黏性，影响物料输送，一般含水率以不大于 15% 为宜。

6）侧压力系数

散料垂直面上的正压力与该点水平面上正压力之比称为散料的侧压力系数。在运输机械中，流动性良好的理想散料的侧压力系数 λ 可按下列公式计算。

$$\lambda = \begin{cases} \tan^2\left(\dfrac{\pi}{4} - \dfrac{\alpha'_d}{2}\right) = \dfrac{1-\sin\alpha'_d}{1+\sin\alpha'_d}(\lambda_{\min}) \\ \tan^2\left(\dfrac{\pi}{4} + \dfrac{\alpha'_d}{2}\right) = \dfrac{1+\sin\alpha'_d}{1-\sin\alpha'_d}(\lambda_{\max}) \end{cases} \tag{1-5}$$

除上述特性外，还有如磨砺性、脆性、有毒性、锈蚀性等，这些特性都应在设计时加以考虑。

1.4 通用零部件的计算与选用

1.4.1 钢丝绳

1）钢丝绳构造及特点

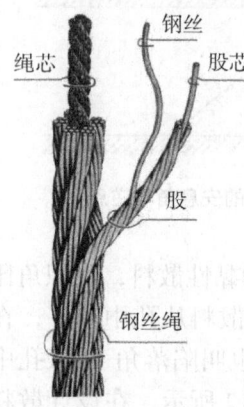

图1-13 钢丝绳构成

钢丝绳（图1-13）是最常见的挠性构件之一，由优质钢丝按一定规律加上绳芯捻制而成，具有卷绕性好、承载能力大、质量较轻、工作平稳无噪声、耐冲击、安全可靠等优点，因而被广泛用于起重机的起升、钢丝绳变幅、牵引小车等机构以及各种柔性张拉支承装置和装卸工索具中。

钢丝绳的构造特征主要由捻制方式、接触状态、绳股数目及形状、绳芯材质决定。由此可组合成多种不同型式的钢丝绳供选用，详见国家标准《钢丝绳 术语、标记和分类》（GB/T 8706—2017）。

（1）钢丝绳捻制方法

钢丝绳捻制方法主要分单绕和双绕两种。单绕钢丝绳由若干钢丝一次绕制成绳，绳的刚性大，卷绕性差。为了减少其旋转倾向，相邻层的钢丝都按相反的螺旋方向绕制。除特殊制作的密封式钢丝绳以外，普通单绕绳仅作固定拉索使用。双绕钢丝绳先由丝绕成股，再由若干绳股加上绳芯捻制成绳。绳股绕向为右旋时，称右绕绳；反之，称左绕绳。

双绕绳主要有同向捻（顺绕）和交互捻（交绕）两种（图1-14）。同向捻钢丝绳的挠性好、磨损小、使用寿命较长，但容易松散、扭转打结，一般只用于有刚性导轨或绳端不会自由旋转的情况。交互捻钢丝绳中股与绳的捻绕方向相反，不易松散和扭转打结，

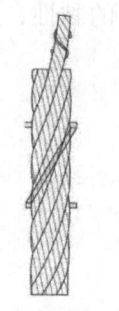
右交互捻
绳是右向捻，股是左向捻

左交互捻
绳是左向捻，股是右向捻

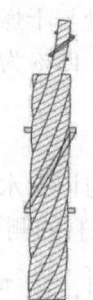
右同向捻
绳是右向捻，股是右向捻

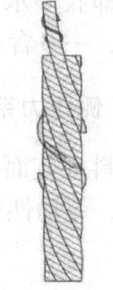
左同向捻
绳是左向捻，股是左向捻

图1-14 同向捻和交互捻的左、右旋钢丝绳

但绳的僵性稍大，使用寿命较短，起重机械上大多采用这种钢丝绳。

（2）钢丝接触状态

钢丝绳股内相邻层钢丝之间的接触状态有点接触、线接触和面接触三种。

点接触（图1-15），股的钢丝除中心丝外，所有钢丝直径一样，相邻层钢丝的捻距不相同，互相交叉，各交叉点上的钢丝之间呈点接触，故接触应力高，且有二次弯曲应力作用。点接触绳的挠性较好，但抗弯曲疲劳性能较差，使用寿命短，在港口领域已逐步被线接触绳取代。

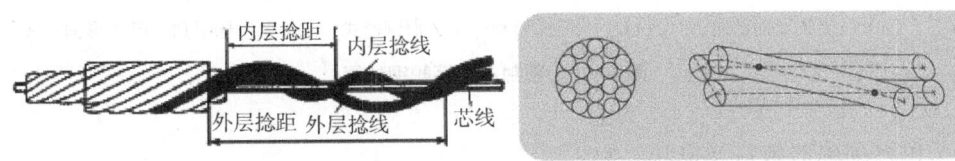

图1-15 点接触钢丝绳

线接触（图1-16），股内各层钢丝在全长上平行捻制，外层钢丝位于里层各钢丝之间形成的沟槽内，与之呈线接触。其接触应力低，抗弯曲疲劳性能好，结构比较紧凑，金属断面利用系数高，使用寿命平均比点接触绳高1~2倍。线接触绳的绳股根据几何构成的原理不同，分为外粗式（西鲁式，S）、粗细式（瓦林吞式，W）及填充式（F）等型式，如图1-17所示。其中，S式的外层钢丝直径较粗，适用于磨损严重的工作场合；W式和F式钢丝直径粗细相间，挠性较好，是起重机常用的型式。

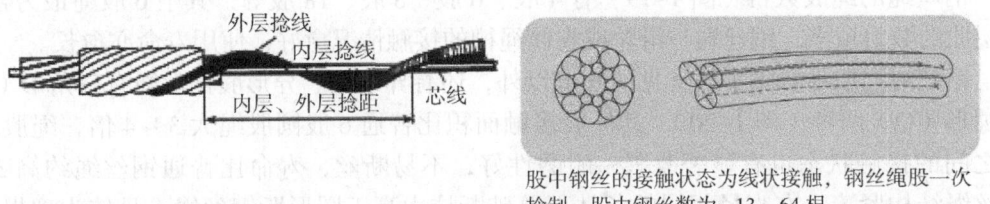

图1-16 线接触钢丝绳

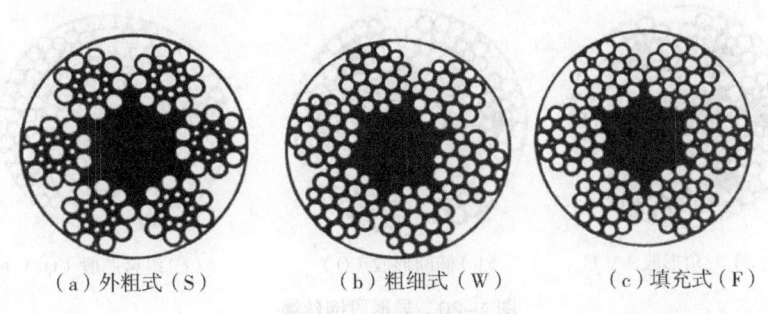

(a) 外粗式（S）　　(b) 粗细式（W）　　(c) 填充式（F）

图1-17 线接触钢丝绳

17

面接触（图1-18），股内钢丝形状经特殊挤压方法成形，相互之间呈面接触。其优点是表面光滑、抗蚀性和耐磨性均好，能承受较大的横向力；缺点是制造成本较高。

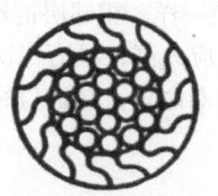 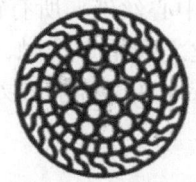 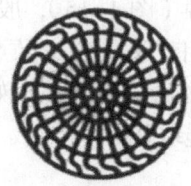

（a）一层Z形钢丝式　　（b）一层梯形和一层Z形钢丝式　　（c）两层梯形和一层Z形钢丝式

图1-18　密封式面接触钢丝绳

（3）钢丝绳绳股数目及形状

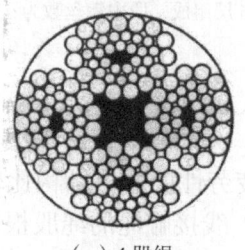 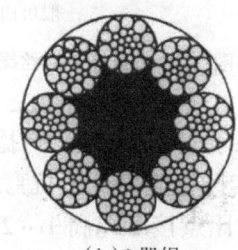 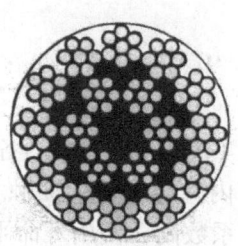

（a）4股绳　　（b）8股绳　　（c）多股不扭转绳

图1-19　不同股数的钢丝绳

钢丝绳的绳股数目（图1-19）有4股、6股、8股、18股等，其中6股绳最为普遍。外层股的数目愈多，钢丝绳与滑轮或卷筒绳槽的接触情况愈好，使用寿命亦愈长。

钢丝绳绳股形状除了最常见的圆形以外，还有异形股。异形股钢丝绳有三角形（V）、椭圆形（Q）两种（图1-20），其外表接触面积比普通6股圆股绳大3～4倍，绳股与绳股之间的接触状态也有显著改善，耐磨性好，不易断丝，寿命比普通钢丝绳约高3倍，钢丝绳结构紧凑，在直径相同的条件下总破断拉力高于圆形股钢丝绳，是较为理想的起重机用绳。

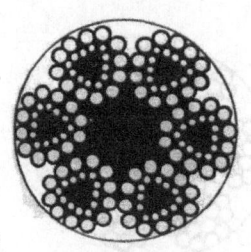 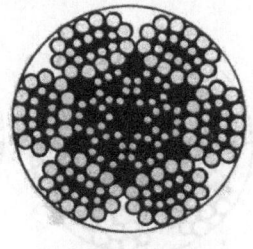 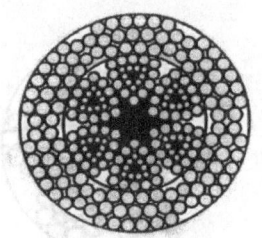

（a）三角形股（V）　　（b）椭圆形股（Q）　　（c）组合芯股（Q+V）

图1-20　异形股钢丝绳

(4）钢丝绳绳芯材料

钢丝绳绳芯分纤维芯和金属芯。纤维芯常用剑麻等天然纤维（NFC）和聚丙烯等合成纤维（SFC）制成。纤维芯挠性和弹性较好，但承受横向压力和耐高温性较差，故不宜用于多层卷绕系统以及在高温环境下工作的起重机。

金属丝绳芯由软钢的钢丝绳或绳股作为绳芯（IWRC）或股芯（WSC）。这类钢丝绳的强度大，能承受较高的横向压力和工作温度，适用于多层卷绕和高温工作环境，但挠性和弹性较差。

2）钢丝绳的选用

起重机用钢丝绳应符合国家标准《钢丝绳通用技术条件》（GB/T 20118—2017）要求，优先采用线接触型钢丝绳。当起重机进行危险物品装卸作业（如吊运液态熔融金属、高放射性或高腐蚀性产品等），或吊运大件物品、重要设备，且起重机的使用对人身安全及可靠性有较高要求时，应采用《重要用途钢丝绳》（GB/T 8918—2006）中规定的钢丝绳。

钢丝绳的选择应满足起重机对所使用的钢丝绳规定的合理的最低选用要求。钢丝绳使用的前提是：所采用的钢丝绳出厂时已得到正确润滑，滑轮和卷筒的卷绕直径选择适当（符合表1-5要求）。

3）钢丝绳直径的选择

（1）C系数法

仅适用于运动绳。选取的钢丝绳直径应不小于（最接近于）按式（1-6）计算的钢丝绳直径。

$$d_{min} = C\sqrt{S} \tag{1-6}$$

式中 d_{min}——应选的钢丝绳的最小直径，mm；
C——钢丝绳选择系数，mm/$\sqrt{N}$；
S——钢丝绳最大工作静拉力，N。

钢丝绳选择系数C取值与钢丝的公称抗拉强度和机构工作级别有关，见表1-3。

当钢丝绳的k'和σ_t值与表1-3中不同时，则可根据工作级别，从表1-3中选择安全系数n值并根据所选钢丝绳的k'和σ_t值按式（1-7）换算出适合的钢丝绳选择系数C，然后再按式（1-6）选择绳径。

$$C = \sqrt{\frac{n}{k' \cdot \sigma_t}} \tag{1-7}$$

式中 n——钢丝绳的最小安全系数，按表1-3选取；
k'——钢丝绳最小破断拉力系数，见表1-3注2；
σ_t——钢丝绳的公称抗拉强度，MPa。

表 1-3　钢丝绳的选择系数 C 和 n 值

机构工作级别		选择系数 C 值							安全系数 n	
		钢丝公称抗拉强度 $\sigma_t/(\text{N/mm}^2)$								
		1470	1570	1670	1770	1870	1960	2160	运动绳	静态绳
纤维芯钢丝绳	M1	0.081	0.078	0.076	0.073	0.071	0.070	0.066	3.15	2.5
	M2	0.083	0.080	0.078	0.076	0.074	0.072	0.069	3.35	2.5
	M3	0.086	0.083	0.080	0.078	0.076	0.074	0.071	3.55	3
	M4	0.091	0.088	0.085	0.083	0.081	0.079	0.075	4	3.5
	M5	0.096	0.093	0.090	0.088	0.085	0.083	0.079	4.5	4
	M6	0.107	0.104	0.101	0.098	0.095	0.093	0.089	5.6	4.5
	M7	0.121	0.117	0.114	0.110	0.107	0.105	0.100	7.1	5
	M8	0.136	0.132	0.128	0.124	0.121	0.118	0.112	9	5
钢芯钢丝绳	M1	0.078	0.075	0.073	0.071	0.069	0.067	0.064	3.15	2.5
	M2	0.080	0.077	0.075	0.073	0.071	0.069	0.066	3.35	2.5
	M3	0.082	0.080	0.077	0.075	0.073	0.071	0.068	3.55	3
	M4	0.087	0.085	0.082	0.080	0.078	0.076	0.072	4	3.5
	M5	0.093	0.090	0.087	0.085	0.082	0.080	0.076	4.5	4
	M6	0.103	0.100	0.097	0.094	0.092	0.090	0.085	5.6	4.5
	M7	0.116	0.113	0.109	0.106	0.103	0.101	0.096	7.1	5
	M8	0.131	0.127	0.123	0.120	0.116	0.114	0.108	9	5

注1：对于吊运危险物品的起重用钢丝绳，一般应比设计工作级别高一级的工作级别选择表中的钢丝绳选择系数 C 和钢丝绳最小安全系数 n 值。对起升机构工作级别为 M7、M8 的某些冶金起重机和港口集装箱起重机等，在使用过程中能监控钢丝绳劣化损伤发展进程，保证安全使用，保证一定寿命和及时更换钢丝绳的前提下，允许按稍低的工作级别选择钢丝绳；对冶金起重机最低安全系数不应小于7.1，港口集装箱起重机主起升钢丝绳和小车牵引钢丝绳的最低安全系数不应小于6。伸缩臂架用的钢丝绳，安全系数不应小于4。

注2：本表中给出的 C 值是根据起重机常用的钢丝绳 $6\times19\text{W}(\text{S})$ 型的最小破断拉力系数 k'，且只针对运动绳的安全系数用式（1-7）计算而得。对纤维芯钢丝绳取 $k'=0.330$，对金属丝绳芯（IWR）或金属丝股芯（IWS）钢丝绳 $k'=0.356$。

（2）最小实际安全系数法

本方法对运动绳和静态绳都适用。按与钢丝绳所在机构工作级别有关的安全系数，选择钢丝绳直径。

所选钢丝绳的整绳最小破断拉力应满足下式：

$$F_0 \geq S n \tag{1-8}$$

式中　F_0——钢丝绳的整绳最小破断拉力，kN。

4）钢丝绳的寿命和报废

（1）钢丝绳破坏形式和报废

钢丝绳的破坏形式见表1-4。钢丝绳的报废标准主要由每一捻距内的断丝数决定。

钢丝绳的报废应严格执行国家标准《起重机 钢丝绳 保养、维护、检验和报废》（GB/T 5972—2016/ISO 4309：2010）中的规定。

表1-4 钢丝绳破坏形式和原因

种类	现象和原因			
断丝	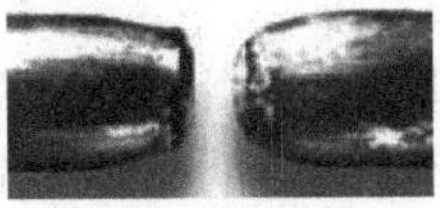	拉力断丝：这种断丝显示一端是圆锥形的，一端是杯形的。破断面的收缩是这种断丝的典型	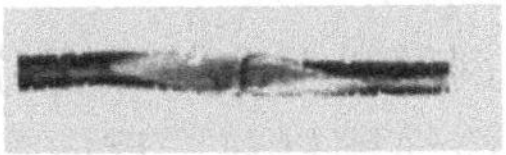	压倒及压扁断丝：受到挤压或压扁的钢丝因金属硬化令断丝更快出现
		疲劳断丝：表面断口垂直但通常有另一小部分延续的尾部		磨损断丝：显示出刀刃薄度的端部
		外伤断丝：外伤引起应力集中造成疲劳断丝		腐蚀断丝：容易见到在凹陷的表面
钢丝绳损伤		不合适的接头或缠扎加工或纽结及打节现象。纽结或打节的凸出部分会容易受到过度的磨损		由于不良的卷筒缠绕或钢丝绳在锐边上受到拉展，而出现的绳股上环形钢丝
		"鸟笼"现象是钢丝绳在过度负荷下突然释放后，钢丝绳内的张力反弹所引起。这样被损伤的绳股和钢丝不能恢复原初状态		由于冲击负荷的回弹或极小的轮槽半径引发钢芯突出
		由于小弯曲或太小的轮槽直径而出现的多层股钢丝绳"鸟笼"现象		
		股沟断丝，一般是由于滑轮轮槽半径变小后对钢丝绳造成挤压而引起的		由于弯曲引起的典型疲劳断丝

（2）钢丝绳的寿命

钢丝绳工作时，应力状态是很复杂的，除了受到拉应力外，还由于在滑轮和卷筒上卷绕，产生接触应力和弯曲应力，这两种应力呈脉动变化，引起金属疲劳。实践证明，这种多次弯曲造成的弯曲疲劳是造成钢丝绳破坏的主要原因之一。

钢丝绳的寿命是指试验至破坏所承受的载荷变换次数（拉伸或弯曲次数）。钢丝绳的使用寿命指钢丝绳在某种传动方式下从开始投入使用到报废之间的时间。

影响钢丝绳寿命的因素很多，很难从钢丝绳在实际应用中表现出的性能来了解各影响因素的作用。通常，在尽量接近实际工作的条件下进行多次试验，分别观察各个影响因素，用于研究钢丝绳寿命的试验称为弯曲疲劳试验，参见《钢丝绳弯曲疲劳试验方法》（GB/T 12347—2008）。

实验中把影响钢丝绳寿命的因素分为：①外因，如钢丝绳拉力、滑轮或卷筒的直径与槽形、滑轮或卷筒绳槽材料、反向弯曲等；②内因，如钢丝绳本身的捻绕型式、构造型式、捻绕长、钢丝材质、绳丝强度、绳丝表面情况、钢丝绳与绳丝的直径、绳股形状、润滑情况等。

1.4.2 滑轮

1）滑轮的结构、材料及特点

滑轮的主要作用是钢丝绳导向和支承，通过改变钢丝绳的走向，从而改变传递拉力的方向；也可用来平衡钢丝绳分支的拉力，或组成动/定滑轮组达到省力、增速或省时的目的。

（1）滑轮的构造

滑轮由轮毂、轮辐和带绳槽的轮缘组成，如图1-21（a）所示。

滑轮外缘具有绳槽的部分称为轮缘，中间与轴承直接接触的部分称为轮毂，连接轮毂和轮缘的部分称为轮辐。起重机滑轮一般通过轮毂支承在心轴上，之间多采用滚动轴承；低速滑轮或平衡滑轮也可采用滑动轴承。

（2）滑轮的种类

根据滑轮的轴线是否移动，有定滑轮和动滑轮之分；按材料和制造工艺不同，滑轮有铸造、焊接、热轧、尼龙、压制和锻造等型式。

铸造滑轮［图1-21（a）］有铸铁滑轮和铸钢滑轮两类。铸铁滑轮的材料为HT150、HT200等，参见《灰铸铁件》（GB/T 9439—2010），易于浇注和切削加工，价格便宜，对钢丝绳损伤小，但强度低，容易引起轮缘破碎，故用于工作平稳、不频繁使用的起重机上。若采用球墨铸铁滑轮，参见《球墨铸铁件》（GB/T 1348—2009），其强度和冲击韧性较高，使用时不易破裂，可以代替铸钢滑轮用于各种重载、工作频繁的起重机中。铸钢滑轮的材料为ZG270—500、ZG35Mn等，参见《一般工程用铸造碳钢件》（GB/T 11352—2009），强度和冲击韧性较好，可靠耐用，但质量偏大，工艺性稍差。

焊接滑轮［图1-21（b）］材料的力学性能不低于《碳素结构钢》（GB/T 700—2006）

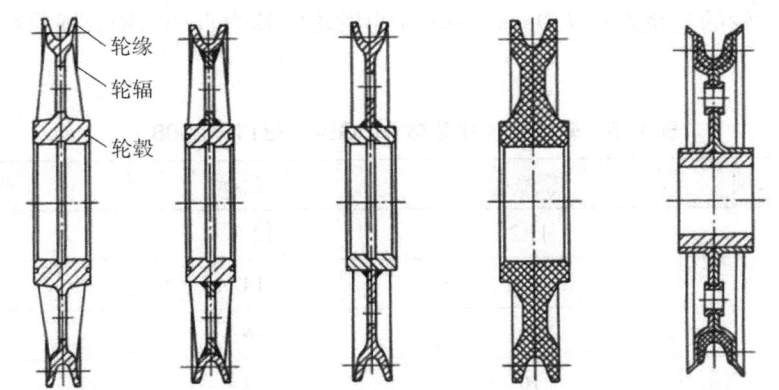

(a)铸造滑轮　(b)焊接滑轮　(c)热轧滑轮　(d)尼龙滑轮　(e)双幅板压制滑轮

图1-21　滑轮的结构型式

中的Q235B；根据使用工况和环境温度的需要，也可采用力学性能不低于《低合金高强度结构钢》（GB/T 1591—2018）中的Q345。

热轧滑轮［图1-21（c）］是焊接滑轮的一种特殊型式，材料与焊接滑轮相同，采用特殊的工艺在腹板外缘直接轧出滑轮的绳槽，再将腹板与轮毂焊为一体。热轧滑轮与铸钢滑轮相比，具有质量轻、工艺先进、生产周期短、便于多种规格批量生产等优点，现在广泛应用于各类起重机中。

尼龙滑轮［图1-21（d）］材料为MC尼龙（聚己内酰胺）等，采用离心浇注或压铸成型，辅以小量切削加工。轮辐采用实腹板型，轮体断面形状稍厚实，其质量约为同直径钢质滑轮的1/6～1/5，当起重机起升倍率较大时，能显著减轻臂架头部质量。尼龙滑轮材料弹性好，具有良好的减磨性和自润滑作用，能成倍延长钢丝绳寿命，但存在抗破坏能力低、易于老化等缺点。

双幅板压制滑轮（图1-21e）的两块腹板由力学性能不低于Q235B或其他优质钢板压制成型，用过盈方式与铸铁或钢管制成的轮毂结合。幅板圆周上开有若干圆孔，用胀铆管将两片幅板夹持为一体。轮缘内镶有环形尼龙绳槽衬垫，衬垫磨损后可以拆卸更换。这种新型装配式滑轮结合了钢质滑轮和尼龙滑轮的优点，质量轻，工艺先进，适合批量生产，并能明显延长钢丝绳使用寿命，但尚需进一步提高尼龙绳槽衬垫在滑轮上固定的可靠性。

除上述五种型式以外，尚可用35、45等钢材通过锻压获得滑轮毛坯，经机械加工和绳槽表面热处理，制成具有硬质耐磨绳槽和较高运动精度的优质滑轮。

2）滑轮的设计

（1）滑轮的主要尺寸

滑轮主要尺寸的符号如图1-22所示。图中：钢丝绳直径d（mm）；滑轮槽绳半径$R \approx (0.525 \sim 0.550)d$，以$0.537d$为最佳；绳槽壁夹角$2\beta \approx 35° \sim 45°$；钢丝绳缠绕节圆直径（按钢丝

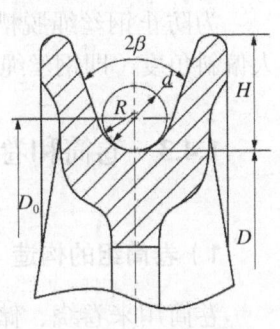

图1-22　滑轮主要尺寸

绳中心计算的滑轮的卷绕直径）$D_0 = h \cdot d$；h 为滑轮的卷绕直径与钢丝绳直径之比值，见表 1-5。

表 1-5 轮绳直径比系数 h（GB/T 3811—2008）

机构工作级别	卷筒 h_1	滑轮 h_2	平衡滑轮 h_3
M1	11.2	12.5	11.2
M2	12.5	14	12.5
M3	14	16	12.5
M4	16	18	14
M5	18	20	14
M6	20	22.4	16
M7	22.4	25	16
M8	25	28	18

注：① 采用抗扭转钢丝绳时，h 值应按比机构工作级别高一级的值选取；② 对于流动式起重机及某些水工工地用的臂架起重机，建议取 $h_1 = 16$，$h_2 = 18$，与工作级别无关；③ 臂架伸缩机构滑轮的 h_2 值，可选为卷筒的 h_1 值；④ 桥式和门式起重机，取 h_3 等于 h_2；⑤ 按式（1-6）或式（1-8）求出最小钢丝绳直径，并由此确定了滑轮和卷筒的最小直径后，只要实际采用的钢丝绳直径不大于原算得的最小直径的 25%、钢丝绳实际的拉力不超过原计算钢丝绳最小直径时用的最大工作静拉力 S 值，则新选的钢丝绳仍可以与算得的滑轮和卷筒最小直径配用；⑥ 本表的 h 值不能限制或代替钢丝绳制造厂和起重机制造厂之间的协议，当考虑采用不同柔性的新型钢丝绳时尤其如此。

桥架型起重机的起重小车上的平衡滑轮，在工作时经常来回摆动，为了减少钢丝绳疲劳和损坏，平衡滑轮直径宜取与工作滑轮直径相同。臂架型起重机平衡滑轮直径取为不小于工作滑轮直径的 0.6 倍。当起重机进行危险物品装卸作业（如吊运液态熔融金属、高放射性或高腐蚀性物品等）时，宜比该类起重机起升机构常用的工作级别高一级的机构来选择滑轮和卷筒的卷绕直径。

滑轮的结构型式和滑轮直径的选用系列与匹配关系参见《起重机械滑轮》（GB/T 27546—2011）。

（2）钢丝绳进出滑轮时的允许偏角

为防止钢丝绳脱槽和磨边，钢丝绳绕进或绕出滑轮槽时允许有一定的角度偏斜，最大偏斜角度（即钢丝绳中心线和与滑轮轴垂直的平面之间的角度）不大于 5°。

1.4.3 卷筒和卷筒组

1）卷筒组的构造

卷筒用来卷绕、储放钢丝绳，传递驱动装置提供的驱动力，并使钢丝绳进行旋转与直线运动的相互转换。卷筒、动力传递装置、卷筒轴、端部轴承支承等构成了卷筒组。

卷筒组有长轴卷筒组和短轴卷筒组，常用的有：

（1）带齿轮接盘的卷筒组

卷筒轴左端用自位轴承支撑于减速器输出轴的内腔轴承座中，低速轴的外缘制成外齿轮，它与固定在卷筒上的带内齿轮的接盘相啮合，形成一个齿轮联轴器传递扭矩，并可以补偿一定的安装误差。在齿轮联轴器外侧，即靠近减速器的一侧装有剖分式密封盖，以防止联轴器内的润滑油流出来和外面的灰尘进入。这种连接型式的优点是结构紧凑，轴向尺寸小，分组性好，能补偿减速器与卷筒轴之间的安装误差。与减速器低速轴外齿轮相啮合的内齿圈和卷筒的轮毂作成一体，并用铰制孔螺栓与卷筒的筒体连接。因此，卷筒轴是不受扭矩、只受弯矩的转动心轴，这是目前桥式起重机卷筒组的典型结构，如图 1-23 所示。

（2）与开式齿轮连接的卷筒组

在卷筒与减速器之间还有开式齿轮传动。卷筒的端面与齿轮轮辐之间用铰制孔螺栓或铰配受剪套筒面采用受拉的普通螺栓连接，并传递转矩。卷筒轴两端支撑在卷筒轴承上，是不受扭矩、只受弯矩的转动心轴。这种结构适用于起重量较大、起升速度较低的起升机构中，如图 1-24 所示。

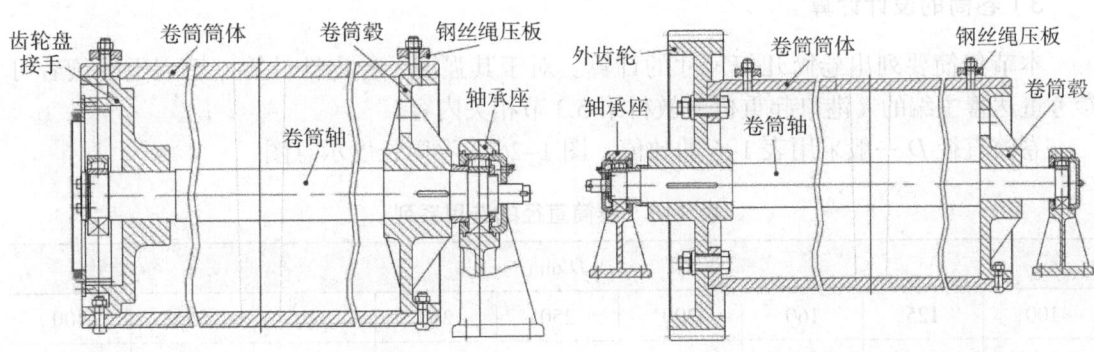

图 1-23 带齿轮接盘的卷筒组　　　　图 1-24 与开式齿轮连接的卷筒组

（3）短轴式卷筒组

短轴式卷筒组采用分开的短轴代替整根卷筒长轴，如图 1-25 所示。减速器侧与卷筒联轴器连接，轴承座侧采用定轴式或转轴式短轴，其优点是构造简单，调整安装比较方便，在港口起重机中应用最为广泛。

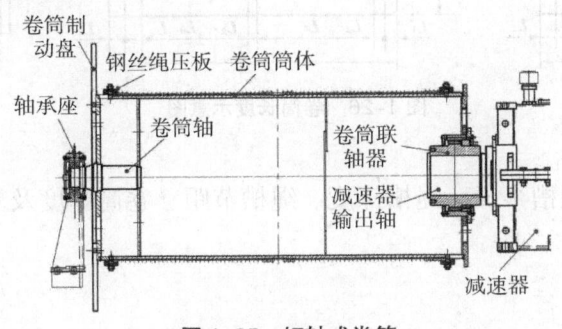

图 1-25 短轴式卷筒

2）卷筒材质和型式

（1）卷筒材质的选择

铸造卷筒应选用力学性能不低于《灰铸铁件》（GB/T 9439—2010）中的HT200，或者力学性能不低于《一般工程用铸造碳钢件》（GB/T 11352—2009）中的ZG 270-500。

焊接、轧制卷筒应选用力学性能不低于《碳素结构钢》（GB/T 700—2006）中的Q235B；根据使用工况和环境温度的需要，也可采用力学性能不低于《低合金高强度结构钢》（GB/T 1591—2018）中的Q345。

（2）卷筒的结构型式

按卷绕层数划分，卷筒有单层卷绕和多层卷绕两种型式。单层卷绕卷筒的端部通常不带挡边，卷筒表面车有螺旋绳槽。双联卷筒的两段绳槽螺旋方向相反，沿卷筒长度方向对称布置。多层卷绕多采用光面卷筒或具有特殊绳槽和挡边的利巴式卷筒。卷筒端部的挡边高度在绕满钢丝绳之后还要有2倍钢丝绳直径的余量。

按材质划分，卷筒分为铸造卷筒和焊接卷筒两种型式，结构型式宜采用国家机械行业标准《起重机 卷筒》（JB/T 9006—2013）规定的型式。

3）卷筒的设计计算

本节仅简要列出卷筒几何尺寸的计算。对于其强度、稳定性计算，感兴趣的读者可参考董达善主编的《港口起重机》教材第5.3节相关内容。

卷筒直径 D 一般采用表1-6的数值。图1-26为卷筒长度示意图。

表1-6 卷筒直径的选用系列

D/mm								
100	125	160	200	250	280	315	355	400
450	500	560	630	710	800	900	1 000	1 120
1 250	1 320	1 400	1 500	1 600	1 700	1 800	1 900	2 000

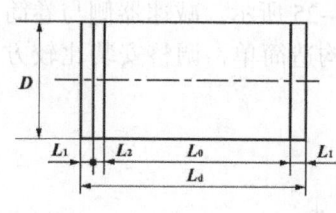 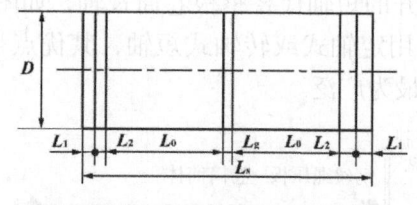 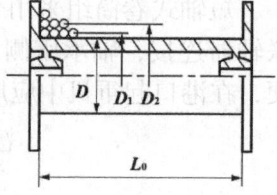

图1-26 卷筒长度示意图

卷筒名义直径、绳槽半径、绳槽深度、绳槽节距、卷筒厚度及卷筒长度见表1-7所列计算公式。

表 1-7 卷筒几何尺寸的计算

名称		公式	符号含义	名称		公式		符号含义
卷筒名义直径		$D_1 = h \cdot d$	d——钢丝绳直径；h——与机构工作级别和钢丝绳结构有关的系数，按表1.4-4选取；D_1——按钢丝绳中心计算的卷筒最小直径；D——卷筒绳槽底径	卷筒长度	单联卷筒	$L_d = L_0 + 2L_1 + L_2$	$L_0 = (\frac{H_{max}m}{\pi D_1} + Z_1)t$	L_1——无绳槽的卷筒端部尺寸，按需要定；L_2——固定绳尾所需长度，$L_2 \approx 3t$；L_g——中间光滑部分长度，根据钢丝绳允许偏斜角确定；H_{max}——最大起升高度；m——滑轮组倍率；Z_1——吊具下降到最低极限位置时，钢丝绳在卷筒上的剩余安全圈（不包括固定绳端所占的圈数）至少应保持2圈；t——绳槽节距；$D_1、D_2、D_3\cdots D_n$——各层直径；Z——每层圈数；n——卷绕层数；L——多层卷绕时的绕绳总长度
绳槽半径		$R = (0.53 \sim 0.56)d$			双联卷筒	$L_s = 2(L_0 + L_1 + L_2) + L_g$		
绳槽深度	标准槽	$H_1 = (0.25 \sim 0.4)d$		多层卷绕卷筒长度		$L = Z\pi(D_1 + D_2 + D_3 + \cdots + D_n)$ $D_1 = D + d$ $D_2 = D + 3d$ $D_3 = D + 5d$ $\vdots$ $D_n = D + (2n-1)d$ 则 $L = Z\pi n(D + nd)$ 考虑钢丝绳在卷筒上排列可能不均匀，应将卷筒长度增加10%，即 $L_0 = 1.1Z \cdot t$		
	深槽	$H_2 = (0.6 \sim 0.9)d$						
绳槽节距	标准槽	$t_1 = d + (2 \sim 4)$						
	深槽	$t_2 = d + (6 \sim 8)$						
卷筒厚度	钢卷筒	$\delta \approx d$						
	铸铁卷筒	$\delta \approx 0.02D + (6 \sim 10)$ $\geq 12\,mm$						

1.4.4 取物装置

1）吊钩组

（1）吊钩组型式及特点

吊钩组由吊钩、吊钩螺母、推力轴承、吊钩横梁、拉板与滑轮组或均衡架等零件组成。按照功能不同，吊钩组有以下三种型式：

① 单绳吊钩组（图1-27），用于以单支钢丝绳作业的起重机，当其自身质量不足以使空钩顺利下降时，需附加重锤。吊钩组头部采用旋转接头的结构，便于起升过程中起升绳自由旋转。

② 平衡吊钩组（图1-28、图1-29），多用于双索或四索驱动、起升绳倍率为1的吊钩/抓斗两用起重机。双索吊钩组通过绕经其平衡滑轮的短钢丝绳与起重机的两根起升绳

相连，可以补偿两套起升机构运动的不同步，更换吊具也很方便。四索吊钩组通常与具有两组双联卷筒的起升机构配套，内侧的两根绳为一组，外侧两根为另一组，通过对称布置的两个平衡架协调四根起升绳的运动并平衡其张力。

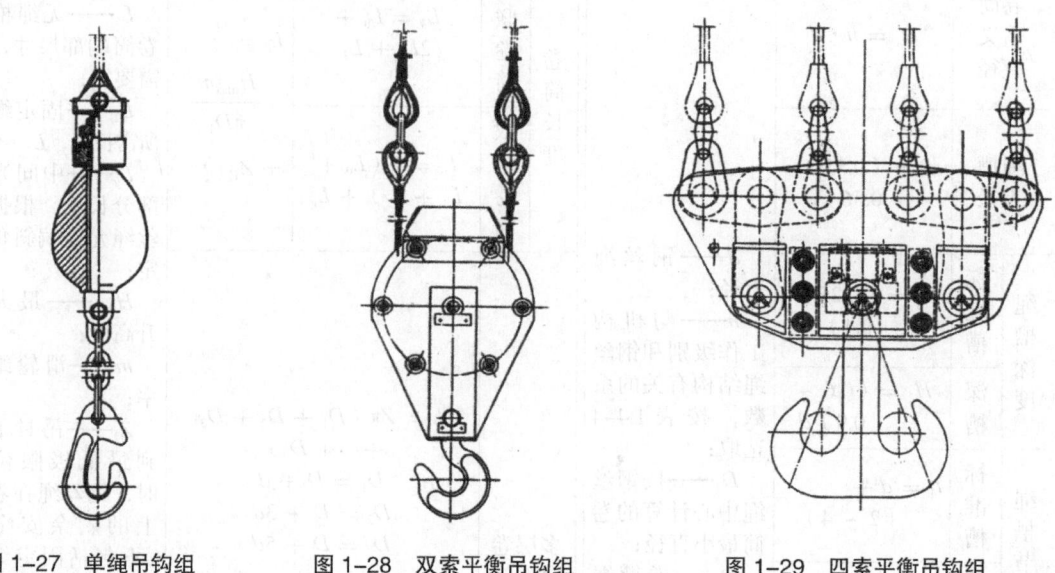

图 1-27 单绳吊钩组　　图 1-28 双索平衡吊钩组　　图 1-29 四索平衡吊钩组

③ 起升滑轮吊钩组，由动滑轮与臂架头部或起重小车上的定滑轮构成，实现起升过程的省力和减速作用。

（2）吊钩的类型

吊钩的钩身有单钩、C型钩、双钩、片式钩等类型。单钩多用于中小起重量的起重机。双钩（图1-29）受力条件较好，钩体材料能充分利用，用于起重量较大的起重机。C型钩（图1-30）常用于船舶装卸，上部突出可防止起升时挂住舱口。为防止系物绳自动脱钩，可在吊钩上加装安全闭锁装置，如图1-31所示。

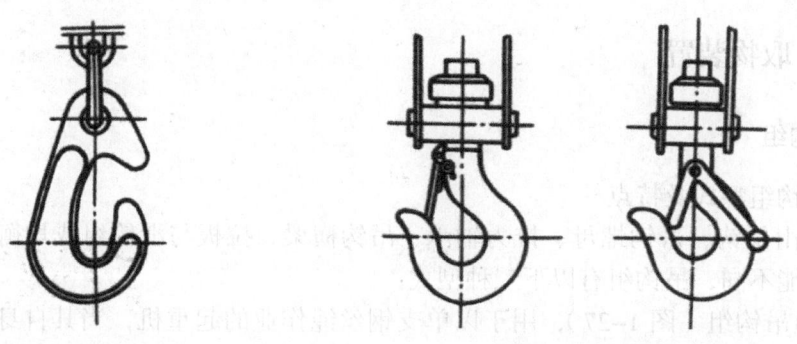

图 1-30 C型钩图　　图 1-31 装有安全闭锁装置的吊钩

吊钩钩身的截面形状有圆形、矩形、梯形、T字形等（图1-32），其中T字行截面最合理，但工艺复杂。圆形截面用于小型吊钩，一般吊钩均为带圆弧角的梯形截面。

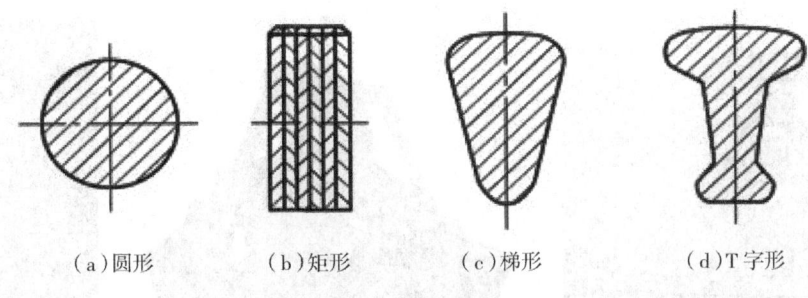

(a)圆形　　(b)矩形　　(c)梯形　　(d)T字形

图1-32　吊钩钩身截面形状

按制造方法，可分为锻造吊钩和片式吊钩。锻造吊钩的头部为开有螺纹的直柄（悬挂在单支钢绳上的吊钩头部设有环眼）。在大起重量或吊运高温物料的冶金起重机上采用由多片钢板铆合，并在钩口上设置护垫的片式吊钩（板钩），它不会整体突然断裂，工作安全，可靠性较好，个别板片可以更换。片式吊钩只能制成矩形截面，钩体材料不能充分利用，自重较大。

（3）吊钩起重量

吊钩的起重量与吊钩的强度等级、起升机构的工作级别有关，详见《起重吊钩　第1部分：力学性能、起重量、应力及材料》（GB/T 10051.1—2010）。

（4）吊钩检验试验与使用检查

吊钩的安全性由吊钩制造单位的检验、试验和吊钩使用单位的安全检查两方面予以保证。吊钩的取样检验包括钢坯试样的金相化验分析、力学性能试验（拉力试验和冲击功试验）；吊钩检验还包括锻坯热处理后内部组织的超声波探头接触法检验和表面裂纹的渗透法检验等。

具体抽检数量及试验方法，按照《起重吊钩　第2部分：锻造吊钩技术条件》（GB/T 10051.2—2010）规定执行；吊钩使用检查的内容和要求，参照《起重吊钩　第3部分：锻造吊钩使用检查》（GB/T 10051.3—2010）。

2）抓斗

（1）抓斗的种类

抓斗（图1-33）是一种靠颚板的开闭自行抓取、卸出散料的取物装置，主要用于散状物料如矿石、煤炭、粮食、建筑散料、木材等的装卸作业。港口双颚板和多颚板散货抓斗的基本类型及参数系列可参见国家交通行业标准《港口散货抓斗基本类型及参数系列》（JT/T 403—1999）。

（2）绳索抓斗的组成和工作过程

双（四）绳长撑杆双颚板抓斗是港口散货装卸作业中最常用的抓斗，由上承梁、撑杆、下承梁和颚板组成（图1-34），构成了有一个自由度的平面机构。

另外，还有使抓斗进行正常工作的支持绳和开闭绳，分别卷绕在支持卷筒和开闭卷筒上，支持绳直接固定在抓斗的头部，而开闭绳则通过上、下承梁的滑轮后固定在头部或下承梁上，称为开闭滑轮组，其倍率和钢丝绳缠绕方式如图1-35所示。

(a) 双绳（四绳）长撑杆双颚板

(b) 电动液压双颚板

(c) 圆木多颚板

(d) 双绳（四绳）多颚板

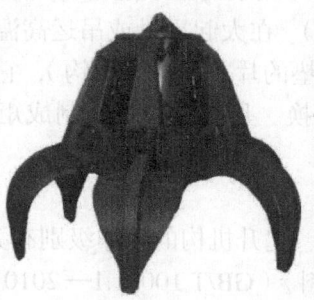
(e) 电动液压多颚板

(f) 剪式

图 1-33　各类抓斗实物图

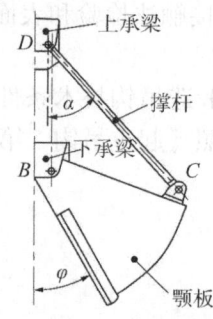

图 1-34　长撑杆双颚板抓斗的组成

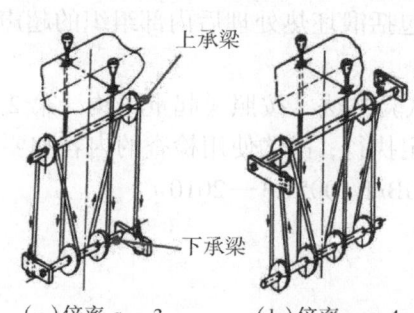
(a) 倍率 $a=3$　　(b) 倍率 $a=4$　　(c) 倍率 $a=5$

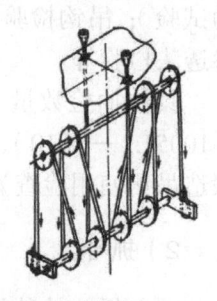

图 1-35　开闭滑轮组的缠绕图

当开闭绳拉力一定时，增加开闭滑轮组倍率，可以增大开闭绳通过滑轮组作用在上、下承梁之间的作用力，从而提高上承梁经撑杆传给颚板的力，提高抓取力矩。当颚板切口阻力一定时，增大闭合滑轮组倍率可显著减小开闭绳的拉力，使刃口向下挖入物料的力增大，从而提高抓斗自重的有效利用率。

双绳抓斗的工作过程可分为下面四步。

第一步：降斗。抓斗以张开状态下降到货堆上 [图 1-36（a）]。首先支持绳和开闭绳同步下降，然后支持绳不动，开闭绳下降，抓斗完全张开。此时空抓斗的重量完全由支持绳来承受。

第二步：闭斗。这时支持绳不动（但电动机、制动器打开），开闭绳上升，迫使鄂板插入料堆闭合，抓取物料［图 1-36（b）］。此时开闭绳承受挖掘阻力。

第三步：升斗。抓斗完全闭合，支持绳和开闭绳同步上升，把满载的抓斗升到预定的高度［图 1-36（c）］。此时应注意开闭绳的速度不低于支持绳的速度，以免抓斗在升高过程中有自动开斗卸货现象的发生。在这个步骤的初期，载货抓斗的全部重量由开闭绳承担，然后由两组绳平均分担。

第四步：开斗。支持绳不动，开闭绳下降，颚板逐渐张开［图 1-36（d）］。此时，载货抓斗的全部重量均由支持绳承担，抓斗在下横梁、颚板、货物自重的作用下，自动张开并将货物卸出。

依次经过上述四个步骤，抓斗即完成了一个工作循环，重新处于准备抓货的状态。

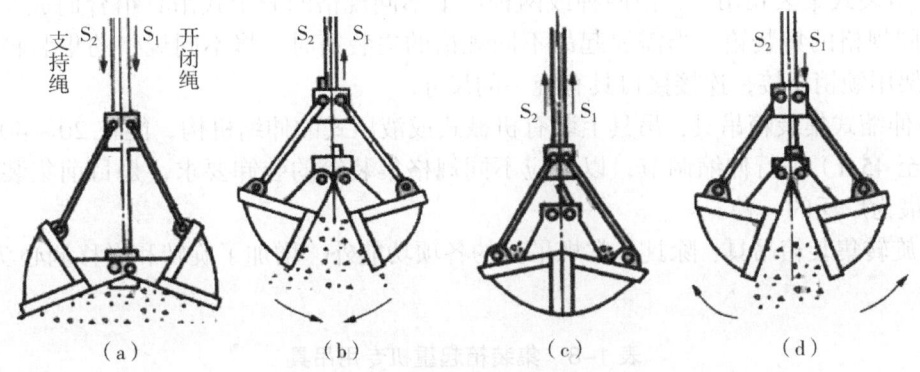

图 1-36 双绳抓斗的作业过程

总之，支持绳与开闭绳以相同速度同时上升或下降时，抓斗就保持一定的开闭程度起升或下降；当支持绳不动，开闭绳下降或上升则抓斗打开或闭合。

（3）影响抓取能力的主要因素

影响抓取能力的主要因素有：①抓斗自重及其合理分配；②抓斗开闭滑轮组倍率；③撑杆与颚板铰接点位置；④最大张开度；⑤颚板宽度；⑥颚板几何形状；⑦物料性质；⑧操作方法等。

（4）选用抓斗的基本原则

为了提高生产率，在选用抓斗时应考虑以下基本原则：

① 在保证生产安全的前提下充分利用起重量，尽量使抓斗与货物重量之和接近起重设备的额定起重量。

② 尽量选用抓取性能系数 K 值较高的抓斗。近年来，通过对抓斗的深入研究，提高了设计水平，加上抓斗材质的改进，抓斗的抓取性能系数 K 值有了明显的提高，如长撑杆双颚抓斗达到 1.2～1.5。

③ 抓斗的容积 V 要与所抓取的货物体积相适应，即满足式（1-9）

$$V \geq m_{货}/\rho_0' \qquad (1-9)$$

式中　$m_{货}$——抓取货物的质量，t；
　　　ρ_0'——货物的堆积密度，t/m³。

④ 对专门的货种，应注意选用专用抓斗。抓斗的类型通常应根据散料种类、密度、粒度等来选择。一般散料采用双颚板抓斗，矿石多用马达抓斗，粮食采用耙集式抓斗，难抓取物料采用剪式抓斗，废钢铁采用多颚板抓斗，而木材则用木材专用抓斗（多颚板）等。另外，采用抓斗装卸散料时，还应关注并解决由于撒料、扬尘等引起的环保问题。

3）集装箱吊具

对集装箱进行装卸和堆垛的取物装置称为集装箱吊具。和抓斗一样，集装箱吊具是一种自动的取物装置，吊起和放下集装箱完全由司机在司机室内操纵。

集装箱吊具尺寸取决于集装箱的规格尺寸，如表1-8所示可归纳为以下四类：

① 固定式集装箱吊具：只能吊运一种规格的集装箱。

② 组装式集装箱吊具：由两种或两种以上不同规格的固定式吊具组合而成，以适应起吊不同规格的集装箱。当需要起吊不同规格的集装箱时，将不同规格的集装箱吊具与吊具上架用锁销相接，连接接口具有统一的尺寸。

③ 伸缩式集装箱吊具：吊具上装有机械式或液压式的伸缩机构，能在20～40 ft范围内（或至45 ft）进行伸缩调节，以适应不同规格集装箱的装卸要求，是目前集装箱起重机采用最为广泛的一种。

④ 旋转集装箱吊具：除具备常规吊具的各项功能外，增加了旋转和平移调心功能。

表1-8 集装箱起重机专用吊具

名　称	图　片	特点及用途
液压单箱吊具		液压单箱吊具适用于ISO标准20 ft、40 ft和45 ft集装箱的装卸作业。吊具采用液压系统驱动各机构进行相应的动作，是自动化程度和效率很高的集装箱吊具
电动单箱吊具		电动吊具是一种新型伸缩式集装箱吊具，同样适用于ISO标准20 ft、40 ft、45 ft集装箱的作业。该吊具所有动作全部采用电动机驱动，具有结构简单可靠、重量轻、维修保养方便、使用成本低等优点
液压双箱可移动吊具		双箱可移动吊具是近年来世界集装箱运输业普遍发展的一种效率更高的吊具。它除具备普通单箱吊具的全部功能外，还可同时装卸两只20 ft集装箱并能随时灵活地调整它们的纵向箱距，以适应集装箱堆场、AGV和集装箱船对20 ft集装箱纵向箱距的要求
电动双箱可移动吊具		全电动可移动双箱吊具主要功能与液压双箱可移动吊具完全相同。但吊具机械动作全部由独立的减速电动机驱动完成，省去了传统液压吊具的液压系统及管路，是一种新型高效的集装箱吊具

（续表）

名　称	图　片	特点及用途
吊具上架		上架是连接吊具的重要部件。按其功能和结构，可分为滑轮式上架、八绳上架、侧移上架、双 40 ft 上架和可分离式上架等
超高箱吊架	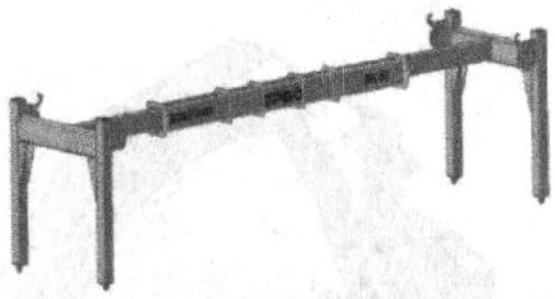	超高箱吊架是常规吊具的一种延伸产品（简称超高架），用来装卸顶部开口的 ISO 标准集装箱及超高货物的台架、平板架。超高架所有的动作均由吊具驱动控制，如转销的开闭锁、伸缩定位等
旋转吊具		除具备常规集装箱吊具的各项功能外，增加了旋转和平移调心功能，尤其适用于钢板等特殊物件的装卸。旋转机构采用回转支承结构，旋转动作由液压马达或电动机驱动
正面吊吊具		此系列吊具主要配套正面吊运机使用，多用于集装箱堆场，中转站等进行集装箱装卸、堆码和水平运输作业
堆高机吊具		此系列吊具主要配套集装箱堆高机使用，在集装箱堆场、集装箱中转站等场所进行集装箱空箱的搬运和堆垛。该吊具采用单箱套梁式结构，其布局简单、维护方便、自重轻

1.4.5　制动器

制动器是用来使起重机机构减速、停止或防止其运动的装置。起重机械中常采用的制动方式有电力制动和机械制动：

① 电力制动（如反接制动、能耗制动、再生制动等）可消耗机构运动的动能，减小或限制运动速度，但不能支持货物于空中或使臂架保持在某一位置。

② 机械制动具有减速、停止、支持等功能，是起重机械必须设置的安全装置。

1）制动器种类

按构造形式，制动器分为鼓式（图 1-37）、盘式（图 1-38）、带式（图 1-39）等。鼓式、带式属径向作用式制动器，盘式属轴向作用式制动器。起重机上还会用到卷筒低速端的盘式制动器（图 1-40），以及保证起重机作业时其防风安全性的液压轮边制动器（图 1-41）等新型专用制动器。

图1-37 鼓式制动器和带制动轮的联轴器　　　图1-38 盘式制动器和带制动盘的联轴器

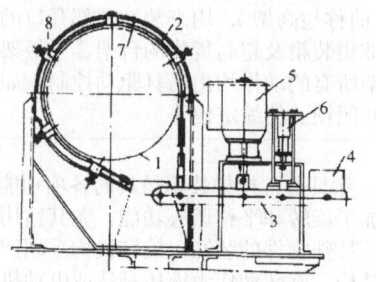 

1—制动轮；2—制动钢带；3—制动杠杆；4—重锤；
5—电磁铁；6—缓冲器；7—挡板；8—调节螺钉

图1-39 带式制动器

图1-40 卷筒边盘式制动器　　　图1-41 液压轮边制动器

按工作状态，制动器分为常闭式和常开式。常闭式制动器在机构不工作时总是处于闭合状态，机构运转时由松闸装置使制动器松闸；常开式制动器经常处于松闸状态，只有在机构需要制动时，才施加上闸力产生制动力矩进行制动。当机构要求具有载荷支持作用时，应装设机械常闭式制动器，如起升机构、变幅机构的制动器。运行机构、回转机构制动器是常开式的。

按不同的松闸方式，制动器主要形式有电磁铁式、电动液压推杆式和液压电磁铁式。

按动作方式，制动器可分为自动作用式、操纵式和综合式三种。

2）选型计算

制动器的选择条件为：

$$M_z \leqslant [M_z] \tag{1-10}$$

式中　M_z——制动轴上所需的计算制动力矩，N·m；

$[M_z]$——所选制动器参数表中给出的制动转矩，N·m。

起重机的起升、变幅、回转和运行机构的制动器的选型及计算，详见本教材后续相应章节。

1.4.6 减速器

港口起重机上常用的减速器主要有渐开线圆柱齿轮减速器、圆弧圆柱齿轮减速器、圆柱蜗杆减速器和行星齿轮减速器等。运行机构中由于布置空间的限制，三合一减速器的应用越来越广泛。

减速器选用时，应综合考虑不同机型的各种工况、载荷条件和工作环境等，还应注意各种标准减速器的适用范围及选用方法。

1）QJ 型减速器

QJ 型减速器是一种外啮合、斜齿、中硬齿面、三点支承式的渐开线圆柱齿轮减速器；支承方式为底座式。其适用工作条件为：齿轮圆周速度不大于 16 m/s，高速轴转速不大于 1 000 r/min，工作环境温度为 −40℃ ~ 45℃，可正、反两向运转。减速器箱体、箱盖均为铸铁件或焊接件。

《起重机用底座式减速器》（JB/T 12477—2018）和《起重机用立式减速器》（JB/T 12478—2018）中，所列为 M5 工作级别的功率值，若用在其他工作级别时，应进行折算，获得相当于工作级别 M5 时的功率值 P_{M5} 为

$$P_{M5}=P_{Mi}\times 1.12^{(i-5)} \tag{1-11}$$

式中　i——工作级别 1 ~ 8；

　　　P_{Mi}——对应于 Mi 工作级别时的高速轴许用功率值，kW。按下式计算：

$$P_{Mi}=\frac{T_{i\max}n}{9\,550} \tag{1-12}$$

式中　$T_{i\max}$——疲劳计算基本载荷，N·m；

　　　n——减速器输入轴转速，r/min。

① 对起升和非平衡变幅机构：

$$T_{i\max}=\phi_6 M_n \tag{1-12a}$$

式中　ϕ_6——试验载荷起升动载系数；

　　　M_n——电动机的额定转矩，N·m。

② 对运行和回转机构：

$$T_{i\max}=\phi_8 M_n \tag{1-12b}$$

式中　ϕ_8——刚性动载系数，与电动机驱动特性和计算零件两侧的转动惯量比值有关，取 1.2 ~ 2。

③ 对平衡式变幅机构：疲劳计算基本载荷取为该零件承受的等效变幅静阻力矩，其他零件取为电动机额定转矩传到该计算零件转矩的 1.3 ~ 1.4 倍。当最大工作载荷低于 2.7 倍的额定转矩时，可不进行静强度校核；当最大工作载荷超过 2.7 倍的额定转矩时，应验

算零件的静强度或者选大一号机座的减速器。

2）三合一减速器

三合一减速器，是融合减速器、电动机、制动器于一体的驱动机构。

按标准《起重机三合一减速器》（JB/T 9003—2004），减速器输入轴许用功率是在输入轴转速为 1 400 r/min、工作级别为 M6 时的功率值，若输入轴转速不是 1 400 r/min 时，应按等转矩折算为：

$$\frac{P_{ni}}{n_i}=\frac{P_{1400}}{1400} \tag{1-13}$$

式中　P_{ni}——减速器输入轴不同转速下对应的功率值，kW；

　　　n_i——减速器输入轴的转速，r/min；

　　　P_{1400}——减速器输入轴在转速为 1 400 r/min 时对应的功率值，kW。

若起重机各机构的工作级别不为 M6 时，对应工作级别下的减速器功率应折算为：

$$P_{Mi}=P_{M6}\times1.12^{(6-i)} \tag{1-14}$$

式中　P_{Mi}——相当于 Mi 工作级别时的功率值，kW；

　　　P_{M6}——功率表中所列的许用功率值，kW。

对惯性载荷较小，起动次数不频繁的运行机构，额定功率的计算结果可直接按小于表列许用功率值选用。

对起制动频繁的运行机构，惯性载荷较大，在疲劳计算时，基本载荷取机构起动时，计算零件所承受的惯性力矩和静阻力矩之和。选用减速器时，应按机构起制动时所承受的最大振动力矩计算，此时应把表列功率除以系数 ψ_S（对于笼型制动电动机，ψ_S 取 1.5～2.0；对于绕线制动电动机，ψ_S 取 2.0～2.5；而对于变频调速制动电动机，ψ_S 取 1.0～1.5），并使

$$P_{Mi}\geqslant\psi_S P_n \tag{1-15}$$

式中　P_n——电动机额定功率，kW；

　　　ψ_S——弹性振动力矩增大系数。

1.4.7　车轮与轨道

1）车轮

（1）种类和特点

① 按用途，可分为：轨上行走式车轮，通常用作起重机的大/小车车轮，用量最大；悬挂式车轮，在单梁起重机工字钢下翼缘上运行；半圆槽滑轮式车轮，用于缆索起重机的承载索上。

② 按有无轮缘，可分为：双轮缘车轮，用于起重机的大车行走轮，轮缘高为 25～30 mm；单轮缘车轮，常用于起重机的小车运行车轮，轮缘高为 20～25 mm，小车架跨度小，刚度好，不易脱轨；无轮缘车轮，没有轮缘阻挡，车轮容易脱轨，因而使用范围

受到限制。如圆形轨道起重机的车轮，因有中心转轴的约束，车轮只能沿一特定半径的圆形轨道行走，故可用无轮缘车轮。也可在车轮两边加水平滚轮导向，防止脱轨。

这三种车轮业已标准化，参见《起重机车轮》（JB/T 6392—2008）。标准车轮有三种型式：SL型双轮缘车轮[图1-42（a）]、DL型单轮缘车轮[图1-42（b）]和WL型无轮缘车轮[图1-42（c）]。

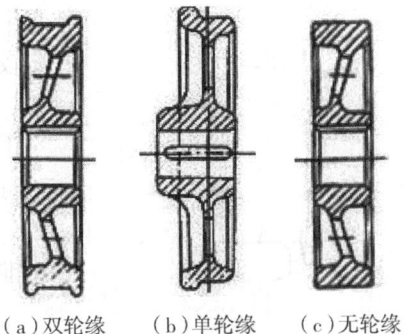

(a) 双轮缘　　(b) 单轮缘　　(c) 无轮缘

图1-42　标准车轮

③ 按踏面形状，可分为：圆柱形车轮，多用于从动车轮，也可用于驱动车轮；圆锥形车轮，常用锥度为1:10；鼓形车轮，踏面为圆弧形，主要用于电葫芦悬挂小车和圆形轨道起重机，用以消除附加阻力和磨损。

近代起重机的车轮几乎都采用滚动轴承，运行阻力小，装配、维护方便。优先选用自动调心的球面滚子轴承，这种轴承可以在一定程度上补偿安装误差和车架变形。也常采用圆锥滚子轴承。

根据需要，车轮组的装配型式可以是定轴式的（图1-43）或转轴式的（图1-44）。

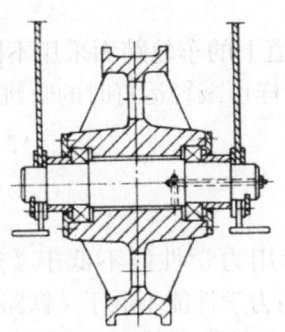 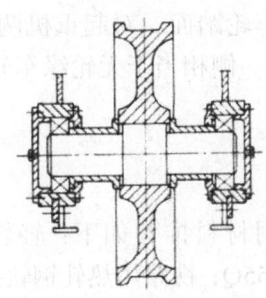

图1-43　定轴式从动轮组　　图1-44　转轴式从动轮组

（2）材料

车轮与滚轮的材料应符合《起重机车轮》（JB/T 6392—2008）的规定。当采用球墨铸铁时，其踏面和轮缘应进行热处理。

（3）提高车轮寿命的措施

车轮是起重机的承重件，由于受到轨道安装质量和车轮本身制造偏差等因素影响，运行中会产生偏斜和滑移，使车轮很快疲劳磨损或静强度破坏。为了提高车轮的使用寿命，可采取以下措施：

① 提高轮缘高度。车轮轮缘承受起重机的水平侧向载荷，车轮有70%~80%的行程要与轨道侧面相摩擦，由于轮缘磨损而使车轮报废。研究表明：提高轮缘高度，即增大接触面积，降低接触应力，可提高车轮使用寿命。

② 采用大锥度圆锥车轮作驱动轮。将圆锥车轮的锥度从0.1提高到0.15~0.18（用于

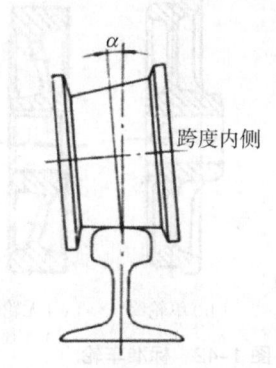

图 1-45 锥形车轮的外倾式安装

集中驱动）或 0.25～0.28（用于分别驱动），车轮踏面硬度较低时锥度取较大值。

这种车轮的优点是：采用圆锥车轮作为驱动轮，若按正锥法安装（即大端在内侧），起重机（或载重小车）运行中具有自动走直作用。如果进一步将车轮安装成外倾斜 $\alpha = 4° \sim 5°$（图 1-45），则可部分或全部消除歪斜侧向力。锥形车轮的踏面宽度应比同等尺寸的圆柱形车轮大些。

③ 车轮踏面采用深层热处理。车轮踏面采用深层热处理，提高表面硬度，可防止运行中硬层脱落，提高使用寿命。车轮踏面硬度不要超过表 1-9 中数值，因为踏面过硬会使轨道严重磨损，而更换轨道比更换车轮困难得多。

表 1-9 车轮踏面硬度

车轮直径 /mm	踏面和轮缘内侧面硬度 HB	硬度 HB260 层深度 /mm
≤ 400	300～380	≥ 15
> 400	300～380	≥ 20

④ 采用不同的车轮踏面。对起重机两侧轨道上的车轮踏面采用不同的宽度，窄面一侧具有引导作用，另一侧相当于无轮缘车轮，这样可减轻运行时的啃轨现象。

2）轨道

（1）材料

对起重机轨道用材料推荐如下：轻轨推荐用力学性能不低于《热轧轻轨》（GB/T 11264—2012）中的 55Q；铁路用热轧钢轨推荐用力学性能不低于《铁路用热轧钢轨》（GB 2585—2007）中的 U71Mn；起重机钢轨推荐用力学性能不低于国家黑色冶金行业标准《起重机用钢轨》（YB/T 5055—2014）中的 U71Mn。

当采用其他型钢、方钢、扁钢做轨道时，应注意其材质和硬度的实际情况，必要时可降低轮压，以保证有足够的使用寿命。

（2）类别和型号

起重机轨道有三种：起重机用钢轨、铁路用热轧钢轨和方钢。钢轨的顶部作成凸状的，底部是具有一定宽度的平板，增大与基础的接触面；轨道的截面多为工字形，具有良好的抗弯强度。方钢可看作是平顶钢轨，由于对车轮的磨损大，现在已很少用。

起重机钢轨的截面，如图 1-46 所示，其基本尺寸和规格见表 1-10 和表 1-11。

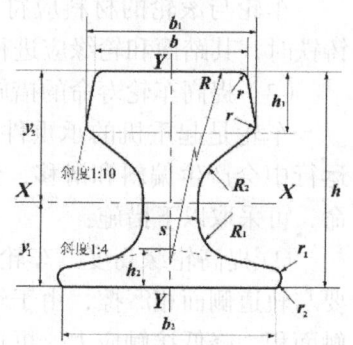

图 1-46 起重机钢轨截面示意图

表 1-10　起重机钢轨基本尺寸

单位：mm

型号	b	b_1	b_2	s	h	h_1	h_2	R	R_1	R_2	r	r_1	r_2
QU70	70	76.5	120	28	120	32.5	24	400	23	38	6	6	1.5
QU80	80	87	130	32	130	35	26	400	26	44	8	6	1.5
QU100	100	108	150	38	150	40	30	450	30	50	8	8	2
QU120	120	129	170	44	170	45	35	500	34	56	8	8	2

表 1-11　钢轨截面面积、理论重量及截面参考数值

型号	截面积 / cm^2	理论重量 / (kg/m)	参考数值					
			重心距离 /cm		惯性矩 /cm^4		截面系数 /cm^3		
			y_1	y_2	I_x	I_y	$W_1 = I_x/y_1$	$W_2 = I_x/y_2$	$W_3 = 2I_y/b_2$
QU70	67.30	52.80	5.93	6.07	1 081.99	327.16	182.46	178.12	54.53
QU80	81.13	63.69	6.43	6.57	1 547.40	482.39	240.65	235.52	74.21
QU100	113.32	88.96	7.60	7.40	2 864.73	940.98	376.94	387.12	125.45
QU120	150.44	118.10	8.43	8.57	4 923.79	1 694.83	584.08	574.54	199.39

注：计算理论重量时，钢的体积质量采用 7.85 t/m^3。

1.4.8　缓冲器

1）种类及其特点

缓冲器在起重机上用来缓和起重机或起重小车与轨道终端及起重机之间相碰时的碰撞力，是除制动器、终点限位开关外，运行机构的最后一道安全装置。

港口起重机缓冲器宜采用：橡胶缓冲器《起重机　橡胶缓冲器》（JB/T 12988—2016）、弹簧缓冲器《起重机　弹簧缓冲器》（JB/T 12987—2016）、聚氨酯缓冲器《起重机用聚氨酯缓冲器》（JB/T 10833—2008）和液压缓冲器《起重机用液压缓冲器》（JB/T 7017—1993）。

（1）橡胶缓冲器

橡胶缓冲器 [图 1-47（a）] 可用整体橡胶做成，也可以用多片（可达 20 片）橡胶板叠成。其构造简单，制造方便，成本低。在缓冲过程中 30%~50% 的动能耗于内摩擦，反弹小，缓冲能力小，一般用于运行速度为 50 m/min 以下的小车运行机构和 25 m/min 以下的大车运行机构。经常冲击时磨损较快，不宜用于温度过高或过低的场合，适用环境温度为 −30~50℃。由于吸能有限、易老化等缺陷，目前已较少使用。

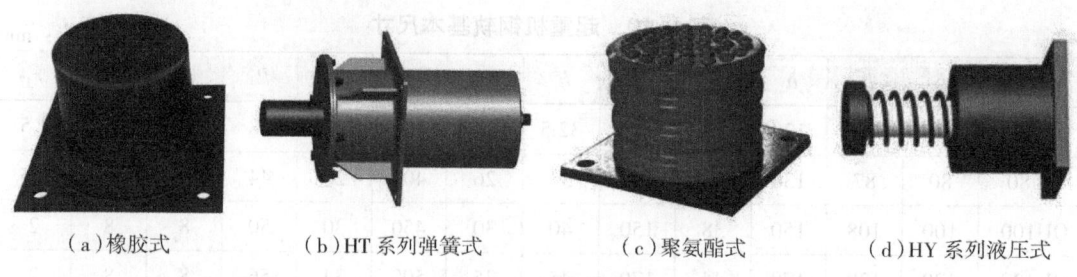

(a)橡胶式　　　　（b）HT 系列弹簧式　　　　（c）聚氨酯式　　　　（d）HY 系列液压式

图 1-47　缓冲器类型

(2) 弹簧缓冲器

弹簧缓冲器 [图 1-47（b）] 工作平缓，吸收能量较大，它的构造与维修比较简单，对工作温度没有特殊要求，寿命长，外形尺寸较小，故运行速度为 50～120 m/min 时多采用。其缺点是弹簧回弹现象严重，不宜用于运行速度大于 120 m/min 的场合。为了减小体积，对大容量的弹簧缓冲器采用内外弹簧套装的组合型式。为防止压歪，内外弹簧应为不同旋向。

(3) 聚氨酯缓冲器

聚氨酯缓冲器 [图 1-47（c）] 冲击变形量较大，具有较好的吸能性、较高的硬度和冲击弹性，有良好的抗压恢复性，耐油、耐稀酸和耐碱的腐蚀，耐高/低温老化等，且结构简单，体积小，质量小，寿命长，维护方便，故应用广泛。其变形体是用聚氨酯材料经过适当配方处理制成的。在缓冲过程中可消耗约 40% 的能量，反弹小；可压缩性好，可压缩到 50% 以上，卸载 5 min 后恢复率不小于 95%，该材料的微孔构造使其工作过程类同于带有空气阻尼的弹簧，因而其缓冲容量可随碰撞速度的提高而加大。与橡胶缓冲器一样，这种缓冲器构造简单，工作中是软碰撞，无噪声，无火花，特别适用于防爆场所。温度适用范围为 -20～60℃。

(4) 液压缓冲器

液压缓冲器 [图 1-47（d）] 缓冲容量大，耗能效率高，缓冲过程中缓冲阻力不变，因而撞击物减速均匀，不会产生回弹震颤现象，是较理想的缓冲器。目前，已广泛用于起重机械、冶金机械、铁道车辆等重型机械。特别对高速运行或大质量的运行机构，其效果尤为显著。

液压缓冲器由于吸能能力大且无回弹现象，在保证所要求的最大减速度和缓冲行程条件下尺寸最小；但液压缓冲器结构复杂，需经常保养，密封要求高，对环境温度变化比较敏感。在速度高于 120 m/min 或运动质量较大的起重机，宜采用液压缓冲器。

2）缓冲器的选用

按照《起重机设计规范》（GB/T 3811—2008）的规定，缓冲器应按碰撞动能及最大碰撞力，并考虑缓冲形成来选用，允许的最大减速度为 4 m/s²。选用时，应保证其缓冲容量 W、最大缓冲力 P_{max} 和缓冲行程 S 均大于而又最接近于要求值。缓冲容量过小不能保证安全缓冲，过大会因其刚度过大而降低缓冲效果。

一般可先根据所要求的缓冲行程 S 选择合适的缓冲器规格,然后根据所要求的缓冲容量 W 计算所需的缓冲器数目 n:

$$n=\frac{W}{W'} \qquad (1-16)$$

式中 W' ——由标准缓冲器性能表中查得的缓冲器容量,J。

1.4.9 输送带

输送带是港口连续输送机械的关键部件,要求强度高、抗磨耐用、挠性好、伸长率小和便于安装维修。普通用途输送带的工作环境温度,通常以 $-25 \sim 40$ ℃作为选择界限;当温度低于 -25 ℃时,选用耐寒输送带;被输送的物料温度高于 60 ℃时,应用耐热输送带;若物料温度高于 125 ℃,应选用耐高温输送带。

输送带一般由覆盖胶(橡胶或塑料覆盖层)、带芯(织物芯或钢绳芯)和边胶组成,有时还加有缓冲层。织物芯输送带的设计使用寿命大于 5 年;钢绳芯输送带的设计使用寿命为 15~20 年。图 1-48 为输送带的典型结构形式。

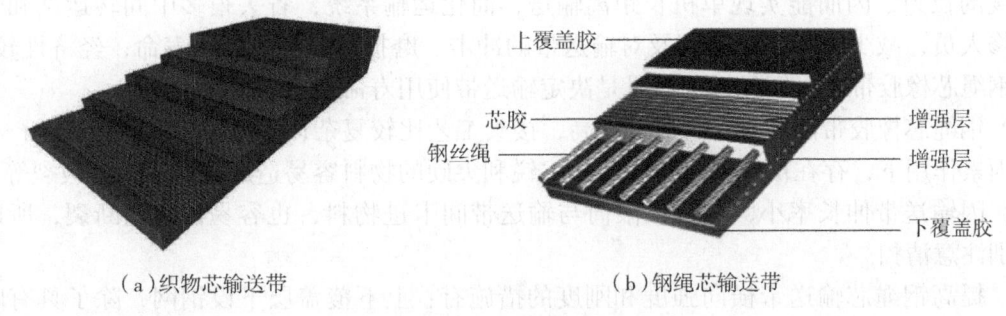

(a)织物芯输送带　　　　(b)钢绳芯输送带

图 1-48　输送带典型结构形式

橡胶带的优点是成槽性较好,伸长率较小,对驱动滚筒的摩擦系数较大,强度和允许带速能适用于一般通用带式输送机。

1)织物芯橡胶带

织物芯橡胶带[图 1-48(a)]应用最广,可参见《输送带　具有橡胶或塑料覆盖层的普通用途织物芯输送带》(GB/T 7984—2001)。根据织物芯层不同,可分为单层式、双层式、多层式和整芯式。

带芯由数层棉织物或化纤织物构成,层与层之间通过橡胶黏结,上下两表面覆盖了橡胶层。橡胶覆盖层的作用是保护衬层免受机械损坏、磨损以及外部介质的侵蚀,可按被运物料的性质和粒度来选定上覆盖胶层的厚度,如表 1-12 所示。

织物芯输送带,为使输送带具有足够的横向刚度,防止它在两支承托辊之间向两侧过分塌下,应根据带宽选用一定的衬垫层数,可参见《输送带　具有橡胶或塑料覆盖层的普通用途织物芯输送带》(GB/T 7984—2001)。

表 1-12　橡胶输送带覆盖胶的推荐厚度

物料特性	物料名称	覆盖胶厚度 /mm	
		上覆盖胶层	下覆盖胶层
堆积密度 $\rho'_0 < 2\ \text{t/m}^3$，中小粒度或磨损性小的物料	焦炭、煤、白云石、石灰石、烧结混合料、砂等	3.0	1.5
堆积密度 $\rho'_0 < 2\ \text{t/m}^3$，粒度 ≤ 200mm 磨损性较大的物料	破碎后的矿石、选矿产品、各种岩石、油母页岩等	4.5	1.5
堆积密度 $\rho'_0 > 2\ \text{t/m}^3$，磨损性大的物料	大块铁矿石、油母页岩等	6.0	1.5

2）钢绳芯橡胶带

钢绳芯橡胶带［图 1-48（b）］是单层结构，可参见《普通用途钢丝绳芯输送带》（GB/T 9770—2013）。钢绳芯橡胶带以强度极高的（细）钢丝绳做带芯，使得输送带能承受高强度的拉力，因而能实现单机长距离输送，简化运输系统，省去很多中间转运站和管理维修人员，减少了物料的破碎及对输送带的冲击、磨损，延长了使用寿命，经济性较好。在钢绳芯橡胶带中，钢丝绳的质量是决定输送带使用寿命的关键因素之一。

钢绳芯橡胶带的缺点是：造价较高，接头工艺比较复杂；输送带的横向强度低，在外界因素作用下，存在被横向撕裂的可能，锐利尖硬的物料容易造成输送带纵向破裂等；同时，因输送带伸长率小，如果在滚筒与输送带间卡进物料，也容易使钢丝断裂，所以要特别注意清扫。

提高钢绳芯输送带横向强度和刚度的措施有：上下覆盖层下设钢网，除了具有防止被横向撕裂的作用，还起到缓冲作用；上下覆盖层下设横向合成芯，以提高其防横向撕裂的性能。

3）输送带性能与强度验算

输送带的性能可通过输送带拉伸强度、伸长特性、纵向弯曲、成槽性、抗冲击及撕裂性能、摩擦、磨损等表征。

输送带的强度验算公式如下：

$$\sigma_N \geq \frac{F_{\max} S_A}{B} \qquad (1-17)$$

式中　σ_N——输送带额定拉断强度，N/mm；
　　　$F_{\max}$——输送带稳定运行时的最大张力，N；
　　　B——输送带宽度，mm；
　　　S_A——输送带安全系数。

与安全系数有关的因素有被输送物料的情况、传动滚筒包角的大小、启动条件、运转周期、输送带特征（如带芯材质、输送带结构和接头形式等）等。为应用方便，通常只给出一个安全系数的范围：一般织物芯橡胶带的安全系数为 10～20；钢绳芯橡胶带可取 7～9。当带式输送机采用可控软起、制动措施时，钢绳芯橡胶带安全系数可取 5～7。

4）输送带接头工艺

对于长度很长的输送带，在生产时，必须按工艺要求预先考虑好接头问题。

橡胶带可采用机械接头或硫化接头：

（1）机械接头是用一排钢制卡子连接输送带的两端（图 1-49），因对胶带损伤大，接头处的强度仅为胶带强度的 35%～40%，带芯外露易受腐蚀，适用于输送机长度不大、输送无腐蚀性物料、要求检修时间较短的场合。

（2）硫化接头是将接头部位的胶布层和覆盖胶切割成对称的阶梯（图 1-50），涂以胶浆，加热加压而成。硫化接头的强度能达到胶带强度的 85%～90%，且能防止带芯腐蚀，寿命较长。每层衬垫对纵轴倾斜 $\theta = 60° \sim 70°$，硫化设备必须在整个输送带宽度 B 内加均匀而足够的压力。

图 1-49　橡胶输送带机械接头

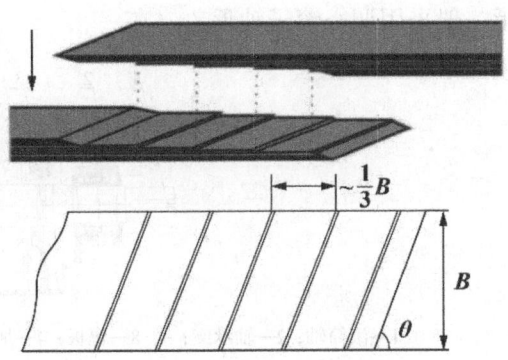

图 1-50　橡胶输送带硫化接头

塑料输送带宜采用塑化接头，连接方法是将带芯拆散，相互缠绕打结后，上下覆以塑料片，加压加热而成。塑化接头的强度可达到带芯强度的 75%～80%，并可以防止带芯外露，工艺也不复杂。

1.4.10　滚筒组

滚筒与前节"卷筒"具有相似的结构型式，但由于用途不同，其外表面构造存在明显差异，如为保证钢丝绳能整齐有序地缠绕在卷筒上，卷筒表面通常加工有绳槽（螺旋绳槽、折线绳槽）；而为了增大与接触件的摩擦系数，滚筒表面通常有橡胶或陶瓷覆层，如图 1-51 所示。

按工作功能，输送机械中的滚筒可分为传动滚筒和改向滚筒两类。前者将驱动装置提供的扭矩传递到输送带上；后者用于输送带在输送机械端部的改向、增加传动滚筒包角的导向滚筒、拉紧或用于拉紧装置的导向等。

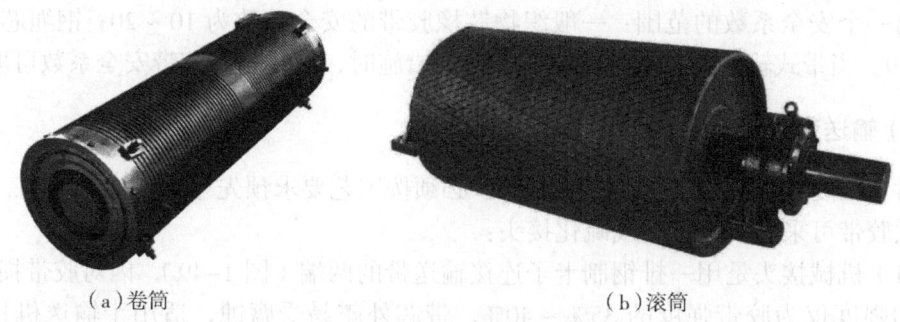

(a)卷筒　　　　　　　　　　(b)滚筒

图 1-51　卷筒与滚筒构造差异示意图

1) 组成与分类

滚筒组由滚筒轴、轴承座、辐板(变截面 3 或等截面 8)、筒壳、轮毂等部分组成,如图 1-52 所示。有的滚筒还有轮毂和滚筒轴的连接件、轮毂和辐板的连接件等,滚筒轴承一般采用调心滚子轴承。

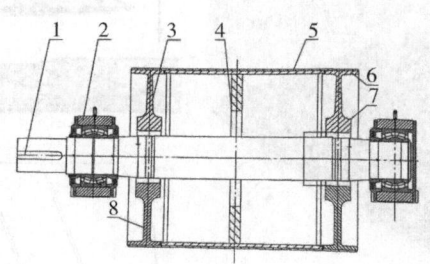

1—滚筒轴；2—轴承座；3、8—辐板；4—加强筋；5—覆层(包胶)；6—筒壳；7—轮毂

图 1-52　滚筒组的结构示意图

输送机械中的滚筒类型众多,主要有如下几种分类:

(1) 按驱动方式,可分为外驱动式和内驱动式

前者驱动装置直接与传动滚筒输入轴相连。后者驱动装置全部放入传动滚筒内,此种类型又称为电动滚筒。若仅将减速器放入滚筒内,则称为齿轮滚筒或外装式减速滚筒,适用于大功率带式输送机。

(2) 按轴承内孔大小和载荷,可分为轻型、中型和重型

轻型的孔径为 50~100 mm,轴与轮毂采用过盈配合(或配单键),辐板与筒壳全焊接。中型的孔径为 120~180 mm,轴与轮毂用环形锁紧器(胀套)连接,辐板与筒壳全焊接。重型的孔径为 200~220 mm,轴与轮毂采用环形锁紧器(胀套)连接,筒壳的一部分、辐板、轮毂铸成一体,并与筒壳另一部分通过焊缝连接。

(3) 按外形构造,可分为鼓形、翼形和沟槽胶面滚筒

鼓形滚筒将钢板卷圆焊接而成,中间部分筒径大于两边筒径约几个毫米,目的是防止输送带跑偏。翼形滚筒或称叶片式滚筒,由许多横向叶片组成,目的是便于清洁输送带,也可称为自清扫滚筒。若将叶片改为圆钢棒,则称为棒式滚筒。自然也可以将圆柱

形钢壳上开横槽，同样可以起到自清扫作用，此类滚筒称为格栅滚筒。沟槽胶面滚筒的表面覆上菱形、人字形、直线形、环形、梯形等沟槽的胶面，分别可称为菱形胶面、人字形胶面等各种胶面形状的滚筒，其目的是增大摩擦系数和便于排出黏着物料。传动滚筒包胶面常选用菱形和人字形，如图1–53所示。人字形沟槽包胶滚筒具有方向性，不得反向运转；菱形包胶滚筒则没有方向性，可正反转，特别适用于可逆带式输送机。

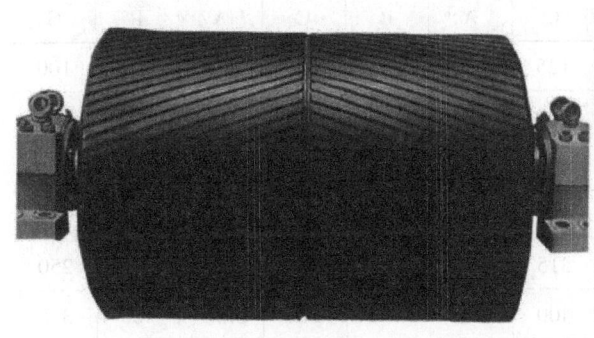

（a）人字形　　　　　　　　　（b）菱形

图1–53　沟槽胶面滚筒示意图

（4）按功能，可分为真空、磁力、轮胎和陶瓷滚筒

真空滚筒内装有真空泵或外接真空泵，使输送带同滚筒包角之间成真空，借助于大气压力，使输送带贴紧在滚筒表面，从而增大摩擦力，但由于结构复杂，尚未得到推广。磁力滚筒内装有磁铁，输送带下层为磁性覆盖胶，利用磁性增大摩擦力；当使用普通输送带时，磁力滚筒可用作除铁功能。轮胎滚筒外面由许多充气轮胎构成，轮胎表面带有沟槽。当各轮胎充气压力不等时，也起到鼓形滚筒作用。陶瓷滚筒包胶面由许多陶瓷片镶成，既可增大摩擦力，也便于清扫。陶瓷片可做成插接式，以便于更换。

2）滚筒直径的确定

在选用滚筒时，应该尽可能采用较小的滚筒直径。但必须考虑输送带的纵向挠性以及输送带在滚筒表面所受压力。通常滚筒直径的确定可从如下3种方法中取最大值。

（1）稳定工况最小滚筒直径标准值，按表1–13确定。

（2）考虑输送带挠曲性能的限制，按式（1–18）估算：

$$D = C_0 d_B \tag{1-18}$$

式中　D——滚筒直径，mm；

　　　C_0——计算系数，见表1–14；

　　　d_B——输送带织物芯层的厚度或输送带钢丝绳直径，mm。

（3）按输送带许用比压验算传动滚筒直径

输送带许用比压 $[P]$ 为：

$$[P] \geqslant \frac{F_1 + F_2}{DB} \tag{1-19}$$

表 1-13 稳定工况最小滚筒直径标准值

传动滚筒直径 D/mm	滚筒张力利用率：$\frac{F_{max}}{\sigma_N B} \cdot 8 \cdot 100\%$											
	>100%			>60%~100%			>30%~60%			~30%		
	滚筒组别											
	A	B	C	A	B	C	A	B	C	A	B	C
200	250	200	160	200	160	125	160	125	100	125	125	100
250	315	250	200	250	200	160	200	160	125	160	160	125
315	400	315	250	315	250	200	250	200	160	200	200	160
400	500	400	315	400	315	250	315	250	200	250	250	200
500	630	500	400	500	400	315	400	315	250	315	315	250
630	800	630	500	630	500	400	500	400	315	400	400	315
800	1 000	800	630	800	630	500	630	500	400	500	500	400
1 000	1 250	1 000	800	1 000	800	630	800	630	500	630	630	500
1 250	1 400	1 250	1 000	1 250	1 000	800	1 000	800	630	800	800	630
1 400	1 600	1 400	1 000	1 400	1 250	1 000	1 250	1 000	800	1 000	1 000	800
1 600	1 800	1 600	1 250	1 600	1 250	1 000	1 250	1 000	800	1 000	1 000	800
1 800	2 000	1 800	1 250	1 800	1 400	1 250	1 400	1 250	1 000	1 250	1 250	1 000
2 000	2 200	2 000	1 400	2 000	1 600	1 250	1 600	1 250	1 000	1 250	1 250	1 000

注：A 组——较高输送带张力区域内的传动滚筒和其他滚筒；B 组——较高输送带张力区域内的改向滚筒；C 组——包角 ≤ 30° 的改向滚筒；B——输送带宽度，mm。

表 1-14 C_0 系数选用表

芯层材料	棉	聚酰胺	棉/聚酰胺	棉/聚酯	聚酯	人造丝	钢丝绳
C_0	80	90	90	98	98	108	145

式中 B——输送带宽度，mm；

F_1、F_2——输送带在传动滚筒绕入点与分离点的张力。

通常输送带许用比压，由输送带制造商提供。若无资料时，织物芯输送带可取 0.4 MPa，钢绳芯输送带可取 0.6 MPa。

钢丝绳下钢绳芯输送带的许用比压 $[P']$ 为

$$[P'] \geq \frac{(F_1+F_2)t_1}{DBd_B} \quad (1-20)$$

式中 t_1——输送带的钢丝绳间距，mm；

d_B——输送带的钢丝绳直径，mm。

对于钢绳芯输送带钢丝绳下的许用比压 $[P']$，由输送带制造商提供。若无资料，可取 1.2 MPa。

1.4.11 托辊组

托辊组通常由若干个托辊构成。托辊由轴、轴承、轴承座、密封、端盖和管体等组成（图 1-54）。

对托辊的基本要求是转动灵活、回转阻力小、密封性能好、使用可靠、寿命长，成本低。按其作用，托辊可分为平形托辊、槽形托辊、缓冲托辊和调心托辊（又称防跑偏托辊）。

平形托辊由一个平直的辊子组成，用于输送件货或作为输送机的下分支 [图 1-55（a）]。

槽形托辊 [图 1-55（b）] 用于输送散状物料的带式输送机上分支，常用的由三个辊子组成，槽形托辊的槽角 α（侧辊对水平的倾角）为 30° 左右。增大槽角可加大载货的横断面积和防止输送带跑偏，但输送带弯折较大，对输送带的寿命不利。

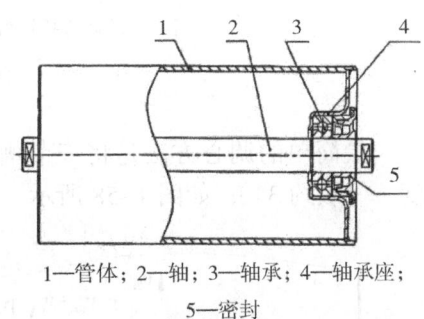

1—管体；2—轴；3—轴承；4—轴承座；
5—密封

图 1-54 托辊结构示意图

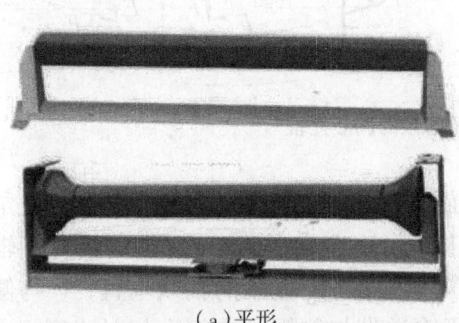

(a) 平形　　　　　　　　　(b) 槽形

图 1-55 托辊组形式

缓冲托辊用于带式输送机的受料处，可减少物料对输送带的冲击。缓冲托辊有橡胶圈式、弹簧板式、弹簧式等（图 1-56）。

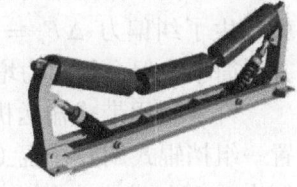

(a) 橡胶式　　　　　　(b) 弹簧板式　　　　　　(c) 弹簧式

图 1-56 缓冲托辊的型式

图1-57分别所示为调心托辊组和螺旋自清扫回程托辊。调心托辊用来调整输送带的横向位置，使它保持正常运行。

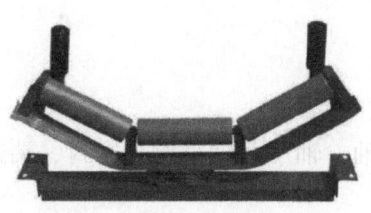
（a）调心托辊组

（b）螺旋自清扫回程托辊

图1-57 特殊用途托辊组

最简单的调心方法是将三节槽形托辊组的两个侧托辊朝输送带运行方向前倾一定角度（一般约3°），如图1-58所示。

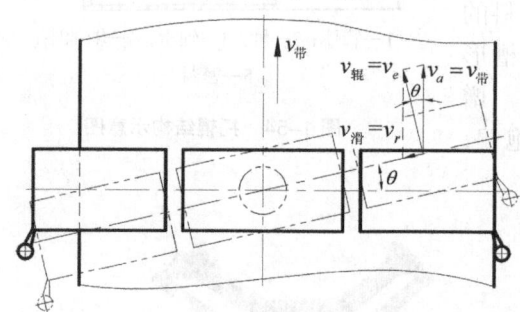
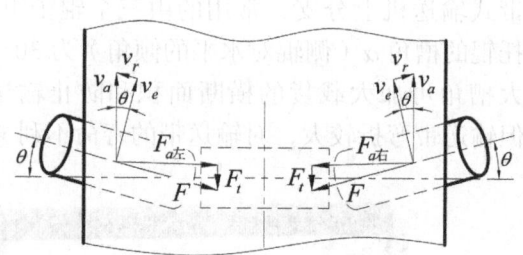

图1-58 侧托辊前倾的调心托辊

由于前倾的两个侧辊的轴线与中辊的轴线不在同一直线上，根据速度合成定理，输送带的绝对速度 $v_带 = v_a$ 是侧托辊表面圆周上的牵连速度 $v_辊 = v_e$ 和输送带与侧辊表面的相对速度 v_r 的矢量和，即 $v_a = v_e + v_r$。其中 v_e 方向与侧托辊的轴线垂直，v_r 与侧托辊轴线平行，两者的夹角为侧辊的前倾角 θ。由于输送带与侧辊子之间有相对速度 v_r，因此输送带与侧辊之间将产生与 v_r 方向相反的滑动摩擦力 F，其可分解成与输送带运行方向相反的轴向分力 F_t 和与输送带运行方向垂直的横向分力 F_a。F_t 是托辊对输送带产生的附加运行阻力；F_a 则阻止输送带偏离输送机的中心线，防止输送带跑偏，即当输送带向左侧跑偏时，由于输送带与左侧托辊接触长度大于与右侧托辊接触长度，则 $F_{a左} > F_{a右}$，那么就产生了纠偏力 $\Delta F_a = F_{a左} - F_{a右}$，迫使输送带向中间移动，直至达到新的平衡。这种方法简单，但会使阻力增大约10%。

许多通用带式输送机的上分支每隔10组槽形托辊、下分支每隔6~10组平形托辊设置一组挡辊式调心托辊（图1-59）。当输送带因跑偏而碰到右侧挡辊，会在挡辊上产生正压力 N 与带速 v_a 同向的摩擦力 F_s，并引起托辊上的载荷重新分布，由于力的作用使托辊支架顺时针或逆时针转动一个角度 ϕ 而处于倾斜位置，这时，处于倾斜位置的调心托

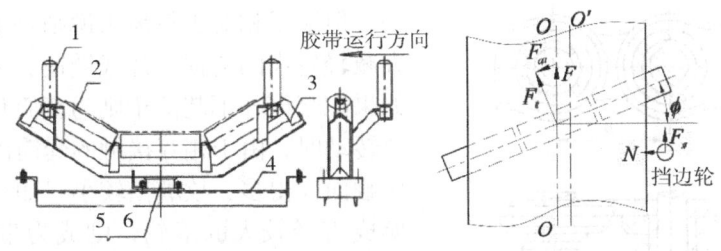

1—立辊；2—槽形辊子；3—上横梁；4—下横梁；5—底座；6—回转轴

图 1-59 挡辊式调心托辊及其防止输送带跑偏原理图

辊给输送带的运行阻力 F，可正交分解为 F_a 和 F_t，F_t 垂直于托辊轴线，与输送带作用于托辊而使托辊旋转的力是一对作用力与反作用力；F_a 与托辊轴线同向，指向内侧，使输送带受到向内的横向推力，当 F_a 足够大时，将使输送带向输送机中心线运动，最终使输送带趋于稳定运行。

对于可逆运转的带式输送机，挡辊式调心托辊不起调心作用。因为当输送带逆向运行并压向右侧挡辊时，托辊支架仍然逆时针转动，由于带速 v_a 的反向引起滚筒圆周速度 v_e、输送带相对托辊的速度 v_r 也反向，结果输送带将越跑越偏。此时，需用可逆自动调心托辊、侧托辊为锥形的自动调心托辊等。

1.4.12 链条

链条是用金属环或金属片等连接而成的挠性构件。

与其他挠性构件相比，具有以下优点：能够绕过小直径的链轮和滑轮，特别是应用短节距链条时；在链条上易于固接工作构件，如料斗、刮板或梯级等；链条通过啮合传动能可靠地传递牵引力；承受载荷时的伸长量最小。

链条的缺点是：重量较大、价格较高；链条关节处容易沾污和磨损；运动不均匀（多边形效应），会引起动载荷，因而不宜采用高的运动速度。

1）链条结构形式

链条的结构多样，如焊接链，结构简单，但环与环之间的接触面积小、应力大，较易磨损；片式链应用最广；可拆链，合装与拆卸迅速，便于更换单个链环；也有一些输送机中采用特种链等。

焊接链是由圆钢制成的焊接圆环链或由圆钢和扁钢制成的链环相互交替连接的组合链，如图 1-60 所示，图中 d 表示链环直边直径，R 表示圆弧半径，$2R+L$ 表示节距。

片式链中套筒滚子链是较常见一种，如图 1-61 所示，图中：p 表示节距，内链片固定在套筒上，外链片固定在销轴上，销轴与套筒、滚子与套筒间则可自由转动。当它与链轮啮合时，由于轮齿与滚子的摩擦，使滚子在套筒上转

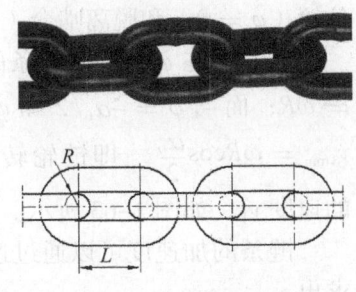

图 1-60 焊接圆环链

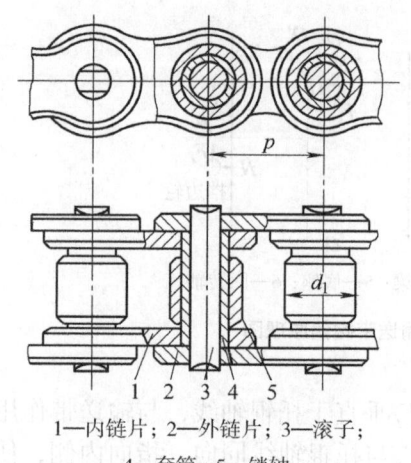

1—内链片；2—外链片；3—滚子；
4—套筒；5—销轴

图1-61 套筒滚子链

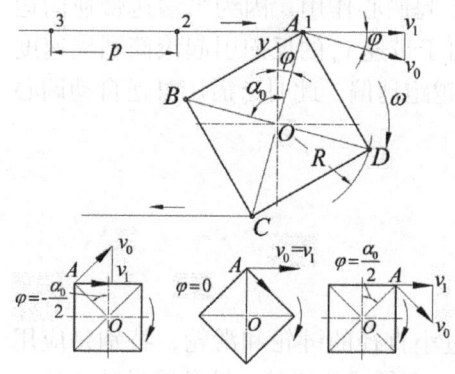

图1-62 啮合驱动时链条的速度

动，但滚子相对于轮齿来说则是不动的，因而大大减轻轮齿的磨损。片式链还有多种形式，图中如果在套筒外不装滚子则为套筒片式链。当链关节转动时，由于相互接触的套筒内表面积较环链接触面大得多，故磨损较小。如果把图中的滚子换成直径较大的滚轮，则成为带有滚轮的片式链，它的滚轮与链轮轮齿啮合时与滚子所起的作用相同，当它沿支承轨道运动时能起到支承链条的作用。

2）链条的动载荷

链条绕入驱动链轮轮齿时，链条做等半径的匀速圆周运动，而是沿着多边形链轮的各个边运动，链条的速度和加速度周期变化，这种变化不可避免地引起作用在链条上的动载荷（或动张力）。

如图1-62所示，以 A、B、C、D 代表链轮的链齿（假设链轮只有4个齿），1、2、3代表链条的关节。当链条绕入旋转的链轮上时，链轮上的各个链齿陆续与相应的链关节啮合。

若链轮以等角速度 ω 旋转，则链齿的圆周线速度 v_0 也保持不变：

$$v_0 = \omega R \tag{1-21}$$

式中 R——多边形链轮的节圆半径；

ω——链轮旋转的角速度。

如果近似地认为链条做平移运动，则链条的速度 v_1 为：

$$v_1 = v_0 \cos\varphi = \omega R \cos\varphi \tag{1-22}$$

式中 φ——动径 $OA = R$ 和轴 Oy 之间的夹角。

每一链节 p 在主动链轮上对应的中心角为 α_0，φ 角的变动范围为 $(\alpha_0/2, -\alpha_0/2)$。图1-62所示的三种位置，分别为链条关节1进入啮合（$\varphi = -\alpha_0/2$）的瞬间、处于中间位置（$\varphi = 0$）和脱离啮合（$\varphi = \alpha_0/2$）的瞬间位置。

显然，在 $\varphi = 0$ 时链条的速度最大值：$v_{1\max} = v_0 = \omega R$；而当 $\varphi = -\alpha_0/2$ 和 $\varphi = \alpha_0/2$ 时具有最小值：$v_{1\min} = \omega R \cos\dfrac{\alpha_0}{2}$。即链轮转过 α_0 的时间 t 内，链条的速度 v_1，如图1-63所示。

链条的加速度可以通过速度对时间的一次导数来求出：

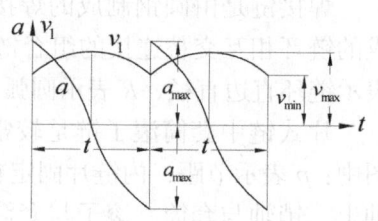

图1-63 牵引链条的速度和加速度曲线

$$a=\frac{dv_1}{dt}=\omega R\frac{d(\cos\varphi)}{dt}=-\omega^2 R\sin\varphi \tag{1-23}$$

链条的加速度曲线如图 1-63 所示，在 $\varphi=0$ 时加速度 a 值为零，此时速度 v_1 最大；在 $\varphi=-\alpha_0/2$ 和 $\varphi=\alpha_0/2$ 时，加速度绝对值最大（即 v_1 最小）：

$$a_{\max}=\pm\omega^2 R\sin\frac{\alpha_0}{2} \tag{1-24}$$

可见，链条作脉动运动，脉动周期等于链轮转过 α_0 角所需的时间。最大动载荷发生在链轮的齿与链条的每个关节进入啮合的瞬间。

从图 1-63 可以看出，在每一个周期 t 的终了和下一个周期开始的瞬间，即轮齿与链条的下一个关节进入啮合瞬时，加速度从 $-a_{\max}$ 增大到 $+a_{\max}$，即增大了 $2a_{\max}$，由于这一力是在瞬间加上的，因此振动引起的进入啮合的惯性力近似加倍，故计算动力等于 $2\times 2ma_{\max}$；同时，考虑周期 t 终了瞬间作用的惯性力 $ma_{\max}$，其与进入啮合瞬间的惯性力方向相反，为负值。两者叠加即得链条的计算动张力 $S_{动}$ 为：

$$S_{动}=2\times 2ma_{\max}-ma_{\max}=3ma_{\max} \tag{1-25}$$

式中　m——各运动部分和物料的折算质量，kg。

对于不同长度的输送机折算质量应取不同的数值。由于链条并不是绝对刚性的，它具有弹性，能起到一定的缓冲作用；物品也并非刚性地固接在链条上，加速度变化不会瞬间传递给所有的运动部分和物品。因此，链条越长，这些因素影响也越大，折算质量也应取较小值。

由于 $\omega=\dfrac{\pi n}{30}$，$\sin\dfrac{\alpha_0}{2}=\dfrac{p}{2R}$，$n=\dfrac{60v}{zp}$，代入式（1-24）得：

$$a_{\max}=2\pi^2\frac{v^2}{z(zp)}=2\left(\frac{\pi v}{zp}\right)^2 p \tag{1-26}$$

式中　v——链条的平均工作速度，m/s；
　　　n——链轮每分钟的转数，r/min；
　　　z——链轮的齿数；
　　　p——牵引链条的节距，m。

由上式，当链轮齿数与链条节距为定位时，链条最大加速度以及链条上的最大动载荷值，与速度平方成正比；而在链条速度与链轮直径（多边形周长 zp）为定值时，则与齿数成反比，与牵引链条的节距成正比。

在链式输送机中，改向链轮的轮齿分布位置与驱动链轮适当错开，以及装设弹簧式或重锤式的张紧装置，都有助于减小动载荷和冲击。

第 2 章

港口起重机

2.1 港口起重机概述

2.1.1 起重机基本组成

起重机由驱动装置、工作机构、取物装置、控制系统和金属结构组成。通过操纵控制系统，驱动装置输入动力能量并转变为机械能，将作用力和运动传递给取物装置，取物装置把被吊运物品与起重机联系起来，通过工作机构单独或组合运动，完成物品搬运任务。可移动的金属结构将各组成部分连接成一个整体，并承受作用在起重机上的各种载荷和自重。

1) 驱动装置

驱动装置是用来驱动工作机构的动力设备，港口起重机多采用电力驱动方式。可以远距离移动的轮胎起重机则依赖其自身配置的柴油发电机组提供电源进行工作。但随着国际原油市场的动荡及燃油价格的不断上扬，轮胎吊（RTG）的运行成本不断攀升，给各码头公司带来沉重的负担。同时，其排放废气黑烟和柴油机的巨大噪声也与环保要求有一定差距。因此，国内外一些集装箱码头及起重机厂家已经就 RTG 的节能、环保问题进行了大量的研究和尝试，采用油改电方式，在保留原有柴油发电机组的情况下增加一套市电供电装置，当 RTG 在堆场起吊货物时采用市电供电方式，当 RTG 转场时采用柴油机供电方式。

2) 工作机构

起升机构、运行机构、变幅机构和回转机构，被称为起重机的四大机构。

起升机构是用来进行物品垂直升降的机构，是起重机最主要、最基本的机构。可以说，如果没有起升机构，也就不能称其为起重机。运行机构是用来实现水平搬运物品的机构，有大车运行机构和小车运行机构两类。港口/码头沿线的起重机，其大车运行机构通常用来调整起重机的工作位置。回转机构可使臂架绕着起重机的垂直轴线作回转运动，使起重机可以在环形空间内运移物品。变幅机构是通过改变臂架的长度和仰角来改变作业幅度的机构。

变幅机构和回转机构是臂架型起重机特有的工作机构。

3）取物装置

根据被吊物品不同的种类、形态、体积大小，采用不同的取物装置，有吊钩、抓斗（抓取粮食、矿石、化肥等散料）、电磁吸盘（吊运导磁性物料）、起重吊梁（吊运长形物品）、集装箱吊具（专为集装箱设计的吊具）等。防止物品坠落，保证作业人员的安全和物品不受损伤，是对取物装置的基本安全要求。

4）操纵系统

控制操纵系统包括各种操纵器、显示器及相关元件和线路，是起重机人机安全要求集中体现的界面。通过电气、液压系统，起重机司机可以操控起重机的运动，保证起重作业任务的顺利进行，防止发生事故。

5）金属结构

金属结构是整台起重机的骨架，将起重机各部分组合成一个有机的整体，并形成一定的作业空间，承受作用在起重机上的各种载荷和自重。金属结构的垮塌破坏，会给起重机带来极其严重甚至灾难性的后果。

2.1.2 起重机基本参数

港口起重机的基本参数是表征起重机性能特征的主要指标，也是设计和选择起重机的技术依据。

1）起重量

起重机在正常工作条件下允许吊钩吊起重物的最大质量称为起重量，用 Q 表示，单位为吨（t）。起重机采用抓斗、电磁吸盘、集装箱吊具或其他经常拆卸的吊具作业时，它们的质量应包括在起重量之内。对于不经常拆卸的吊具，如集装箱起重机的专用吊具和吊钩等不包括在起重量内。

某些臂架型起重机随着工作条件（如幅度、臂架长度、有/无支腿等）不同，起重量是不同的。对于不同幅度和同一幅度不同臂长而起重量不同的起重机，起重力矩采用一组曲线表示。习惯上用 Q-R 曲线表示，如图 2-1 所示。

在规定工作条件下用来设计起重机的标称起重量称为额定起重量，用 Q_n 表示。大多数港口起重机的额定起重量与起重量是等同的；工作性变幅的臂架型起重机的额定起重量指全幅度范围内允许吊起重物的最大质量；有些起重机（如浮式起重机、轮胎起重机）将全幅度分成几个幅度范围，各对应一个额定起重量，并且规定其在最小幅度时的起重量为它的最大起重量，用 Q_{max} 表示。

对于吊载能力较大的起重机，除主钩外，还装设有副钩。副钩的起重量一般为主钩的 1/5~1/3。当一台起重机允许两个吊钩同时作业时，则该机的起重量是指两个吊钩协同工作时吊起重物的最大质量。

起重机吊起的重物或物料的净质量称为有效起重量，用 Q_p 表示，同一起重机采用的吊具不同，有效起重量则不同。起重量应根据起吊重

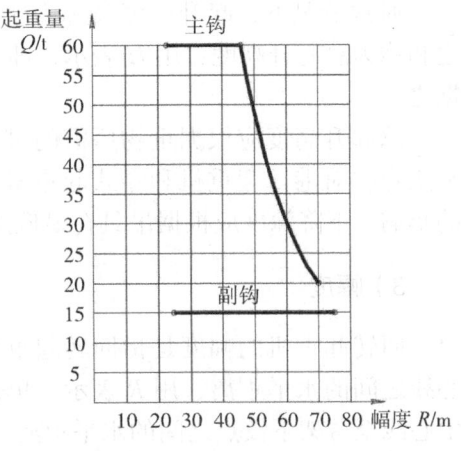

图 2-1 Q-R 曲线

物的类型、单件重物的质量（件货）或生产率（散货）、机械化作业的衔接、两台起重机协同工作的可能性，经综合分析后加以确定。选定起重量时，还应符合起重量系列的有关标准，见表 2-1。

表 2-1 起重机最大起重量系列（GB/T 783—2013）　　　　　　　　　　　　　单位：t

0.1	0.125	0.16	0.2	0.25	0.32	0.4	0.5	0.63	0.8
1	1.25	1.6	2	2.5	3.2	4	5	6.3	8
10	12.5	16	20	25	32	40	50	63	80
（11.2）	（14）	（18）	（22.5）	（28）	（36）	（45）	（56）	（71）	（90）
100	125	160	200	250	320	400	500	630	800
（112）	（140）	（180）	（225）	（280）	（360）	（450）	（560）	（710）	（900）
1 000									

注：1. 应尽量避免选用括号中的最大起重量参数。
　　2. 最大起重量大于 1 000 t 时，可按 R20 优先数系选用。

2）总起升高度

起升高度是指从起重机支承（停放）平面或运行轨道顶面向上至吊具最高工作位置（采用吊钩时算到它的吊钩环中心，采用抓斗或其他吊具时算到它们的最低点）之间的垂直距离，用 h_1 表示，单位为米（m）。浮式起重机的起升高度指最大幅度下满载起升时从水平面至吊具最高工作位置之间的垂直距离。

下降深度是指从起重机支承（停放）平面或运行轨道顶面向下至吊具最低工作位置之间的垂直距离，用 h_2 表示，单位为米（m）。浮式起重机的下降深度指空载状态下从水平面至吊具最低工作位置之间的垂直距离。

通常情况下，起升高度又称为轨上起升高度，下降深度又称为轨下起升高度。两者之和称为总起升高度，用 H 表示，即 $H = h_1 + h_2$。总起升高度是卷筒设计的主要设计依据之一。

总起升高度应根据重物所需的最大提升高度、吊具高度和悬挂钢丝绳最小安全长度来确定。对港口起重机和浮式起重机，应考虑船倾、潮位、船舶空载和满载对起升高度的影响。下降深度应根据吊具在最低潮位、船舶满载时能取到舱底物品来确定。

3) 幅度

回转起重机的幅度是指回转起重机水平停放条件下，空载吊具铅垂中心线至回转中心线之间的水平距离，用 R 表示，单位为米（m）；非回转起重机的幅度是空载吊具铅垂中心线至臂架下铰点之间的水平距离；非回转浮式起重机的幅度为空载吊具铅垂中心线至船首（或船尾）护木外侧间的水平距离。

起重机的名义幅度是指它的最大幅度。

港口起重机的最大幅度 R_{max} 根据轨道布置、作业船最大宽度、是否要求外挡过驳作业等条件来确定。最小幅度 R_{min} 由起重机构造和安全要求确定，应力求减小。轮胎起重机幅度按要求的作业范围确定。

4) 外伸距

外伸距指桥架型起重机悬臂侧轨道中心线至悬臂端吊具铅垂中心线之间的最大水平距离，用 l 表示，单位为米（m）。岸边集装箱起重机和桥式抓斗卸船机水侧（海侧）的外伸距称前伸距，用 l_1 表示；陆侧的外伸距称后伸距，用 l_2 表示。

前伸距根据岸边轨道布置、船宽、要否过驳作业等条件来确定；后伸距则取决于作业要求和现场条件。

臂架型回转起重机在水平停放条件下空载吊具铅垂中心线至起重机倾覆线之间的水平距离称为距倾覆边线伸距。

5) 跨度和轨距

桥架型起重机运行轨道中心线之间的水平距离称为跨度，用 L 表示，单位为米（m）。门式起重机的跨度根据作业要求和场地情况确定。

臂架型起重机运行轨道中心线之间的水平距离称为轨距，用 S 表示，单位为米（m）。选取轨距时应考虑起重机的最大轮压及稳定性的控制要求。桥架型起重机小车运行轨道中心线之间的水平距离称为小车轨距，由小车上机构布置的具体需求而定。

岸边集装箱起重机和桥式抓斗卸船机中大车运行轨道中心线之间的水平距离，习惯上也称轨距。

轮胎起重机中左右两侧轮胎踏面中心线之间的水平距离称为轮距。当驱动桥两侧采用双胎时，轮距则为两侧双胎中心线之间的水平距离。

6）基距（轴距）

基距指同一轨道上起重机或起重小车两支承点中心线之间的水平距离，用 B 表示，单位为米（m）。当起重机的运行支承装置配有平衡梁时，基距则为门架与一级平衡梁连接铰轴之间的水平距离。

起重机的基距根据构造布置、轮压和稳定性要求来确定。小车的基距则取决于小车的结构布置。

轮胎起重机的基距为前后两组支承轮胎中心线间的水平距离，也称为轴距。轴距由转弯半径、轴荷分配和车架结构尺寸等要求来确定。

7）尾部半径

起重机尾部半径指回转起重机中回转部分尾部的最大回转半径，用 r 表示，单位为米（m）。

码头起重机的尾部半径通常由用户单位提出，或者根据起重机轨距、岸边轨道布置、船舶上层建筑、多机联合作业等情况来确定。其值将制约机房平面尺寸、活对重和对重杠杆尺寸等。

8）工作速度

（1）起升（下降）速度

起升（下降）速度指起重机吊起额定起重量时吊具匀速上升（下降）的速度，用 v_q 表示，单位为米/分（m/min）。

（2）回转速度

回转速度指起重机位于水平面上，回转部分的回转角速度，常用 n_h 表示，单位为转/分（r/min）。

（3）运行速度

起重机（大车）运行速度指起重机吊有额定起重量，在水平路面（或水平轨面）上匀速运行时的速度，用 v_y 表示，单位为米/分（m/min）。

当运行机构仅用于调整起重机作业位置时，起重机（大车）运行速度系指起重机不带载、在水平路面（或水平轨面）上匀速运行时的速度。小车运行速度指带有额定起重量的小车在水平轨面上匀速运行时的速度，用 v_{yt} 表示，单位为米/分（m/min）。

无轨运行起重机在平坦路面上稳定行驶时的速度称起重机行驶速度，用 v_0 表示，单位为千米/时（km/h）。起重机吊有额定起重量时平稳行走的速度称吊重行驶速度。

（4）变幅速度

变幅速度指臂架型起重机位于水平面上、吊有额定起重量变幅时，吊重水平移动（不计起制动）的平均速度，用 v_{btop} 表示，单位为米/分（m/min）。

某些无轨运行起重机不采用变幅速度作参数而采用变幅时间，它是指重机吊有相应于最大幅度的起重量（对工作性变幅）或不带载（对非工作性变幅），由最大幅度运动到最小幅度（不计起制动时间）所需的时间，用 t 表示，单位为秒（s）。岸边集装箱起重机和桥式抓斗卸船机前桥架（又称前大梁）俯仰全过程所耗费的时间（不计起制动时间）称为俯仰时间。

起重机工作速度根据起重量、工作行程、货种、作业效率、机构工作性质和使用要求来确定。回转速度还要受到臂架端部最大圆周速度的限制。

9）最大轮压

最大轮压指起重机（或起重小车）的一个车轮传递到轨道或地面上的最大垂直载荷，用 P_L 表示，单位为千牛（kN）。

轮压是设计计算运行机构（如确定车轮大小、数量，打滑验算等）、起重机支承装置（如平衡梁、轨道等）以及码头水工结构的重要依据。按起重机工作情况的不同，可分为工作轮压和非工作轮压。同一车轮的轮压值随着起重机工作状态的不同而变化。

在现有轨道基础上设计一台新的起重机时，必须把最大轮压控制在现有轨道基础承载能力的允许范围之内，允许范围的最大值称为许用轮压。

10）生产率

生产率指起重机在规定装卸条件下每小时装卸货物的总质量或装卸的标准集装箱箱数，用 A_n 表示，单位为吨/时（t/h）或每小时装卸的标准集装箱箱数（TEU/h）。起重机生产率与有效起重量、工作行程、工作速度、机构的协同工作程度和物料类别有关，它是起重机的综合技术指标。实际生产率还取决于生产条件和操作者的熟练程度等。

生产率分计算生产率（理论生产率）和技术生产率（实际生产率）两种。按额定起重量、额定工作速度和典型路径工作循环周期算出的生产率为计算生产率，又称额定生产率。起重机作业时实际达到的生产率叫技术生产率。影响技术生产率的因素很多，一般只能由统计方法得到。

2.2 起重机的工作级别

2.2.1 工作级别

1）工作级别的划分

起重机通过起升和移动所吊运的物品完成搬运作业，为适应起重机不同的使用情况和工作要求，在设计和选用起重机及其零部件时，应对起重机及其组成部分进行工作级别的划分，包括起重机整机的分级、机构的分级、结构件和机械零件的分级。

2）分级的基础

使用等级：用起重机的总工作循环数、机构总使用小时数、结构件和机械零件总应力循环数等来表示。

载荷状态：用起重机的起升载荷谱、机构的载荷谱、结构件和机械零件的应力谱等来表示。

注：具体可参见《起重机设计规范》（GB/T 3811—2008）。

2.2.2 起重机整机的分级

1）确定分级的因素

确定起重机整机分级应考虑两个因素：起重机的使用等级和起重机的起升载荷状态。

（1）起重机的使用等级

起重机的设计预期寿命，是指设计预设的该起重机从开始使用起到最终报废时止能完成的总工作循环数。起重机的一个工作循环是指从起吊一个物品起，到开始起吊下一个物品时止，包括起重机运行及正常停歇在内的一个完整的过程。

起重机总的工作循环数与它的设计预期寿命期限的长短及起重机使用的频繁情况有关。起重机的使用等级是将起重机可能完成的总工作循环数划分成 10 个级别，用 U0、U1、U2……U9 表示。

（2）起重机的起升载荷状态级别

起重机的起升载荷，是指起重机在实际的起吊作业中每一次吊运的物品质量（有效起重量）与吊具及属具质量的总和（即起升质量）的重力；起重机的额定起升载荷，是指起重机起吊额定起重量时能够吊起的物品最大质量与吊具及属具质量的总和（即总起升质量）的重力。

起重机的起升载荷状态级别是指在该起重机的设计预期寿命期限内，其各个有代表性的起升载荷值的大小及各相对应的起吊次数，与起重机的额定起升载荷值的大小及总的起吊次数的比值情况。

起重机起升载荷谱系数 K_p 的 4 个范围值代表了起重机对应的载荷状态级别，即 Q1（$K_p \leq 0.125$）、Q2（$0.125 < K_p \leq 0.250$）、Q3（$0.250 < K_p \leq 0.500$）、Q4（$0.500 < K_p \leq 1.000$）。

2）起重机整机的工作级别

根据起重机的 10 个使用等级和 4 个载荷状态级别，起重机整机的工作级别划分为 A1~A8 共 8 个级别。

各典型起重机整机工作级别举例见表 2-2。

表 2-2 典型起重机整机的工作级别举例

序号	起重机类型	用途特点	使用等级	载荷状态	工作级别
1	岸边集装箱起重机	集装箱吊具	U6–U8	Q2–Q3	A6–A8
2	门座式起重机（件杂货）	吊钩	U5–U6	Q3	A6–A7
3	门座式起重机（散货）	抓斗	U6	Q3–Q4	A7–A8

（续表）

序号	起重机类型	用途特点	使用等级	载荷状态	工作级别
4	集装箱门式起重机	集装箱吊具	U5–U6	Q2–Q3	A6–A7
5	散货装船机	皮带、连续	U6	Q3–Q4	A7–A8
6	散货卸船机	抓斗	U7–U8	Q4	A8
7	港口装卸用浮式起重机（件杂货）	吊钩	U4–U5	Q3	A5–A6
8	港口装卸用浮式起重机（散货）	抓斗	U4–U5	Q4	A6–A7
9	特大起重量（>100 t）浮式起重机	吊钩	U2–U3	Q2	A2–A3
10	堆场装卸用桥式类起重机	吊钩	U4–U5	Q3	A5–A6
11	造船用门座起重机	吊钩	U4	Q2	A4
12	造船用门式起重机	吊钩	U4	Q2–Q3	A4

2.2.3 机构的分级

1）确定分级的因素

确定各机构的分级应考虑两个因素：机构的使用等级和机构的载荷状态。

（1）机构的使用等级

机构的设计预期寿命，是指设计预设的该机构从开始使用起到预期更换或最终报废为止的总运转时间，它只是该机构实际运转小时数累计之和，而不包括工作中此机构的停歇时间。机构的使用等级是将该机构的总运转时间分成10个等级，以T0、T1、T2……T9表示。

（2）机构的载荷状态级别

机构的载荷状态级别表明了机构所受载荷的轻重情况。机构载荷谱系数K_m的4个范围值代表了机构对应的载荷状态级别，即L1（$K_m \leq 0.125$）、L2（$0.125 < K_m \leq 0.250$）、L3（$0.250 < K_m \leq 0.500$）、L4（$0.500 < K_m \leq 1.000$）。

2）机构的工作级别

机构工作级别的划分，是将各单个机构分别作为一个整体进行的关于其载荷大小程度及运转频繁情况总的评价，它并不表示该机构中所有的零部件都有此相同的受载及运转情况。

根据机构的10个使用等级和4个载荷状态级别，机构单独作为一个整体进行分级的工作级别划分为M1～M8共8级。

各类起重机的机构分级举例见表2-3。

表 2-3 典型起重机各单个机构作为整体分级举例

序号	起重机类型	整机工作级别	机构使用等级 H	S	L	D	T	机构载荷状态 H	S	L	D	T	机构工作级别 H	S	L	D	T
1	岸边集装箱起重机	A6	T5	—	T5	T5	T5	L3	—	L2	L3	L3	M6	—	M5	M6	M6
		A7	T6	—	T5	T6	T5	L3	—	L2	L3	L3	M7	—	M5	M7	M6
		A8	T7	—	T5	T7	T5	L3	—	L2	L3	L3	M8	—	M5	M8	M6
2	门座式起重机（件杂货）	A6	T5	T4	T4	—	T3	L3	L3	L2	—	L2	M6	M5	M4	—	M3
		A7	T6	T5	T4	—	T3	L3	L3	L3	—	L3	M7	M6	M5	—	M4
3	门座式起重机（散货）	A7	T6	T5	T5	—	T3	L4	L3	L3	—	L3	M7	M6	M6	—	M4
		A8	T6	T6	T6	—	T3	L4	L3	L3	—	L3	M8	M7	M7	—	M4
4	集装箱门式起重机	A6	T5	—	—	T5	T5	L3	—	—	L3	L3	M6	—	—	M6	M6
		A7	T6	—	—	T6	T6	L3	—	—	L3	L3	M7	—	—	M7	M6
5*	散货装船机	A7	T6	T5	T6	T5	T3	L3	L3	L3	L3	L3	M7	M6	M6	M6	M4
		A8	T7	T6	T6	T5	T3	L3	L3	L3	L3	L3	M8	M7	M7	M6	M4
6	散货卸船机	A8	T7	—	T5	T6	T4	L3	—	L3	L3	L3	M8	—	M5	M7	M5
7	港口装卸用浮式起重机（件杂货）	A5	T4	T4	T4	—	—	L3	L3	L3	—	—	M5	M5	M5	—	—
		A6	T5	T4	T4	—	—	L3	L3	L3	—	—	M6	M5	M5	—	—
8	港口装卸用浮式起重机（散货）	A6	T4	T4	T4	—	—	L4	L3	L3	—	—	M6	M5	M5	—	—
		A7	T5	T5	T5	—	—	L4	L3	L3	—	—	M7	M6	M6	—	—
9	特大起重量（>100t）浮式起重机	A2	T3	T2	T2	—	—	L1	L2	L2	—	—	M2	M2	M2	—	—
		A3	T3	T2	T2	—	—	L2	L2	L2	—	—	M3	M2	M2	—	—
10	堆场装卸用桥式类起重机	A5	T5	—	—	T5	T5	L2	—	—	L2	L2	M5	—	—	M5	M5
		A6	T5	—	—	T5	T5	L3	—	—	L3	L3	M6	—	—	M6	M6
11	造船用门座起重机	A4	T5	T4	T4	—	T5	L2	L2	L2	—	L2	M5	M4	M4	—	M5
12	造船用门式起重机	A4	T5	—	—	T4	T5	L2	—	—	L2	L2	M5	—	—	M4	M6

注：H—起升机构；S—回转机构；L—动臂俯仰变幅机构；D—小车运行机构；T—大车运行机构。

2.2.4 结构件和机械零件的分级

1）确定分级的因素

确定结构件和机械零件的分级应考虑两个因素：结构件和机械零件的使用等级和应力状态。

（1）结构件和机械零件的使用等级

结构件和机械零件的一个应力循环是指应力从通过 σ_m 时起至该应力同方向再次通过 σ_m 时为止的一个连续过程。图 2-2 是包含 5 个应力循环的时间应力变化历程。

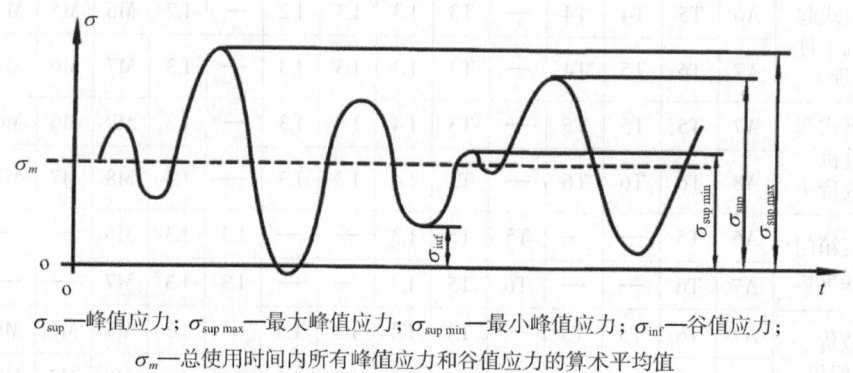

σ_{sup}—峰值应力；$\sigma_{sup\,max}$—最大峰值应力；$\sigma_{sup\,min}$—最小峰值应力；σ_{inf}—谷值应力；
σ_m—总使用时间内所有峰值应力和谷值应力的算术平均值

图 2-2 随时间变化的 5 个应力循环举例

结构件和机械零件的总使用时间，是指设计预设的从开始使用起到该结构件报废或该机械零件更换为止的期间内发生的总的应力循环次数。

结构件的总应力循环数同起重机的总工作循环数之间存在着一定的比例关系，某些构件在一个起重循环内可能经受几个应力循环，这取决于起重机的类别和该结构件在该起重机结构中的具体位置。对不同的结构件这一比值可能互不相同，但当这一比值已知时，该结构件的总使用时间，即它的总应力循环数便可以从起重机使用等级的总工作循环数中导出。

机械零件的总应力循环数，则应从该零件所归属机构的或该零件的设计预定的总使用时间中导出，推导时要考虑到影响其应力循环的该零件的转速和其他相关的情况。

结构件和机械零件的使用等级，都是将其总应力循环次数分成的 11 个等级，分别以代号 B0，B1……B10 表示。

（2）结构件或机械零件的应力状态级别

结构件或机械零件的应力状态级别，表明了该结构件或机械零件在总使用期内发生应力的大小及相应的应力循环情况。应力谱系数 K_S 的 4 个范围值代表了结构件或机械零件相对应的应力状态级别，即 S1（$K_S \leq 0.125$）、S2（$0.125 < K_S \leq 0.250$）、S3（$0.250 < K_S \leq 0.500$）、S4（$0.500 < K_S \leq 1.000$）。

2）结构件或机械零件的工作级别划分

根据结构件或机械零件的使用等级和应力状态级别，结构件或机械零件工作级别划分为 E1～E8 共 8 个级别，见表 2-4。

表 2-4　结构件或机械零件的工作级别

应力状态级别	使用等级										
	B_0	B_1	B_2	B_3	B_4	B_5	B_6	B_7	B_8	B_9	B_{10}
S1	E1	E1	E1	E1	E2	E3	E4	E5	E6	E7	E8
S2	E1	E1	E1	E2	E3	E4	E5	E6	E7	E8	E8
S3	E1	E1	E2	E3	E4	E5	E6	E7	E8	E8	E8
S4	E1	E2	E3	E4	E5	E6	E7	E8	E8	E8	E8

2.3　计算载荷及载荷组合

2.3.1　计算载荷与载荷系数

工作状态和非工作状态下，作用在起重机上的载荷多种多样、变化不定。《起重机设计规范》（GB/T 3811—2008）将这些载荷分为四类：即常规载荷、偶然载荷、特殊载荷及其他载荷。

常规载荷是指在起重机正常工作时经常发生的载荷，包括自重载荷 P_G、起升载荷 P_Q、由驱动机构或制动器的作用使起重机加（减）速运动而产生的惯性载荷以及这些载荷的动载效应，还包括因起重机结构的位移或变形引起的载荷。在防屈服、防弹性失稳及在必要时进行的防疲劳失效等验算中，应考虑这类载荷。

偶然载荷是指在起重机正常工作时不经常发生而只是偶然出现的载荷，包括工作状态风载荷 P_{WII}、起重机偏斜运行引起的水平侧向载荷 P_S，以及根据实际情况决定是否考虑的坡道载荷、冰雪载荷、温度载荷等。在防疲劳失效的计算中通常不考虑这些载荷。

特殊载荷是起重机在非正常工作时或不工作时的特殊情况下可能受到的最大载荷，或在工作状态下偶然受到的最不利载荷，包括非工作状态风载荷 P_{WIII}、起重机试验载荷、碰撞载荷、倾翻水平载荷、意外停机载荷、挂舱载荷以及机构传动突然失效或起重机基础受到外部激励引起的载荷等。在防疲劳失效的计算中也不考虑这些载荷。

其他载荷是指在某些特定情况下发生的载荷，包括工艺性载荷（起重机在工作过程中为完成生产工艺需要进行的动作而产生的载荷）、作用在起重机的平台或通道上的载荷等。很难判断这些载荷是否是重要的或关键的载荷。因有相当多的事故发生在这些情况下，所以对它也应予以特别注意。

1）常规载荷

（1）自重载荷 P_G

自重载荷是指起重机本身的结构、机械设备、电气设备以及在起重机工作时始终积结在它的某个部件上的物料（如附设在起重机上的漏斗料仓、连续输送机及在它上面的物料）等质量的重力。对某些起重机，自重载荷还要包括结壳物料质量的重力，例如黏结在起重机及其零部件上的煤或类似的其他粉末质量的重力。

实腹式梁构件的自重一般作为沿全长的均布载荷处理［图2-3（a）］；格构式桁架的自重作为分布在各节点上的节点载荷处理［图2-3（b）］；机械和电气设备的自重作为作用在其安装部位处的集中载荷处理。

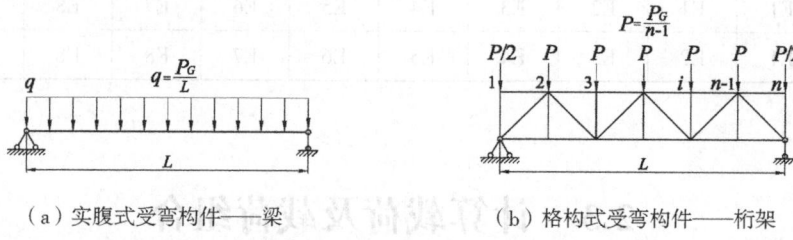

(a) 实腹式受弯构件——梁　　　　(b) 格构式受弯构件——桁架

图2-3　自重的常用处理方式

（2）额定起升载荷 P_Q

额定起升载荷是指额定起重量、取物装置（不经常拆卸的吊具、吊钩）和起重钢丝绳悬垂段质量（起升高度小于50m时的起升钢丝绳的质量不计）产生的重力。

（3）起升冲击系数 ϕ_1 及动力效应

当物品离地起升时，或将悬吊在空中的部分物品突然卸除时，或悬吊在空中的物品下降制动时，起重机本身（主要是对金属结构）的自重因出现振动而产生脉冲式增大或减小的动力响应。起重机自身质量受到起升冲击而出现的动力响应，用起升冲击系数 ϕ_1 乘以起重机自身的自重载荷 P_G 来考虑，为反映此振动引起载荷增大和减小的变化范围的上下限，通常取

$$\phi_1 = 1 \pm \alpha \qquad (2-1)$$

式中：α——起升冲击影响系数，$0 \leq \alpha \leq 0.1$。

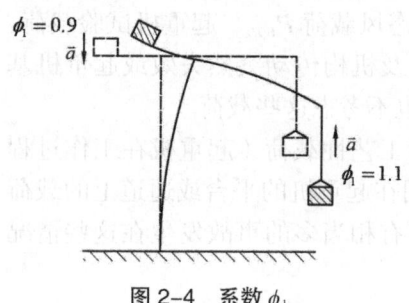

图2-4　系数 ϕ_1

对所计算的构件，起不利作用的自重载荷取 $\phi_1 = 1.0 \sim 1.1$；反之，取 $\phi_1 = 0.9 \sim 1.0$（图2-4）。

（4）起升动载系数 ϕ_2 及动力效应

当物品无约束地起升离地时，物品的惯性力会使起升载荷出现动载增长的作用。此起动动力效应可用一个大于1的起升载荷动载系数 ϕ_2 乘以额定起升载荷 P_Q 来考虑。ϕ_2 的值与起升状态级别及起升驱动系统的控制情况有关。

由于起升机构驱动控制型式的不同，物品起升离地时的操作方式会有较大的差异，由此表现出起升操作的平稳程度和物品起升离地的动力特性也会有很大的不同。将起升状态划分为 $HC_1 \sim HC_4$ 四个级别，与各个级别相对应的系数 β_2 和 ϕ_{2min} 值列于表 2-5 中，说明如图 2-5 所示。

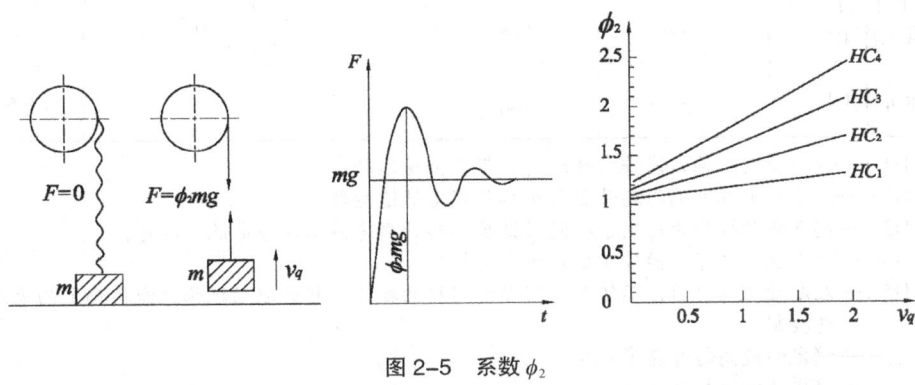

图 2-5　系数 ϕ_2

起升动载系数 ϕ_2 与起升速度 v_q 和起升状态级别有关，其值可以由试验或分析确定，也可以按式（2-2）确定：

$$\phi_2 = \phi_{2min} + \beta_2 v_q \tag{2-2}$$

式中　ϕ_{2min}——与起升状态级别相对应的起升动载系数的最小值，见表 2-5；

　　　β_2——按起升状态级别设定的系数，见表 2-5；

　　　v_q——稳定起升速度，m/s，与起升机构驱动控制型式及操作方法有关，见表 2-6，其最高值 $v_{q\,max}$ 发生在电动机或发电机空载起动（相当于此时吊具、物品及完全松弛的钢丝绳均放置于地面）且吊具及物品被起升离地时其起升速度已达到稳定起升的最大值。

由式（2-2）计算得出，其最大值 ϕ_{2max} 对港口臂架型起重机等起升速度很高的不超过 2.2，对其他起重机不超过 2.0。

典型起重机的起升状态级别举例见表 2-7。

（5）突然卸载冲击系数 ϕ_3 及动力效应

有的起重机正常工作时会在空中从总起升质量 m 中突然卸除部分起升质量 Δm（例如使用抓斗或起重电磁吸盘进行空中卸载），这将对起重机结构产生减载振动作用。减小后的起升动载荷用突然卸载冲击系数 ϕ_3 乘以额定起升载荷 P_Q 来计算（图 2-6）。

表 2-5　β_2 和 ϕ_2 值

起升状态级别		β_2	ϕ_{2min}
HC_1	起升离地平稳	0.17	1.05
HC_2	起升离地有轻微冲击	0.34	20
HC_3	起升离地有中度冲击	0.51	25
HC_4	起升离地有较大冲击	0.68	1.20

表 2-6 确定 ϕ_2 用的稳定起升速度 v_q 值

载荷组合	起升驱动型式及其工作方式				
	H1	H2	H3	H4	H5
无风工作 A1、有风工作 B1	$v_{q\,max}$	$v_{q\,min}$	$v_{q\,min}$	$0.5v_{q\,max}$	$v_q = 0$
特殊工作 C1	—	$v_{q\,max}$	—	$v_{q\,max}$	$0.5v_{q\,max}$

注：H1——起升驱动机构只能作常速运转，不能低速运转；
H2——起重机司机可选用起升驱动机构作稳定低速运转；
H3——起升驱动机构的控制系统能保证物品起升离地前都作稳定低速运转；
H4——起重机司机可以操作实现无级变速控制；
H5——在起升绳预紧后，不依赖于起重机司机的操作，起升驱动机构就能按预定的要求进行加速控制；
$v_{q\,max}$——稳定的最高起升速度；
$v_{q\,min}$——稳定的低速起升速度。

表 2-7 典型起重机的起升状态级别举例

序　号	起重机类型	起升状态级别
1	岸边集装箱起重机	HC_2、HC_3
2	门座式起重机（件杂货）	HC_2、HC_3
3	门座式起重机（散货）	HC_3、HC_4
4	集装箱门式起重机	HC_2、HC_3
5	散货装船机	HC_2
6	散货卸船机	HC_3、HC_4
7	港口装卸用浮式起重机（件杂货）	HC_2
8	港口装卸用浮式起重机（散货）	HC_3、HC_4
9	特大起重量（>100t）浮式起重机	HC_2
10	堆场装卸用桥式类起重机	HC_3
11	造船用门座起重机	HC_2、HC_3
12	造船用门式起重机	HC_2、HC_3

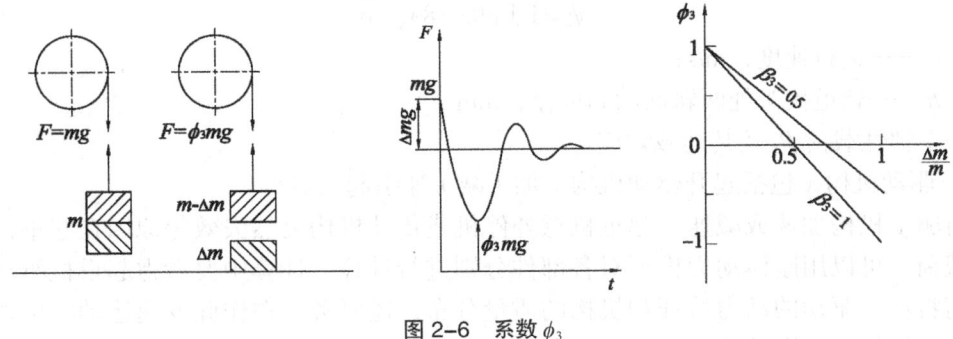

图 2-6 系数 ϕ_3

空中突然卸载冲击系数 ϕ_3 值由式（2-3）给出：

$$\phi_3 = 1 - \frac{\Delta m}{m}(1+\beta_3) \tag{2-3}$$

式中 β_3——系数，对用抓斗或类似的慢速卸载装置的起重机，$\beta_3 = 0.5$；对用电磁盘或类似的快速卸载装置的起重机，$\beta_3 = 1.0$。

（6）运行冲击系数 ϕ_4 及动力效应

起重机或起重机的部分装置，在不平的道路或轨道上运行时所发生的垂直冲击动力效应，即运行冲击载荷，用运行冲击系数 ϕ_4 乘以自重载荷 P_G 与额定起升载荷 P_Q 来考虑。

① 无轨运行的起重机

在这种情况下，ϕ_4 取决于起重机的构造型式（质量分布）、起重机的弹性和/或悬挂方式、运行速度 v_y（对于小车运行机构 $v_y = v_{yt}$），以及运行路面的种类和状况。此冲击效应可根据经验、试验或采用适当的起重机和运行路面的模型分析得到。一般可采用以下数据计算：

a）对轮胎起重机和汽车起重机

当 $v_y \leq 0.4$ m/s 时，$\phi_4 = 1.1$；当 $v_y > 0.4$ m/s 时，$\phi_4 = 1.3$。

b）对履带式流动式起重机

当 $v_y \leq 0.4$ m/s 时，$\phi_4 = 1.0$；当 > 0.4 m/s 时，$\phi_4 = 1.1$。

② 有轨运行的起重机

起重机带载或空载运行于具有一定弹性、接头处有间隙或高低错位的钢质轨道上时，发生的垂直冲击动力效应取决于起重机的构造型式（质量分布、起重机的弹性及起重机悬挂或支承方式）、运行速度 v_y 和车轮直径及轨道接头的状况等，应根据经验、试验或选用适当的起重机和轨道的模型进行估算。ϕ_4 可按以下规定选取：

a）对于轨道接头状态良好，如轨道用焊接连接并对接头打磨光滑的高速起重机，取 $\phi_4 = 1$。

b）对于虽未采用焊接连接，但其轨道接头质量符合《起重机 车轮及大车和小车轨道公差 第1部分：总则》（GB/T 10183.1—2018）的起重机，可取 $\phi_4 = 1$。

c）对轨道接头状况一般，起重机通过接头时会发生垂直冲击效应，这时 ϕ_4 可由式（2-4）确定：

$$\phi_4 = 1.1 + 0.058 v_y \sqrt{h} \quad (2-4)$$

式中 v_y——运行速度，m/s；

h——轨道接头处两轨面的高度差，mm。

（7）惯性载荷 P_4 及其动载效应

① 驱动机构（包括起升驱动机构）加（减）速引起的载荷

由驱动机构加速或减速、起重机意外停机或传动机构突然失效等原因在起重机中引起的载荷，可以用刚体动力模型对各部件分别进行计算。计算中要考虑起重机驱动机构的几何特征、驱动的动力特征和机构的质量分布，还要考虑在作此变速运动时出现的机构内部摩擦损失。在计算时，一般是将总起升质量视为固定在臂架端部，或直接悬置在小车的下方。

为了反映实际出现的弹性效应，将机构驱动加（减）速的动载系数 ϕ_5 乘以引起加（减）速的驱动力（或力矩）变化值 $\Delta F = ma$（或 $\Delta M = J\varepsilon$），并与加（减）速运动以前的力（F 或 M）代数相加，该增大的力既作用在承受驱动力的部件上成为动载荷，也作用在起重机和起升质量上成为它们的惯性力。ϕ_5 数值的选取决定于驱动力或制动力的变化率、质量分布和系统的弹性，见表 2-8。

表 2-8　ϕ_5 的取值范围

序号	工况	ϕ_5
1	计算回转离心力时	1.0
2	传动系统无间隙，采用无级变速的控制系统，加速力或制动力呈连续平稳的变化	1.2
3	传动系统存在微小的间隙，采用其他一般的控制系统，加速力或制动力呈连续的但非平稳的变化	1.5
4	传动系统有明显的间隙，加速力或制动力呈突然的非连贯性变化	2.0
5	传动系统有很大的间隙或存在明显的反向冲击，用质量弹簧模型不能进行准确的估算时	3.0

② 起重机或小车在水平面内进行纵向或横向运动起（制）动时的水平惯性力

起重机或小车在水平面内进行纵向或横向运动起（制）动时，起重机或小车自身质量和总起升质量的水平惯性力，按该质量与运行加速度乘积的 ϕ_5 倍计算：

$$P_A = \phi_5 ma \quad (2-5)$$

式中 m——起重机或小车自身质量和总起升质量；

ϕ_5——动载系数，此时取 $\phi_5 = 1.5$；

a——运行机构起、制动时的平均加速度。

对于自行式运行机构，运行惯性载荷的最大值不大于主动轮与轨道之间的黏着力，即：

$$P_A \leqslant f P_L \quad (2-6)$$

式中 P_L——运行机构主动轮的总静态轮压；
f——车轮与轨道之间的静摩擦系数。室外 $f=0.12$；室内 $f=0.15$，轨面覆以砂砾时 f 可达 0.25。

加（减）速度值可以根据加（减）速时间和所要达到的速度值来推算得到。如果用户未规定或未给出速度和加速度值，则可根据表 2-9 中所列的三种工作状况来选择与所要达到的速度相应的加速时间和加速度的参考值。

表 2-9 加速时间和加速度值

要达到的速度/(m/s)	低速和中速长距离运行		正常使用中速和高速运行		高加速度、高速运行	
	加速时间/s	加速度/(m/s²)	加速时间/s	加速度/(m/s²)	加速时间/s	加速度/(m/s²)
4.00			8.00	0.50	6.00	0.67
3.15			7.10	0.44	5.40	0.58
2.50			6.30	0.39	4.80	0.52
2.00	9.10	0.220	5.60	0.35	4.20	0.47
1.60	8.30	0.190	5.00	0.32	3.10	0.43
1.00	6.60	0.150	4.00	0.25	3.00	0.33
0.63	5.20	0.120	3.20	0.19		
0.40	4.10	0.098	2.50	0.16		
0.25	3.20	0.078				
0.16	2.50	0.064				

③ 起重机的回转离心力和回转变幅运动起（制）动时的水平惯性力

起重机回转运动时各部（构）件的离心力，用这些部（构）件质量大小、其质心处的回转半径和回转速度来计算，把悬挂的总起升质量视为与起重机臂架端部刚性固接。通常，这些离心力对结构起减载作用，可忽略不计。起重机回转与变幅起（制）动时的水平惯性力，按其各部（构）件质量与该质心的加速度乘积的 ϕ_5 倍计算（对机构计算和抗倾覆稳定性计算取 $\phi_5=1$），并把总起升质量视为与起重机臂端刚性固接，其加（减）速度值取决于该质量在起重机上的位置。对一般的臂架式起重机，根据其速度和回转半径的不同，臂架端部的切向和径向加速度值均可在 $0.1\ m/s^2$ 至 $0.6\ m/s^2$ 之间选取，加（减）速时间在 $5\ s$ 至 $10\ s$ 之间选取。物品所受风力单独计算，按最不利方向叠加。

当起重机回转机构以角速度 ω 和平均角加速度 ε 作回转运动时，起重机回转部分的各个质量和起升质量将产生水平法向惯性载荷（也称离心力）P_{An} 和水平切向惯性载荷 P_{At}，它们合成后分别为：

$$\Sigma P_{An}=\Sigma mr\omega^2=Mr_c\omega^2 \tag{2-7}$$

$$\Sigma P_{At}=\Sigma mr\varepsilon=Mr_c\frac{\omega}{t} \tag{2-8}$$

式中 m——所讨论的集中回转部分的质量，如起升质量、机电设备质量和结构的分块质量等，kg；
M——回转部分总质量，$M=\Sigma m$；

r——各部（构）件质心至回转轴的距离，m；

r_c——总质量的质心至回转轴的距离，$r_c = \Sigma mr/M$；

t——回转机构的起、制动时间，s。

但必须指出主矢的作用点并不在质心 c 处，因而切向惯性载荷对回转轴的合力矩（也称主矩）不等于切向惯性载荷的主矢与质心半径 r_c 的积。

$$\Sigma P_{At} \cdot r = \Sigma mr^2 \cdot \varepsilon = J\varepsilon \neq Mr_c^2 \varepsilon \tag{2-9}$$

式中 J——起重机回转部分的转动惯量，$J = \Sigma mr^2$。

④ 起升质量的偏摆载荷和偏摆角

臂架起重机回转和变幅机构起（制）动时的总起升质量产生的综合水平力（包括风力、变幅和回转起制动时产生的惯性力和回转运动的离心力），也可以用起重钢丝绳相对于铅垂线的偏摆角引起的水平分力来计算：

$$P_A = P_Q \tan \alpha \tag{2-10}$$

式中 α——起重钢丝绳相对于铅垂线的偏摆角。对不同类别的计算选用不同的 α 值。

用起重钢丝绳最大偏摆角 α_{II}（其值见表 2-10）计算结构、机构强度和起重机整机抗倾覆稳定性，用起重钢丝绳正常偏摆角 α_I 计算电动机功率 [此时取 $\alpha_I = (0.25 \sim 0.3) \alpha_{II}$] 和机械零件的疲劳及磨损 [$\alpha_I = (0.3 \sim 0.4) \alpha_{II}$]。

表 2-10 α_{II} 的推荐值

起重机类型及回转速度	装卸用门座起重机		安装用门座起重机		轮胎和汽车起重机
	$n \geq 2$r/min	$n < 2$r/min	$n \geq 0.33$r/min	$n < 0.33$r/min	
臂架变幅平面内	12°	10°	4°	2°	3° ~ 6°
垂直于臂架变幅平面内	14°	12°			

2）偶然载荷

（1）偏斜运行时的水平侧向载荷 P_S

起重机偏斜运行时的水平侧向载荷是指装有车轮的起重机或小车在作稳定状态的纵向运行或横向移动时，发生在它的导向装置（例如导向滚轮或车轮的轮缘）上，由于导向的反作用引起的一种偶然出现的载荷。水平侧向载荷 P_S 可按下式近似计算：

$$P_S = \frac{1}{2} \lambda \Sigma P \tag{2-11}$$

式中 λ——水平侧向载荷系数，与跨度 S 和基距 B（或有效轴距 a）的比值有关，按图 2-7 确定；

ΣP——起重机承受侧向载荷一侧的端梁上与有效轴距有关的相应车轮经常出现的最大轮压之和 [与小车位置有关，见图 2-8（a）、（b）]。此处 ΣP 不是"最不利轮压""极限轮压"，而是指运行状态下不考虑各种动力系数的最大轮压。

在多车轮的起重机中，用有效轴距 a 代替起重机的基距 B 进行水平侧向力的计算更

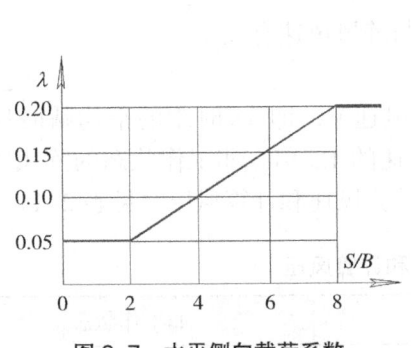 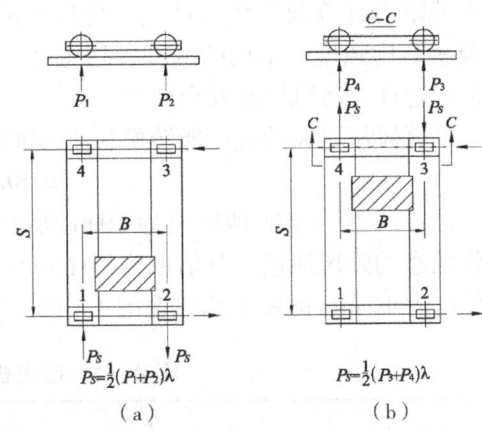

图 2-7 水平侧向载荷系数　　　图 2-8 桥式起重机水平侧向载荷的计算模型

为合理，有效轴距 a 按 GB/T 3811—2008 附录 D 确定。

（2）坡道载荷 P_α

起重机的坡道载荷是指位于斜坡（道、轨）上的起重机自重载荷及其额定起升载荷沿斜坡（道、轨）面的分力。坡道载荷可能是运行的阻力（上坡），也可能是运行的动力（下坡）。在运行机构、回转机构的计算，以及整机抗倾覆稳定性计算时，需要考虑坡道载荷。

起重机的坡道载荷按下列规定计算：

① 流动式起重机：需要时，按路面或地面的实际情况考虑；

② 轨道式起重机：当轨道坡度不超过 0.5% 时不考虑坡道载荷，否则按实际出现的实际坡度计算坡道载荷。

（3）风载荷 P_W

对露天工作的起重机应考虑风载荷 P_W 的作用。认为风载荷是一种任意方向作用的水平力，计算时假定风载荷是沿起重机最不利的水平方向作用的静力载荷，计算风压按不同类型起重机及其工作地区选取。

起重机的风载荷分为工作状态风载荷 P_{WII} 和非工作状态风载荷 P_{WIII} 两类。

工作状态风载荷 P_{WII} 是起重机在工作时应能承受的最大风力。为限制工作风速不超过极限值而采用风速测量装置时，通常将它安装在起重机的最高处。

① 风载荷计算公式

$$P_W = CK_h pA \tag{2-12}$$

式中　p——计算风压，N/m^2；

　　　C——风力系数；

　　　A——起重机构件或起吊货物垂直于风向的有效迎风面积，m^2；

　　　K_h——风压高度变化系数。

② 计算风压 p

工作状态风压分为 p_I 和 p_{II}。p_I 是起重机工作状态正常的计算风压，用于选择电动机功率的阻力计算及发热验算；p_{II} 是起重机工作状态最大计算风压，用于计算机构零部件和金属结构强度、结构的刚性及稳定性，验算驱动装置的过载能力以及起重机整机的抗倾覆稳定性、防风抗滑安全性等。

计算风压是风的速度能转换为压力能的结果，与阵风风速有关。

$$p=0.625v_s^2 \qquad (2-13)$$

计算风速为空旷地区离地 10 m 高度处的阵风风速 v_s，即 3 s 时距的平均瞬时风速。工作状态的阵风风速，其值取为 10 min 时距平均风速的 1.5 倍。非工作状态的阵风风速，其值取为 10 min 时距平均风速的 1.4 倍。起重机的计算风速和计算风压，见表 2-11。

表 2-11 起重机计算风速和计算风压

地 区	工作状态			非工作状态	
	计算风压，N/m²		计算风速，m/s	计算风压，N/m²	计算风速，m/s
	p_I	p_{II}	v_{sII}	p_{III}	v_{sIII}
内陆	0.6p_{II}	150	15.5	500～600	28.3～31.0
沿海		250	20.0	600～1000	310～40.0
我国台湾地区及南海诸岛		250	20.0	1 500	49.0
在 8 级风中应继续工作的起重机		500	28.3		

注：1. 沿海地区是指离海岸线 100 km 以内的陆地或海岛地区。
  2. 特殊用途的起重机的工作状态计算风压允许做特殊规定。流动式起重机（即汽车起重机、轮胎起重机和履带起重机）的工作状态计算风压，当起重机臂长小于 50 m 时取为 125 N/m²；当臂长等于或大于 50 m 时按使用要求决定。
  3. 非工作状态计算风压的取值，内陆的华北、华中和华南地区宜取小值，西北、西南、东北和长江下游等地区宜取大值；沿海以上海为界，上海可取 800 N/m²，上海以北取小值，以南取大值。在特定情况下，按用户要求，可根据当地气象资料提供的离地 10 m 高处 50 年一遇 10 min 时距年平均最大风速换算得到作为计算风速的 3s 时距的平均瞬时风速（但不大于 50m/s）和计算风压 p_{III}；若用户还要求此计算风速超过 50m/s 时，则可作非标准产品进行特殊设计。
  4. 在海上航行的起重机，可取 $p_{III}=1\,800$ N/m²，但不再考虑风压高度变化，即取 $K_h=1$。
  5. 沿海地区、我国台湾地区及南海诸岛港口大型起重机抗风防滑系统，锚定装置的设计，所用的计算风速 v_s 不应小于 55 m/s。

③ 风压高度变化系数 K_h

起重机工作状态计算风压沿起重机全高取为定值，不考虑高度变化，即取 $K_h=1$。除浮式起重机外，起重机的非工作状态的计算风压均需考虑高度变化系数 K_h，K_h 由表 2-12 查取。

④ 有效迎风面积 A

垂向风作用下起重机结构和货物的有效迎风面积 A 为：迎风物体在垂直于风向平面上的实体投影面积。

a）垂向风作用下格构式构件的有效迎风面积等于构件迎风面积的外形轮廓面积 A_0 乘以构件迎风面充实率 φ，即

表 2-12 风压高度变化系数 K_h

离地（海）面高度 h/m	≤10	10~20	20~30	30~40	40~50	50~60	60~70	70~80	80~90	90~100	100~110	110~120	120~130	130~140	140~150
陆上 $\left(\dfrac{h}{10}\right)^{0.3}$	1.00	23	22	1.46	1.57	1.67	1.75	1.83	1.90	1.96	2.02	2.08	2.13	2.18	2.23
海上及海岛 $\left(\dfrac{h}{10}\right)^{0.2}$	1.00	1.08	1.20	1.28	25	1.40	1.45	1.49	1.53	1.56	1.60	1.63	1.65	1.68	1.70

注：计算非工作状态风载荷时，可沿高度划分成 10m 高的等风压段，以各段中点高度的系数 K_h（即表列数字）乘以计算风压；也可以取结构顶部的计算风压作为起重机全高的定值风压。

$$A = A_0 \varphi \qquad (2\text{-}14)$$

式中　A_0——迎风物体的外形轮廓面积在垂直于风向平面上的实体投影面积；
　　　φ——结构的迎风面充实率，$\varphi = \dfrac{A}{A_0} = \dfrac{1}{L \times B} \times \sum_{i=1}^{n}(l_i \times b_i)$（图 2-9）。

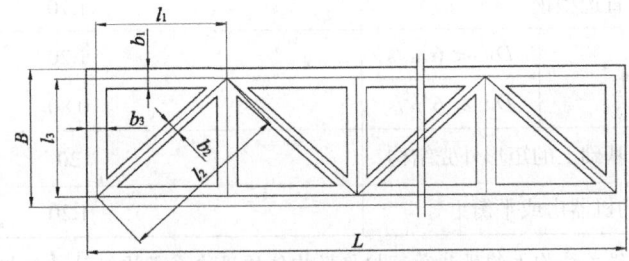

图 2-9　迎风面积充实率计算示意图

b）角度风（风向与物体迎风表面的法线呈某一角度）作用下的有效迎风面积由下式算得：

$$A = A_\theta \cos^2 \theta \qquad (2\text{-}15)$$

式中　θ——构件迎风表面的法线与风向的夹角（$\theta < 90°$）；
　　　A_θ——物体迎风面的外形轮廓面积，m^2。

⑤ 风力系数 C

a）单根构件、单片平面桁架结构的风力系数

表 2-13 给出了单根构件、单片平面桁架结构和机器房的风力系数 C 值。单根构件的风力系数 C 值随构件的空气动力长细比（l/b 或 l/D）而变化。对于大箱形截面构件，还要随构件截面尺寸比 b/d 而变化。构件截面尺寸和定义空气动力长细比的符号如图 2-10 所示。

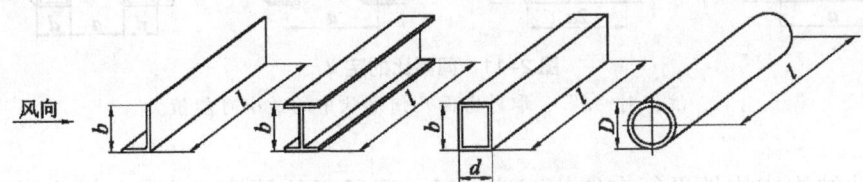

图 2-10　定义空气动力长细比的符号

注：在格构式结构中，单根杆件的长度 l_i 取为相邻节点的中心间距。

表 2-13 风力系数 C 值

类型	说明		空气动力长细比 l/b 或 l/D					
			≤5	10	20	30	40	≥50
单根构件	轧制型钢、矩形型材、空心型材、钢板		20	25	1.60	1.65	1.70	1.90
	圆形型钢构件	$Dv_s < 6\ m^2/s$	0.75	0.80	0.90	0.95	1.00	20
		$Dv_s \geq 6\ m^2/s$	0.60	0.65	0.70	0.70	0.75	0.80
	箱型截面构件，大于 350 mm 的正方形和 250 mm × 450 mm 的矩形	b/d						
		≥2	1.55	1.75	1.95	2.10	2.20	
		1	1.40	1.55	1.75	1.85	1.90	
		0.5	1.00	1.20	20	25	1.40	
		0.25	0.80	0.90	0.90	1.00	1.00	
单片平面桁架	直边型钢		1.70					
	圆形型钢	$Dv_s < 6\ m^2/s$	1.20					
		$Dv_s \geq 6\ m^2/s$	0.80					
机器房等	地面上或实体基础上的矩形外壳结构		20					
	空中悬置的机器房或平衡重等		1.20					

注：1. 单片平面桁架式结构上的风载荷可按单根构件的风力系数逐根计算后相加，也可按整片方式选用直边型钢或圆形型钢桁架结构的风力系数进行计算；当桁架结构由直边型钢和圆形型钢混合制成时，宜根据每根构件的空气动力长细比和不同气流状态（$Dv_s < 6\ m^2/s$ 或 $Dv_s \geq 6\ m^2/s$），采用逐根计算后相加的方法。

2. 除了本表提供的数据之外，由风洞试验或者实物模型试验获得的风力系数值，也可以使用。

b）多片结构或构件的风力系数

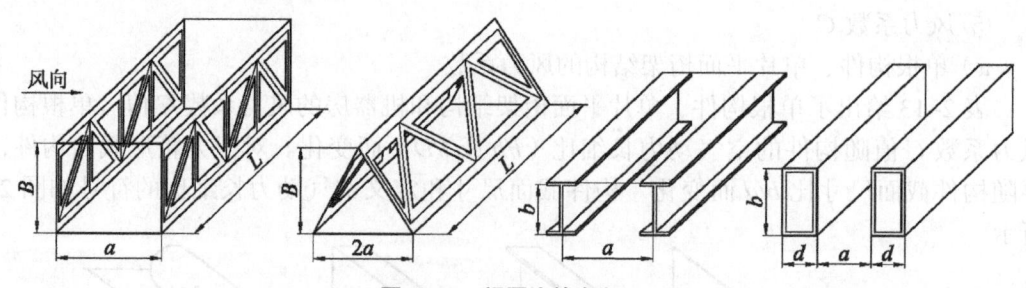

图 2-11 间隔比的定义

注：对"a"，取外露面几何形状中的最小可能值。

当两片结构或构件平行布置相互遮挡时，迎风面的结构或构件的风力系数仍按表 2-13 确定；被遮挡的后片结构或构件的风力系数应乘以表 2-14 给出的挡风折减系数 η。

表 2-14　挡风折减系数 η

间隔比 a/b	结构迎风面充实率 φ					
	0.1	0.2	0.3	0.4	0.5	≥ 0.6
0.5	0.75	0.40	0.32	0.21	0.15	0.10
1.0	0.92	0.75	0.59	0.43	0.25	0.10
2.0	0.95	0.80	0.63	0.50	0.33	0.20
4.0	1.00	0.88	0.76	0.66	0.55	0.45
5.0	1.00	0.95	0.88	0.81	0.75	0.68
6.0	1.00	1.00	1.00	1.00	1.00	1.00

η 值随充实率和间隔比而变。间隔比 $=\dfrac{两个相对面之间的距离}{构件迎风面的宽度}=a/b$ 或 a/B，参数含义见图 2-11。

管材制成的三角形截面空间桁架（下弦杆可用矩形管材或组合封闭杆件）的侧向风力系数，第一片为 1.3，第二片为 1.3η。

对于 n 片型式相同且彼此等间隔布置的等高结构，应考虑多片结构的重叠挡风折减作用，结构的风载荷计算如下：

第一片：$P_{W1} = CK_h pA$

第二片：$P_{W2} = \eta CK_h pA$

第三片：$P_{W3} = \eta^2 CK_h pA$

……

第 n 片：$P_{Wn} = \eta^{n-1} CK_h pA$

因此，总风载荷是：

$$P_W = (1 + \eta + \eta^2 + \cdots + \eta^{n-1}) CK_h pA \qquad (2\text{-}16)$$

（4）冰雪载荷 P_{SI}

对于某些地方，应考虑雪和冰载荷。也应考虑由于冰、雪积结引起受风面积的增大。

（5）由于温度变化引起的载荷 P_T

一般情况不考虑温度载荷；但在某些地区，如果起重机在安装时与使用时温度差异很大，或者跨度较大的超静定结构（如跨度达 30 m 以上的双刚性支腿的门式起重机），则应当考虑因温度变化引起结构件膨胀或收缩受到约束所产生的载荷，本项载荷的计算可根据用户提供的有关资料进行。

3）特殊载荷

（1）非工作状态风载荷 P_{WIII}

非工作状态风载荷，是起重机在不工作时能承受的最大风力。将此风载荷与起重机相应的自重载荷进行组合，用于验算非工作状态下起重机零部件及金属结构的强度、起重机整机抗倾覆稳定性,并进行起重机的防风抗滑装置、锚定装置等设计计算。详见"2)偶然载荷"中"风载荷 P_W"部分。

(2) 碰撞载荷 P_C

起重机的碰撞载荷是指同一运行轨道上两相邻起重机之间碰撞或起重机与轨道端部缓冲止挡件碰撞时产生的载荷,起重机应设置减速缓冲装置以减小碰撞载荷,且按缓冲器所吸收的动能计算。

① 作用在缓冲器的固定连接部件或止挡件上的缓冲碰撞载荷

对于桥式、门式、臂架起重机,以额定运行速度计算缓冲器的连接与固定部件上和止挡件上的缓冲碰撞力。

② 作用在起重机金属结构上的缓冲碰撞载荷

a) 当水平速度不高于 0.7 m/s 时,则不必考虑此缓冲碰撞载荷;

b) 当水平速度高于 0.7 m/s 时,则应考虑缓冲碰撞载荷:

对装有终点行程限位开关及能可靠起减速作用的控制系统的起重机,按减速后的实际碰撞速度(但不小于 50% 的额定运行速度)来计算各运动部分的动能,由此算出缓冲器吸收的动能,从而算出起重机金属结构上的缓冲碰撞载荷。

对未装可靠的自动减速限位开关的起重机,碰撞时的计算速度:大车(起重机)取 85% 的额定运行速度,小车取额定运行速度,以此来计算缓冲器所吸收的动能,并按该动能来计算起重机金属结构上的缓冲碰撞力。

在计算缓冲碰撞力时,对于物品被刚性吊挂或装有刚性导架以限制悬吊的物品水平移动的起重机,要将物品质量的动能考虑在内;对于悬吊的物品能自由摆动的起重机,则不考虑物品质量动能的影响。缓冲碰撞力在起重机上的分布,取决于起重机(对装有刚性导架限制悬吊物品摆动的起重机,还包括物品)的质量分布情况。计算时要考虑小车处在最不利位置,计算中不考虑起升冲击系数 ϕ_1、起升动载系数 ϕ_2 和运行冲击系数 ϕ_4。

③ 缓冲器碰撞弹性效应系数 ϕ_7

用 ϕ_7 与缓冲碰撞力相乘,来考虑用刚体模型分析所不能估算的弹性效应。ϕ_7 的取值与缓冲器的特性有关:对于具有线性特性的缓冲器(如弹簧缓冲器),ϕ_7 的值取为 1.25;对于具有矩形特性的缓冲器(如液压缓冲器),ϕ_7 的值取为 1.6;对其他特性的缓冲器(如橡胶、聚氨酯缓冲器等),ϕ_7 的值要通过试验或计算确定。

(3) 试验载荷 P_t

起重机投入使用前,应进行静载试验及动载试验。试验场地应坚实、平整,试验时风速应不大于 8.3 m/s。

① 静态试验载荷

试验时起重机静止不动,静态试验载荷应作用于起重机最不利位置,且应平稳无冲击地加载。除订货合同有更高数值之外,所有起重机的静态试验载荷为:

$$P_{ts}=1.25P_Q \tag{2-17}$$

② 动态试验载荷

试验时起重机需完成的各种运动和组合运动,动态试验载荷应作用于起重机最不利位置。动态试验载荷取为:

$$P_{td}=1.1P_Q \qquad (2\text{-}18)$$

在验算时动态试验载荷应乘以由式（2-19）给出的试验载荷起升动载系数 ϕ_6：

$$\phi_6=0.5(1+\phi_2) \qquad (2\text{-}19)$$

③ 特殊情况

有特殊要求的起重机，其试验载荷可以取与上述不同而更高的值，应在订货合同或有关的产品标准中规定。如静载试验和动载试验载荷的数值高于上述的规定，则应按实际试验载荷值验算起重机的承载能力。

（4）起重机基础的外部激励载荷

起重机基础受到外部激励引起的载荷是指由于地震或其他震波（如波浪）迫使起重机基础发生振动而对起重机引起的载荷。

① 地震载荷 P_E

只有在地震构成重大危险时（如对核电站起重机或在其他特殊场合工作的很重要的起重机），才考虑由地震作为基础外部激励引起的载荷。

地震载荷 P_E 通常按水平方向作用考虑：

$$P_E=k_E P_G \qquad (2\text{-}20)$$

式中 k_E——地震载荷系数，与地震烈度有关，$k_E = 0.025 \sim 0.2$；

P_G——起重机自重载荷，N。

验算地震载荷工况时，起重机上悬吊着物品、静止不动，不考虑风载荷。地震载荷沿地震引起的水平加速度的反方向作用。对沿轨道方向作用的地震载荷，通常考虑起重机受到驱动车轮与轨道间的黏着力或制动转矩的约束。对无轨运行起重机，不必考虑地震载荷的作用。在强烈地震中，港口码头设施也会遭受破坏，与房屋建筑一样，其破坏程度主要由其自身的抗震能力所决定。

② 波浪载荷 P_{wa}

浮式起重机和整机船运的起重机都要承受船体的摇摆载荷，船体有三种摇摆形式：

a）横摇。船体绕其纵轴线摇摆，以横倾角 θ_t 的周期变化表示。

b）纵摇。船体绕其通过质心的横轴前后摇摆，以纵倾角 θ_l 的周期变化表示。

c）上下起伏摇摆。船体质心沿半径 $r_v = h/2$（h 为浪高）圆形轨迹作周期运动。

以上三种摇摆引起的载荷合称为波浪载荷。详见《CCS 船舶与海上设施起重设备规范（2007 版）》。

（5）挂舱载荷 P_{SN}

挂舱载荷是起重机集装箱吊具或吊钩以最大起升速度起升的过程中突然被船舱内的栅格卡住，或者偶然由于角件未脱出导致集装箱吊具同时起吊两个锁紧的集装箱而突然作用在起升钢丝绳上的一种特殊载荷。

现代起重机应配备能有效地吸收能量的挂舱保护装置，该装置应能吸收挂舱时的能量。其目的是当吊具以全速起升，突然遭受挂舱时，能防止对起重机任何部分造成损坏。此装置必须在其他超载保护装置和过电流保护装置动作之前率先瞬间动作，且可在挂舱事故排除后能自动复位，而不需要维修人员去调节或复位挂舱保护设备的任何装置。

4）其他载荷

（1）由安装、拆卸和运输引起的载荷 P_{ASS}

应该考虑在安装、拆卸过程的各个阶段中作用在起重机上的各项载荷，其中包括由 8.3 m/s 的风速或规定的更大风速引起的风载荷。对于一个构件或部件都应进行在这项重要载荷作用下的承载能力验算。

在某些情况下，还需要考虑在运输过程中对起重机结构产生的载荷。这些载荷与起重机及其结构的运输方式、运输过程中装卸的吊点位置和吊运方式、在运输工具上的放置状态和支承点位置、运输工具的类型、道路与路面状况及运输中发生的振动冲击等状况有关。

（2）工艺性载荷

起重机在工作过程中为完成生产工艺需要进行的动作而产生的载荷称为工艺性载荷，由起重机用户或买方提出。一般将它作为偶然载荷或特殊载荷进行考虑。

（3）走台、平台和其他通道上的载荷

这些载荷都是局部载荷，只作用起重机结构的这些局部部位及直接支承它们的构件上。这些载荷的大小与结构的用途和载荷的作用位置有关，如在走台、平台、通道等处应考虑下述载荷：

——在堆放物料处：3 000 N/m²；
——在只作为走台或通道处：1 500 N/m²；
——在栏杆上作用的水平力：不小于 300 N。

2.3.2 起重机设计和载荷组合

1）起重机金属结构设计的载荷组合

在起重机金属结构设计中，通常采用的有许用应力设计法和极限状态设计法两种方法。《起重机设计规范》（GB/T 3811—2008）附录 F 给出了关于这两种方法应用的说明。

为确定一台起重机在生命期内正常承受载荷的能力，针对起重机的计算类别和要求，应将各种载荷进行适当组合，按弹性静态模型计算。

在进行起重机及其金属结构计算时，必须考虑三类不同的基本载荷情况：A——无风工作情况；B——有风工作情况；C——受到特殊载荷作用的工作情况或非工作情况。在每类载荷情况中，与可能出现的实际使用情况相对应，又有若干个可能的具体载荷组合。

此外，还需要考虑在起重机安装、拆卸、运输过程中的载荷组合。

（1）A 类载荷组合——起重机在正常工作情况下的正常载荷组合

起重机起吊正常质量的物品，平稳起动制动，轨道或路面情况正常，无风。按 A 类载荷组合进行零件和构件的疲劳、磨损和发热计算。如果起重机的起升载荷和其他载荷不是定值，应按当量载荷而非最大载荷计算。

（2）B 类载荷组合——起重机在恶劣条件下工作产生的最大载荷组合

起重机起吊额定起重量的物品，克服最大静阻力，猛烈起动和制动，受工作状态下

的最大风压 P_{II} 作用，轨道或路面状况不好，爬越最大坡度。对于浮式起重机，如果在海上作业，船体在风浪中摇摆，应按船体最大横倾考虑。按 B 类载荷组合进行零件、金属结构件的静强度计算、整机抗倾覆稳定性计算、校核原动机的过载能力和制动器的制动转矩。根据起重机实际操作情况，考虑具体的载荷组合。为兼顾安全性和经济性，对出现概率极小的尖峰载荷，或同时出现最大值的小概率载荷组合，可以不作考虑。最大载荷值受以下情况限制：主动车轮打滑；摩擦离合器打滑；液压系统安全阀开启；电气保护装置动作；松闸装置作用（锻造起重机）；安全销剪断，等等。

（3）C 类载荷组合——起重机受特殊载荷作用

起重机处于工作或非工作状态，承受非工作状态最大风压 P_{III}，或试验载荷，或地震载荷，或碰撞载荷等作用。按 C 类载荷组合校核起重机自身抗倾覆稳定性和防风抗滑安全性，对承受风载荷作用的金属结构件、机构零部件、抗倾覆和防滑安全装置的零件进行静强度计算。对于浮式起重机和甲板起重机，还需考虑由于船体摇摆产生的载荷。如果没有特殊的锁定装置，小车、吊臂和转台的位置，均按最不利的情况考虑。由于 C 类载荷组合出现的概率较小，静强度验算时的安全系数取最小值。

除上述三种基本的载荷组合以外，起重机有可能受到其他特殊载荷作用，如运输载荷、安装载荷等。根据具体情况，按这些有关的特殊载荷校核起重机整机及有关零件、构件的强度，安全系数取最小值。

2）机械设计的载荷组合

起重机机械零件的设计计算内容包括：静强度验算、刚性验算、耐磨损及防过热验算、抗疲劳计算。但并非全部零件都要进行上述各项计算，而是根据零件所处的部位及其受载情况进行合理的选择。如对承受应力循环次数较多的零件（应力循环数大于 8 000 次），需进行抗疲劳计算。

设计中，需根据起重机的实际载荷情况，将可能和允许同时作用在起重机上的载荷进行组合。组合时再乘一个增大系数 γ_{m}'' 来考虑由于计算方法不完善和无法预料的偶然因素会导致实际出现的应力超出计算应力的某种可能性。系数 γ_{m}'' 取决于机构的工作级别，具体数值可参见 GB/T 3811—2008。

起重机机械所受的载荷可分为两类：一类是 P_M 型载荷，由电动机驱动转矩或制动器制动力矩所确定的载荷。另一类为 P_R 型载荷，与电动机及制动器的作用无关、作用在机构零件上但不能与驱动轴上的转矩相平衡的反作用力性质的载荷。承受的零件主要是支承作用的零件（支承零件），如取物装置、行走支承装置、回转支承装置和防风抗滑装置中的零件。

机械设计计算要考虑以下三种载荷情况：情况 I——无风正常工作情况；情况 II——有风正常工作情况；情况 III——特殊载荷作用情况。对每种载荷情况应确定一个最大载荷，作为计算的依据。对于不在室外工作、不暴露于风中的起重机，情况 I 和情况 II 是完全相同的。载荷情况 I 又称寿命计算载荷，是用来计算零部件疲劳、磨损和发热计算的载荷组合。

2.4 港口起重机总体计算

2.4.1 生产率

港口起重机的生产率 A_n 通常是以每小时所能完成的货物装卸量来表示的，可表达为

$$A_n = Q_P \times N' \quad (2-21)$$

式中 Q_P——每次吊运货物的有效质量或标准集装箱的箱数。当取物装置经常拆卸时 $Q_P = Q - G_1$，Q 为额定起重量，G_1 为抓斗、电磁吸盘、集装箱吊具或其他经常拆卸的吊具质量。当取物装置为集装箱专用吊具时，Q_P 为每一次起吊的 20 英尺标准集装箱（Twenty Equal a Unit，TEU）的箱数。当起吊一个 40 英尺集装箱时，$Q_P = 2$。

N'——港口起重机每小时的作业循环次数，其与作业循环时间 T 有关，即 $N' = 3\,600/T$。

作业循环时间 T 定义为：

$$T = \sum t + t_j \quad (2-22)$$

式中 T——每次作业循环所需时间，指以吊具位于货物上方取料位置为起始位置，在港口起重机吊起并运移一次货物后，吊具又回到起始位置时所需的时间，又称循环周期，包括各机构加速、匀速、减速时间，一般不考虑机构的联动；

$\sum t$——在一个工作循环中机构的运转时间，s；

t_j——挂钩或摘钩等辅助工作所占用的时间，s。

决定 N' 的因素很多，除了与港口起重机的起重能力、各机构的起制动加速度和运行速度有关外，还与货物品种、装卸位置、船型条件、码头水位、司机视线等有关。

2.4.2 起重机支承力

1）起重机支承力的定义

支承力是起重机的重要参数，是起重机运行机构车轮装置设计和打滑验算的依据，也是轨道、起重机支承结构及码头水工结构设计的原始数据。其包括三个分量：

R_x——水平面内垂直大车行走方向的支承力，引起该支承力的外载荷有起重机偏斜运行引起的水平侧向载荷、小车运行惯性载荷、x 方向风载荷等；

R_y——水平面内平行大车行走方向的支承力，引起该支承力的外载荷有作用在大车车轮上的摩擦力和坡道阻力、大车运行惯性载荷、y 方向风载荷等；

R_z——铅垂方向的支承力，即通常意义上的腿压或轮压，继承轮压计算的习惯，以压为正。

支承力计算的载荷组合见表 2-15。

表 2-15　支承力计算载荷组合

载　　荷	I	II	III	IV
起重机自重载荷 P_G	P_G	P_G	P_G	P_G
起升载荷 P_Q	P_Q	P_Q	—	P_Q
风载荷 P_{WII}/P_{WIII}	—	P_{WII}	P_{WIII}	P_{WII}
惯性载荷 P_A	P_A	—	—	—
大车偏斜载荷 P_S	—	P_S*	—	—

注：* 当大车运行时才会有 P_S。

2）水平面内支承力的计算方法

水平面内支承力满足力的平衡原理。

对于有轨运行机构，支承力 R_x 通过车轮的轮缘传递给轨道；而轮胎式起重机通过轮胎的横向摩擦力将支承力 R_x 传递给基础。

在工作状态下，支承力 R_y 由大车运行机构中的驱动/制动装置承受，其最大值受工作状态下的打滑条件的限制。

在非工作（暴风）工况下，有轨运行起重机通常都配有防风锚定装置。有时对于暴风频发地区，当用户提出额外要求，如起重机突发暴风时，能够逆风行驶到锚定位置，起重机会配备轮边制动器。在这种情况下，除了锚定装置外，轮边制动器也承受水平面内平行大车行走方向的支承力 R_y，支承力 R_x 仍由轨道承受。对于如轮胎式起重机这类无法配置防风锚定装置的起重机，其水平面内的支承力主要由防风拉索承受。防风拉索的作用除了保证起重机的整机稳定性外，还可承受一部分起重机水平面内的支承力。此时，其与地面的夹角是锐角。

3）铅垂方向支承力的计算方法

起重机设计时，各种载荷组合下算得的最大铅垂方向支承力用于运行机构零部件及金属结构的强度计算，确定每个支承点钢制车轮或轮胎的数目和尺寸；最小铅垂方向支承力用于车轮打滑验算，检验支腿是否离地。

（1）基本假设

港口起重机通常为四支点支承（支承腿），每个支承点上有一个或数个车轮（取决于支承总压力的大小及许用轮压值）。当一个支承点上的车轮数多于一个时，通常需设置平衡梁，使每个车轮的轮压基本相等。

大多数起重机都有四个支点，为空间的超静定问题。各支点上的铅锤支承反力与支承结构的形式和基础的刚性有关，还与起重机及轨道的制造和安装精度等因素有关，计算复杂。

工程实际中，常引入刚性和铰接支承两类假设，将超静定问题简化为静定问题求解，便于手工计算。

其中:①刚性车架支承假设是将支承结构看成一个绝对刚体,在载荷作用下车架的四个支承点始终保持在同一平面上;②铰接车架支承假设是将支承结构看成由许多互相铰接的纵、横简支梁组成,在载荷作用下,支承结构的四个支承点不再保持在同一平面上,随基础的变形而变形。

实际支承结构的弹性状况总是介于这两者之间。通常,按刚性车架假定计算的最大轮压要比按铰接车架假定的小一些,而最小轮压则比按铰接车架假定的要大一些。本教材仅介绍刚性车架支承假设下的计算方法。如有条件,可采用合理的有限元分析方法获得更为精确的腿压或轮压。

(2)刚性车架时铅垂支承力的计算原理

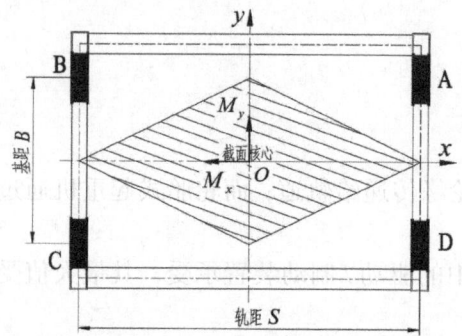

图 2-12 刚性假定四支点支承力计算原理图

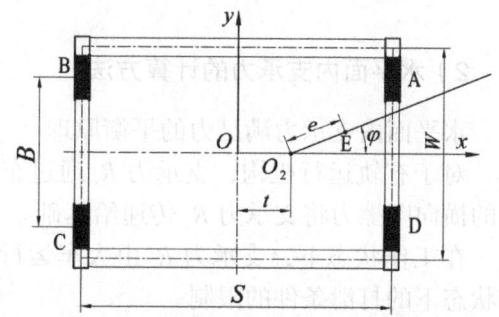

图 2-13 门座起重机铅垂支承力几何关系图

起重机所承受的所有外载荷可简化为一偏心的轴向压力 N,其坐标为 (x_N, y_N)。将该偏心力 N 向支承平面形心平移后,得到三个力分量 N、M_x、M_y(图 2-12),则4个支腿的铅垂支承力(简称腿压)分别为:

$$\begin{cases} R_{zA} = \dfrac{N}{4} + \dfrac{M_x}{2B} + \dfrac{M_y}{2S} \\ R_{zB} = \dfrac{N}{4} + \dfrac{M_x}{2B} - \dfrac{M_y}{2S} \\ R_{zC} = \dfrac{N}{4} - \dfrac{M_x}{2B} - \dfrac{M_y}{2S} \\ R_{zD} = \dfrac{N}{4} - \dfrac{M_x}{2B} + \dfrac{M_y}{2S} \end{cases} \quad (2-23)$$

上式即刚性车架支承假设下四点支承支腿腿压计算的普遍公式。

下面举例说明该公式的应用。如图 2-13 所示的门座起重机,若其固定部分(非变幅回转部分)的自重 G_1,重心与支撑平面的型心重合于 O 点;变幅回转部分的自重 G_2(包括起升载荷 P_Q),重心在 E 点,坐标 $(t + e\cos\varphi, e\cos\varphi)$;回转中心在 O_2 点,O_2 到 O 点的距离为 t;沿 x 轴方向水平载荷 F_x 引起的弯矩为 M_{Hy};沿 y 轴方向水平载荷 F_y 引起的弯矩为 M_{Hx}。则在支腿平面内,将整机所受到的载荷向 O 点平移后得,$N = G_1 + G_2$,$M_x = G_2 e\sin\varphi + M_{Hx}$,$M_y = G_2(e\cos\varphi + t) + M_{Hy}$。

将 N、M_x、M_y 代入式（2-23）中，其四个支腿的腿压可以表达为：

$$\begin{cases} R_{zA} = \dfrac{G_1}{4} + \dfrac{G_2}{4}\left(1 + \dfrac{2t}{S}\right) + \dfrac{1}{2B}(G_2 e \sin\varphi + M_{Hx}) + \dfrac{1}{2S}(G_2 e \cos\varphi + M_{Hy}) \\ R_{zB} = \dfrac{G_1}{4} + \dfrac{G_2}{4}\left(1 + \dfrac{2t}{S}\right) + \dfrac{1}{2B}(G_2 e \sin\varphi + M_{Hx}) - \dfrac{1}{2S}(G_2 e \cos\varphi + M_{Hy}) \\ R_{zC} = \dfrac{G_1}{4} + \dfrac{G_2}{4}\left(1 - \dfrac{2t}{S}\right) - \dfrac{1}{2B}(G_2 e \sin\varphi + M_{Hx}) - \dfrac{1}{2S}(G_2 e \cos\varphi + M_{Hy}) \\ R_{zD} = \dfrac{G_1}{4} + \dfrac{G_2}{4}\left(1 - \dfrac{2t}{S}\right) - \dfrac{1}{2B}(G_2 e \sin\varphi + M_{Hx}) + \dfrac{1}{2S}(G_2 e \cos\varphi + M_{Hy}) \end{cases} \quad (2\text{-}24)$$

在起重机中，每个支承点的多个车轮通过铰接式平衡梁保证每个车轮的轮压相等，即可得轮压 P_L 和腿压 R_z 的关系为

$$m = \frac{R_z}{[P_L]} \quad (2\text{-}25)$$

式中　m——单个支点上的车轮个数；

　　　$[P_L]$——起重机根据基础（轨道支承结构及有关土建）设计所规定的许用轮压，起重机整机的许用轮压由港口码头用户方提供。

如果计算出的最小轮压为负值或等于零，则说明该支腿已离开地面，起重机实际上只支承在三个支点上，此时三个支腿的腿压完全可以由静力平衡条件确定。

2.4.3　起重机抗倾覆稳定性

起重机抗倾覆稳定性是指起重机在自重和外载荷作用下抵抗倾覆的能力。保证起重机具有足够的抗倾覆稳定性，是起重机设计中最基本的要求之一。

我国《起重机设计规范》（GB/T 3811—2008）所采用的是力矩法。力矩法校核抗倾覆稳定性的基本原则是：当稳定力矩的代数和大于倾覆力矩的代数和时，则认为该起重机整机是稳定的，即

$$\sum M \geq 0 \quad (2\text{-}26)$$

式中　$\sum M$——相应载荷组合中各载荷项对危险倾覆线的力矩的代数和，以起稳定作用的力矩为正，起倾覆作用的力矩为负。

上式还可以描述为：

$$\sum M = \sum_{j=1}^{n} M_j - \sum_{i=1}^{m} M_i \geq 0 \quad (2\text{-}27)$$

式中　M_j——起重机第 j 组部件的自重载荷对倾覆线的力矩，起稳定作用，取为正；

　　　M_i——除自重载荷以外其他第 i 个载荷对倾覆线的力矩，起倾覆作用，取为负。

1)抗倾覆稳定性验算的基本要求与假定

在进行起重机整体抗倾覆稳定性计算时,求倾覆力矩所用的计算载荷按表2-16选取(不考虑其他动力系数的影响)。计算中要考虑起重机的结构形态及其零部件的位置,各项载荷与力作用的方向及其影响均按实际可能出现的最不利载荷组合的原则来考虑。

表2-16 整机稳定性计算载荷组合

载 荷	I	II	III	IV
起重机自重载荷 P_G	P_G	P_G	P_G	P_G
起升载荷 P_Q/P'_Q	$1.5P_Q$	$1.3P_Q$		$-0.2P_1$
风载荷 P_{WII}/P_{WIII}	—	P_{WII}	$1.2P_{WIII}$	P_{WII}
惯性载荷 P_A	—	P_A		—

注:P_Q是最大起升载荷。在起重机工作时的永久性起升附件,无论它是否是规定的起升载荷的组成部分,在计算抗倾覆稳定性时均应计入最大起升载荷中。P_1是起重机的有效载荷,不包括起重机在工作状态中作为永久性起升附件的重力。

I:基本稳定性——无风时起升静载试验载荷;
II:动态稳定性——有工作风时起升正常工作载荷;
III:抗暴风稳定性——非工作时遭暴风袭击;
IV:抗后倾覆稳定性——有向后吹工作风载,且突然空中卸载。

校核计算的假定是起重机在坚实、水平的支承面上或轨道上工作。若起重机需要在倾斜面上工作,在校核计算时制造商应考虑此特定条件,加上倾斜坡度的影响并予以说明。

对于固定的起重机,在具体使用现场或地区如有地震或其他的基础外部激励效应,则在相应的工作状态或非工作状态抗倾覆稳定性的核算中,将其作为附加的载荷情况予以考虑。对于地震的影响,应参考国家有关部门相应的抗震规范,根据不同地区的抗震设防等级来计算。

工作状态风载荷按最不利的方向施加。对于不能随风自由回转的起重机,非工作状态风载荷按最不利的方向施加作用;对可随风回转的起重机,非工作状态风载荷应按设计预期方向作用于起重机的上部结构,并按最不利方向作用于起重机的下部结构。

起重机制造商应规定起重机对作为基础的地面或承载结构的作用力。如果是用基础来保证起重机全部或部分抗倾覆稳定性,制造商应对基础的要求作出规定。

2)危险倾覆线的选取

倾覆线指起重机发生倾翻时绕其翻转的轴线。倾覆线与起重机的构造、验算工况和俯仰或回转部分的位置有关。抗倾覆稳定性校核应按最危险的情况,即力矩代数和ΣM为最小的倾覆线(危险倾覆线)进行计算。

(1)门座起重机

门座起重机一般取轨距和轴距（车架为平衡梁时，取门座沿轨道方向的跨距）中数值较小者为倾覆方向。因此，危险倾覆线或为一侧轨道，或为左右车轮中心连线。

一般情况下，臂架在水平平面内的位置取为垂直于倾覆线，但验算动态稳定性时，当臂架回转到与倾覆线成45°时，由于风力对起重机倾翻的影响加大，并且还应计及回转机构起（制）动引起的切向惯性力的影响，有可能使其抗倾覆稳定性比臂架垂直于倾覆线时更差。因此，应补充校核这种状态下的稳定性。

（2）门式起重机和岸边集装箱起重机

a）无论有无悬臂，都应校核沿大车轨道方向的横向稳定性，倾覆线为海、陆侧车轮中心连线。车架为平衡梁时，倾覆线为作用平衡梁销轴中心连线。

b）有悬臂时，需校核垂直于大车轨道方向的纵向稳定性，倾覆线为大车一侧轨道中心线。倾覆线（一侧轨道）的选择与悬臂的俯仰状态和风的作用方向（是由海侧向陆侧吹还是由陆侧向海侧吹）有关。验算动态稳定性时，由于风力对整机倾覆的影响较大，因此，还应考虑风向与大车轨道成某一夹角的状态。

3）工作状态的抗后倾覆稳定性

当起重机处于卸载状态，所有可移动工作部件都缩回到最靠近向后倾覆线的位置时，按以下规定的方法校验其抗后倾覆稳定性。

（1）力矩法

对倾覆线计算，由工作状态风载荷 P_{WII} 和惯性力 P_A 构成的倾覆力矩不应大于稳定力矩的90%。

（2）重力法

不考虑风载荷作用时，静止起重机的质心在水平面上的投影位置不应超过从前支点到倾覆线距离的80%。

4）临时辅助稳定装置

临时辅助稳定装置是指为增加起重机的稳定抗倾覆稳定性而对起重机基本的或正常的结构增加临时辅助附件，它应能迅速并方便地投入使用。当需要设置临时辅助稳定装置时，起重机使用说明书应全面叙述需要的临时辅助稳定装置的类型，正确的安装方法，以及它们的作用是否用于满足工作、非工作或抗后倾覆的稳定性。

5）关于大变形的影响

对由于固定载荷、变动载荷、风载荷或动载的影响而产生显著弹性变形（即大变形）的起重机，在计算整体抗倾覆稳定性和抗后倾覆稳定性时应考虑大的弹性变形的影响。

2.4.4 防风抗滑安全性

防风抗滑安全性是指起重机在工作状态和非工作状态下抵抗因风力作用而发生滑行的能力。为保证轨行式起重机安全可靠地工作，必须使起重机具有足够的防风抗滑安全性。

工作状态下的防风抗滑安全性通常用制动装置加以保证，非工作状态下的防风抗滑安全性一般用防风夹轨器、锚定装置、防风拉索来保证。具体校验计算方法，可参见 GB/T 3811—2008 中条款 8.2 的相关说明。

近年来，风灾事故频发，港口大型装卸机械的防风管理工作，进入了全面人防、技防的阶段。在港口机械防风管理制度建立的近三十多年的历程中，港口企业经历了从防范上的无知被动，转变为管理上积极主动，并建立起较为完备的理论体系和较为健全的相关制度、标准。而且，实现了预测/预报手段的多样化以及防风装备、装置多选择的新局面，迈向了"预防在先、防控结合"的道路，安全履责向科学性转变。

2.5 典型港口起重机介绍

2.5.1 门座起重机

门座起重机（简称门机）的构造大体可分为两大部分：上部回转部分与下部非回转部分。上部回转部分包括臂架系统、人字架、回转平台以及安装在其上的起升机构、回转机构、变幅机构、机房、司机室等；下部非回转部分（固定部分）主要由门架、均衡梁、运行台车（包括车轮、驱动装置等）、抗风防倾覆装置以及其他安全装置，如图 2-14 所示。另外，还包括供电、电器与电气控制等电气系统。

1）分类

根据臂架结构型式的不同，可分为四连杆组合臂架式门座起重机（图 2-14）和单臂架门座起重机（图 2-15）。

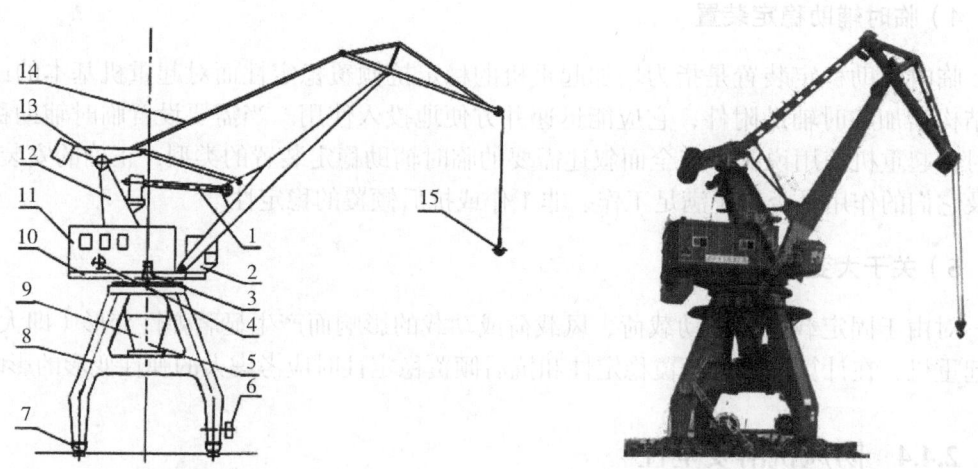

1—变幅机构；2—司机室；3—回转机构；4—起升机构；5—电气系统；6—电缆卷筒；7—运行机构；8—门架；9—转柱；10—回转平台；11—机器房；12—人字架；13—平衡系统；14—臂架系统；15—吊钩

图 2-14 港口门座起重机

根据使用场合的不同，可分为港口用门座起重机、造船用门座起重机和建筑用门座起重机，它们的工作特点和具体要求各有不同。

港口用门座起重机用于港口（码头）船舶和车辆的机械化装卸、转载。提高装卸生产率、加快船/车的周转是这种起重机的特点。对它的主要要求如下：

① 充分利用港口（码头）前沿场地，适应船舶的满载、空载作业以及地面车辆的通行要求。门座起重机设计力求外形尺寸小，司机室视野开阔，门架的净空尺寸应允许车辆顺利通行，此外还要考虑多台门座起重机在同一舱口进行装卸作业（图2-16）的可能性。

② 装卸要高效灵活、安全可靠。门座起重机的设计应当选用适当的起重量、较高的工作速度，并配备可靠的安全装置。起重量一般在整个工作幅度范围内保持不变的，同时针对散装货物和件杂货物的装卸需要，还要考虑既能使用吊钩又能使用抓斗或集装箱吊具进行作业。

③ 特殊要求。如为了满足跨船装卸的需要，幅度要求能达40 m以上；为了减少码头的建设费用，轮压要求控制在某一个较小值的范围内等。

图2-15　单臂架门座起重机

图2-16　多台起重机同时作业

按其用途和工作特点，港口门座起重机可分为：① 通用门座起重机 [图2-17（a）]，采用吊钩进行重大件和件杂货装卸。② 带斗门座起重机 [图2-17（b）]，虽然很多地方和通用门座起重机相同，但在构造方面配有特殊的装置，如漏斗接料系统、物料输送系统、除尘系统等，故在具体设计中也有所不同。③ 多用途门座起重机 [图2-17（c）]，是通用门座起重机的一种变型。按其作业需要配装不同的取物装置（集装箱专用吊具、吊钩、抓斗），设置相应的附加装置，可进行集装箱、件杂货、散货的装卸作业；也可装设电磁吸盘，用来装卸废钢铁。这种门座起重机较适合于利用原有的通用码头改建或新建的多用途码头上，可对混装船舶在同一泊位进行高效率的装卸作业。

2）主要性能参数

门座起重机的主要性能参数有起重量、起升高度、下降深度、最大与最小幅度、最

(a) 通用门座起重机　　(b) 带斗门座起重机　　(c) 多用途门座起重机

图 2-17　港口门座起重机

大尾部半径、轨距、基距、工作速度、轮压、工作级别等。

港口门座起重机的轨距 L 根据起重机所跨越的轨道线数而定。对于只跨越单线轨道的门座起重机，轨距 L 取 6.5 m；对于跨越双线轨道的门座起重机，轨距 L 取 10.5 m；而当起重机的门架跨越三线轨道时，轨距 L 取 16 m。

港口门座起重机的基距 B 取决于回转支承装置的外形尺寸、运行台车的长度以及起重机的起重量和最大工作幅度。通常，基距 B 值在 9～14 m。

对于港口门座起重机，货物自轨面向上的起升高度一般在 10～30 m 的范围内取值，轨面以下的下降深度可以达到 15～20 m。

港口门座起重机的最小幅度尽可能取得越小越好，以增大起重机的工作范围。通常，最小幅度约为最大幅度的 1/4～1/3。

港口装卸用门座起重机的工作速度根据工作需要而定。确定起升、变幅与运行机构的工作速度时，还需考虑其行程的长短，短行程取较低的速度，长行程取较高的速度。当行程不长时，由于起、制动过程的限制，真正高速运行的时间较短，用提高速度来缩短工作时间的效果不大。回转机构速度与幅度大小有关，最大圆周线速度通常限于 300～360 m/min 以下，或者回转速度限于 $n \approx 10/\sqrt{R}$（R 为幅度，m）。

对于港口装卸用门座起重机各类机构的工作速度范围一般为：起升机构（主钩）15～90 m/min；变幅机构 20～60 m/min；回转机构 1.5～2 r/min；运行机构 15～35 m/min。

3）金属结构

门座起重机的金属结构大体上可以分成两大部分：

① 上部回转部分，包括：臂架系统——单臂架［图 2-18（b）］或刚性四连杆组合臂架［图 2-18（a）、（c）］、象鼻架［图 2-18（a）、（c）］、人字架［图 2-18（b）、（c）］、回转平台、转柱。

(a) 实腹式象鼻架　　(b) 桁架式人字架与臂架　　(c) 刚架式人字架

图 2-18　门座起重机结构型式

② 下部门架结构和台车部分。门架结构应具有较大的刚度。门架的结构形式主要有交叉门架、八撑杆门架和圆筒门架（图 2-19）。前两种门架用于转柱式，后一种门架用于轴承转盘式。

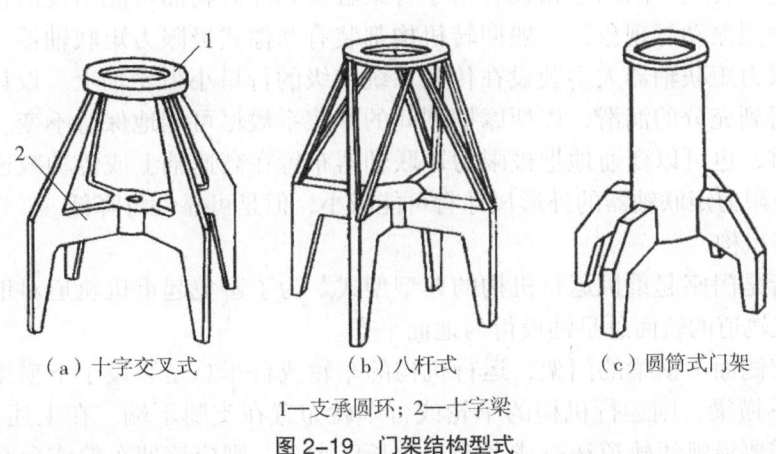

(a) 十字交叉式　　(b) 八杆式　　(c) 圆筒式门架

1—支承圆环；2—十字梁

图 2-19　门架结构型式

4）主要机构

门座起重机主要包括起升机构、变幅机构、回转机构、运行机构四大机构，也是起重机最基本的机构类型。

（1）起升机构

门座起重机起升机构通常由驱动装置、钢丝绳卷绕系统、取物装置和安全保护装置等组成。驱动装置包括电动机、联轴器、制动器、减速器、卷筒等部件。钢丝绳卷绕系统包括钢丝绳、卷筒、定滑轮组和动滑轮组等部件。取物装置有吊钩、吊环、抓斗、电磁吸盘、吊具、吊梁等多种型式。安全保护装置有超负荷限制器、起升高度/下降深度限位器、超速保护装置等，根据需要选配。

(2) 变幅机构

门座起重机变幅总是依靠臂架摆动的方法来实现。变幅机构大多数情况下是工作性机构，即要求起重机在取物装置带载的情况下实现变幅。

采用非平衡式变幅系统方案时，变幅中会有臂架重心和取物装置升降的现象。如果这种变幅是工作性的，则臂架变幅驱动力矩由于要克服重心的升降而显著增大，因此该方案仅适用于非工作性变幅机构。

对于工作性变幅机构，为了避免上述缺点，一般采用具有臂架自重平衡和货物升降补偿功能的平衡式变幅系统。虽然该系统构造比较复杂，但采用这种方案后得到的技术经济效益将足以抵偿相应的缺点而且有余。

平衡式变幅系统的原理和类型、设计方法、传动型式等，请参阅第2.6.3节相关内容。

(3) 回转机构

门座起重机回转机构工作较频繁。为了提高工作效率，港口门座起重机甚至在臂架位于最大幅度时，回转转速也较大。立式电动机—行星齿轮减速器传动系统传动效率较高，结构紧凑，目前是港口门座起重机回转机构传动的主要方案，即大齿圈固定在门架上，行星小齿轮及其驱动机构则装在起重机的回转部分上。

为了避免回转起、制动过猛或者由于臂架触及到障碍物而可能出现的机构过载、起重机和货物剧烈振动等现象，一般回转机构都装有摩擦式极限力矩联轴器。为了保证工作可靠，极限力矩联轴器大多装设在传动系统末级的行星小齿轮轴上。设计时，应考虑摩擦面能够得到充分的润滑，以便摩擦副间的摩擦系数尽可能地保持不变。如果在结构布置上有困难，也可以变通地把极限力矩联轴器布置在高速轴上或传动减速器的中间轴上。这时，极限力矩联轴器的外形尺寸有可能减小，但是可靠性将降低。

(4) 运行机构

有轨运行是门座起重机运行机构的典型型式。为了避免起重机轨道对地面交通带来不便，起重机轨道的轨面总是铺设得与地面平齐。

对于装有侧面下横梁的门架，运行机构的车轮或台车总是装设于下横梁的两端。如果门架没有下横梁，则运行机构的车轮或台车就布置在支腿下端。在上述两种情形下，如果起重机需要沿弧线轨道运行或者台车的长度太大，则应该使车轮或台车具有绕垂直轴线自由转动的可能性。

通常，全部车轮中只有1/2车轮是主动车轮。但是当轨道坡度较大时（例如浮船坞用的门座起重机）或起制动时间较短时，也把全部车轮设计成主动车轮。因此，主动车轮的具体数目一般需要通过起重机的打滑验算后才能最终确定。初步设计时，主动车轮可以取为全部车轮的1/2。

2.5.2 岸边集装箱起重机

1) 集装箱运输概述

集装箱运输能够大大提高装卸效率，降低货运成本，简化货运手续，利于提高运输质量，具有高效、便捷、安全等特点，已成为现代交通运输的重要组成部分，在世界范围内得到了推广和普及。

我国集装箱运输始于20世纪50年代，虽然起步较晚，但发展速度是最快的。自1973年天津港装卸了第一个国际集装箱，历经了70年代的起步，80年代的稳定发展，90年代的迅速扩大，集装箱运输已经进入高速发展时期。

2）集装箱船舶和集装箱起重机

（1）集装箱船舶

国际航运界习惯用巴拿马运河允许通过的船宽来定义船舶，凡船宽在32 m左右，能通过巴拿马运河限宽的船称为巴拿马型船，而超过此值的称为超巴拿马型船（2016年6月巴拿马运河拓宽后新船闸设计总长427 m，型宽55 m，水深18.3 m）。

由于国际集装箱的标准宽度为8 ft（2 438 mm，约2.5 m），当船甲板上放置13排集装箱时，船宽近似为32.2 m，因此凡宽度超过13排集装箱的船，即为超巴拿马型船。对于一条装载13排集装箱的船舶，在装箱时为了保证捆扎牢固，其甲板上的堆层只能是4~6层；考虑到船舶经济航速，其长宽比限为7~8倍，如此计算，该量级的船舶装箱量应不超过4 000箱。因此，超过4 000箱的第四代集装箱船舶已是超巴拿马型船。典型超巴拿马型船的基本参数如表2-17所示。

表2-17 典型的超巴拿马型船的基本参数

船名	第四代				第五代	第六代		第七代	
	杜鲁门总统号	C—11	America	鲁河	Sovereign Maersk	COSCO Asia	CMA GM Marco Polo	美杰 3E
航运公司	总统轮船	总统轮船	东方货柜	中远	铁行	马士基	中远	马士基	马士基
总长/m	275.3	276.3	276.0	280.0	299.9	346.7	349	396	400
型宽/m	39.4	40.0	40.0	39.8	42.8	43.0	45.6	54	59
吃水/m	12.5	14.0	14.03	14.0	13.5	14.5	14.5	16.0	16.0
甲板上集装箱列数	16	16	16	16	17	17	18	21	23
箱位量（TEU）	4 340	4 832	4 960	5 250	6 674	8 736	10 000	16 000	18 000
主机最大功率/kW	41 880	48 820	48 620	43 100	65 910	56 000	68 640	80 080	64 130
航速/kn	24.2	24.5	24.5	24.7	24.5	24.7	25.8	25.1	23.0

随着全球经济和贸易的增长，在强大的集装箱运输需求和良好的技术经济效益的推进下，船舶大型化的发展十分迅速。集装箱船舶从最初的载箱量仅为 750 TEU 的第一代集装箱船，发展到今天最大载箱量达到 23 000 TEU 的集装箱船，集装箱航运业正式开启 20 000 TEU+ 时代。

（2）集装箱起重机

大型集装箱船舶的蓬勃发展，特别是第五、第六代超巴拿马集装箱船的快速发展，大大提高了集装箱运输在航运市场上的主导地位，并对世界集装箱港口的建设和发展产生了深刻的影响，搬运集装箱所必备的码头装卸设备也在不断发生变革。

随着第六、第七代船型的出现，甲板上装载的集装箱达到 22、23 排，甚至更大。为此，世界各大港口的超巴拿马型岸桥的外伸距达 65~75 m，以适应更大的集装箱船舶的出现。

为适应集装箱船的大型化发展，必须提高港口企业的集、疏运能力，有的船运公司要求：载箱量在 8 000 TEU 以上的船舶停靠港的卸船效率必须达到 330 TEU/h。而现役普通岸桥的生产率约为 40~70 TEU/h，如果要想满足如此高的装卸效率，每个泊位上至少需要配置 9 台岸桥。由于受岸桥自身的宽度和作业范围的限制，一般沿码头前沿每隔 40~80 m 配置 1 台岸桥，致使在接纳载箱量 8 000 TEU 以上船舶的泊位上，至多能配置 8 台岸桥。所以，岸桥的工作效率成为港口亟待解决的问题。于是一些崭新的科学技术应运而生，集装箱装卸设备也在不断地进行技术变革。

下面介绍几种高效的岸桥类型：

① 双小车岸桥（图 2-20）。理论上每小时可达 55 至 60 个工作循环，折合 80~100 TEU/h，与典型岸桥相比，生产率提高 30%~50%。

② 双吊具岸桥（图 2-21）和三吊具岸桥（图 2-22）。双 40 英尺吊具岸桥理论上可以提高生产率 50%。

③ 双小车、双吊具岸桥（图 2-23）。由于船和中转平台上的两个并排 40 英尺箱

图 2-20 双小车岸边集装箱起重机

图 2-21 双 40 英尺岸桥

图 2-22 三吊具岸桥

是规则排放的，因此前小车的两套吊具可以方便进行对位和装卸，有利于实现半自动化装卸。

④ 大梁升降式岸桥（图 2-24），也称 UPA 型起重机。可根据装卸作业需要升降大梁：装卸高箱位时，主梁升起；装卸低箱位或小船时，主梁下降至较低的作业位置，从而提高生产率和取得满意的防摇效果。这种型式也有用于整机船舶运输，提高船运稳定性和满足通航条件（过桥限高要求）。

图 2-23 双小车、双 40 英尺的岸桥

图 2-24 大梁升降式岸桥

3）岸桥的主要几何参数

通常在岸桥性能参数表中，列出的主要几何尺寸参数有：外伸距 l_1、轨距 S、后伸距 l_2、基距 B、轨上/轨下起升高度 h_1/h_2、联系横梁下净空高度 C_{hp}、门框内净宽 C_{wp}、岸桥总宽（大车缓冲器端部之间）W_b 等八个参数（图 2-25），是表示岸桥作业范围和外形尺寸大小及限制空间的技术数据。

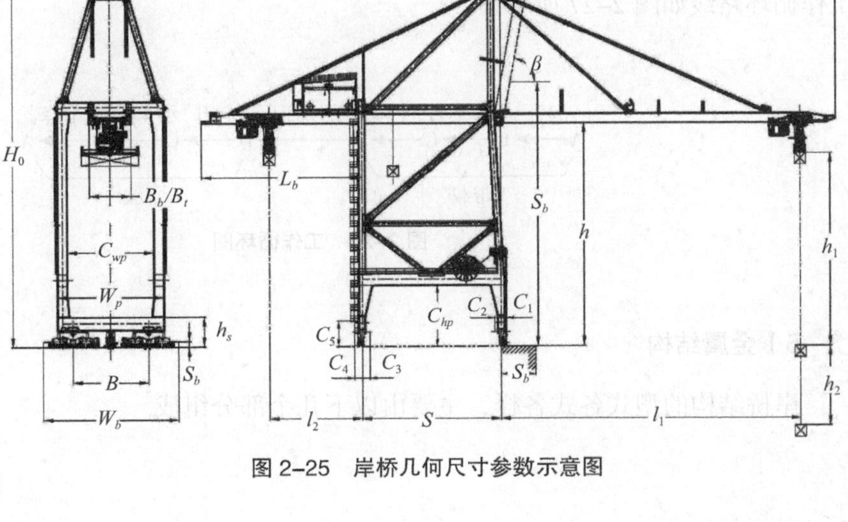

图 2-25 岸桥几何尺寸参数示意图

其他几何尺寸参数还有：门框下横梁上表面离地高度 h_s，门框外档宽度 W_p，前大梁宽度 B_b 或小车总宽 B_t，梯形架顶点高度 H_0，前大梁仰起后岸桥总高 H_s，前大梁前端点离海侧轨道中心线的距离 L_0，后大梁尾端离陆侧轨道中心线的距离 L_b，前大梁下表面离轨面高度 h，缓冲器安装高度 S_b，岸桥与船干涉限制尺寸 S_f、S_h、β，以及岸桥与码头固定设施或流动设备干涉的限制尺寸 C_1、C_2、C_3、C_4、C_5 等。

4）理论生产率与作业循环模式

岸桥的生产率是以每小时装卸标准集装箱数（TEU）来计算的。由于实际生产率与司机的熟练程度以及码头装卸工艺、码头条件、船舶装载情况、船型等有很大关系。因此，这里讨论的生产率计算不涉及这些因素的理论生产率。

在岸桥的一个工作循环中，半个循环是吊箱作业，半个循环是空吊具作业，这种作业模式就是单程操作，这是较普遍的作业方式。这种作业模式分装船作业模式和卸船作业模式。

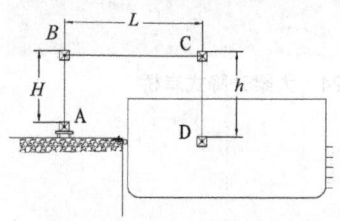

图 2-26 典型循环路线图

典型循环路线图，如图 2-26 所示。装船作业时，岸桥从陆侧集卡 A 上提取集装箱，起升到某一安全高度 B 后小车向海侧运行，行至船上装箱位的上方 C，下降集装箱至船上相应的箱位 D 上，打开锁销，落箱；空吊具起升到某一安全高度后，小车向陆侧运行至原来车道上方，空吊具下降对准集装箱，使吊具落到集装箱上并锁好锁销，这就是装船单程操作模式。卸船作业是装船作业的反过程。

在计算典型工况的作业循环时间时，通常认为：每一动作的加速、运行和减速，都是以其机构设计允许的最大值进行的；忽略只要集装箱一让开障碍物，起升和小车就能联动的事实；还须考虑一些细节所消耗的作业时间，如：① 集装箱下降到距落箱面 1m 左右停止对位，再下降到落箱面；② 锁紧或松开锁销时允许 2s 的停机时间；③ 大车位置的调整等因素。

综合考虑后，获得起重机作业过程中吊具、小车不同作业过程的平均移动距离。其工作循环路线如图 2-27 所示。

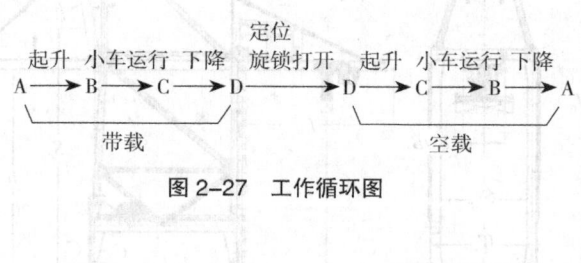

图 2-27 工作循环图

5）金属结构

岸桥结构的型式各式各样，主要由以下几个部分组成。

(1)大梁系统

大梁系统包括前大梁、后大梁和大梁铰。大梁是小车移动的载体,是实现作业空间的保证。大梁的结构形式主要有:桁架式[图 2-28(a)和(b)]、板梁式[图 2-28(c)]、双箱梁式[图 2-28(d)和(e)]和单箱梁式[图 2-28(f)和(g)]等。

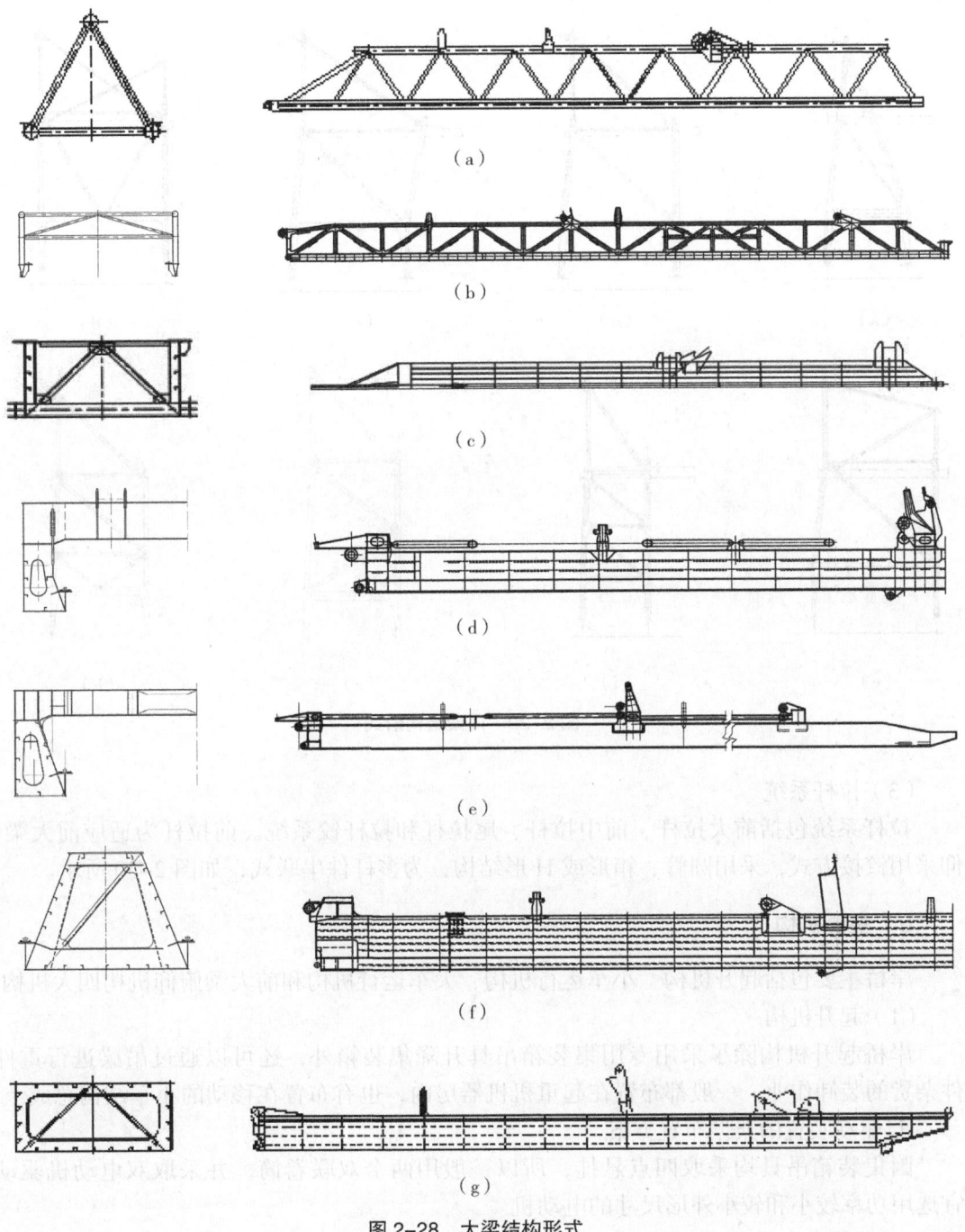

图 2-28　大梁结构形式

(2) 门架系统

门架系统是岸边集装箱起重机的主要构件,岸桥大梁支承在门架上。门架系统由立柱(门腿)、上横梁、下横梁、梯形架、联系横梁、撑杆组和后撑杆等几部分组成。其中,梯形架包括海、陆侧梯形架,也可无陆侧梯形架。撑杆组由斜撑杆、水平撑杆和V形撑杆组成(图2-29)。

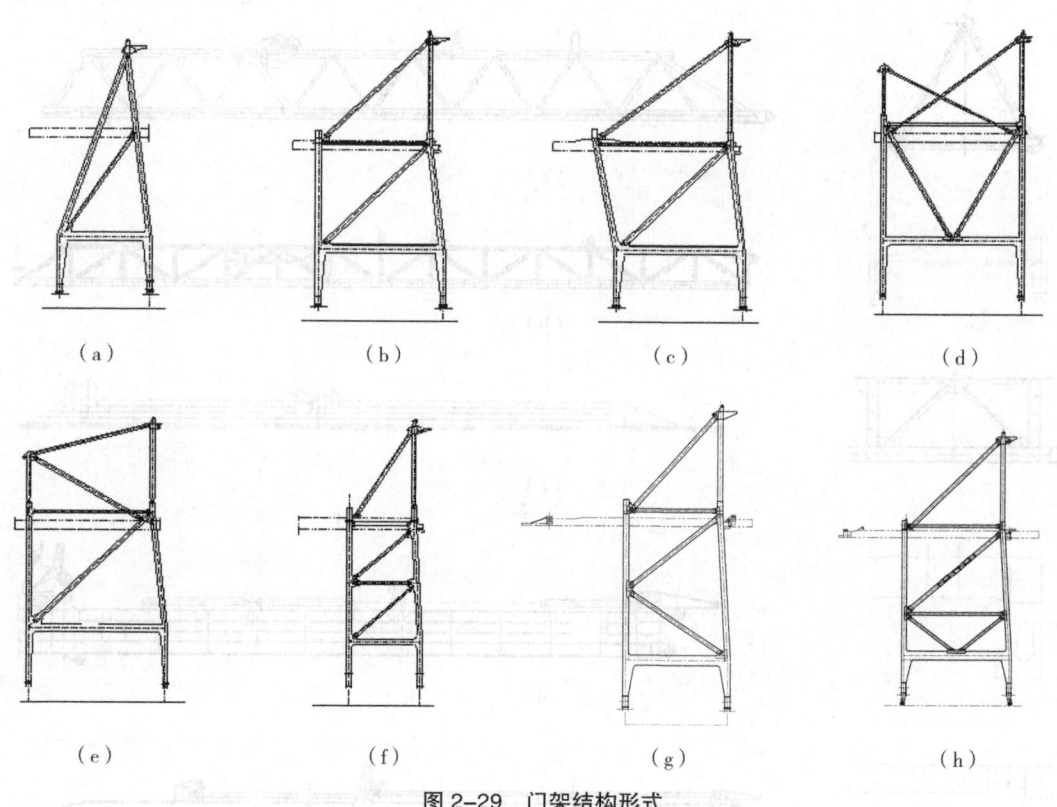

图 2-29 门架结构形式

(3) 拉杆系统

拉杆系统包括前大拉杆、前中拉杆、尾拉杆和拉杆铰系统。前拉杆为适应前大梁俯仰采用铰接方式,采用圆管、箱形或H形结构,为多杆件串联式,如图2-30所示。

6) 主要机构

岸桥主要包括起升机构、小车运行机构、大车运行机构和前大梁俯仰机构四大机构。

(1) 起升机构

岸桥起升机构除了采用专用集装箱吊具升降集装箱外,还可以通过吊梁进行重件、件杂货的装卸作业。一般都布置在起重机机器房内,也有布置在移动的小车结构总成上。

① 驱动装置的典型布置方案

因集装箱吊具均采取四点悬挂,所以一般用两个双联卷筒,并采取双电动机驱动,宜选用功率较小和较小外形尺寸的电动机。

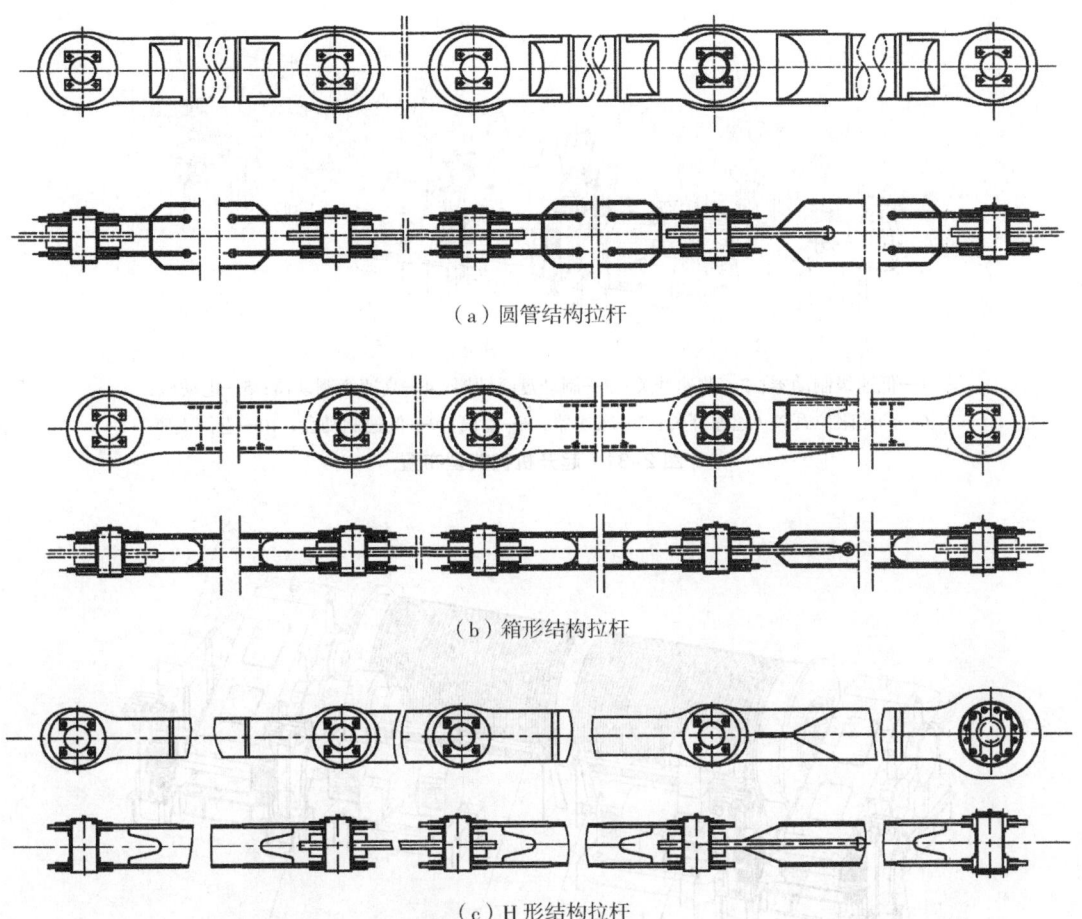

(a)圆管结构拉杆

(b)箱形结构拉杆

(c)H形结构拉杆

图 2-30　前拉杆结构

当采用两组对称布置的起升驱动装置时，为了保持同步运行，须在高速轴（电动机端轴）或低速轴（卷筒轴）之间装设同步装置，一般采用刚性同步，也有利用电气控制保持电动机动作的同步。

其驱动装置的典型布置形式有：

a）一套减速器居中，两侧分布电动机和卷筒（图 2-31）

该布置形式结构紧凑，占机器房空间小。但减速器体积和重量较大，要求配备起重量大的维修行车。设计时应注意在各部件之间留出维修和调整空间。

b）二套减速器外置，卷筒和电动机居中（图 2-32）

该布置形式省掉了卷筒支承和同步联轴器，结构较为紧凑，采用两套减速器可减小机房维修行车的起重量。缺点是卷筒的长度尺寸大，卷筒长度可达 7~8 m；一旦卷筒与联轴器出现偏角，必须同时调整减速器、电动机和制动器，调整困难、工作量大，不推荐使用该类型。

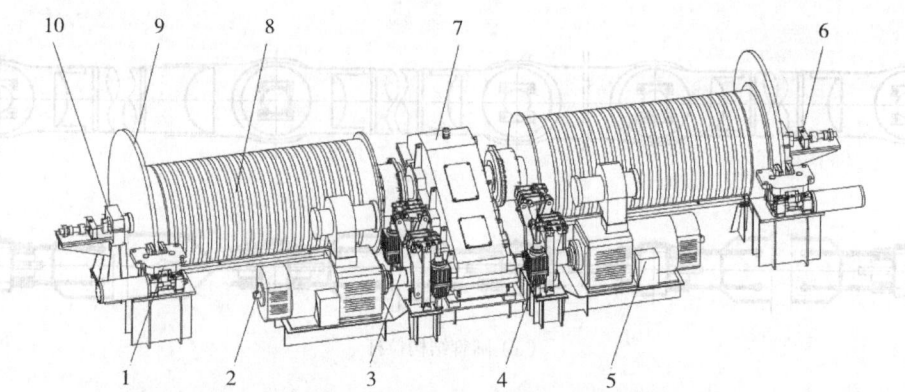

1—低速级制动器；2—测速开关；3—制动盘联轴器；4—高速级制动器；5—电动机；
6—凸轮限位开关/超速开关；7—减速器；8—卷筒；9—低速制动盘；10—卷筒支座

图 2-31　起升机构典型布置

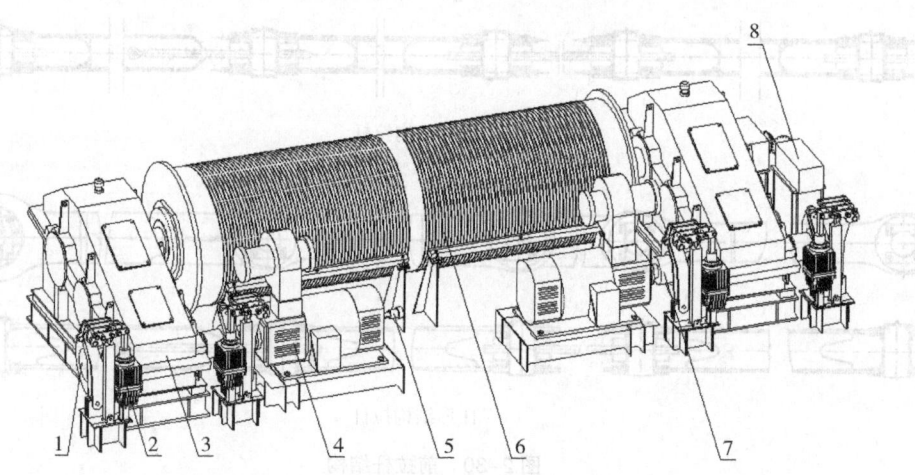

1—制动盘；2—高速级制动器；3—减速器；4—电动机；
5—测速/超速开关；6—卷筒；7—高速级联轴器；8—脉冲编码器/凸轮限位开关

图 2-32　起升机构典型布置

② 钢丝绳缠绕系统

a）牵引小车式岸桥起升机构

牵引小车式岸桥的起升钢丝绳缠绕系统一般如图 2-33 所示，由尾部滑轮组、小车滑轮组、头部滑轮组、吊具上架滑轮组、起升卷筒以及钢丝绳挡块、抗磨块、托辊、调整接头等组成。

b）自行小车式岸桥起升机构

对自行小车式岸桥，起升机构也可通过机构的不同布置形式实现一个或两个倾转动作。如图 2-34 所示，在两个起升电动机尾端之间设置电磁离合器，同时将两个双联起升卷筒分离。当正常起升时，离合器闭合实现刚性同步，当需倾转时，离合器打开，起升电动机驱动两组卷筒实现相对旋转。

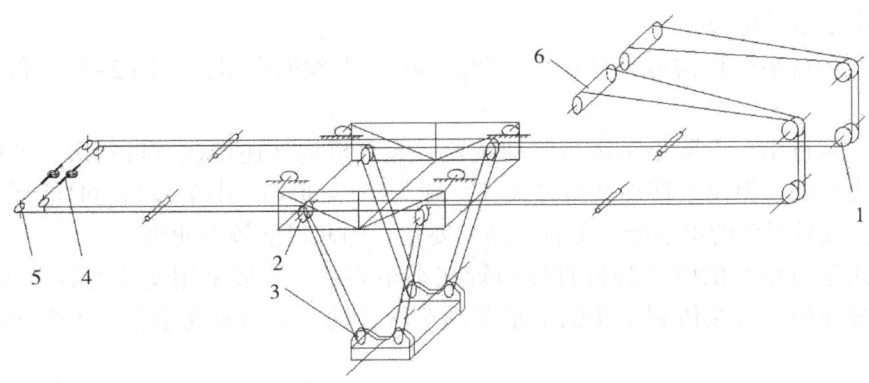

1—尾部滑轮组；2—小车滑轮组；3—吊具上架滑轮组；4—头部倾转装置；5—头部滑轮组；6—起升卷筒

图 2-33　起升钢丝绳缠绕系统

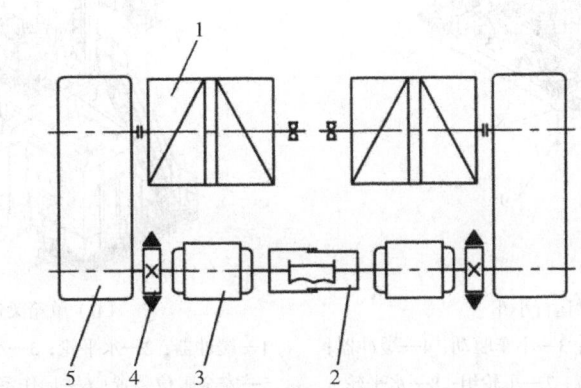

1—双联卷筒；2—电磁离合器；3—电动机；4—制动器；5—减速器

图 2-34　具有倾转动作的起升机构

（2）前大梁俯仰机构

岸桥的俯仰机构与起升机构类似（图 2-35）。前者通过钢丝绳实现前大梁的俯仰运动，后者通过钢丝绳实现货物的升降运动。在驱动装置组成上都是由电动机通过联轴器、减速器等传动装置驱动卷筒卷绕钢丝绳作业的，只是俯仰机构的俯仰速度比起升机构的升降速度低，是非工作性机构。

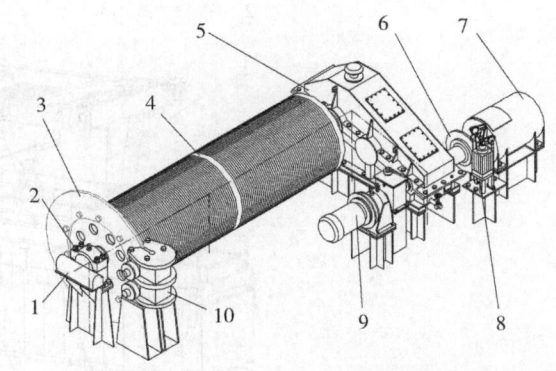

1—限位保护装置；2—卷筒轴承座；3—低速轴制动盘；4—卷筒；5—减速器；6—联轴器；7—电动机；8—高速轴制动器；9—应急机构；10—低速轴制动装置

图 2-35　俯仰机构

（3）小车运行机构

岸桥的运行小车机构可分自行式（图2-36）、钢丝绳牵引式（图2-37）和载重式三种类型。

载重式运行小车上除小车运行驱动装置、起升机构外还悬挂有机器房，虽然省掉了钢丝绳缠绕系统，但由于移动载荷过大（一般为70～90t），小车起制动时能耗大、容易引起打滑，且对码头的承载能力也有较高的要求，因此目前较少使用。

自行式运行小车的驱动装置直接布置在小车架上。一般采用交流变频电动机驱动，经减速器减速后，直接传到车轮轴上来驱动车轮转动，从而实现小车的水平运动。自行

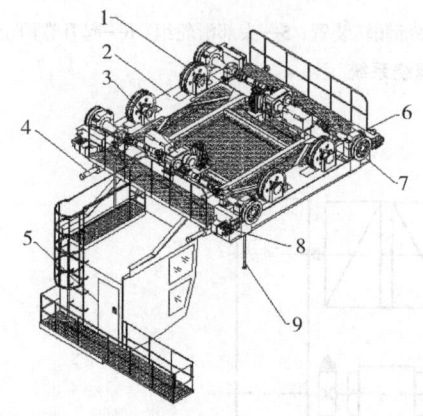 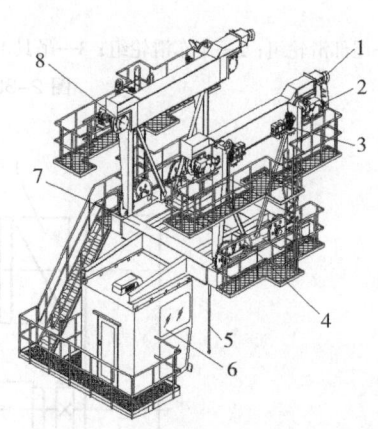

（a）双箱梁运行小车

1—小车滑轮组；2—小车架；3—小车驱动；4—缓冲器；
5—操作室；6—钢丝绳托辊；7—车轮组；8—水平轮

（b）单箱梁运行小车

1—缓冲器；2—水平轮；3—小车驱动；4—起升滑轮组；
5—安全限位装置；6—操作室；7—小车架；8—车轮组；
9—限位装置

图2-36 自行式小车运行机构

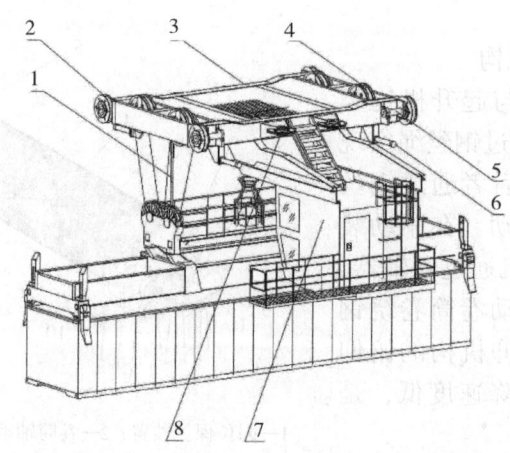

1—安全限位开关；2—车轮组；3—小车架；4—起升滑轮组；
5—钢丝绳托辊；6—缓冲器；7—操作室；8—小车牵引滑轮组

图2-37 钢丝绳牵引式运行小车

小车运行机构可以垂直于小车轨道居中或沿小车轨道两侧布置、两轮集中驱动［图2-36（a）］，或由四个电动机分别驱动［图2-36（b）］。自行式运行小车由驱动机构、车轮组、滑轮组、小车架、司机室、缓冲器、水平轮、锚定装置、顶升和防坠装置、安全限位装置等组成，有的还包括小车防摇装置。

与自行式小车相比，钢丝绳牵引式小车（图2-37）的驱动装置位于机器房内，组成与起升机构类同，通过钢丝绳牵引小车实现小车运行。一般在小车架前、后均设两根牵引钢丝绳，从前、后绕入驱动卷筒并分别固定在卷筒上。由于牵引钢丝绳要从电动机座底部通过，机座的刚性要好。为保证小车运行起、制动的平稳，牵引式运行小车钢丝绳缠绕系统需设张紧装置。张紧装置一般采用液压驱动方式，可以有效调节钢丝绳的伸长和缩短，吸收小车运行的冲击和振动，还可在大梁俯仰动作过程中起到调整钢丝绳绳长变化的作用。

（4）大车运行机构

岸桥的大车运行机构由设在下横梁下的四组行走台车组组成。每个大车行走台车组，由一套或多套驱动装置驱动。电动机经减速器直接驱动或开式齿轮传动驱动，从而实现起重机沿着码头前沿的轨道行驶。驱动布置型式有立式驱动、平行轴减速器驱动、卧式驱动、单轮驱动（无开式齿轮）、蜗轮蜗杆驱动和全轮制动。

2.5.3 集装箱门式起重机

1）集装箱门式起重机的分类

集装箱门式起重机是当前大型集装箱码头堆场采用的主要作业机型，根据支承装置的不同，分为轮胎式集装箱门式起重机（简称轮胎吊，RTG）和轨道式集装箱门式起重机（简称轨道吊，RMG，图2-38）。

（a）轮胎式

（b）轨道式

图2-38 集装箱门式起重机

（1）轮胎式集装箱门式起重机

轮胎吊［图2-38（a）］的优点是：转场方便，可有效利用堆场，堆场建设费用相对较低，设备操作相对简单，设备维修和管理技术成熟。可采用直线行走自动控制装置实现行走轨迹自动控制，较易实现堆场作业自动化。其缺点是：采用内燃机动力系统，设备维修量及能源消耗较大，对环境的污染较大。通过市政供电代替柴油发电机组（油改电），是现阶段大型集装箱码头节能减排的重要措施之一。

其典型参数如下：跨距为23.47 m或26.5 m，分别适应6列或7列集装箱加1车道的堆场布置方式；起升高度为15.24 m、18.14 m或21.04 m，分别适应"堆4过5""堆5过6"或"堆6过7"的作业要求；吊具下额定起重量通常为40.5 t，也有50t或60 t；空载起升速度为40~55 m/min，满载起升速度为20~26 m/min；小车运行速度为70 m/min；大车运行速度满载时为30~50 m/min，空载时为90~150 m/min。

车架支承在4轮、8轮或16轮的大型无内胎轮胎上。为防止轮胎吊之间以及轮胎吊与集装箱之间的相互碰撞，设有手动纠偏系统以及大车四角防碰装置。安全设施方面，设有超负荷保护、柴油机超速保护、水温过高和机油压力过低等讯号装置、风速指示仪、防台风锚定装置、紧停按钮以及各机构限位开关和信号指示等。

另外，还可选配DGPS（卫星自动定位系统）、ECMS（发动机状况监视系统）、RCMS（故障显示和与中控室联系系统）以及方便大车转向和减少轮胎磨损的大车顶升装置等设备。

（2）轨道式集装箱门式起重机

轨道吊［图2-38（b）］的优点是：机械结构相对简单，较易维修，作业可靠；电力驱动，污染小；易于实现作业自动化。其缺点是：由于只能沿轨道运行，作业范围受限制，机动性差。

图2-39为高效集装箱全自动化码头装卸系统，装卸集卡与堆存箱分别由高型轨道吊（DRMG）和矮型轨道吊（CRMG）通过地面固定台座进行中转接力完成。

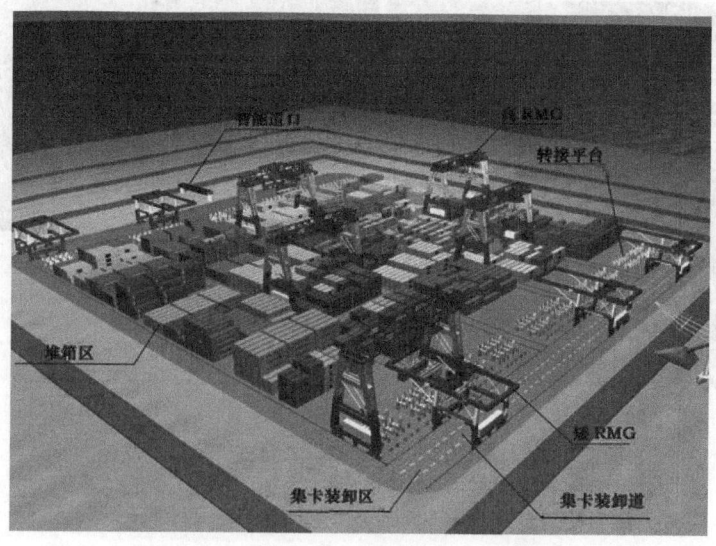

图2-39　高效集装箱全自动化码头装卸系统

其典型参数如下：轨距大多在 25～50 m，工作外伸距一般不超过 10 m；吊具下额定起重量多为 30.5～42 t；满载起升速度为 23～40 m/min，空载起升速度为 46～80 m/min；小车运行速度为 60～100 m/min；大车运行速度为 50～120 m/min。

（3）RTG 与 RMG 作业方式的选择

堆场作业工艺方式和设备的选择需根据码头通过能力、集疏运方式、码头陆域面积、工艺布置形式、技术先进性、环境保护性、安全可靠性、投资成本和营运成本等因素综合考虑。

2）设计参数和理论生产率

（1）主要设计参数

通常在门式起重机性能参数表中列有起升高度、额定起重量、跨距 L、基距 B、大车轮数、大车运行速度（满载/空载）、起升速度（满载/空载）、小车运行速度、装机总功率等。

起升高度 H 指集装箱吊具旋锁底平面离地的最大垂直距离。它取决于起重机门架下所堆放的集装箱的层数和高度。

（2）理论生产率与作业循环模式

理论生产率计算的典型作业过程为：从集卡上取得集装箱，满载上升到堆箱高度；小车运行到落箱位置，满载下降到落箱高度，落箱；吊具空载上升，小车回到取箱位置；空载下降到取箱高度。若对集卡进行装卸作业，考虑底盘的高度为 1.5m。必须注意，对于不同的作业层，吊具上升、下降的距离是不同的。如果港口的管理水平较高，在合理的装卸工艺下可实现双程作业模式，即在工作循环的全过程中均进行吊箱作业，充分发挥起重机的效率。

3）金属结构

常见的门式集装箱起重机结构由大梁和门架系统组成。

（1）大梁

大梁用以支承载重小车，其上铺设小车运行轨道，并且通过门腿将作用起重机上的外载荷传递到基础。大梁的形式主要有桁架式、箱式两种。按截面型式分为三角形桁架截面［图 2-40（a）］、双三角形桁架截面［图 2-40（b）］和双箱型梁截面［图 2-40（d）和（e）］等。对不同型式的大梁，载重小车的两根轨道可铺设在两个主桁架的上/下弦杆或两个箱型梁的主腹板上。

（2）门架系统

门架系统是门式集装箱起重机的主要构件。门架系统包括门腿、门架撑杆组（斜撑杆和水平撑杆）和鞍梁，如图 2-41 所示。

门腿与大梁的连接方式可分为两个刚性门腿、一个刚性门腿左侧与一个柔性门腿右侧两种结构形式。前者［图 2-41（a）］整体刚性较好，结构对称；既能承受起重机横向水平载荷，又能承受起重机的纵向水平载荷；主要用于无轨运行或跨度较小的有轨运行门式起重机。后者［图 2-41（b）］自重较轻；可补偿跨度误差，以防因温度变化或偏斜运行而产生卡轨现象；主要用于有轨运行的门式起重机。

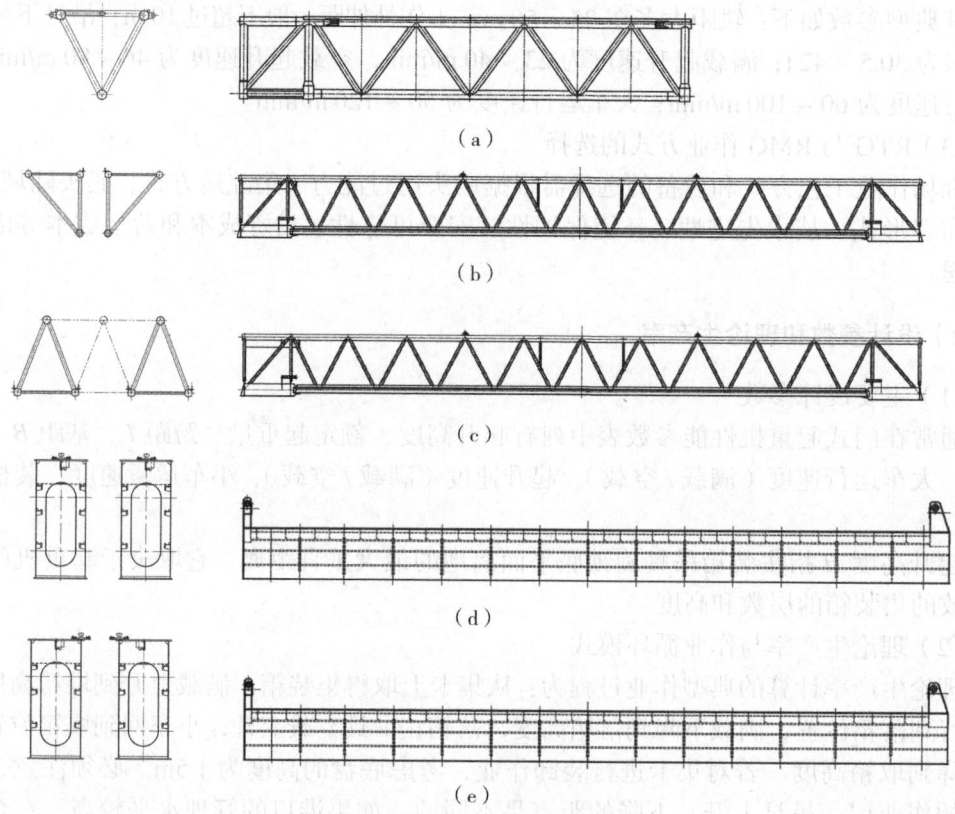

图 2-40 大梁结构形式

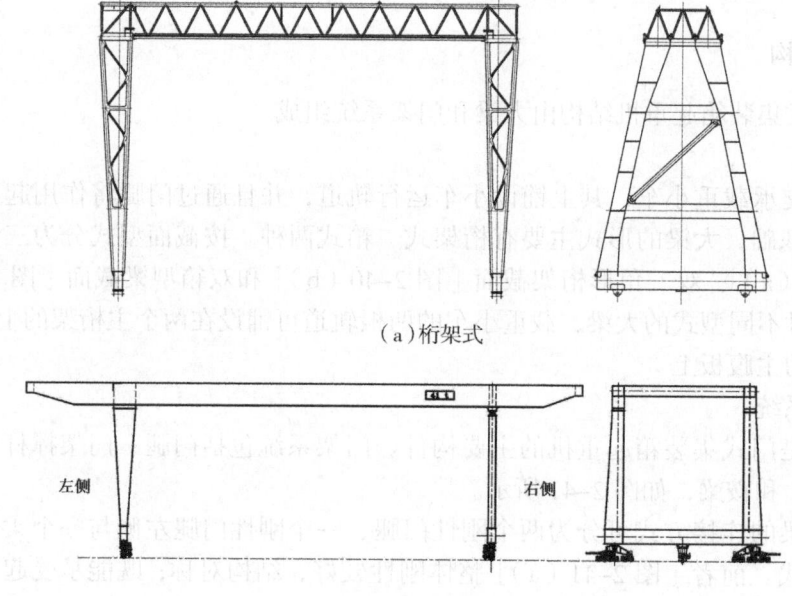

图 2-41 板梁式带有悬臂端的门架形式

4）主要机构

（1）起升机构

轨道吊、轮胎吊的起升机构是相同的。一般为钢丝绳单卷筒形式（图2-42），亦可根据需要设计成钢丝绳双卷筒形式（图2-43）。布置形式有平行式（图2-43）和垂直式（图2-42）两种。目前较多使用平行式布置方式，若制动器布置在电动机侧，结构紧凑，但调整较为困难；若制动器设在减速器另一侧，则调整维护较方便。

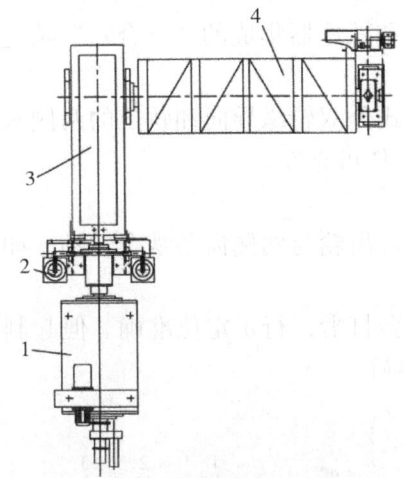

1—电动机；2—制动器；3—减速器；4—卷筒

图2-42 单卷筒垂直式起升机构

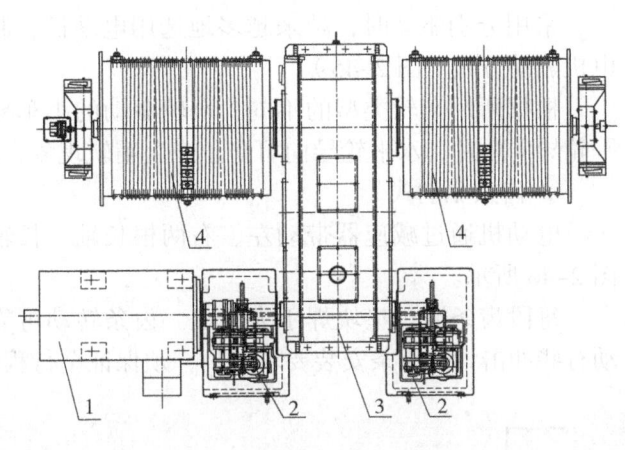

1—电动机；2—制动器；3—减速器；4—双联卷筒

图2-43 双卷筒平行式起升机构

起升钢丝绳绕绳方式有交叉式和非交叉式两种，其中交叉式因绕绳复杂且不利于吊具防摇，不再使用。下面介绍两种非交叉式绕绳方式。

水平滑轮式［图2-44（a）］布置使钢丝绳对卷筒以及下引钢丝绳与吊具上架滑轮之间的钢丝绳偏角很小，钢丝绳不易脱槽。但由于下引滑轮间距较小，使钢丝绳下引斜度小，不利于吊具防摇。摆动滑轮式［图2-44（b）］布置将下引滑轮做成摆动滑轮的方式，可以减少下引绳与滑轮的偏角，同时也减少了卷筒与滑轮间的偏角，对加大下引绳斜度非常有利。

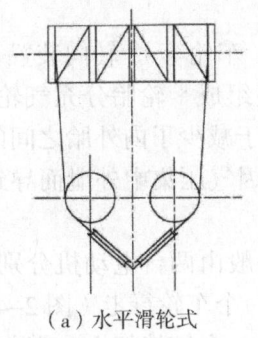

（a）水平滑轮式　　　　　　　　（b）摆动滑轮式

图2-44 钢丝绳绕绳方式

（2）小车运行机构

小车驱动有车轮驱动和齿条驱动两种方式。

① 车轮驱动

车轮驱动式包括集中驱动和分别驱动两种。

采用集中驱动方案时，一般前后各采用一套集中驱动方案，共两套，以实现四轮全驱动。此时小车运行同步性好，不易跑偏，用于小车轨距较小的起重机。其中万向传动轴可有效弥补大跨距小车架变形和安装误差带来的影响。

采用分别驱动时，越来越多地选用电动机、制动器和减速器集成的"三合一"减速电机驱动方式（图2-45）。

根据所用车轮类型的不同，车轮驱动的小车导向方式分双轮缘导向和轨道的两侧水平轮导向两种，水平轮导向可防止产生啃轨现象，提高工作可靠性。

② 齿条驱动式

电动机通过减速器带动左、右两根长轴。长轴上悬臂齿轮与两侧齿条啮合转动，如图2-46所示。

每段齿条通过垫块焊于大梁上。齿条转动可靠，不会打滑，行走定位准确。但起制动有些冲击，且齿条安装要求较高，须保证全行程啮合良好。

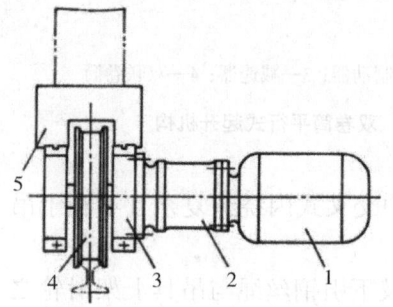

1—带制动器的电动机；2—行星减速器；
3—轴承箱；4—运行车轮；5—门架下横梁

图2-45 "三合一"减速电机分别驱动

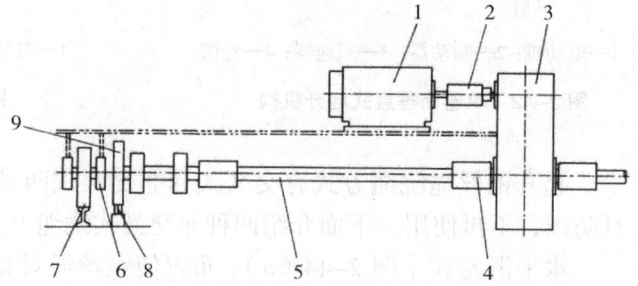

1—电动机；2—联轴器；3—减速器；4—联轴器；
5—浮动轴；6—轴承座；7—车轮；8—齿条；9—齿轮

图2-46 齿条驱动式小车运行机构

（3）无轨式大车运行机构

无轨运行机构由驱动装置、支承装置（转向桥、驱动桥、车轮等）、转向装置等组成。

无轨运行的车轮组由轮胎、轮辋、车轮轴和两个轴承座组成。轮胎分充气轮胎和实心轮胎，前者又可分为有内胎和无内胎两种。无内胎轮胎由于减少了内外胎之间的摩擦，散热好，寿命长，因而应用较多。实心轮胎无须充气，不会因气压集中外泄而导致事故，在RTG上已有少量的运用。

采用柴油机—电动驱动方式的轮胎吊，大车运行机构一般由两台电动机分别通过减速器、小链轮、滚子链条和大链轮驱动起重机两侧车轮中的一个车轮行走（图2-47）。减速器由一对螺旋伞齿轮和圆柱齿轮副组成。驱动部分安装在一个铰接架上，需要有调节链条张紧度的装置。

车架为鞍形结构,与平衡梁通过转轴连接,转轴下部安装推力轴承以承受轮压,上部采用向心轴承,有的用球面滚子轴承。现在也有一些厂家采用大轴承直接连接平衡梁和车架。

为了使轮胎吊能从一个堆场转移到另外一个堆场工作,需要装设转向装置,有定轴转向和90°直角转向两种方式。定轴转向是以轮胎平面内一点为轴心进行转向,通常是以RTG的几何中心为轴线回转,如图2-48所示。目前很少采用定轴转向,该转向方式通常用于堆场不规则或有"背靠背"形式的堆场上。

一般工况下,RTG只采用90°转向,即在每条支腿下采用一套90°直角转向装置。它要求在堆场两头设有转向处,铺设有转向钢板,以减少转向时车轮的变形和磨损。起重机通常由液压转向装置实现转向动作(图2-49)。

轮胎式集装箱门式起重机(RTG)由于行走路面状况、轮胎充气压力、行走小车位置和起重机所受风力等因素,使轮胎上分布的载荷不均匀,因而起重机两侧的轮胎变形量不尽一致,导致行驶走偏或产生蛇行,容易发生碰箱事故。为此,在轮胎式集装箱起重机大车运行机构中需装设保证直线行走的装置,并采用相应的纠偏措施,以提高轮胎吊的自动化程度。

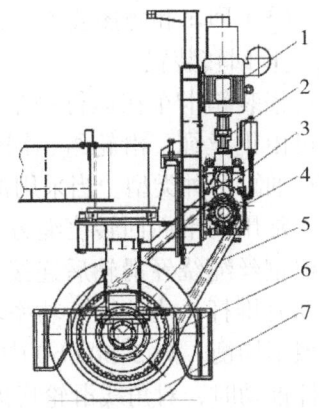

1—电动机;2—联轴器;3—减速器;
4—小链轮;5—滚子链条;
6—大链轮;7—车轮

图2-47 大车运行传动机构

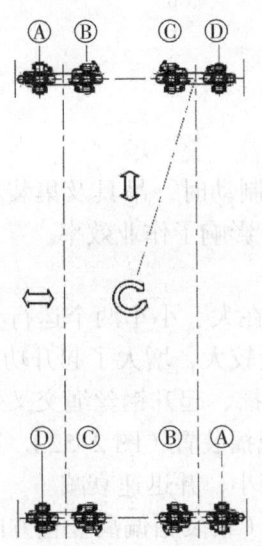

A、B、C、D—车轮

图2-48 定轴转向

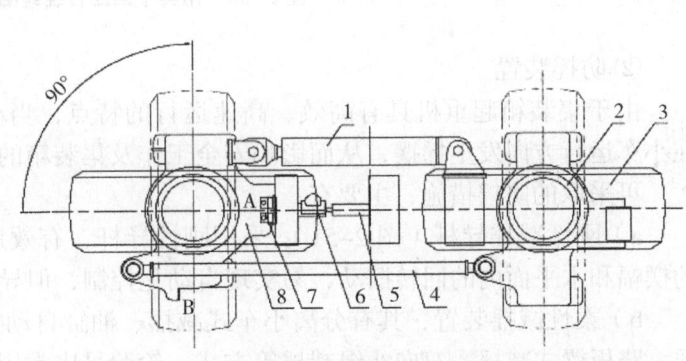

1—转向液压杆;2—回转轴承;3—车轮;4—拉杆;5—锁销液压缸;
6—锁销;7—限位开关;8—转向板

图2-49 定轴转向

（5）回转和防摇装置

① 回转装置

集装箱卡车在运行停车时有可能偏斜，所以需设置吊具平面回转装置。平面回转装置可由钢丝绳、滑轮组、钢丝绳连接接头和铰点、摇杆及支座、推杆等组成。推杆有螺杆和油缸两种类型。当采用油缸作为推杆时，还需配置液压控制系统。

常用的平面回转绕绳方法有两种，如图 2-50 所示。图 2-50（a）中，由于吊具一侧两根钢丝绳绕经滑轮后连接在摇杆的同一铰点上，钢丝绳作用力相互平衡，因此作回转运动时推杆（或油缸）功率较小，但回转时对角线上绳的长度不一样，吊具回转时将会出现不均衡。图 2-50（b）中，因吊具对角线两根绳绕经滑轮后连接在推杆的上下铰点上，推杆推动时，对角线滑轮将提升和下降，所以推杆（或油缸）所需功率较大。

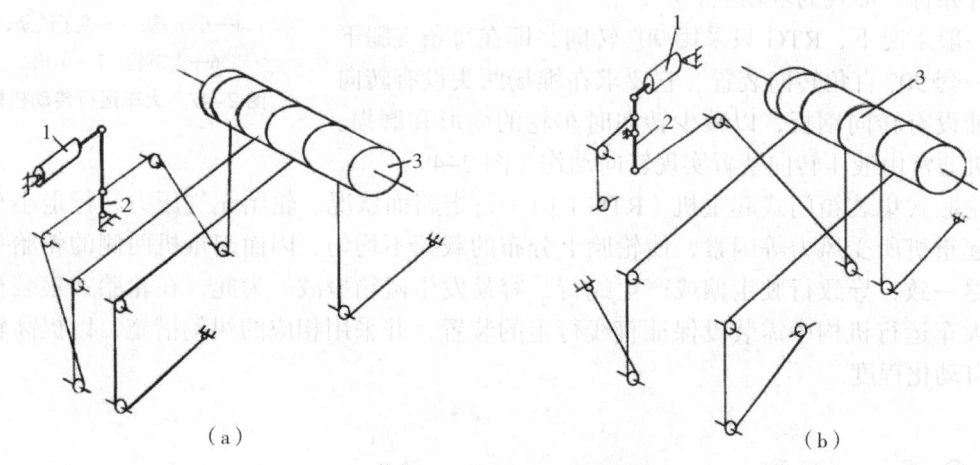

1—推杆；2—摇杆；3—起升卷筒

图 2-50　吊具平面回转绕绳图

② 防摇装置

由于集装箱起重机具有高效、高速运行的特点，当小车起制动时，吊具及集装箱会在小车运行方向发生摇摆，从而影响安全工作及集装箱的对位，影响了作业效率。

可采取的防摇措施，主要有：

a）刚性减摇导杆（图 2-51）：采用刚性导杆，有效地减小在大、小车两个运行方向的摆幅和水平面内的回转摆动，易实现自动化控制，但导杆质量较大，增大了起升功率。

b）柔性减摇装置，其有分离小车式减摇、油缸自动锁紧减摇、起升钢丝绳交叉式减摇、跷板梁式减摇、双向八绳减摇等方式。轮胎吊中常用八绳减摇装置（图 2-52），当小车（起）制动时，倒三角形钢丝绳产生的拉力使集装箱的位移变小，并迅速衰减。

c）电子减摇装置：通过传感器和检测元件将检测到的信息（集装箱偏离竖直方向的夹角、小车运行速度、与装卸目的地之间的距离以及吊具起升高度等）传送到控制系统中，经控制软件处理后将最佳的控制参数给定量提供给电动机调速系统；通过调节小车速度，提供最佳控制模式控制小车的运行，以此减小吊具及货物的摆动幅度，起到减摇的作用，是一种主动防摇方式。

图 2-51 刚性减摇导杆

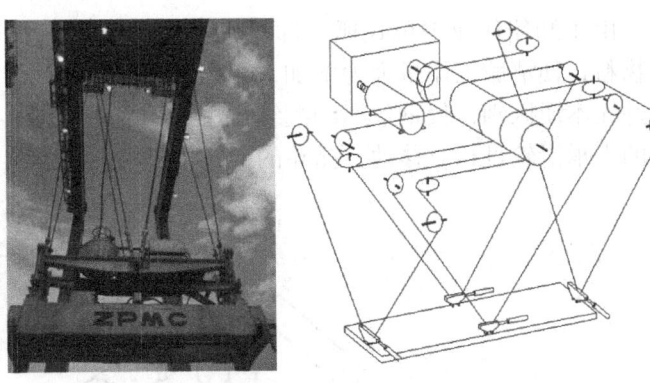
图 2-52 八绳防摇装置

2.5.4 桥式抓斗卸船机

1) 分类

桥式抓斗卸船机按小车的运行方式可分为自行式和牵引式两种类型。

自行小车式桥式抓斗卸船机的优点是起升绳磨损小，小车运行平稳，安全可靠，便于维修保养。其缺点是自重大、轮压大，码头的投资也相应增加，在这种情况下出现了牵引小车式桥式抓斗卸船机。

目前，在许多桥式抓斗卸船机上采用四卷筒牵引小车形式，即在差动行星减速器的差动作用下，将抓斗开闭、起升和小车运行机构结合到一起，取消了钢丝绳的张紧装置，使钢丝绳缠绕系统更加简单，减少了维护保养工作量。四卷筒牵引小车钢丝绳的缠绕方式如图 2-53 所示。其工作原理是：当两个开闭卷筒反向旋转而两个起升卷筒不动时，实现抓斗开闭；当开闭卷筒与起升卷筒同时反方向旋转时，实现抓斗升降；当开闭卷筒与起升卷筒均向同方向旋转时，小车左右运行。

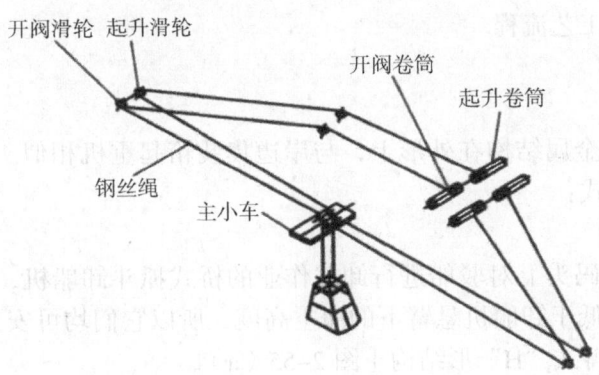
图 2-53 四卷筒牵引小车钢丝绳缠绕系统

由于卸船作业中桥式抓斗卸船机的抓斗只能沿小车轨道运行，无法抓取船舱甲板下的物料，使清舱工作量大为增加，因此要求抓斗能回转90°。这种型式的小车与前述的小车并无本质区别，仅钢丝绳的缠绕方法有所变化（图2-54）。主小车上的起升及开闭钢丝绳的支承滑轮可相对移动，抓斗的回转依靠滑轮支承架的相对移动来实现。

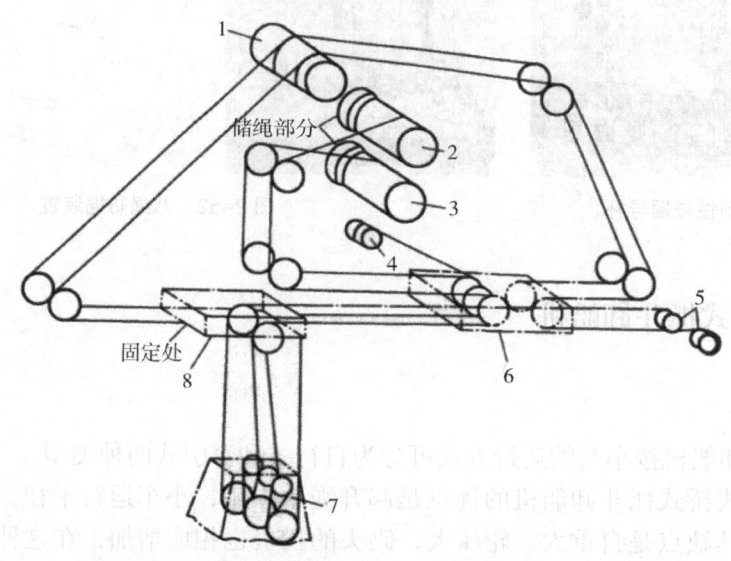

1—小车移动卷筒；2—支持绳卷筒；3—开闭绳卷筒；4、5—张紧卷筒；6—移动小车；7—抓斗；8—主小车

图2-54 抓斗能回转90°的牵引小车式起升绳卷绕系统

桥式抓斗卸船机与带斗门座起重机一样，有接卸、输送和回收物料以及防尘和除铁等系统，有的还设有计量系统。在设计桥式抓斗卸船机时还应注意配备用于吊运清舱机械的装置，并且要充分考虑放置清舱机的机下码头面位置，以及足以吊运清舱机下舱的空间高度和更换抓斗的机下码头面的作业空间。

在突堤式码头上，根据装卸工艺需要，在码头上除设有多条水平输送机外，往往在卸船机尾部还设有装船机。这是一种直卸直装的系统，有利于卸船码头及其设备的综合利用，是一种特殊的工艺流程。

2）金属结构

桥式抓斗卸船机金属结构在外形上，与岸边集装箱起重机相似。根据大梁的结构特点，其有以下三种形式：

（1）固定悬臂式

在内河中小港口码头上对驳船进行卸载作业的桥式抓斗卸船机，因拖轮和作业驳船的上层建筑等构件均低于卸船机悬臂下的净空高度，所以它们均可安全地在悬臂下通行。其总体结构为固定悬臂式"H"形结构［图2-55（a）］。

（2）俯仰悬臂式

对海轮进行卸载（800 t/h以上）作业的桥式抓斗卸船机，从整机稳定性和经济性考

（a）固定悬臂式　　　　　　　　　（b）俯仰悬臂式

图 2-55　桥式抓斗卸船机

虑，应尽量减少悬臂下的净空高度，但不能满足有较高上层建筑的大型海轮从悬臂下安全通行。为避免悬臂与作业船或通行船的上层建筑和起吊设备碰撞，需将这类卸船机设计成俯仰悬臂式［图 2-55（b）］。

（3）双伸（俯仰）悬臂式

对于突堤式码头，为有效利用泊位，减少船舶的停港时间，降低装卸成本，提高经济效益，码头前方（主航道方向）停靠大型散货船舶，后方可停泊其他吨位的散货船舶。因此，要求桥式抓斗卸船机不仅能从前方，也能从后方进行卸船作业。这类卸船机具有双伸臂，前侧悬臂（主航道方向一侧）在非工作时可以仰起，工作时放置在水平位置上（图 2-56）。

图 2-56　双伸（俯仰）悬臂式卸船机

3）特殊机构

桥式抓斗卸船机除起升机构、小车运行机构、大车运行机构、前大梁俯仰机构外，由于其取物装置为抓斗，因此还有抓斗开闭机构、料斗及给料系统、落料回收装置、物料输送系统等装置。

（1）起升机构

起升机构（兼作抓斗开闭机构）实现抓斗的升降和开闭，它是桥式抓斗卸船机的主要工作机构之一。

（2）物料输送系统

桥式抓斗卸船机在机上漏斗与后方地面固定式带式输送机之间需安装一台或几台长度较短的带式输送机，把抓斗卸入漏斗的物料均匀地输送到后方。带式输送机固定在门架系统上，随整机一起移动，以满足在不同作业地点卸料的要求。

在布置机上带式输送机时，应在门架中间留出一定空间，便于不工作时抓斗着地和小车上设备维修。当漏斗安放在前方支架上时，如图2-57和图2-58所示，从图中可看到：从漏斗卸下的物料先通过一条横向带式输送机4输送到侧边支架处，再由侧边的倾斜输送机5把物料输送到后方。为了保证物料在输送带上不下滑，输送机倾角需限制在一定范围内；当地面输送机较高时，若输送机倾角选得过小，势必会提高漏斗位置，从而增加了抓斗的起升高度，影响抓斗卸船机总体布置和增大起升机构电动机功率消耗等。因此，要根据总体要求，合理确定带式输送机倾角。

为减轻物料对输送带的磨损，提高生产率，便于布置装料及卸料装置，装料点和卸料点最好布置在输送机水平区段内。

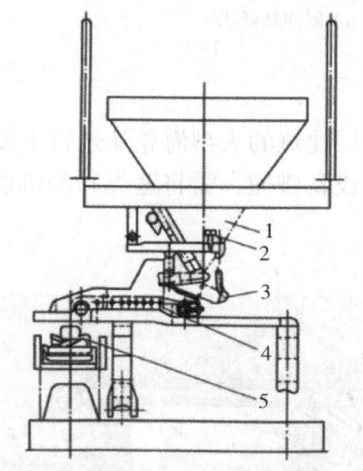 

1—漏斗；2—负荷传感器；3—喂料器；
4—横向带式输送机；5—倾斜带式输送机

图2-57 接料输送系统的示意图

1—金属结构；2—自行小车；3—电气房；4—料斗；
5—倾斜带式输送机

图2-58 桥式抓斗卸船机外形图

（3）防尘装置

当抓斗在漏斗上方开斗卸料时，不可避免地会产生粉状物料的飞扬，造成货损和周围环境、大气的严重污染。如何使公害减小到最低程度，已成为衡量设备是否达到现代化水平的重要标志之一。采用防尘抓斗以及在漏斗上方设置专门的除尘室（图2-59），这些方法在国外的抓斗卸船机上已有应用。除尘室直接装在卸船机的机上漏斗上方，有足够大的空间让抓斗开闭，并且允许抓斗在除尘室内作一定范围的摆动。除尘室顶部有一条供绳索通过的长槽，在抓斗进出的侧面（即前侧）有两扇用液压装置快速开闭的移动式大门。采用这种防尘设施，抓斗卸船机的生产效率不会受到影响，而且由于其结构复杂，对控制系统要求高，成本也较高，因而尚未得到广泛的应用。

从目前国内外对抓斗卸船机的种种防尘设施来看，洒水喷雾除尘最为普遍。按其供水方式，可分为水槽式、水箱式和水管卷盘式三种。其中水管卷盘式防尘方案具有重量

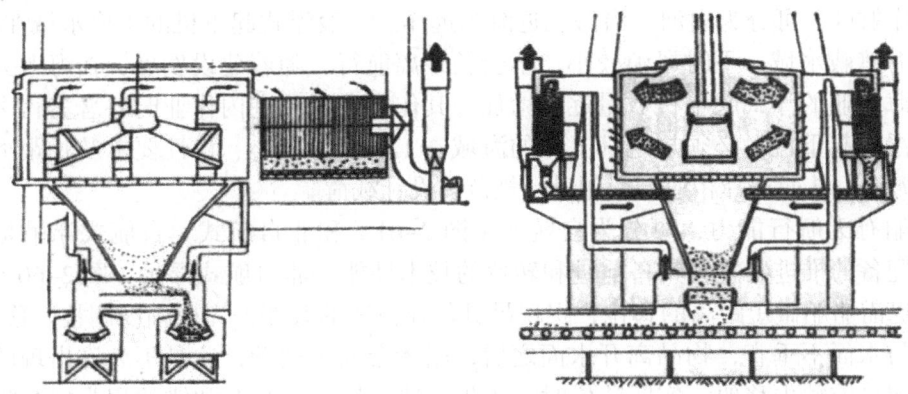

图 2-59 漏斗除尘装置

轻、运行可靠、使用寿命长、不影响码头前沿通过能力等一系列优点,是一种具有很大发展前途的防尘装置。

2.5.5 浮式起重机

由于使用场合的条件不同,工作任务的差异,浮式起重机的型式、种类、参数和构造形式各异。

按用途,可分为装卸型和吊装型。装卸型浮吊(又称起重船)主要用于内河港口,完成如件货、煤、砂等货物的装卸。这类起重船的起重量不大,为满足生产率要求,各机构的工作速度较高,臂架系统构造复杂,可 360° 回转,放置起重机的趸船一般采用无动力长方形平底船。吊装型浮吊主要用于完成重件、大件、起升高度大或起吊物件水下深度大等特殊工况下的起吊工作。这类浮吊的生产率要求是次要的,因此主要机构的速度参数很低,但其他非速度参数值变得很高(图 2-60 和图 2-61)。

图 2-60 4 000 t 全回转浮吊"华天龙"号

图 2-61 7 500 t 全回转浮吊"蓝鲸"号

按工作航区，可分为内河、沿海、近海和远洋。一般浮式起重机的工作水域在内河、港区和沿海遮蔽水域，平时风浪较小，不会长距离航行。随着建设发展，在海上无遮蔽近海或远海作业的浮式起重机数量逐渐增加，其作业工况比港内作业时要恶劣得多，所以在设计浮式起重机时必须规定其工作的海域、工作风浪大小、稳性要求及长距离移泊航行时的海况，从而选择相应的船舶设计规范和设计载荷。

按船舶有无航行能力，可分为自航式（图2-61）和非自航式。自航式浮吊是依靠船舶自身配备的推进装置，具备前进和转弯的技术性能。非自航式浮吊（图2-60）在装卸工作时仍需船舶做短距离的移位，实现吊具作业位置的改变，完成幅度调整。移位时，若起升绳与水面不垂直，物品离开水面之后，船体会发生摆动，这是不允许出现的，所以要在未起吊前预先移船。实际移位时需预先下锚，用移位绞车和锚的相互配合收放钢索，实现船舶的多方位移动（图2-62）。对于狭窄的航道，锚索会妨碍其他船舶的航行，造成航道堵塞。对于长距离的移位，还必须配备拖船，所以工作机动性差。

按起重机与船体间能否相对转动，分为回转式和固定式。回转式浮吊上的起重机能够绕垂直于船的纵横平面的回转轴线转动，且这条轴线离船舷的距离常取为船宽的一半，使吊钩的有效幅度处处保持为定值。因此，回转式浮吊臂架能相对船体作360°转动［图2-63（b）、（c）］。固定式浮吊上的起重机相对船体不能回转，臂架平面（臂架可摆动或不摆动）总是与船舶纵向中心平面重合［图2-63（a）］。其船和机的结构均简单，造价低，故障少，维修费用低，臂架人字架和所吊重物的重心常落在船体纵向中心线附近，只产生纵向倾斜及少许横向倾斜，故船宽可设计得窄一些，因而船体重量较轻。

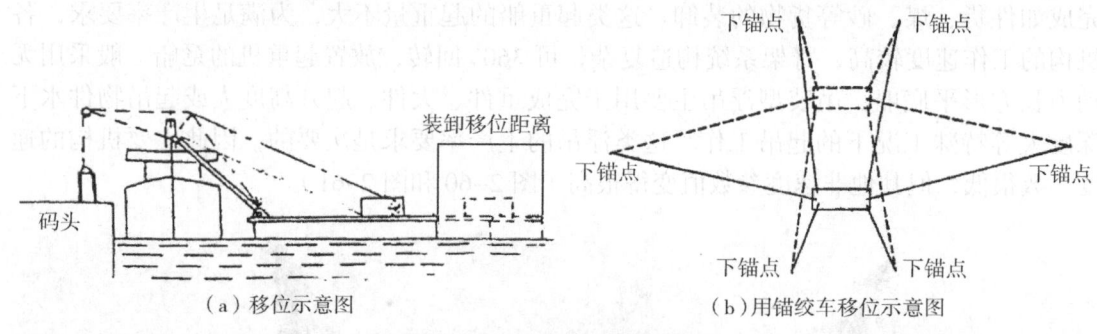

图 2-62 非自航式浮吊移位

（a）固定式

（b）回转式单臂架

（c）回转式组合臂架

图 2-63 浮式起重机的基本形式

在码头，待卸货船顺着码头岸线停靠，若采用固定式浮吊（图2-64），为了对船舱内货物进行卸货，浮吊的纵向必须顶着货船，两者成T字形，如果再加上卸货时移动船所需的移位距离，其装卸所需占用的航道尺寸很大。对于繁忙的港口，长期占用有限宽度的航道，造成水上交通堵塞是不容许的，因此宜选择回转式浮吊（图2-65）。这样在装卸时，回转型浮吊的纵向与货船纵向一致，并行排列，占用航道宽度相对较少，对航运影响较小。所以，新造的中小吨位乃至大吨位的浮吊大多选用这种型式。

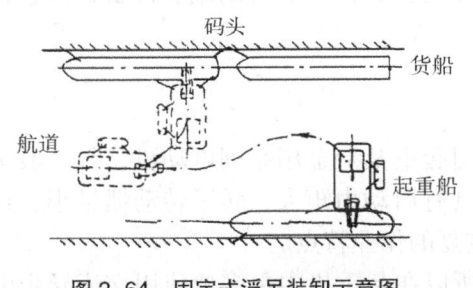

图2-64　固定式浮吊装卸示意图　　　　图2-65　回转式浮吊装卸示意图

按配置的动力，可分为电力驱动、柴油机驱动、柴油机—电力驱动和柴油机—液压驱动。目前，大型浮吊大多采用柴油机—电力驱动或柴油机—液压驱动方式，电站和泵站都设在船体上，由柴油机驱动，再通过电路或管路给起重机各部分供电或供油，实现对各个机构分别驱动和调速。随着交流调速技术的发展，尤其是变频调速技术的成熟，采用柴油—交流供电方式已成为首选方案。

按主钩额定起重量，可分为小型浮式起重机，起重量小于16 t；中型浮式起重机，起重量为16~63 t；大型浮式起重机，起重量在63 t以上。

2.6　起重机的驱动形式和典型机构

2.6.1　起重机的驱动形式

驱动形式在很大程度上决定了起重机的工作性能和构造特点，其质量和成本对起重机的经济技术指标有着重大的影响。因此，在设计或选用起重机时，应根据具体情况，在分析比较的基础上合理地选择驱动形式。

根据原动机的动力形式，起重机的驱动形式主要有电力驱动、柴油机驱动和柴油机—电力复合驱动等。港口使用的有轨运行式起重机通常在港区一定范围内工作，一般由电网供电，采用电力驱动方式。对流动式起重机，由于作业范围变动大，一般采用柴油机带动发电机供电，可采用柴油机驱动或复合驱动形式。电力驱动是现代港口起重机的主要驱动形式，也是本教材介绍的重点。

根据原动机与工作机构之间的驱动关系，起重机的驱动方式有集中驱动和分别驱动两种。

集中驱动是由一台原动机经过机械传动装置驱动几个工作机构，每个工作机构所需要的动力通过操纵式摩擦离合器、电磁离合器、液力传动等装置获得。集中驱动的缺点是不能保证转矩和功率在各工作机构之间精确和稳定地分配，传动装置较复杂，重量和尺寸较大、分组性差。

分别驱动是每个工作机构都由独立的原动机驱动。分别驱动时每个工作机构的运动都能独立调节，分组性好，布置、安装及维修较为方便，结构变形对驱动装置的影响较小；尽管其原动机的总功率较集中驱动大，增加了原动机、传动装置的成套设备，但它在起重机中仍得到广泛的运用。

1）电力驱动中电动机的形式

电力驱动有交流和直流两种。起重机应采用起重及冶金用系列电动机，与一般工业用的电动机相比较，起重及冶金用系列电动机具有启动力矩大、转子转动惯量小、过载能力强等特点，能适应起重机间歇动作、短暂重复的作业特点。

由于交流电源容易获得，而且更为经济，所以在起重机中更多地使用交流异步电动机。目前，起重机使用的交流异步电动机为 YZR 系列绕线式异步电动机和 YZ 系列鼠笼式异步电动机。绕线式异步电动机启动性能好，便于适量调速，不会引起过热，所以在起重机中使用最广。鼠笼式异步电动机的构造简单、使用方便、价格也便宜，但它的启动力矩较小，而启动电流大，故不能频繁地启动，所以通常只用于功率不大、工作不频繁、启动次数少的机构上，如非工作性的变幅机构和大车运行机构。

直流电动机的调速范围较大，过载能力强，传动效率高，机械性能更能满足起重机的工作要求。但一般的作业场地没有直流电源，需要另外安装整流设备或直流电网。而且与同容量的交流异步电动机相比，直流电动机的体积、自重、价格和维护费用都比较大。因此，除了特别重要和要求在较大范围内调速的起重机的工作机构，如造船用门座起重机、岸边集装箱起重机、浮式起重机的起升机构外，一般较少使用。

交流变频调速技术在工业界的广泛应用，为起重机大范围、高质量地调速提供了全新的方案。由图 2-66 可见，变频调速电动机的基频工作点设计在 50 Hz，当频率在 0～50 Hz（转速 0～1 480 r/min）范围内时电动机作恒转矩 M_N 运行，频率 50～100 Hz（转速 n_N = 1 480～2 800 r/min）范围内时电动机作恒功率 P_N 运行。它具有和直流调速系统相媲美的高性能调速指标，可以采用结构简单、工作可靠、维护方便的鼠笼式异步电动机进行调速，并且变频调速系统的效率比传统的交流调速系统要高，其外围控制线路简单，维护工作量小，保护监测功能完善，运行可靠性较传统的交流调速系统有较大的提高。所以，交流变频调速技术的应用是今后起重机交流调速技术发展的主流。

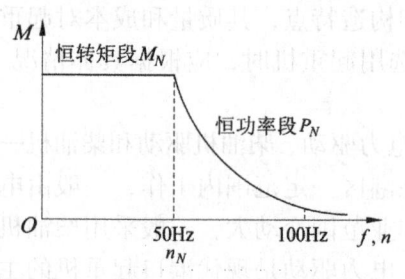

图 2-66 变频电动机的特性曲线示意图

2）电动机的工作制

在《旋转电机 定额和性能》（GB/T 755—2019）中，根据电机所承受的负载状况，将电动机的工作制分为 S1～S10 共十种类型，其中基准工作制为 S3-40%（即工作制为 S3，基准负载持续率 JC 为 40%，每个工作周期为 10 min）。

港口起重机的工作制有以下几种类型：短时间工作制（S2）、断续周期工作制（S3）、包括启动的断续周期工作制（S4）和包括电制动的断续周期工作制（S5）。

3）电动机的选择

在电力驱动的起重机中，正确地选择电动机的功率具有重要意义。如果功率不足，就会使电动机过热而很快损坏，同时也会影响到起重机的生产率和在满载情况下启动的可靠性。如果功率过大，则会使驱动效率降低，设备费和自身质量加大，并对机构的工作性能和零部件的强度产生有害的影响。

（1）初选电动机

电动机的初选功率根据《起重机设计规范》（GB/T 3811—2008），按下述方法选择具体的电动机型号：对起升机构和运行机构，用直流电动机、笼型异步电动机时，按"静功率——接电持续率法"初选；对回转机构和变幅机构，可按"等效功率——接电持续率法"初选。对 YZR 系列等能提供有关按 CZ 值计算选择电动机资料的异步电动机，按"稳态负载系数法"初选。对未能提供按 CZ 值计算选择电动机的资料，但已知采用电动机的机构工作级别的，其所需功率按"等效接电持续率经验法"初选（用于起升机构）。对能获得电动机负荷图的机构，可按"等效平均功率法"初选。

（2）电动机容量验算

初选电动机后电动机容量必须进行短期过载能力、发热和启动能力的验算。

具体的选型过程将在各工作机构的设计计算中详细介绍。

2.6.2 起升机构

起升机构用来实现货物的升降运动，它通常由驱动装置、钢丝绳缠绕系统和取物装置三部分组成。此外，根据工作需要还可以装设各种辅助装置，如高度限位器、超载限制器、称量装置等。图 2-67 为单联卷筒、吊钩作业的起升机构示意图。

取物装置有吊钩、抓斗、集装箱吊具和其他专用吊具，其具体型式由起重机吊运的物品确定。

钢丝绳缠绕系统包括卷筒、钢丝绳、导向滑轮和滑轮组等。钢丝绳通过导向滑轮可以引向空间任何方向，因此缠绕系统的布置具有较大的灵

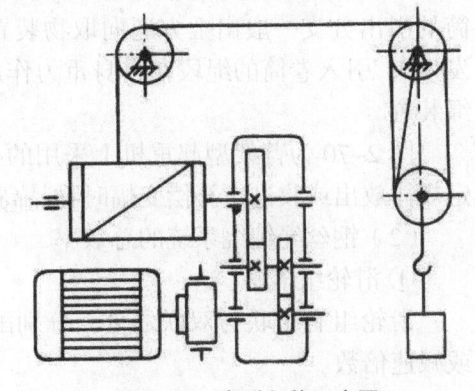

图 2-67 起升机构示意图

活性，可以适应各港口起重机的构造特点和作业要求。

驱动装置由电动机、制动器、减速器、卷筒组及机架等组成，其构造主要取决于起重机的驱动方式和取物装置。

1）钢丝绳缠绕系统

（1）钢丝绳缠绕系统的型式

起升钢丝绳缠绕系统的作用是传递动力，将卷筒的旋转运动转换为取物装置的垂直升降运动。对臂架型起重机及牵引小车式桥式抓斗卸船机，如采用特殊的起升钢丝绳缠绕系统，还能在臂架变幅或小车运行时起补偿作用，使物品作水平移动。此外，借助缠绕系统钢丝绳对导向滑轮或卷筒的作用力，可在其支座上布置测力装置，实现称重及超载保护等功能。

图 2-68 为桥架型起重机中常见的起升绳缠绕系统。为了保证桥架对称受载及起升过程中吊点位置不发生偏移，通常采用双联卷筒，两根驱动钢丝绳的张力通过平衡滑轮 A 保持均衡。这种缠绕系统的取物装置直接悬挂在卷筒和平衡滑轮下方，即使钢丝绳处于松弛状态，仍可在自身重力作用下不从绳槽中滑出，所以一般不需要采用压绳器和导绳器。

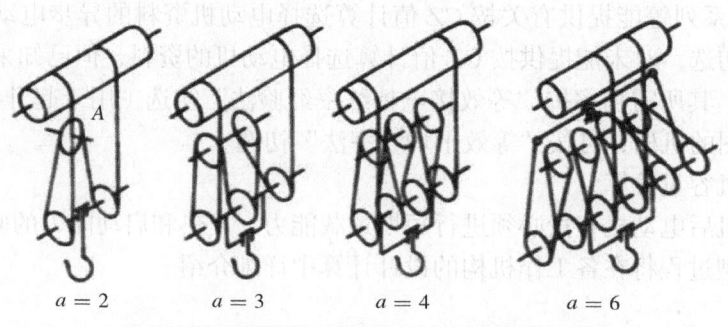

图 2-68 桥架型起重机的起升钢丝绳缠绕系统图

图 2-69 为吊钩、抓斗两用臂架型起重机上广泛采用的典型缠绕系统。该系统由两套单绳驱动的缠绕系统组成，使用吊钩时通过平衡滑轮 A 均衡两套系统的钢丝绳张力。卷筒的引出分支一般由上方通向取物装置。当钢丝绳处于松弛状态时（在抓斗作业中经常发生），引入卷筒的绳段在自身重力作用下容易脱出绳槽，出现乱扣现象，为此需加设压绳装置。

图 2-70 为臂架型起重机上采用的补偿滑轮组缠绕系统。在变幅过程中，钢丝绳以一定规律放出或收进，补偿变幅时物品高度位置的变化，保证物品作近似水平移动。

（2）钢丝绳缠绕系统的总效率

① 滑轮组倍率

滑轮组有单联与双联之分，分别配用单联和双联卷筒。滑轮组的倍率 a 反映其省力或减速倍数。

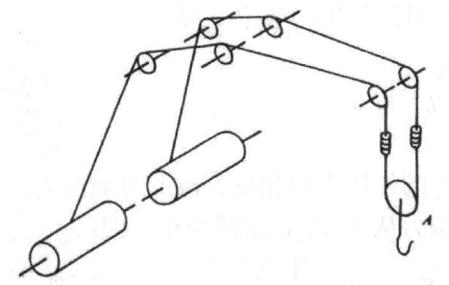

图 2-69 臂架型起重机的起升钢丝绳缠绕系统

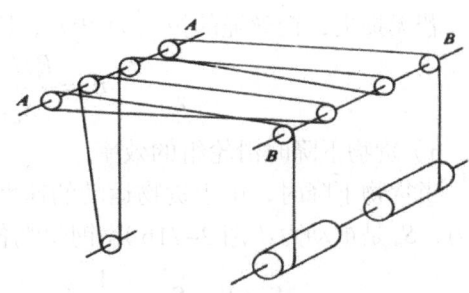

图 2-70 补偿滑轮组式起升绳缠绕系统

单联滑轮组的倍率 a 等于悬挂物品的钢丝绳分支数 m（图 2-71）；双联滑轮组的倍率等于悬挂物品钢丝绳分支数的一半（图 2-68），关系用下式表示为：

$$a = m（单联），a = m/2（双联）\quad (2-28)$$

当悬挂物品的重力为 P_Q、升（降）速度为 v_q 时，绕入卷筒的钢丝绳张力 S（不考虑效率损失）和线速度 v_a 分别为：

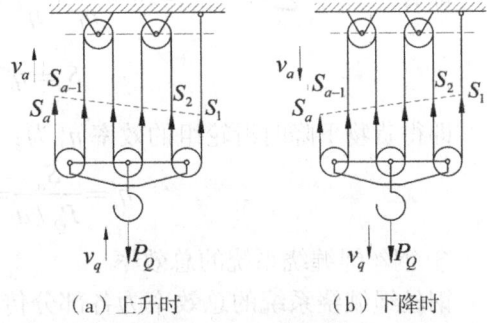

（a）上升时　　（b）下降时

图 2-71 滑轮组效率

$$S = \frac{P_Q}{m},\quad v_a = a v_q \quad (2-29)$$

滑轮组倍率对驱动装置的总体尺寸有较大影响。倍率增加时钢丝绳每个悬挂分支的拉力减小，卷筒直径和减速器的传动比也可减小，但卷筒长度要增加，总传动效率会有所下降。通常，当起重量 $Q \leq 25\,t$ 时取分支数 $m = 1 \sim 4$；当 $Q = 25 \sim 100\,t$ 时取 $m = 4 \sim 12$，使钢丝绳拉力在 $50 \sim 100\,kN$ 范围内；当 $Q > 100\,t$ 时，可根据钢丝绳拉力控制在 $100 \sim 150\,kN$ 范围内的要求来选取分支数。对于臂架型起重机，确定钢丝绳分支数时，还应从减轻臂端重量考虑，尽量减少臂架端部的定滑轮数目。

② 滑轮组的效率

a) 货物起升时滑轮组的效率

在图 2-71a 所示的单联滑轮组展开图中，起升载荷 P_Q 与滑轮组内各钢丝绳分支上拉力的平衡条件为 $\sum_{i=1}^{a} S_i = P_Q$。由于在各个滑轮上存在效率损失 η_l，钢丝绳各分支上的拉力分配并不是均匀的。在起升过程中，钢丝绳各个分支的拉力从 S_1 到 S_a 逐渐增大，即

$$S_a = S_a,\ S_{a-1} = \eta_l \cdot S_a \cdots,\ S_{i-1} = \eta_l \cdot S_i \cdots,\ S_1 = \eta_l \cdot S_2$$

则

$$\sum_{i=1}^{a} S_i = P_Q = S_a(1 + \eta_l + \eta_l^2 + \cdots + \eta_l^{a-1}) = S_a \frac{1 - \eta_l^a}{1 - \eta_l}$$

式中　a——滑轮组的倍率，对单联滑轮组即为钢丝绳的分支数，有 $a = m$。

货物上升时滑轮组中钢丝绳引出分支的拉力为：

$$S_a = \frac{1 - \eta_l}{1 - \eta_l^a} P_Q \quad (2-30)$$

若无损失，钢丝绳的拉力为 P_Q/a，则货物起升时滑轮组的效率 η_a 为：

$$\eta_a = \frac{P_Q/a}{S_a} = \frac{1-\eta_l^a}{a(1-\eta_l)} \tag{2-31}$$

b）货物下降时滑轮组的效率

当货物下降时，由于货物运动的速度方向与 S_a 的作用方向相反，故起升载荷 P_Q 是主动力，S_a 是被动力（图2-71b），钢丝绳各分支的拉力从 S_1 到 S_a 逐渐变小，即：

$$S_a = S_a, \quad S_{a-1} = \frac{1}{\eta_l} \cdot S_a, \cdots, S_{i-1} = \frac{1}{\eta_l} \cdot S_i, \cdots, S_1 = \frac{1}{\eta_l} \cdot S_2$$

即有

$$\sum_{i=1}^{a} S_i = P_Q = S_a(1 + \frac{1}{\eta_l} + \frac{1}{\eta_l^2} + \cdots + \frac{1}{\eta_l^{a-1}}) = S_a \frac{1-\eta_l^a}{\eta_l^{a-1}(1-\eta_l)}$$

$$S_a = \eta_l^{a-1} \frac{1-\eta_l}{1-\eta_l^a} P_Q \tag{2-32}$$

即得货物下降时滑轮组的效率 η_a' 为：

$$\eta_a' = \frac{S_a}{P_Q/a} = \eta_l^{a-1} \frac{a(1-\eta_l)}{1-\eta_l^a} \tag{2-33}$$

③ 钢丝绳缠绕系统的总效率

钢丝绳缠绕系统的总效率为各部分传动效率的乘积，若缠绕系统中还存在导向滑轮，则滑轮组的总效率可以表示为：

货物起升时

$$\eta_\Sigma = \eta_a \cdot \eta_D = \frac{1-\eta_l^a}{a(1-\eta_l)} \cdot \eta_D \tag{2-34}$$

货物下降时

$$\eta_\Sigma' = \eta_a' \cdot \eta_D = \eta_l^{a-1} \frac{a(1-\eta_l)}{1-\eta_l^a} \cdot \eta_D \tag{2-35}$$

式中 η_Σ——货物起升时，钢丝绳缠绕系统的总效率；

η_Σ'——货物下降时，钢丝绳缠绕系统的总效率；

η_D——导向滑轮的效率，$\eta_D = \eta_1 \eta_2 \cdots \eta_n$，各导向滑轮的效率与滑轮和钢丝绳的直径比 d/D、钢丝绳包角以及轴承类型有关。

2）起升机构的设计选型与校核

起升机构是根据起重量 Q、起升速度 v_q、起升高度 H 和机构工作级别等原始数据，对起升机构各组成机械零部件进行选型或设计计算。

（1）缠绕系统方案

根据起重量、起升高度、取物装置等条件，选定起升滑轮组倍率 a。

（2）钢丝绳的直径

根据钢丝绳最大静拉力 S，按式（1-6）或式（1-8）确定钢丝绳的直径 d。

确定钢丝绳最大工作静拉力应考虑的因素：

① 起重用（抓斗除外）钢丝绳

计算最大工作静拉力时应考虑下列因素：a）起重机的额定起升载荷；b）下滑轮组和

取物装置的自重；c）起升钢丝绳缠绕滑轮组的倍率 a 和绕上卷筒的钢丝绳分支数；d）起升高度超过 50 m 时，一般要计及钢丝绳的自重；e）在上极限位置若钢丝绳与铅垂线夹角大于 22.6° 时，还需要考虑由钢丝绳的倾斜引起的钢丝绳拉力的增大；f）钢丝绳系统的总传动效率 η_Σ。

则绕入卷筒的钢丝绳的最大静拉力为：

$$S=\frac{P_Q}{m\eta_\Sigma} \tag{2-36}$$

式中　m——悬挂物品的钢丝绳分支数。

② 非起重用钢丝绳

对不专门用于起升垂直荷载的各种钢丝绳，应考虑在各种用途中能反复出现的载荷情况 Ⅰ 或载荷情况 Ⅱ 的最不利情况来确定出钢丝绳的最大工作静拉力 S。当钢丝绳用来作水平运动的牵引时，应考虑牵引对象作水平运动时摩擦阻力、坡道阻力、起升钢丝绳绕过起升及导向滑轮系统的阻力等。

③ 多绳抓斗的钢丝绳

对于四绳（或双绳）抓斗，其闭合绳和支持绳载荷分配按如下规定：

a）如使用的系统能自动地且快速地（例如采用差动式电控装置等）使闭合绳和支持绳中的载荷平均分配或将两种绳之间的载荷差异仅限制在闭斗末期或开始张开的一个极短时期内者，则闭合绳和支持绳的最大工作静拉力 S 各取为总载荷的 66% 除以各自的分支数；当采用直流调速或交流变频调速，能实时监控保证抓斗离地时起升与闭合机构载荷准确协调共同承担者，钢丝绳的最大工作静拉力 S 可各取为总载荷的 55% 除以各自的分支数。

b）如使用的系统在起升过程中不能使闭合绳和支持绳中的载荷平均分配，而实际上在抓斗闭合及起升初期几乎全部载荷都作用在闭合绳上，则闭合绳最大工作静拉力 S 取为总载荷的 100% 除以其分支数，支持绳最大工作静拉力 S 取为总载荷的 66% 除以其分支数。

（3）卷筒基本尺寸及转速

卷筒基本尺寸的设计计算见 1.4.3 节。根据起升速度，卷筒转速 n_d（r/min）为：

$$n_d=\frac{1\,000\,av_q}{\pi D_1} \tag{2-37}$$

式中　v_q——起升速度，m/min；

　　　a——钢丝绳滑轮组的倍率；

　　　D_1——按最外层钢丝绳中心计算的卷筒卷绕直径，mm。单层卷绕时 $D_1=D+d$，其中 D 为卷筒槽底直径，d 为钢丝绳直径。

（4）电动机的选择与验算

① 电动机的初选

电动机的初选功率可按式（2-38）计算。

$$P_N=\frac{P_Q v_q}{1\,000\,\eta m} \tag{2-38}$$

式中　P_N——电动机稳态起升功率，kW；
　　　P_Q——额定起升载荷，N；
　　　v_q——起升速度，m/s；
　　　η——机构总效率；
　　　m——机构电动机台数。

对于不同的取物装置和不同的用途，所考虑的因素有所不同。对下述起重机的起升机构，选择其电动机功率时，还应考虑如下因素。

a）抓斗起重机。考虑起升过程中不能使闭合绳和支持绳中的载荷平均分配的影响，即闭合绳和支持绳的驱动电动机功率各取为总计算功率的66%。当采用直流调速或交流变频调速，并能实时监控保证抓斗离地时起升与闭合机构载荷准确协调共同承担者，各机构电动机功率可取为总计算功率的55%。由于载荷非平均分配引起的功率增大效应也可在钢丝绳最大静拉力计算中考虑。

b）铸造起重机。当起升机构中采用有刚性联系的两套驱动装置双电机驱动时，每台电动机的功率不小于总计算功率的60%；当要求用一台电动机驱动，起重机以满载（额定载荷）完成一个工作循环时，每台电动机的功率不小于总计算功率的66%；采用行星差动减速器双电机驱动时，每台电动机的功率不小于总计算功率的55%。

c）特殊用途的慢速起重机或水电站门式起重机。这种起升速度慢、起升范围大的起重机，一个工作循环中起升机构运转时间往往超过10 min，其电动机功率应按短时工作方式S2选择；当一个工作循环中起升机构平均运转时间为10～30 min时，S2标定时间为30 min；当一个工作循环中起升机构平均运转时间为30～60 min时，S2标定时间为60 min。

② 电动机轴上所需的转矩

稳态起升额定起升载荷所需的转矩

$$M_N = \frac{P_Q D_1}{2ai\eta} \qquad (2\text{-}39)$$

式中　M_N——稳态起升额定起升载荷时电动机轴上的转矩，N·m；
　　　D_1——按最外层钢丝绳中心计算的卷筒卷绕直径，m；
　　　i——由电动机轴到卷筒轴的总传动比。

为了加速起升额定载荷或试验载荷，以及为了补偿电源电压和频率变化所导致的转矩损失，电动机轴上转速$n = 0$时产生的转矩应足式（2-40）～式（2-42）的最低要求。

a）对直接起动的笼型异步电动机：

$$M_d \geqslant 1.6 M_N \qquad (2\text{-}40)$$

式中　M_d——起动时（转速$n = 0$时）电动机轴上具有的转矩。

b）对绕线转子异步电动机：

$$M_d \geqslant 1.9 M_N \qquad (2\text{-}41)$$

c）对采用变频控制的所有类型的电动机：

$$M_d \geqslant 1.4 M_N \qquad (2\text{-}42)$$

③ 电动机的过载校验

电动机过载验算是检验在设计要求的极限起动条件下，电动机的最大转矩或堵转转矩是否能满足机构起动的需要。按式（2-43）进行过载校验计算：

$$P_N \geqslant \frac{H}{m\lambda_m} \cdot \frac{P_Q v_q}{1\,000\eta} \tag{2-43}$$

式中　P_N——电动机的额定功率，kW；

　　　λ_m——相对于 P_N 时的电动机最大转矩倍数（电动机制造商提供），对于直接全压起动的笼型电动机，堵转转矩倍数 $\lambda_m \geqslant 2.2$；

　　　H——系数，按有电压损失（交流电动机—15%，直流电动机和变频电动机不考虑）、最大转矩或堵转转矩有允差（绕线转子异步电动机—10%，笼型异步电动机—15%，直流电动机和变频电动机不考虑）、起升额定载荷等条件确定。绕线转子异步电动机和笼型异步电动机取 $H = 2.6$；变频异步电动机取 $H = 2.2$；直流电动机取 $H = 1.4$；

　　　m——电动机的台数。

④ 电动机的发热校验

电动机发热验算是检验在满足设计要求的正常运转条件下，电动机不应出现过热。具体校验方法可参考 GB/T 3811—2008 中附录 S 所述。

⑤ 电动机使用环境的功率修正

若起重机安装使用地点海拔超过 1 000 m，或起重机使用环境温度超过 40℃，就应对电动机容量进行修正，按式（2-44）进行：

$$P'_N = \frac{P_N}{K} \tag{2-44}$$

式中　P'_N——根据环境温度和海拔修正后用来选用电动机的功率，kW；

　　　P_N——未修正的所需电动机的功率，kW；

　　　K——功率修正系数，由图 2-72 取用。

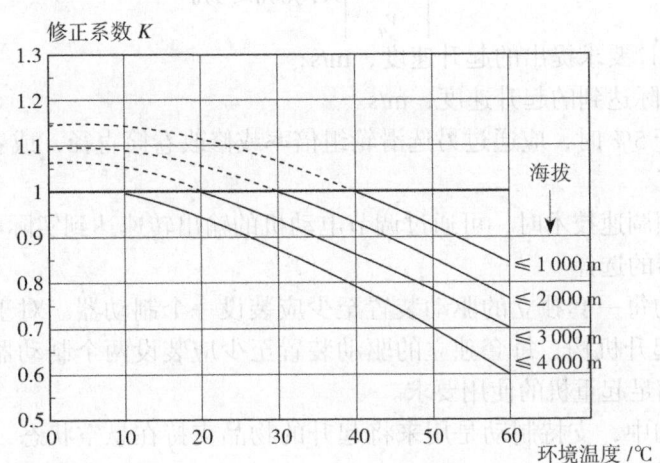

图 2-72　以环境温度和海拔为函数变量的修正值

注：1. 修正系数 $K > 1$ 的值需由电动机制造商和起重机制造商共同确定；
　　2. 海拔大于 1 000 m 时，要指出环境温度。

(5) 减速器的选择与校核

① 计算传动比

根据电动机转速 n 和卷筒的转速 n_d,可以求出起升机构减速传动装置所需的传动比:

$$i = n / n_d \tag{2-45}$$

式中　i——起升机构总传动比。

② 选取减速器

在一般情况下,起升机构减速器的设计预期寿命应与该机构工作级别中所对应的使用等级一致。但对一些工作特别繁重,允许在起重机使用期限内更换减速器时,所选减速器的设计预期寿命可小于该起升机构所对应的机构工作寿命。

采用起重机用减速器时,若所选用的减速器参数表上标注的工作级别与所设计的起升机构的工作级别不一致,应引入减速器功率修正系数。

采用普通用途减速器时,还应用电动机的最大起动转矩验算减速器输入轴的强度,并用额定起升载荷(考虑起升动力系数 $\phi_{2\max}$)作用在减速器输出轴上的短暂最大力矩和最大径向力验算减速器输出轴的强度,即

$$F_{r\max} \leqslant [F_r], \ T_{\max} \leqslant [T] \tag{2-46}$$

式中　$[F_r]$——减速器输出轴允许的最大径向力,N;

　　　$F_{r\max}$——最大径向力,N,由钢丝绳最大张力 S、卷筒重力 G_d 以及具体支承情况确定;

　　　$T_{\max}$——钢丝绳最大静拉力在卷筒上产生的扭矩,N·m;

　　　$[T]$——减速器输出轴允许的短暂最大扭矩 N·m。

选用减速器时,还应注意其中心距是否满足机构布置的要求。

③ 校核实际起升速度

已经选定的电动机和减速器的功率、转速、传动比等参数大多数接近于设计参数,最后应计算出实际的起升速度,使其满足:

$$\left| \frac{v_q - \bar{v}_q}{v_q} \right| \times 100\% \leqslant 5\% \tag{2-47}$$

式中　v_q——设计要求提出的起升速度,m/s;

　　　$\bar{v}_q$——实际达到的起升速度,m/s。

当误差大于 5% 时,应通过另选滑轮组倍率或修改卷筒直径,或者加配开式齿轮传动进行必要的修正。

当采用变频调速技术时,可通过调节电动机的输出转速达到实际所需的起升速度。

(6) 制动器的选择

起升机构的每一套独立的驱动装置至少应装设一个制动器。对于吊运液态金属及其他危险物品的起升机构,每套独立的驱动装置至少应装设两个制动器。起升机构制动器的制动距离应满足起重机的使用要求。

在起升机构中,支持制动是用来将起升的物品支持在悬空状态,由机械式制动器产生支持制动作用。

支持制动器应是常闭式的,制动轮/盘应装在与传动机构刚性联接的轴上。支持制动器的制动力矩应等于或大于按式(2-48)计算的制动轴上所需的计算制动力矩 M_z:

$$M_Z = K_Z \frac{P_Q D_t \eta'}{2ai} \quad (2\text{-}48)$$

式中 M_Z——制动轴上所需的计算制动力矩，N·m；

η'——物品下降时起升机构传动装置和滑轮组的总效率；

i——由卷筒到制动器轴的总传动比；

K_Z——制动器安全系数，与机构重要程度和机构工作级别有关，见表2-18。

表 2-18 制动器安全系数 K_Z

起升机构工作级别和使用场合		K_Z
一般起升机构（M5级及其以下级别）		≥ 1.5
重要起升机构（M6级及其以上级别）		≥ 1.75
吊运液态金属和易燃易爆的化学品及危险品的起升机构	每套驱动装置装有两个支持制动器	≥ 1.25
	两套彼此有刚性联系的驱动装置，每套装置装有两个支持制动器	≥ 1.10
	采用行星差动减速器传动，每套驱动装置装有两个支持制动器	≥ 1.75
	具有液压制动的液压传动起升机构	≥ 1.25

注：采用二级制动时，低速轴的制动器的安全系数可按低一级选用。

对于工作特别频繁的起升机构，宜对制动器进行发热校验。

（7）联轴器的选择

起升机构高速轴常用的联轴器有齿轮联轴器、弹性柱销联轴器和万向联轴器等，低速轴一般采用齿式联轴器。

选型时，应满足联轴器联接尺寸，即轴孔直径 d 和轴孔长度 L，应符合主、从动端轴径和轴伸的要求。主、从动轴径不相同是普遍现象，应按大轴选择联轴器的型号。

起重机上采用的联轴器，一般可先选型，再验算所传递的扭矩，使其满足下式：

$$M_L \leq [M_L] \quad (2\text{-}49)$$

式中 M_L——联轴器的计算扭矩，按式（2-50）计算，N·m；

$$M_L = kM_L' \quad (2\text{-}50)$$

$[M_L]$——联轴器标准规格参数表（或产品样本）中给出的扭矩，N·m；

k——系数，与工作级别、联轴器的重要性及其所连接的轴有关，一般为 1.3～3.1，起升机构和变幅机构宜取大值；

M_L'——联轴器所连接的轴需传递的扭矩，N·m。

（8）机构起动、制动时间和加速度的计算

① 起动时间和起动平均加速度计算

机构起动时间：
$$t_q = \frac{n[k(J_1 + J_2) + J_3/\eta]}{9.55(M_{dq} - M_N)} \quad (2\text{-}51)$$

式中 t_q——起升机构的起动时间，s，其值见表2-19；

n——电动机额定转速，r/min；

k——其他传动件的转动惯量折算到电动机轴上的影响系数，$k = 1.05 \sim 1.20$；

J_1——电动机转子的转动惯量，$kg \cdot m^2$；

J_2——电动机轴上制动轮和联轴器的转动惯量，$kg \cdot m^2$；

J_3——作起升运动的物品的惯量折算到电动机轴上的转动惯量，$kg \cdot m^2$，$J_3 = \dfrac{P_Q D_1^2}{4ga^2 i^2}$；

D_1——按钢丝绳中心计算的卷筒最小直径，m；

g——重力加速度，取 $g = 9.81 \text{ m/s}^2$；

M_{dq}——电动机平均起动转矩，$N \cdot m$，$M_{dq} = \lambda_{AS} M_n$；

λ_{AS}——电动机平均起动转矩倍数，其值按表 2-20 选取；

表 2-19 起升机构起（制）动时间和平均升降加（减）速度值

起重机的用途及种类	起（制）动时间 /s	平均加（减）速度 / (m/s²)
作精密安装用的起重机	1~3	≤ 0.01
吊运液态金属和危险品的起重机	3~5	≤ 0.07
通用桥式起重机和通用门式起重机	0.7~3	0.01~0.15
冶金工厂中生产率高的起重机	3~5	0.02~0.05
港口用门座起重机	1~3	0.3~0.7
岸边集装箱起重机	1.5~5	0.2~0.8
卸船机	1~5	0.5~2.2
塔式起重机	4~8	0.25~0.5
汽车起重机	3~5	0.15~0.5

注：根据起重机的不同使用要求，对起升机构起（制）动时间或平均升降加（减）速度两者只选一项进行校核计算。

表 2-20 电动机平均起动转矩倍数

电动机型式		λ_{AS}
起重用三相交流绕线式		1.5~1.8
起重用三相笼型式	普通型式	电动机堵转转矩倍数
	变频器控制型式	1.5~1.8
并励直流电动机		1.7~1.8
串励直流电动机		1.8~2.0
复励直流电动机		1.8~1.9

M_n——电动机额定转矩，$N \cdot m$；

M_N——稳态起升额定起升载荷的转矩，$N \cdot m$。

起动平均加速度：

$$a_q = \frac{v_q}{t_q} \quad (2\text{-}52)$$

式中 a_q——起升机构的起动平均加速度，m/s²。

② 制动时间和制动平均减速度验算

采用机械式制动器的满载下降制动时间

$$t_z = \frac{n'[k(J_1+J_2)+J_3\eta]}{9.55(M_z-M_j')} \quad (2\text{-}53)$$

式中 t_z——起升机构的制动时间，s，见表 2-21；

n'——满载下降且制动器投入有效制动转矩时的电动机转速，r/min，常取 $n'=1.1n$；

M_z——机械式制动器的计算制动力矩，N·m；

M_j'——稳态下降额定载荷时电动机制动轴上的转矩，N·m，$M_j' = \frac{P_Q D_1}{2ai}\eta'$；

η'——物品下降时起升机构系统的总效率。

制动平均减速度（除紧急制动外的正常情况制动平均减速度）；

$$a_z = \frac{v_q'}{t_z} \quad (2\text{-}54)$$

式中 a_z——制动平均减速度，m/s²，见表 2-21；

v_q'——满载下降且制动器开始有效制动时的下降速度，m/s，可取 $v_q'=1.1v_q$。

2.6.3 变幅机构

变幅机构是臂架型起重机的主要工作机构之一，用于改变起重机的幅度，以适应起重机在不同条件下装卸物品。

按其实现方法，变幅可分为运行小车式变幅和臂架式变幅，后者又可分为伸缩臂架式和摆动臂架式。运行小车式变幅是依靠载重小车沿水平臂轨道运行来实现变幅的，这是桥架型起重机常采用的变幅方式。摆动臂架式变幅则是依靠臂架在垂直平面绕其铰轴的摆动来实现变幅的，是臂架型起重机中最为常见的变幅方式，如门座起重机的变幅机构。

按工作要求，可分为非工作性变幅和工作性变幅。非工作性变幅是指不带载变幅，其特点是变幅次数少，变幅速度较低。工作性变幅可带载变幅，其特点是变幅运动为起重机每一工作循环中的主要运动成分，变幅频繁，变幅速度较高，这种变幅方式有利于改善起重机的机动性和扩大起重机的作业范围。

按性能要求，可分为非平衡式变幅和平衡式变幅。平衡式变幅是指在变幅过程中物品可沿水平线或近似水平线移动，同时臂架（或臂架系统）的自重通过活动平衡重平衡，且两者的合成重心在变幅过程中沿水平线或近似水平线移动或固定在一点不动。非平衡式变幅由于在变幅过程中摆动臂架的重心和物品的重心都会发生升降，因此减小幅度时会消耗较大的驱动功率，增大幅度时又有势能释放，影响使用性能。

工作性变幅机构的速度根据用途和起重量来确定。用于装卸作业时，变幅速度取为

40~90 m/min；用于安装作业时取为 10~35 m/min。起重量较大时取较低值。本节仅讨论摆动臂架式变幅机构。

1）非平衡式变幅系统

非平衡式变幅主要用于非工作性变幅机构，如不经常工作的大起重量非回转式起重机、某些固定式起重机的变幅机构。非平衡式变幅机构通常采用简单摆动臂架，大多数采用钢丝绳驱动，也有采用液压驱动的（图 2-73）。

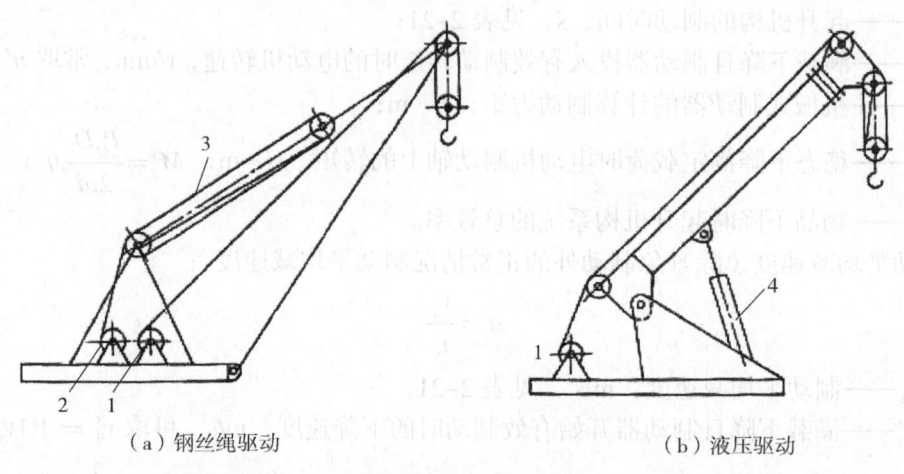

(a) 钢丝绳驱动　　　　　　　　(b) 液压驱动

1—起升卷筒；2—变幅卷筒；3—变幅滑轮组；4—变幅液压缸

图 2-73　非平衡式变幅机构

在这种变幅系统中，悬吊物品的起升钢丝绳绕过起重臂端的滑轮以后，直接绕入起升机构的卷筒（或经过固定在人字架上的导向滑轮绕入卷筒）。此时，作用在臂架端部滑轮轴上的物品重力、起升钢丝绳的张力以及臂架自重都将对臂架下铰点产生力矩，该力矩完全由变幅钢丝绳来承受。因此，变幅滑轮组工作时承受的张力是比较大的。此外，在变幅过程中，摆动臂架的重心和物品的重心都会发生升降（图 2-74 中 P_{Gb} 为臂架自重，h_Q 和 h_{Gb} 分别为起升载荷和臂架自重的重心高度变化值），因此减小幅度时，会消耗较大的驱动功率用于臂架和物品重心的升高。

针对非平衡式臂架变幅系统的特点，往往采用较小的变幅速度，以减少操纵上的不便（由于变幅时物品有升降现象）和减小变幅功率。为了减少变幅机构的传动比，以获得较紧凑的传动机构，一般采用倍率较大的省力变幅滑轮组。为了减小变幅滑轮组的张力和减轻臂架受力，可采用工作时可升高的人字架（图 2-75）。当臂架与变幅驱动装置之间只有挠性联系而无刚性联系时，一般要设置臂架防后倾装置（图 2-76）以及幅度限位器，以防止臂架向后翻倒而发生安全事故。

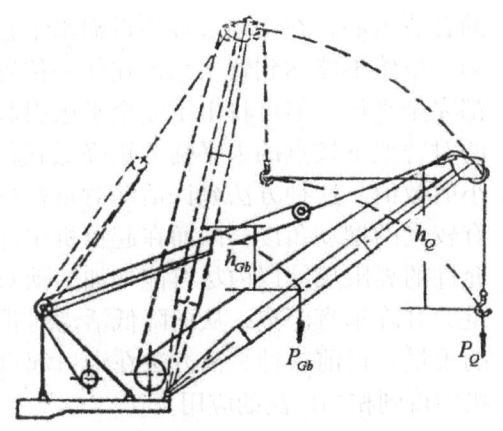

图 2-74 变幅过程中的重心位置

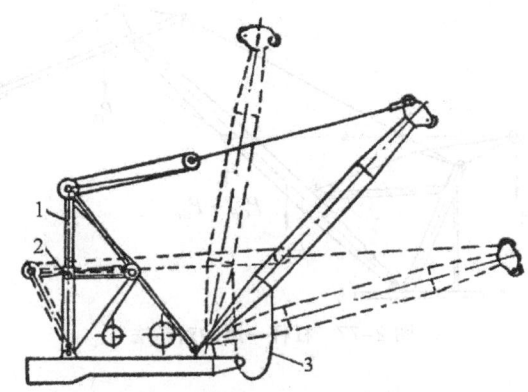

1—可升降人字架；2—销子；3—绳索式防后倾装置

图 2-75 人字架可升高的非平衡式变幅机构

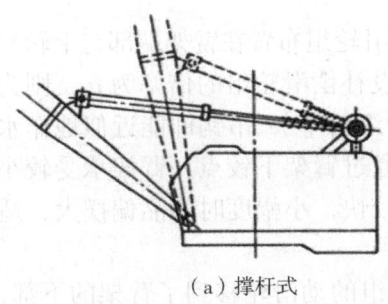 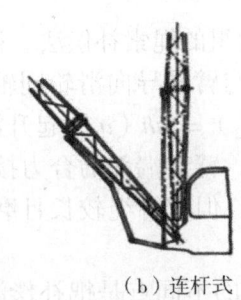 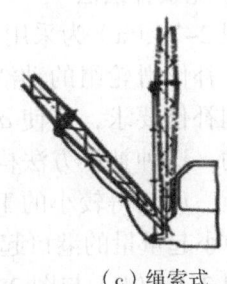

（a）撑杆式　　　　　　　（b）连杆式　　　　　　　（c）绳索式

图 2-76 臂架防后倾装置

2）平衡式臂架变幅系统

平衡式变幅广泛用于港口装卸用门座起重机和浮式起重机的工作性变幅机构中。

设计平衡式变幅机构时，首先应合理地选择使物品水平移动和臂架或臂架系统自重平衡的实施方案，以尽可能地降低变幅驱动功率的损耗和制造成本，并改善机构的操作性能。

（1）实现自重平衡的设计方案

平衡式变幅系统自重平衡的实现方案有尾重法、杠杆—活动对重法、挠性件—直线导轨法、挠性件—曲线导轨活动对重法等。其基本的平衡原理就是：变幅时整个臂架系统势能保持不变，即合成重心沿水平或近似水平移动。

图 2-77 所示为臂架系统的合成重心近似走水平线的杠杆—活动对重法。图中 P_{Gb} 为臂架的重力，P_{Gw} 为活动平衡重的重力，P_{Ge} 为象鼻梁的自重。该平衡法根据变幅时臂架势能的增加值等于活动对重势能的减少值来设计活动对重，使整个系统的势能在变幅时保持不变。如果杠杆系统的尺寸和活动对重的重量选择得当，就有可能使整个臂架系统

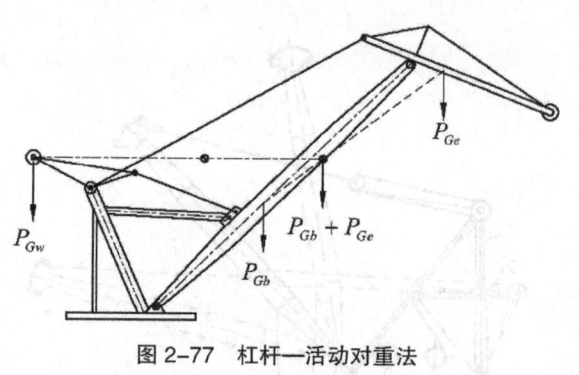

图 2-77 杠杆—活动对重法

的合成重心,在变幅过程中近似水平移动。虽然不能达到臂架系统在任一位置都完全平衡,但可将由不完全平衡引起的对臂架下铰点的未平衡力矩降低到很小的数值。这种方法允许活动对重杠杆有较大的摆动角度,因而在起重机尾部允许的界限尺寸以内尽可能增加活动对重的升降垂直距离,从而降低活动对重的重量。目前这种平衡方法在港口起重机中得到相当广泛的应用。

(2)实现物品水平移动的设计方案

物品水平移动是指臂架摆动(变幅)过程中,物品沿水平线或接近水平线移动。实现物品水平移动的方式有绳索补偿和组合臂架补偿两种。

① 绳索补偿法

图 2-78(a)为采用补偿滑轮组的绳索补偿法。补偿滑轮组布置在臂架端部与上转柱之间,补偿滑轮组的动滑轮通常与臂端导向滑轮同轴。设补偿滑轮组的倍率为 a_k,则为了达到补偿要求,应使 $a_k(l_1 - l_2) = ah$(a 为起升滑轮组倍率),吊钩即能近似地作水平移动。这种补偿方法构造简单,臂架端部的合力接近通过臂架下铰点,臂架承受较小的弯矩,可获得较小的工作幅度,但起升绳较长且磨损较快,小幅度时物品偏摆大,适用于中小起重量的港口起重机。

图 2-78(b)与图 2-78(a)的不同点是把补偿滑轮组的动滑轮移到了臂架的下部,从而减少了起升绳长度。但某一段起升绳绕过滑轮的数目增多,加剧了磨损。此外,还增大了臂架承受的弯矩。

上述绳索补偿法的共同特点是采用单臂架,结构简单,自重轻;但钢丝绳磨损较快,寿命较短。

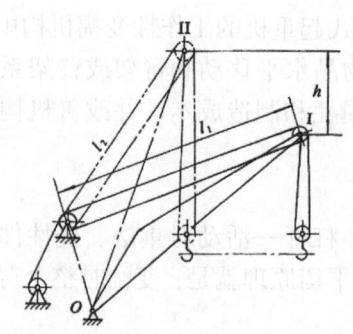

(a)补偿滑轮组动滑轮装在臂架端部

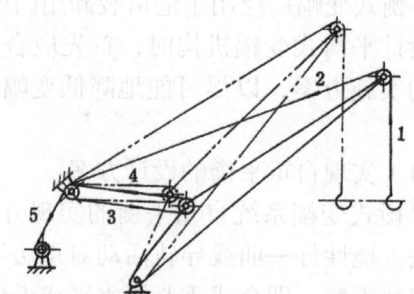

(b)补偿滑轮组动滑轮装在臂架后部

图 2-78 绳索补偿原理图

② 组合臂架补偿法

组合臂架补偿法的工作原理是：依靠组合臂架象鼻架端部滑轮在变幅过程中的特殊运动轨迹（水平线或近似水平线）来保证物品的水平移动。

组合臂架有刚性四连杆组合臂架和曲线象鼻架拉索组合臂架两种。前者由臂架、直线象鼻架和刚性拉杆组成，连同机架一起构成了一个平面四杆机构；后者由臂架、曲线象鼻架和挠性拉索组成。

图 2-79（a）是起升绳平行于拉杆轴线的刚性四连杆组合臂架。直线象鼻架端点的运动轨迹是一根双叶曲线。设计时，只要恰当选择四连杆机构各构件（包括连接拉杆下铰和臂架下铰的位置）的尺寸，使有效幅度控制在双叶曲线接近水平的区段上，变幅过程中吊钩就能作近似的水平移动。这种补偿和布置方式比较简单，在港口起重机中应用得非常普遍。拉杆常做成刚性结构，以承受工作过程中可能产生的轴向压力。

曲线象鼻架组合臂架［图 2-79（b）］比直线象鼻架组合臂架轻，但曲线区段制造精度较难保证，从而导致物品水平位置偏差。此外，拉索在绳槽上滑移会加速它的磨损；在物品偏摆载荷（水平力）的作用下，臂架受扭。目前这种组合臂架已很少采用。

组合臂架补偿法的显著优点是起升绳长度短，绕过的滑轮少，使用寿命长，且吊钩水平移动性能优于绳索补偿法；起升绳的悬挂长度较短，可减轻物品的摆动，改善操纵性能。缺点是臂架结构复杂，自重较大，刚性四连杆组合臂架的迎风面积较大。

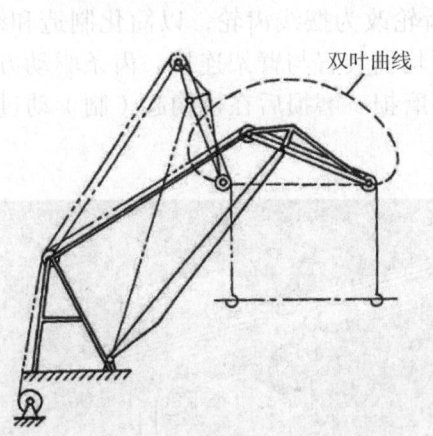 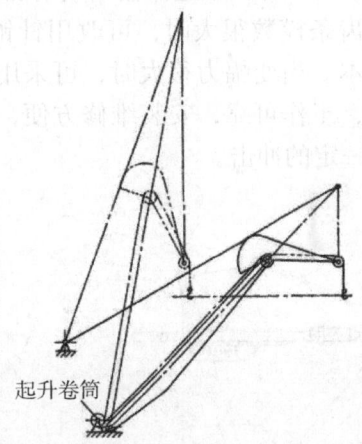

（a）起升绳平行于拉杆轴线的组合臂架　　　　（b）起升绳平行于臂架轴线的曲线象鼻架组合臂架

图 2-79　组合臂架补偿原理图

3）变幅机构的驱动型式

变幅机构常用的驱动型式有绳索驱动、齿条驱动、螺杆驱动和液压缸驱动等。绳索驱动主要用于非工作性变幅机构；齿条驱动和螺杆驱动用于工作性变幅机构；液压缸驱动既用于工作性变幅机构，也用于非工作性变幅机构。其中，齿条驱动是最常见的驱动方式。

变幅机构应设置行程极限限位、运行终端保护和变幅幅度检测、变幅幅度指示等安全保护装置。

（1）驱动型式

① 绳索驱动

变幅钢丝绳一端经滑轮组与变幅卷筒相连，另一端与臂架端部相连。通过变幅卷筒卷绕钢丝绳，实现臂架的俯仰。变幅机构驱动装置的布置方式与吊钩起重机的起升机构相同。

绳索驱动方式（图2-80）结构简单、自重轻、布置方便、臂架承受的弯矩小，但钢丝绳易磨损，还应装设防止臂架向后倾翻的装置（图2-76）。由于钢丝绳不能承受压力，因此这种驱动方式主要用于非工作性变幅机构及非平衡式的工作性变幅机构。

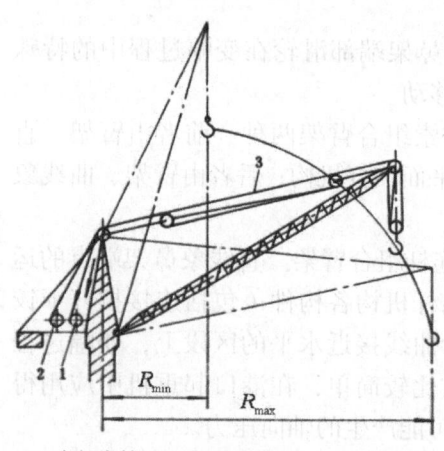

1—变幅卷筒；2—起升卷筒；3—变幅滑轮组

图2-80 绳索驱动变幅机构

② 齿条驱动

图2-81所示为齿条驱动方案。齿条由电动机、卧式减速器驱动小齿轮带动作直线运动。变幅时，摇架及其上压轮和下托轮则保证了齿条与小齿轮的正确啮合。当要求的减速比很大时，可在减速器输出端增加一级开式齿轮传动。

当齿条模数很大时，可改用针销齿条，小齿轮改为摆线齿轮，以简化制造和维修，降低成本。当变幅力很大时，可采用双齿条通过均衡装置与臂架连接。齿条驱动方式制造简单，工作可靠，安装维修方便，但齿条较易磨损。磨损后在机构起（制）动过程中会产生一定的冲击。

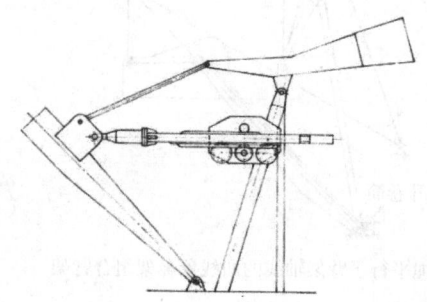 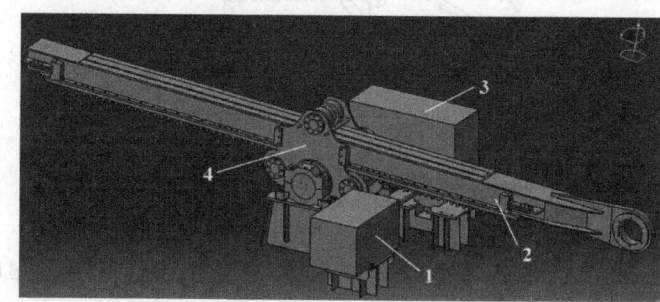

1—电动机；2—齿条；3—减速器；4—摇架

图2-81 齿条驱动变幅机构

③ 螺杆驱动

通过螺杆直接驱动臂架，如图2-82所示。螺杆由电动机通过减速器、齿轮传动副和套筒螺母带动作直线和摆动运动（图2-83）。套筒螺母连同齿轮传动副、减速器和电动机安装在能绕水平和垂直轴线摆动的摇架上，以适应变幅过程中螺杆摆动、补偿间隙、补偿变形和安装误差等需求，使螺杆、螺母啮合良好，螺杆免受额外弯曲。

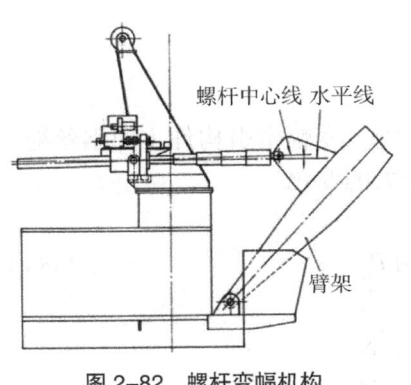

图 2-82 螺杆变幅机构

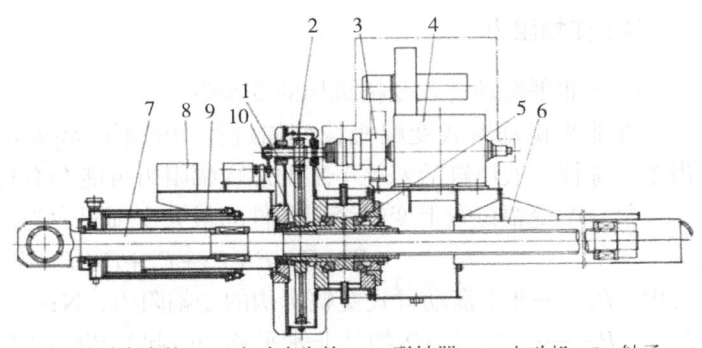

1—从动大齿轮；2—主动小齿轮；3—联轴器；4—电动机；5—轴承；
6—尾部护套；7—螺杆；8—平衡块；9—伸缩套筒；10—套筒螺母

图 2-83 滑动螺杆变幅机构

在大幅度起重机（如造船用门座起重机）中，限于尾部半径的控制要求，螺杆后部的尺寸不允许很大。为此，在螺杆上制作前后分开的两段螺纹（中间用无螺纹段隔开）。后段螺纹与减速器内的转动螺母啮合，前段螺纹与臂架上的不转动螺母啮合。当起重机从最大幅度向内变幅时，螺杆在转动螺母驱动下沿螺母轴线做直线运动，直到后段螺纹的端部与螺母卡住。随后螺杆与螺母一起转动，驱动臂架上的不转动螺母沿螺杆的前段螺纹段作相对直线运动，使臂架继续向内变幅，而螺杆的尾部不再伸长。

螺杆驱动方式结构紧凑，运动平稳，噪声小，但造价高，维修性能差，传动效率较低。

④ 液压驱动

通过液压缸活塞杆直接驱动臂架或驱动平衡重杠杆来带动臂架，如图 2-84 所示。液压驱动方式结构紧凑、工作平稳、易于调速、布置方便、重量轻，但对制造精度、维修管理和密封措施的要求较高。

（2）驱动型式的选择

上面四种驱动方式的变幅机构的重量差别较大。表 2-21 给出近 20 种门座起重机变幅机构的单位功率重量的统计值。

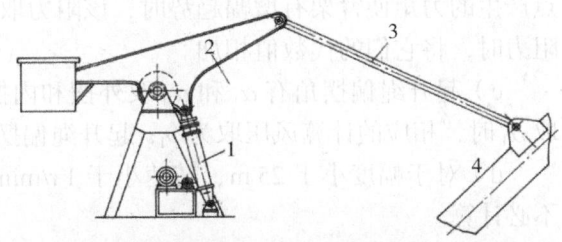

1—液压缸；2—平衡重杠杆；3—变幅拉杆；4—臂架

图 2-84 液压缸驱动变幅机构

表 2-21 单位功率重量比较

单位：t/kW

驱动方式	变动范围	平均值	驱动方式	变动范围	平均值
液压驱动	0.10~0.17	0.13	螺杆驱动	0.11~0.37	0.25
绳索驱动	0.14~0.15	0.14	齿条驱动	0.21~0.60	0.34

具体选择变幅机构驱动型式时，应对起重机的工作条件、制造厂的制造能力、不同驱动型式的制造成本和安全性等进行深入分析后，加以合理确定。

4）变幅阻力

（1）非平衡动臂式变幅机构的变幅阻力

在非平衡动臂式变幅机构变幅过程中的不同幅度位置，变幅牵引构件（如钢丝绳、齿条、螺杆、液压缸活塞等）上的总变幅阻力可能会有较大的变化。

每一个变幅位置上变幅牵引构件的最大变幅阻力为：

$$P_Z = P_o + P_l + P_W + P_{sh} + P_e + P_c + P_f + P_\alpha \quad (2-55)$$

式中 P_Z——非平衡动臂式变幅机构的变幅阻力，N；

P_o——变幅时吊运物品非水平移动引起的变幅阻力，N；

P_l——臂架系统自重未能完全平衡引起的变幅阻力，N；

P_W——作用在臂架系统上的风载荷引起的变幅阻力，N；

P_{sh}——作用在吊运物品上的风载荷、起重机回转时吊运物品的离心力以及变幅、回转、运行起动或制动时在吊运物品上造成的水平惯性力等引起的起升滑轮组对铅垂线的偏摆角 α 造成的变幅阻力，N；

P_e——臂架系统在起重机回转时的离心力引起的变幅阻力，N；

P_c——变幅过程中臂架系统相对回转中心线的径向惯性力引起的变幅阻力，N；

P_f——臂架铰轴等关节中的摩擦力和补偿滑轮组的效率造成的变幅阻力，N；

P_α——起重机轨道坡度或浮式起重机的倾角等引起的变幅阻力，N。

按上式计算变幅机构总阻力时应注意以下几点：

a）有些载荷（如风载荷、惯性载荷、离心力等）的大小随臂架位置改变而变化。

b）除摩擦阻力外，其余各项阻力均有"＋""－"之分。当相应外载荷对臂架下铰点产生的力矩使臂架有增幅趋势时，该阻力取"＋"号；反之取"－"号。计算总的变幅阻力时，将它们的代数值相加。

c）起升绳偏摆角有 α_I 和 α_{II} 及外摆和内摆之分，应按计算要求选取。起升绳偏摆角取 α_I 时，相应的计算风压取为 p_I；起升绳偏摆角取 α_{II} 时，计算风压取为 p_{II}。

d）对于幅度小于 25 m、转速小于 1 r/min 的起重机，由回转离心力引起的阻力 P_e 可不必计算。

e）对于在轨道上工作的港口起重机，坡道变幅阻力 P_α 可忽略不计。

f）非工作状态下作用在齿条上的最大轴向力为式（2-55）中的 P_l、P_W 和 P_f 三项阻力之和，但摩擦阻力项 P_f 应取负值，按臂架处在非工作状态的停放位置进行计算。计算 P_W 时，计算风压取 p_{III}。

（2）平衡臂架式变幅机构的变幅等效阻力

变幅等效阻力为正常工作状态下根据相应起重量在变幅全过程中各个不同幅度位置上的变幅阻力和相应幅度区间的变幅时间来计算的均方根值，见下式：

$$F_{Id} = \sqrt{\frac{\sum_{i=1}^{n} P_{Ii}^2 \cdot t_i}{\sum_{i=1}^{n} t_i}} \quad (2-56)$$

式中　F_{ld}——平衡臂架式变幅机构变幅等效阻力，N；
　　　F_{li}——臂架从位置 i 到位置 $i+1$ 幅度区段上两个相邻计算位置的变幅阻力的平均值，N；
　　　t_i——P_{li} 的作用时间，s；可由变幅齿条（或螺杆、油缸、钢丝绳等）行程 l 及移动速度 v_b 按下式算出。

$$t_i = \frac{l_{i+1} - l_i}{v_b} \tag{2-57}$$

5）变幅机构的设计选型与校核

（1）电动机的选择

① 电动机的初选

非平衡式变幅机构所需电动机功率按下式计算：

$$P_e = \frac{P_{eq} v_b}{1\,000\, a\eta} \tag{2-58}$$

式中　P_e——电动机等效变幅功率，kW；
　　　P_{eq}——变幅牵引构件上的等效变幅力，简化计算取 $P_{eq} = P_{Z\max}$，N；
　　　v_b——变幅牵引构件（钢丝绳、螺杆、液压缸等）的运动线速度，m/s；
　　　a——变幅滑轮组的倍率；
　　　η——变幅机构传动总效率。

平衡臂架式变幅机构所需电动机功率为：

$$P_e = \frac{F_{ld} v_b}{1\,000\, \eta} \tag{2-59}$$

式中　F_{ld}——变幅机构的等效阻力，N，按式（2-56）算得。

按电动机功率初选电动机，并进行过载校验。对于工作繁忙的变幅机构还应进行发热校验。

② 电动机的过载验算

$$P_N \geq \frac{H}{m \cdot \lambda_m} \cdot \frac{\Sigma F_{\max} \cdot v_b}{1\,000\, \eta} \tag{2-60}$$

式中　H——系数，绕线转子异步电动机取 $H = 1.55$，笼型异步电动机取 $H = 1.6$，直流电动机取 $H = 1$；
　　　$\Sigma F_{\max}$——包括臂架及平衡系统的自重载荷、额定起升载荷、由计算风压 p_{II} 产生的风载荷、由起重绳正常偏摆角 α_1 计算的水平力及臂架系统各转动铰点的摩擦力在变幅齿条（或变幅螺杆、油缸、钢丝绳等）上的分力之和，在各变幅位置所有值的最大变幅力，N。

③ 电动机的发热验算

普通臂架变幅机构属于非平衡的、非工作性的变幅机构，所以按其变幅力和变幅钢丝绳卷绕线速度计算确定的电动机功率而选用的电动机，一般不需要进行电动机的发热校验。

平衡臂架变幅机构的电动机的发热校验应满足：

$$P \geqslant P_S \tag{2-61}$$

式中　P——所选电动机在相应的 CZ 值和实际接电持续率 JC 值下的输出功率。

稳态平均功率：

$$P_S = G \cdot v_b \frac{\sqrt{\frac{\sum P_{li}^2 \cdot t_i}{\sum t_i}}}{1\,000\,m \cdot \eta} \tag{2-62}$$

式中　ΣP_{li}——在第 i 个变幅位置，由包括臂架及平衡系统的自重载荷、额定起升载荷、由计算风压 p_1 产生的风载荷、由起重绳正常偏摆角 α_1 计算的水平力及臂架系统各转动铰点的摩擦力等产生的在变幅齿条（或变幅螺杆、油缸、钢丝绳等）上的分力之和，N。

④ 起动时间和加速度的计算

变幅机构电动机选出之后，应计算机构的起动加速度。由起动时间 t_q 算得机构起动加速度应满足：起重机变幅时臂架端部水平移动的最大加（减）速度不大于 $0.6\,\text{m/s}^2$。

电动机起动时间分两种情况：

a）要求在 I 类载荷情况时出现最大齿条力的情况下，起动时间 $t_q \leqslant 5 \sim 6\,\text{s}$。

b）在空载、无风和不回转情况下出现最小变幅阻力矩时，电动机起动时间要满足 $t_q > 1.5 \sim 2\,\text{s}$，若不能满足这一要求，为了不致空载时起动过猛，在电器控制线路中应加入延时继电器，使起动时间大于 $1.5 \sim 2\,\text{s}$。

（2）减速器的选择

① 传动比的计算

小齿轮的转速：

$$n_z = \frac{60\,v_b}{\pi d_z} \tag{2-63}$$

式中　d_z——小齿轮分度圆直径，m；
　　　n_z——小齿轮转速，r/min。

齿条驱动的总传动比：

$$i = i_1 i_2 = \frac{n}{n_z} \tag{2-64}$$

式中　n——电动机转速，r/min；
　　　i_1——减速器传动比；
　　　i_2——开式齿轮传动比。

② 选型原则

非平衡动臂式变幅机构的减速器工作特点和选择原则与起升机构减速器相同。平衡臂架式变幅机构、牵引小车式变幅机构的减速器工作特点和选择原则与运行机构减速器相同。

（3）制动器的选择

在平衡式臂架系统中，往往采用比较高的变幅速度，工作中可能出现很大的载荷变化，为了在出现最大载荷时能够停车；出现最小载荷时又不致因制动过猛而产生较大的振动；在不工作时，承受非工作状态最大风压也能保持臂架不致被风吹动，因而合理选择变幅机构的制动器和调整制动器是比较重要的。

① 制动器选择原则

a）平衡臂架式变幅机构

对于平衡臂架式变幅机构，应采用常闭式机械制动器。当用变幅过程中变幅钢丝绳或变幅拉杆中的最大拉力换算到制动器轴上的转矩进行计算时，应按如下原则进行选型。

工作工况：
$$K_{ZⅡ}=\frac{M_Z}{M_{Ⅱmax}} \geqslant 1.25 \qquad (2-65)$$

式中　M_Z——制动器的制动力矩，$N \cdot m$；

　　　$M_{Ⅱmax}$——最大工作力矩，即起重机悬吊物品回转并受工作状态最大风力 $P_{WⅡ}$ 作用，钢丝绳出现最大摆角 $\alpha_Ⅱ$ 时在制动器的轴上引起的力矩，$N \cdot m$。

非工作工况：
$$K_{ZⅢ}=\frac{M_Z}{M_{Ⅲmax}} \geqslant 1.15 \qquad (2-66)$$

式中　$M_{Ⅲmax}$——起重机不工作，并受最大非工作风 $P_{WⅢ}$ 作用时在制动器的轴上引起的力矩，$N \cdot m$。

b）非平衡动臂式变幅机构

对于非平衡动臂式变幅机构，在一般情况下应装一个机械式制动器；在重要情况下应装两个机械式支持制动器或装一个机械式支持制动器和一个停止器。装一个机械式支持制动器时，其制动安全系数不小于 1.50；装有两个机械式支持制动器时，每一个制动安全系数不小于 1.25。液压变幅机构应装平衡阀。

c）钢丝绳牵引小车变幅机构

对于钢丝绳牵引小车变幅机构，机械式制动器的制动转矩与运行摩擦阻力矩之和，应能使处于不利情况下的变幅小车在要求的时间内停止下来。机械式制动器安全系数不小于 1.25。采用常闭式机械式制动器，宜先减速后制动，牵引小车的制动减速度不宜超过 0.5 m/s^2。

② 制动器验算

a）最长制动时间

$$t_{z\max}=\frac{n\sum J'}{9.55(M_Z-M_{Ⅱmax})} \qquad (2-67)$$

式中　$M_{Ⅱmax}$——工作状态下，齿条上最大变幅阻力换算到制动轮上的静阻力矩，$N \cdot m$；

　　　$\sum J'$——电动机所在的高速轴上的等效转动惯量的总和（含电动机、制动轮、联轴器等），$kg \cdot m^2$，按下式计算：

$$\sum J'=J_0+J_c+J_l' \qquad (2-68)$$

式中　J_l'——臂架系统换算到制动轮轴上的等效转动惯量（包括物品），$kg \cdot m^2$。

b）最短制动时间

$$t_{z\min}=\frac{n\sum J'}{9.55(M_z-M_{Ⅰmax})} \qquad (2-69)$$

式中　$M_{Ⅰmax}$——正常工作状态下，齿条上等效变幅阻力 F_{ld} 换算到制动轮上的静阻力矩，$N \cdot m$；

$\Sigma J'$——不包括物品的转动惯量，$kg \cdot m^2$。

若 t_{zmin} 过短，将会导致起重机臂架系统过分振动和物品偏摆，此时应采取以下延长时间的措施：

① 二级制动方式。第一级减速制动，制动器的制动力矩取得较小；第二级工作制动，在时间继电器的控制下，当第一级制动 1~3 s 后第二级再制动。两级制动力矩总和应符合制动安全性要求。

② 采用动作比较平稳的制动器，如液压推杆制动器，制动动作比较缓慢，故工作平稳，并能吸收制动时引起的部分振动能量。

③ 选择调速性能较好的电动机，可实现先减速再制动，比较平稳。

2.6.4 运行机构

运行机构是用来支承和移动起重机的机构，由运行支承装置和驱动装置两大主要部分组成。前者包括平衡梁、台车架、车轮组等；后者包括电动机、传动装置（含传动轴、联轴器、减速器等）、制动器等。此外，为保证运行的安全，还应设置限位装置和缓冲装置；室外起重机应设置防风抗滑装置；对于跨度在 40 m 以上或采用铰接柔性支腿的门式起重机，还应设置偏斜调整装置，以防止运行中出现过大的偏斜。

按运行目的不同，运行机构可分为工作性运行机构和非工作性运行机构。前者带载运行，用于货物的水平运移，如集装箱门式起重机的大车运行机构；后者空载运行，用于作业位置的调整，如港口装卸用的门座起重机、桥式抓斗卸船机和岸边集装箱起重机的大车运行机构。

按运行支承装置的结构型式，运行机构可分为无轨运行机构和有轨运行机构。前者采用橡胶车轮或履带在地面上行驶，后者采用钢质车轮在专门铺设的钢轨上运行。

按运行驱动方式不同，运行机构可分为自行式运行机构和牵引式运行机构。前者靠车轮与轨道（或路面）间的黏着力运行，后者靠钢丝绳的牵引力运行。自行式运行机构广泛用作大车和小车运行机构，具有构造简单、布置方便等优点，但自重较大，驱动力受打滑条件限制，起（制）动过程较长，不宜用于坡度较大的场合。牵引式运行机构常用作小车运行机构，其主要的驱动、传动部件安置在小车以外，小车自重较轻，工作可靠，驱动不受打滑条件限制，但钢丝绳缠绕系统复杂、磨损快、使用寿命较短，传动效率较低，运行阻力较大，维护保养也较困难。牵引式运行机构一般用于坡度运行、高速小车和急需减轻小车自重的场合，如用作悬臂较长的港口桥式抓斗卸船机和岸边集装箱起重机的小车运行机构。

1）运行机构支承装置

运行支承装置用来承受起重机或起重小车的自重载荷及外载荷，并将所有这些载荷传递给基础。

在大吨位的起重机中，运行支承装置都采用多轮铰接的均衡装置，以控制最大轮压，提高零部件及基础构件的通用化、标准化程度，为制造厂家组织规模生产及使用部门合理选型、维护管理提供了条件。

均衡装置主要由平衡梁、平衡台车及连接轴等组成，其实际上是一个杠杆系统，运用杠杆原理合理设计平衡梁可保证每个车轮的轮压相同（图 2-85）。

为了防止因制造、安装误差及使用变形引起的卡轨现象（有的起重机尚需在曲线轨道上运行，或者在安装、维修期间需从一轨道转移到另一与之直角相交的轨道上去），平衡梁与门架之间或台车架与平衡梁之间应采用能绕垂直轴回转的自位结构（图 2-86）。

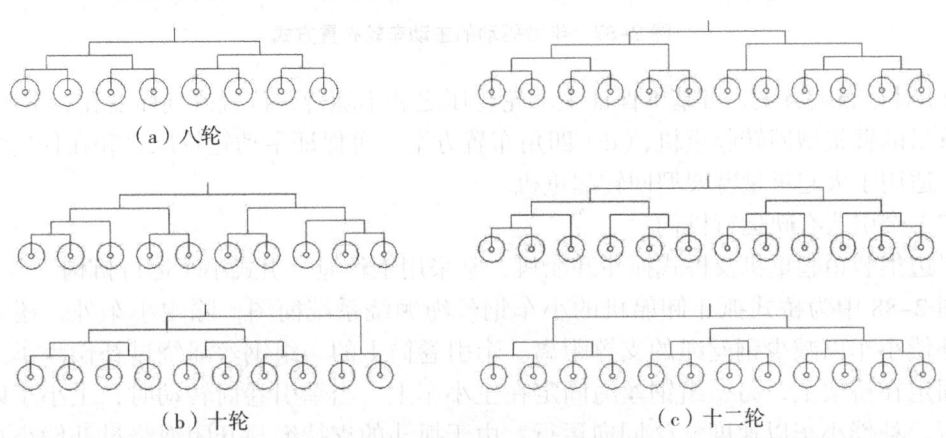

图 2-85 均衡装置原理图

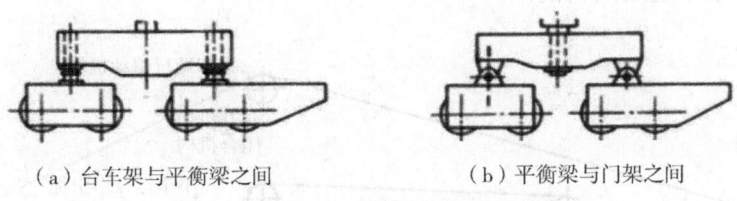

（a）台车架与平衡梁之间　　　　　（b）平衡梁与门架之间

图 2-86 可回转的自位结构简图

2）驱动方案

（1）自行式有轨运行机构

按车轮中主动轮所占的比重可分为全部车轮驱动、半数车轮驱动和 1/4 车轮驱动三种；按主动车轮的驱动方式又可分为集中驱动和分别驱动两种。

为保证主动车轮与轨道之间有足够的驱动力（即黏着力），自行式运行机构应具有足够数量的主动轮。对于高速运行的起重小车（有的达 260 m/min 以上），应采用全部车轮驱动。大多数情况下，港口起重机采用半数车轮驱动，如大车运行机构。采用部分车轮驱动时，主动轮轮压之和在任何情况下应足够大，以防止主动轮打滑。

图 2-87 为半数车轮驱动时主动轮的各种布置方案。其中，(a) 单边布置方案，两边驱动力不对称，常用于轮压不对称或跨度较小的半门式或半门座起重机；(b) 对面布置方案，可基本保证主动轮轮压之和不随起重小车位置改变而变化，常用于桥架型起重

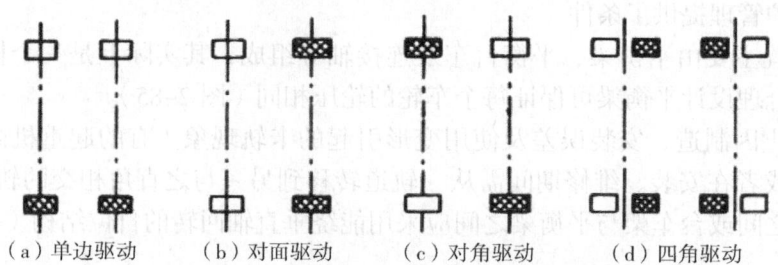

(a) 单边驱动　　(b) 对面驱动　　(c) 对角驱动　　(d) 四角驱动

图 2-87　半数驱动的主动车轮布置方式

机；(c) 对角布置方案，可基本保证主动轮轮压之和不随臂架位置改变而变化，常用于中、小起重量的臂架型回转起重机；(d) 四角布置方案，可保证主动轮轮压之和在任何情况下不变，适用于大起重量臂架型回转起重机。

（2）牵引式有轨运行机构

岸边集装箱起重机及桥式抓斗卸船机，常采用钢丝绳牵引式小车运行机构。

图 2-88 中为桥式抓斗卸船机的小车钢丝绳缠绕系统简图，除主小车外，还采用了一台补偿小车以减少钢丝绳的支撑距离。牵引卷筒上的一组钢丝绳绕过补偿小车上的滑轮后固定在桥架上，另一组钢丝绳固定在主小车上。当牵引卷筒转动时，主小车以速度 v_y 运行，补偿小车以速度 $v_y/2$ 同向运行。由于抓斗的支持绳与开闭绳绕过补偿小车上的导向滑轮，补偿小车运行时收放的长度刚好等于补偿主小车运行时所需补偿的放收长度，从而达到抓斗作水平运动的目的。

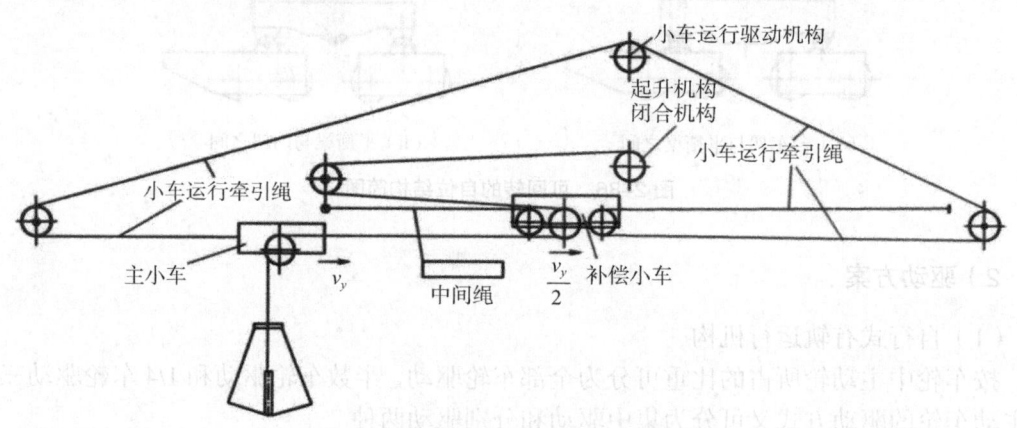

图 2-88　牵引式小车驱动的钢丝绳缠绕图

（3）无轨运行机构

典型的无轨运行机型是轮胎式集装箱门式起重机（RTG）的大车运行机构，用橡胶轮胎在集装箱堆场上行走，设有 0°~90° 的直角转向机构，可以转场作业，作业灵活。

当前 RTG 多采用柴油发电机机组供交流电，其运行中产生的尾气、噪声、废液等污染严重影响港口及周边地区的生态环境，因此 RTG 的驱动方式正在进行"弃油，改电"转换。

3）运行机构的稳态运行阻力

运行机构的稳态运行阻力 P_j 包括摩擦阻力 P_m、坡道阻力 P_α、按计算风压 P_1 算得的风阻力 P_{WI}。

$$P_j = P_m + P_\alpha + P_{WI} \quad (2-70)$$

在曲线轨道上运行的起重机，还要考虑弯道运行附加阻力；在钢丝绳牵引式运行机构中，还需计算小车运行时起升钢丝绳及运行牵引钢丝绳绕过导向滑轮的阻力 P_r。

（1）摩擦阻力

① 有轨运行机构的运行摩擦阻力

起重机或起重小车直线运行时，摩擦阻力 P_m 主要包括车轮踏面的滚动摩擦阻力、车轮轴承的摩擦阻力以及附加摩擦阻力三部分，按下式计算：

$$P_m = P_\Sigma \frac{\mu d + 2 f_k}{D} C_f \quad (2-71)$$

式中　P_Σ——运动部分所有质量的重力，包括吊重和起重机或小车的重力，N；
　　　μ——车轮轴承摩擦阻力系数，见表 2-22；
　　　d——车轮轴径，mm；
　　　f_k——车轮沿轨道的滚动摩擦力臂，见表 2-23；
　　　D——车轮踏面直径，mm；
　　　C_f——考虑车轮轮缘与轨顶侧面摩擦或牵引供电电缆及集电器摩擦等的附加摩擦阻力系数，见表 2-24。

表 2-22　车轮轴承的摩擦阻力系数 μ

轴承型式	滑动轴承		滚动轴承		
轴承结构	开式	稀油润滑	滚珠或滚柱式	锥形滚子式	调心滚子式
μ	0.1	0.08	0.015	0.02	0.004

表 2-23　车轮的滚动摩擦力臂 f_k

车轮材料	钢轨型式	车轮踏面直径 /mm					
		100,160	200,250,315	400,500	630,710	800	900,1000
钢	平顶	0.25	0.3	0.5	0.6	0.7	0.7
	圆顶	0.3	0.4	0.6	0.8	1.0	1.2
铸铁	平顶	—	0.4	0.6	0.8	0.9	0.9
	圆顶	—	0.5	0.7	0.9	1.2	1.4

表 2-24 附加摩擦阻力系数 C_f

车轮形状		机　　构		驱动型式	C_f
圆柱车轮	有轮缘	桥式、门式和门座起重机的大车运行机构		分别驱动	1.5
	无轮缘（有水平滚轮）			分别驱动	1.1
	有轮缘	具有柔性支腿的装卸桥、门式起重机的大车运行机构		分别驱动	1.3
	有轮缘	双梁桥式、门式起重机的校车运行机构	滑线导电	集中驱动	1.6
			电缆导电	集中驱动	1.3
	有轮缘	受偏心载荷的单主梁小车运行机构	滑线		1.6
	无轮缘				1.5
	有轮缘		电缆		1.3
	无轮缘				1.2
圆锥车轮（单轮缘）		悬挂在工字梁或箱形下翼缘上的小车运行机构		单边驱动	1.5
				双边驱动	2.0

② 无轨运行机构的摩擦阻力

由于充气轮胎和实心橡胶轮胎要比钢制车轮有更大的弹性，它们在刚性路面上滚动时，车轮在起动或制动过程中轮胎的接触变形表现出了与刚性车轮不同的特性（图 2-89）。由于轮胎的接触变形，其作用半径（滚动半径）要比外径小。车轮在载荷作用点后面部分的轮胎半径不是马上恢复到原始状态，而是在继续转动过程中逐渐恢复。启动时，车轮在接触平面内的圆周上被压缩；而制动时被拉长。在传递力时，这种变形使轮胎在圆周方向产生变形滑移。在计算滚动阻力时，应包括由轮子本身的滚动摩擦、滞后效应、轮胎的形变滑移以及充气轮胎内空气运动引起的阻力等。因此，橡胶轮胎的滚动摩擦力要比钢轮大得多。

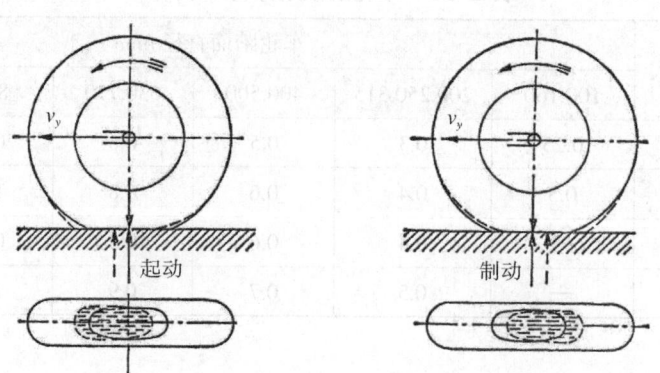

图 2-89　充气轮胎静止时的接触变形（滚动时的轮胎接触形状用虚线表示）

无轨运行机构的运行摩擦阻力按下式考虑路面情况其影响。

$$P_m = (m_G + m_i) g \omega \tag{2-72}$$

式中 m_G——起重机的总起升质量，kg；

m_i——起重机的质量，kg；

g——重力加速度，m/s^2；

ω——滚动摩擦阻力系数，见表 2-25。

表 2-25 各种路面的轮胎滚动摩擦阻力系数

路面类型		ω	路面类型		ω
沥青或混凝土路面	良好	0.015～0.018	砂路	干	0.1～0.3
	一般	0.018～0.02		湿	0.06～0.15
石子路面	普通碎石	0.02～0.025	黏土荒地	干	0.04～0.06
	卵石 良好	0.025～0.03		湿	0.1～0.2
	卵石 坑洼的	0.035～0.06		稀湿	0.2～0.3
土路	干燥	0.025～0.036	结冰路面		0.015～0.03
	土路	0.05～0.15	雪路		0.03～0.05
	泥泞	0.1～0.25			

（2）坡道阻力

流动式起重机，按路面或地面的实际情况考虑；轨道式起重机，当轨道坡度不超过 0.5% 时不考虑坡道载荷，否则按实际出现的实际坡度计算坡道载荷。计算公式如下：

$$P_\alpha = m_\alpha (m_G + m_i) g = (m_G + m_i) g \sin \alpha \tag{2-73}$$

式中 m_i——起重机或小车的质量，kg；

m_α——坡道阻力系数，$m_\alpha = \sin \alpha$；

α——轨道倾斜的角度，°。

（3）风阻力

风阻力 P_{WI} 的计算见本教材第 2.3.1 节的相关内容。

（4）牵引式小车的牵引钢丝绳阻力

牵引式小车的牵引钢丝绳缠绕系统计算简图如图 2-90 所示，其起升钢丝绳的缠绕系统计算简图如图 2-91 所示。由牵引钢丝绳引起的阻力包括小车运行时起升钢丝绳绕过导向滑轮的阻力及牵引钢丝绳悬垂引起的阻力，即

$$P_r = P_{r1} + P_{r2} \tag{2-74}$$

式中 P_r——牵引钢丝绳阻力，N；

P_{r1}——起升钢丝绳绕过滑轮引起的牵引阻力，N；

P_{r2}——由牵引绳上分支松边悬垂引起的牵引阻力，N。

① 起升钢丝绳绕过滑轮引起的牵引阻力 P_{r1}

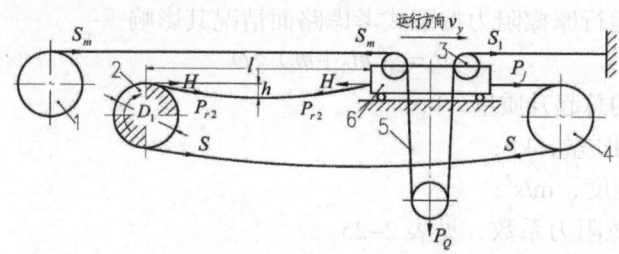

1—起升卷筒；2—驱动卷筒；3—起升钢丝绳导向滑轮；4—牵引钢丝绳导向滑轮；5—起升钢丝绳；6—运行小车

图 2-90　牵引式小车绳索缠绕系统和张力计算简图

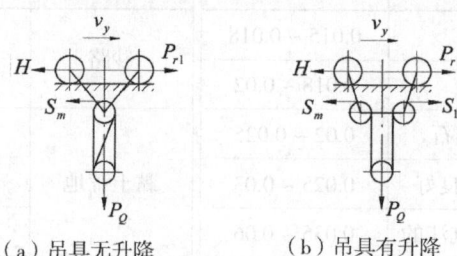

（a）吊具无升降　　　（b）吊具有升降

图 2-91　牵引式小车的起升缠绕系统简图

吊具无升降情况：

$$P_{r1}=P_Q\frac{1-\eta}{(1-\eta^a)\eta}(1-\eta^{a+1}) \tag{2-75}$$

吊具有升降情况：

$$P_{r1}=P_Q\frac{1-\eta}{(1-\eta^a)\eta} \tag{2-76}$$

式中　P_Q——额定起升载荷，N；

η——滑轮效率，对滚动轴承取 $\eta=0.98$，对滑动轴承取 $\eta=0.95$；

a——起升滑轮倍率。

② 牵引钢丝绳上分支松边悬垂引起的牵引阻力 P_{r2}（图 2-92）

$$P_{r2}=\frac{ql^2}{8h} \tag{2-77}$$

式中　q——牵引绳单位长度的重力载荷，N/m；

l——牵引绳的自由悬垂部分的长度，m；

h——牵引绳的下挠度，m，一般取 $h=(1/30\sim1/50)l$，常取 $0.1\sim0.25$ m。

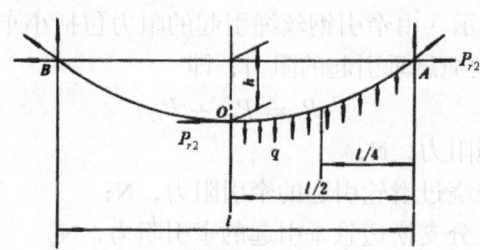

图 2-92　牵引绳上分支松边张力的水平分力计算简图

③ 牵引钢丝绳下分支阻力 S

$$S=\frac{P_j}{\eta} \qquad (2-78)$$

式中　P_j——稳态运行阻力；

η——牵引钢丝绳导向滑轮的效率。

④ 牵引钢丝绳作用在卷筒上的阻力矩 M

$$M=\left(\frac{S}{\eta_j}-H\right)\frac{D_1}{2} \qquad (2-79)$$

式中　η_j——驱动卷筒效率；

H——卷筒松边的张力（图 2-90）；

D_1——驱动卷筒的直径。

4）机构选型的设计选型与校核

（1）电动机的初选和校核

① 电动机的初选

自行式运行机构的电动机运行稳态功率按下式计算：

$$P_N=\frac{P_j \cdot v_y}{1\,000\,\eta \cdot m} \qquad (2-80)$$

式中　P_N——电动机的稳态运行功率，kW；

P_j——运行机构稳态运行阻力，N；

v_y——稳态运行速度，m/s；

η——运行机构传动效率；

m——机构的电动机台数。

用上式所得结果乘以大于 1 的启动惯性影响系数，从电动机样本上初选所需的电动机。对室外作业的起重机，此系数为 1.1~1.3；对于室内作业及室外作业的装卸桥小车，此系数为 1.2~2.6，运行速度高者取大值。

牵引小车运行机构的电动机运行稳态功率按下式计算：

$$P_N=\frac{M \cdot n}{9\,550\,\eta} \qquad (2-81)$$

式中　M——驱动轮（或卷筒）的转矩；$N \cdot m$；

n——驱动轮（或卷筒）的转速，r/min。

对能提供有关按 CZ 值计算选择电动机资料的异步电动机，可按下式算得所需电动机功率。

$$P_n \geqslant GP_N \qquad (2-82)$$

式中：符号同前。

② 电动机的校验

a）过载验算

$$P_N \geqslant \frac{1}{m\lambda_{As}}\left\{[P_\Sigma(\omega+m_\alpha)+P_{WII}]\frac{v_y}{1\,000\,\eta}+\frac{\Sigma J \cdot n^2}{91\,200\,t_q}\right\} \tag{2-83}$$

式中 ω——运行摩擦阻力系数。车轮为滑动轴承，$\omega=0.015$；车轮为滚动轴承，$\omega=0.006$；

m_α——坡道阻力系数，参见式（2-73）确定；

P_{WII}——风阻力；

m——电动机的台数；

v_y——起重机（或小车）的运行速度，m/s；

ΣJ——机构对电动机轴的总惯量，即包含直线运动质量和传动机构的全部质量的惯量折算到电动机轴上的转动惯量和电动机轴上自身的转动惯量之和，kg·m²；

n——电动机的额定转速，r/min；

t_q——机构起动时间，s；

λ_{AS}——相对于 P_N 的平均起动转矩倍数。其值应根据所选电动机的 λ_m 值及其控制系统方案确定。通常情况下可参考下列取值：对绕线转子异步电动机取 1.7，采用频敏变阻器时取 1，笼型异步电动机取 $0.9\lambda_m$（相对于 P_N 时的电动机最大转矩倍数，由电动机制造商提供），串励直流电动机取 1.9，复励直流电动机取 1.8，他励直流电动机取 1.7，变频调速电动机取 1.7。

b）发热验算

$$P_S=\frac{1}{m}\left\{[P_\Sigma(\omega+m_\alpha)+P_{WI}]\frac{v_y}{1\,000\cdot\eta}+\frac{\Sigma J \cdot n^2}{182\,400\,t_q}\right\} \tag{2-84}$$

式中 P_S——运行机构电动机发热计算功率，kW；

P_{WI}——按起重机正常工作状态的计算风压 p_I 计算，N，在室内取 0。

按机构所需的电动机的等效接电持续率，并采用式（2-84）计算出运行机构所需的电动机的发热计算功率，电动机在相应的接电持续率下的输出功率大于等于发热计算功率，则电动机的发热校验通过。

此外，还应根据使用的环境（海拔超过 1 000 m 或环境温度超过 40℃）进行功率修正。

③ 起动时间与起动平均加速度计算

满载、上坡、迎风运行起动时的起动时间

$$t_q=\frac{n[k(J_1+J_2)m+J_3'/\eta]}{9.55(mM_{dq}-M_{dj})},\quad M_{dj}=\frac{P_j D}{2i\eta} \tag{2-85}$$

式中 n——电动机额定转速，r/min；

m——电动机台数；

k——其他传动件的转动惯量折算到电动机轴上的影响系数，$k=1.05\sim1.20$；

J_1——电动机转子的转动惯量，kg·m²；

J_2——电动机轴上制动轮和联轴器的转动惯量，kg·m²；

J_3'——作平移运动的全部质量的惯量折算到电动机轴上的转动惯量，kg·m²，

$$J_3'=\frac{(m_G+m_i)D^2}{4i^2};$$

D——车轮踏面直径，m；

i——由电动机轴到车轮的机构的总传动比；

η——运行机构总传动效率；

P_j——运行静阻力，N；

M_{dq}——电动机平均起动转矩，N·m，$M_{dq} = \lambda_{AS} M_n$；

M_{dj}——满载、上坡、迎风时作用于电动机轴上的稳态运行阻力矩，N·m。

起动平均加速度
$$a_y = \frac{v_y}{t_q} \qquad (2\text{-}86)$$

（2）减速器的选择

① 计算传动比

根据电动机和主动轮的转速，可以求出运行机构减速器的传动比。

$$i = n / n_l \qquad (2\text{-}87)$$

式中 i——运行机构总传动比；

n_l——主动轮的转速，r/min。

② 选择减速器

若运行机构的减速传动装置仅为标准减速器，则减速器的传动比就是计算传动比 i。若运行机构的减速传动装置为标准减速器和开式齿轮传动，则要对计算传动比 i 进行分配，使 $i = i_1 \cdot i_2$，其中，i_1 是减速器的传动比；i_2 是开式齿轮的传动比。

对于运行机构的减速器，还必须校验满载起、制动状态时低速轴端的承载能力，即

$$M_{\text{IImax}} \leqslant [M] \qquad (2\text{-}88)$$

式中 $[M]$——所选减速器输出轴端最大的短时许用转矩，N·m；

M_{IImax}——运行机构有可能出现的最大工作转矩，N·m，它受电气保护装置和主动轮打滑条件的限制，$M_{\text{IImax}} = 2.25 M_n$。

③ 校核实际运行速度

实际运行速度应满足：
$$\left| \frac{v_y - \bar{v}_y}{v_y} \right| \times 100\% \leqslant 5\% \qquad (2\text{-}89)$$

式中 v_y——设计要求提出的运行速度，m/s；

$\bar{v}_y$——实际达到的运行速度，m/s，按下式确定：

$$\bar{v}_y = \frac{n\pi D}{60 \, i'} \qquad (2\text{-}90)$$

式中 i'——减速传动装置的实际传动比。

（3）制动器的选择

运行机构装设制动器的作用一般是为了实现减速制动，并使停止下来的起重机在作业时运行机构能保持不动。

① 制动力矩的确定

运行机构机械式制动器的制动转矩与运行摩擦阻力矩之和，应能使处于满载、顺风及下坡状态下运行的起重机或小车在要求的时间内停止下来。

制动力矩 M_Z 的计算式：

$$M_Z = \frac{1}{m_Z}\left\{\frac{[P_{Wl}+P_\alpha-P'_m]D\cdot\eta}{2i}+\frac{n}{9.55t_z}[k\cdot m_Z\cdot(J_1+J_2)+J'_3\eta]\right\} \quad (2-91)$$

式中　M_Z——运行机构制动转矩，N·m；
　　　P'_m——不考虑轮缘与轨道侧面附加摩擦的摩擦阻力，N；
　　　t_z——制动时间，s；
　　　m_Z——制动器的台数。

② 制动器的选择

制动器的选择条件为：

$$M_Z \leqslant [M_Z] \quad (2-92)$$

式中　$[M_Z]$——所选制动器参数表中给出的制动转矩。

运行机构制动器的选择还需考虑以下因素：

a）频繁起制动用的制动器，在同一档制动力矩的各个制动器中，宜选用制动轮较大的制动器。

b）对那些驱动轮与轨道之间有足够大的黏着力的露天工作起重机的运行小车，或未采用自动作用夹轨器的起重机，应计算在顺风、下坡情况下制动装置的总抗风阻力是否能抗御风的吹袭，以防止在有风工作中的起重机发生移动。

（4）车轮打滑验算

对于自行式运行机构，电动机的驱动力是通过主动轮踏面与轨道间的黏着摩擦实现的。黏着力是主动轮与轨道的接触面无相对移动时，轨道接触面可能给主动轮的最大切向反力。起重机或起重小车正常运行时，作用在主动轮上的牵引力小于主动轮与轨道接触处的黏着力，这时主动轮在轨道上作纯滚动。而当牵引力达到或超过黏着力时，就会出现主动轮在轨道上的打滑现象。这时主动轮在轨道上不是作纯滚动，而是连滚带滑，甚至只滑不滚，因而影响到起重机的正常工作，同时还会加剧车轮的磨损。

运行机构打滑校验的目的就在于验证主动轮与轨道间是否有足够大的黏着力，以保证起重机或起重小车的正常工作。

主动轮的打滑通常出现在起重机或起重小车的运行起动或运行制动过程中，并且容易发生在最小轮压处。如小车运行机构空载运行时；无悬臂的桥架型起重机大车运行机构，当空载起重小车位于桥架端部时；带悬臂的桥架型起重机大车运行机构，当满载起重小车位于悬臂端时；可回转臂架型起重机，当满载臂架位于支承平面对角线的方位时，均有可能使支点轮压最小而通不过打滑验算。这时，只要能保证整机打滑验算通过，则局部打滑验算通不过也是允许的。

保证不打滑的条件是：主动轮与轨道间的黏着力大于主动轮上的牵引力。

① 启动时的打滑验算公式为：

$$\left(\frac{\varphi}{K_q}+\frac{\mu d}{D}\right)P_{L\min}\geqslant\frac{2\,000\,i\cdot\eta}{D}\left[M_{dq}-\frac{2\,000\,k(J_1+J_2)i}{D}\cdot\frac{v_y}{t_q}\right] \quad (2-93)$$

式中 P_{Lmin}——所校验的驱动装置相关联的主动轮最小轮压之和，N；
φ——车轮与钢轨的黏着系数，室内工作时 $\varphi = 0.14$，室外工作时 $\varphi = 0.12$；
K_q——防止起动打滑的安全系数，室内 $K_q = 1.10 \sim 1.20$，室外 $K_q = 1.02 \sim 1.05$；
M_{dq}——电动机的平均起动转矩，N·m；
d——车轮轴直径，mm；
v_y——起重机或起重小车正常运行的速度，m/s；
t_q——起动时间，s；
D——车轮踏面直径，mm。

② 制动时的打滑验算公式为：

$$\left(\frac{\varphi}{K_z} - \frac{\mu d}{D}\right) P_{Lmin} \geq \frac{2000i}{D \cdot \eta}\left[M_Z - \frac{2000k(J_1+J_2)i}{D} \cdot \frac{v_y}{t_z}\right] \quad (2\text{-}94)$$

式中 K_z——防止制动打滑的安全系数，$K_z = 1.20$；
M_Z——制动器的制动转矩，N·m；
t_z——制动时间，s。

一般来说，K_z 应比 K_q 取得大一些，这是因为制动转矩恒定不变，一旦打滑，就会产生整个制动过程的打滑，车轮磨损严重；而起动转矩可以降低到 M_{dq} 以下，打滑只出现在起动转矩的尖峰值时期。

③ 防止打滑的措施

当起动或制动时的打滑条件不能满足时，可以采取如下措施：

a）调整轮压分配。合理分配起重机的重量，合理布置主动轮，以保证在任何情况下主动轮上都有足够的轮压。

b）增加主动轮轮数或改全部车轮为驱（制）动。

c）改善起动、制动性能。重选电动机或制动器，改变起、制动力矩以防止打滑现象的出现。

d）减小平均加、减速度，即延长起、制动时间。

e）轨面撒沙，以增大车轮与轨道之间的黏着系数。

2.6.5 回转机构

回转机构的作用是使吊起的货物围绕起重机的铅垂回转轴线在水平面内沿圆弧线运动。当与起升、变幅、运行机构配合动作时，能将货物运送到起重机工作空间范围内的任何地方。

回转机构由回转支承和回转驱动装置组成。回转支承起支承回转部分的重量，防止回转部分倾覆，联接回转部分与非回转部分（固定部分）的作用；回转驱动装置驱动回转部分相对于固定部分回转，并传递动力的驱动传动系统。

回转机构具有转动惯量大、回转速度低的特点。港口装卸用门座起重机的回转速度一般为 1.5 ~ 2.0 r/min，安装用门座起重机的回转速度一般为 0.1 ~ 0.5 r/min。

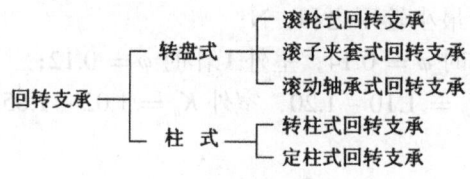

图 2-93 回转支承装置的分类

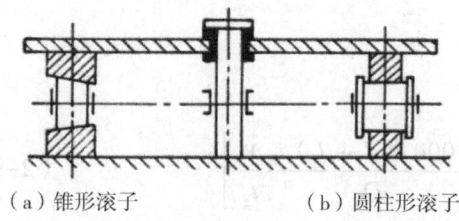
(a) 锥形滚子　　(b) 圆柱形滚子

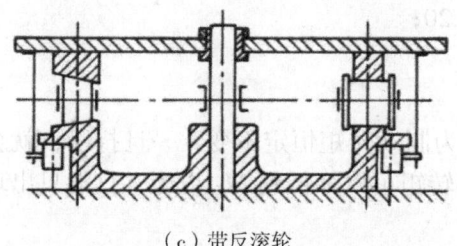
(c) 带反滚轮

图 2-94 滚子夹套式回转支承构造

1) 回转支承装置的结构形式

由于外载及回转部分重量的作用，在支承处会产生作用力与反作用力。常用的回转支承装置分为转盘式和柱式两类，如图 2-93 所示。

转盘式回转支承是将回转部分装在一个大转盘上，转盘通过滚动体（滚轮、滚子、滚珠）支承在环形轨道上并与转动部分一起回转。

柱式回转支承主要由一个立柱、两个水平支承和一个垂直推力支承组成。根据立柱是回转的还是固定的，可分为转柱式和定柱式两类。

港口起重机多采用滚子夹套式、滚动轴承式和转柱式回转支承装置。

(1) 滚子夹套式回转支承

滚子夹套式回转支承装置（图 2-94）实质上是一个大直径的止推滚动轴承，由许多圆锥或圆柱形的滚子以较小的间隔排列在上下两个环形轨道之间。滚子通过心轴组装在隔离夹套的内外环之间，夹套通过辐射状布置的拉杆与中心枢轴的套环相连。为缩小转盘框架的尺寸，转盘下的环形轨道通常做成前后两段圆弧。

在滚子夹套式回转支承装置中，回转部分的垂直压力通过转动的上轨道、滚子传给固定的环形下轨道，滚子的心轴不传递载荷。

由于同时参与传递载荷的滚子数目很多，滚子夹套式回转支承装置的承载能力比滚轮式大。当受到相同的倾覆力矩时，滚子夹套式回转支承装置所需轨道直径较小，因而结构比较紧凑。

滚子夹套式回转支承的滚子可做成圆柱形踏面、圆锥形踏面或装设反滚轮。采用圆锥形踏面时虽能消除踏面与轨道间的滑动，但会受到轴向力的作用，因此，应装设推力轴承以减少轴向力引起的摩擦。圆锥形的滚轮和滚子的制造和安装要求高，要确保滚轮和滚子的圆锥顶点在起重机的回转中心线上。

在圆锥形滚轮支承装置中，为简化轨道的制造，仍可用平面轨道来代替锥面轨道，但安装在滚轮支承架上的轮轴必须保持倾斜的位置。

(2) 滚动轴承式回转支承

滚动轴承式是目前采用广泛的一种回转支承装置，它由固定座圈、回转座圈、滚动体、隔离套、调整垫片等组成。门座起重机回转部分固定在回转座圈上，固定座圈与起重机固定部分（门架）固接，由滚动轴承上的齿圈实现回转部分相对固定部分的回转。

为适应不同的使用要求，有单排四点接触球式回转支承［图 2-95（a）］、双排球式回转支承［图 2-95（b）］、单排交叉滚柱式回转支承［图 2-95（c）］、双排滚柱式回转支承［图 2-95（d）］和三排滚柱式回转支承［图 2-95（e）］。其中，三排滚柱式回转支承在水平方向平行排列两排滚柱以承受轴向载荷，另有一排垂直排列的滚柱承受径向载荷。它比上述各类型轴承式回转支承的承载能力都要大，但制造和安装精度要求较高；同时与座圈相连接的支承构件要有更高的刚度。这种回转支承多用在起重量很大但座圈外径尺寸又受到限制的起重机。

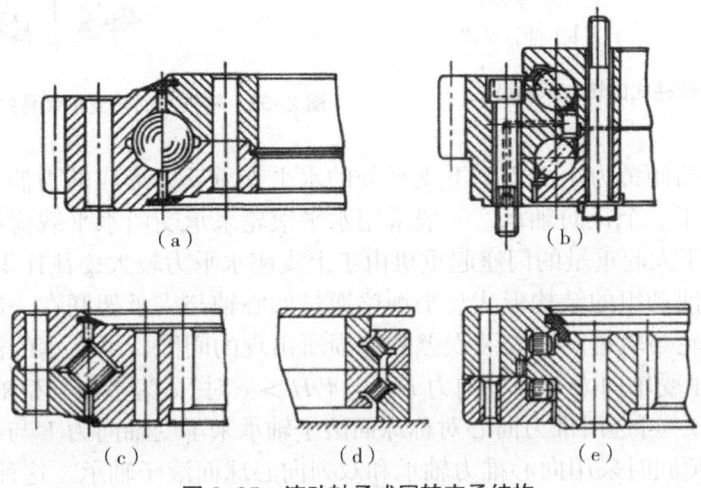

图 2-95　滚动轴承式回转支承结构

（3）转柱式回转支承

采用转柱式回转支承的门座起重机具有一个与回转部分连成一体的转柱，转柱插入门架，依靠上下支座支承，并通过驱动装置来实现回转运动。转柱式回转支承有两种构造，如图 2-96 所示，图中（a）为滚道固定在门架的上支承圆环上，水平滚轮沿滚道作行星运动；（b）为滚道安装在转柱上，滚道随转柱一起回转，并带动水平滚轮作自转运动。

根据支承情况的不同，有简支梁式和伸臂梁式两种（图 2-97）。伸臂梁式回转支承的立柱承受很大的弯矩，截面尺寸较大，上支承大多采用水平滚轮方式，多用于港口门座起重机。

转柱式起重机中，回转部分（包括吊起的物品）的全部重量，通过转柱传给下

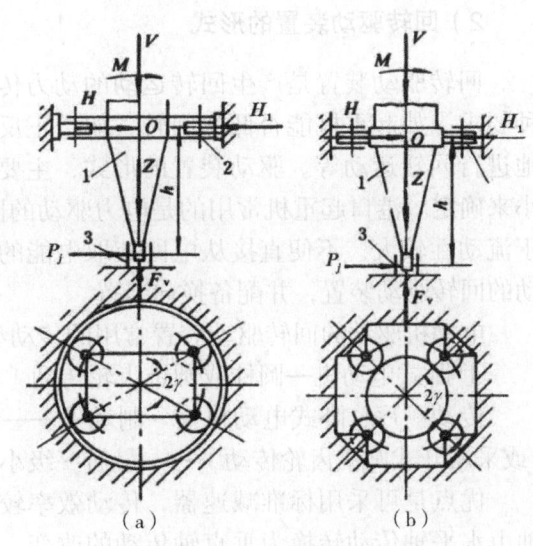

1—转柱；2—上支承；3—下支承
图 2-96　转柱式回转支承构造图

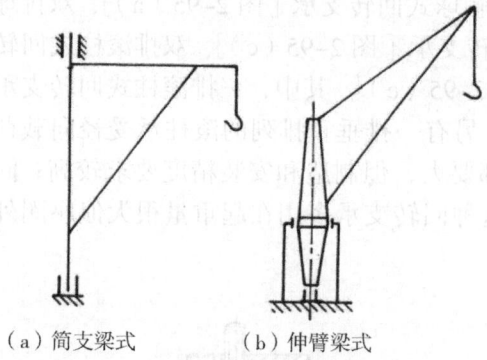

图 2-97 转柱式回转支承的型式
（a）简支梁式　（b）伸臂梁式

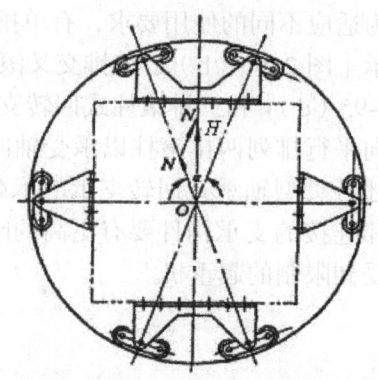

图 2-98 转柱式回转支承装置的上支座结构简图

支承，回转部分的倾覆力矩由上、下支承处的水平支承反力形成的力偶来平衡。因此上支承的作用相当于一个径向轴承，一般采用水平滚轮来承受由水平载荷和倾覆力矩所产生的水平力。对于大起重量的门座起重机由于上支座水平力较大，往往采用如图 2-98 所示的带平衡梁的滚动组的结构形式，平衡梁通过偏心轴与支承架联在一起，偏心轴主要用来调整水平滚轮与轨道间因安装误差和磨损所出现的间隙。下支承的作用则相当于推力兼径向轴承，承受轴向力 V 与径向力 H，当 $V/H > e$ 时（e 为不同类型轴承的判别系数，见滚动轴承样本），可选用推力向心对称球面滚子轴承来承受轴向力 V 与径向力 H；当 $V/H < e$ 时，则必须同时采用向心推力轴承和双列向心球面滚子轴承。这种型式的下支承，在结构处理上必须保证两个轴承的调位中心重合，并使推力轴承只承受轴向力，径向轴承只承受径向力，为此，须使推力轴承外径处的配合比径向轴承处配合松一些。

2）回转驱动装置的形式

回转驱动装置是产生回转运动的动力传动装置，并由它来保证起重机回转运动的各种要求，如起重机能否低速回转、能否正反向回转、能否制动停止以及保证其正常安全地进行回转运动等。驱动装置的形式，主要是根据起重机的用途、工作特点、起重量大小来确定。港口起重机常用的是电力驱动的回转驱动装置，易于实现正、反方向回转；对于流动性较大，不便直接从电网获取电能的汽车起重机或浮式起重机，可采用内燃机驱动的回转驱动装置，并配备换向装置。

电动机驱动的回转驱动装置常用的传动型式如图 2-99 所示。

① 卧式电动机—圆柱或圆锥齿轮传动［图 2-99（a）］

传动顺序：卧式电动机——制动器——极限力矩联轴器——圆柱或圆锥齿轮减速器（或采用开式圆锥齿轮传动）——最后一级小齿轮绕大齿圈（或针齿圈）传动。

优点是可采用标准减速器，传动效率较高；缺点是为获得足够的传动比和实现传动轴由水平轴传动转换为垂直轴传动的改变，需配置开式齿轮传动，平面布置尺寸大，安装要求高。

② 卧式电动机—蜗轮减速器传动［图 2-99（b）］

第 2 章 > 港口起重机

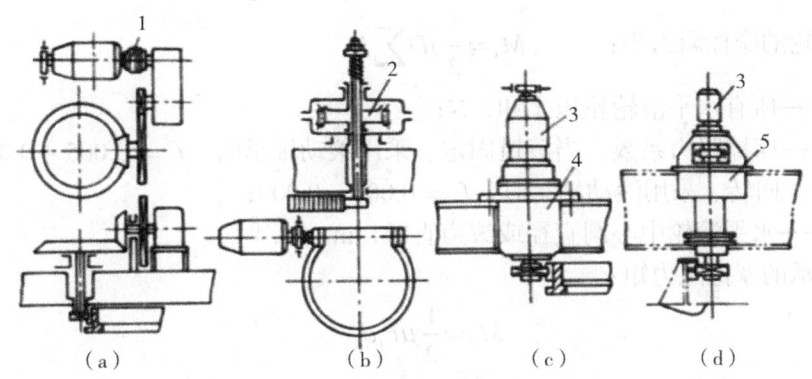

1—极限力矩联轴器；2—带极限力矩联轴器的涡轮减速器；3—立式电动机；4—立式减速器；5—行星减速器

图 2-99　常用的回转驱动装置传动方案

传动顺序：卧式电动机——带制动轮的联轴器——制动器——带极限力矩联轴器的蜗轮减速器——最后一级小齿轮绕大齿圈（或针齿圈）传动。

优点是传动比大，结构紧凑，工作平稳；缺点是传动效率低。

③ 立式电动机—立式圆柱齿轮减速器传动〔图 2-99（c）〕

传动顺序：立式电动机——联轴器——水平安置的制动器——轴线垂直布置的立式齿轮减速器（有时带极限力矩联轴器）——最后一级小齿轮绕大齿圈（或外齿圈）传动。

优点是平面尺寸紧凑，传动效率高，在门座起重机中应用很普遍。

④ 立式电动机—行星齿轮减速器传动〔图 2-99（d）〕

这种传动型式常采用立式行星齿轮减速器、摆线针轮减速器、少齿差减速器或谐波传动减速器等，其传动比大，结构紧凑，传动效率高，在起重机回转机构中已得到广泛的应用。

3）回转驱动装置的阻力矩

回转阻力矩按式（2-95）计算：

$$M = M_m + M_W + M_\alpha + M_H + M_A \quad (2\text{-}95)$$

式中　M_m——回转摩擦阻力矩，主要是回转支承装置的摩擦阻力矩，N·m；
　　　M_W——风阻力矩，N·m；
　　　M_α——坡道阻力矩，N·m；
　　　M_H——由物品偏摆造成的回转阻力矩，N·m；
　　　M_A——由回转部分（不含物品）的惯性力造成的回转阻力矩，N·m。

（1）回转摩擦阻力矩

① 转柱式回转支承装置

$$M_m = M_s + M_j + M_t \quad (2\text{-}96)$$

式中　M_s——水平滚轮的摩擦阻力矩，N·m；
　　　M_j——径向轴承的摩擦阻力矩，N·m；
　　　M_t——止推轴承的摩擦阻力矩，N·m。

水平滚轮的摩擦阻力矩：
$$M_s = \frac{1}{2} fD \sum N \quad (2-97)$$

式中　ΣN——所有水平滚轮轮压之和，N；
　　　f——摩擦阻力系数。当滚道固定、采用滚动轴承时，$f = 0.005 \sim 0.008$；当滚道回转、采用滚动轴承时，$f = 0.006 \sim 0.009$；
　　　D——水平滚轮中心圆直径或滚道直径，m。

径向轴承的摩擦阻力矩：
$$M_j = \frac{1}{2} \mu P_j d_j \quad (2-98)$$

式中　P_j——径向轴承所受的水平力，N；
　　　d_j——径向轴承内径，m。

止推轴承的摩擦阻力矩：
$$M_t = \frac{1}{2} P_z \mu_z d_z \quad (2-99)$$

式中　P_z——止推轴承所受的垂直力，N；
　　　μ_z——止推轴承的摩擦系数，可取 $\mu_z = 0.01 \sim 0.015$；
　　　d_z——止推轴承的内径与外径的平均值，m。

当采用推力向心球面滚子轴承来代替径向轴承和止推轴承时，其摩擦阻力矩为
$$M_j + M_t = \left(\frac{P_z}{\cos\theta} + \frac{4P_j}{\pi\sin\theta} \right) \mu_z R_{jt} \quad (2-100)$$

其中　$R_{jt} = \frac{1}{4}(D_1 + d_1)$，$\theta = \arctan\left(\frac{R_{jt}}{A + B/2} \right)$，如图 2-100 所示。

② 滚子夹套式回转支承装置
对圆锥形滚子（图 2-100）：
$$M_m = \frac{(P_{Gh} + P_Q) \cdot R}{r}(f_k + \mu_z r_z \tan\varphi) \quad (2-101)$$

式中　P_{Gh}——起重机回转部分重力载荷，N；
　　　P_Q——起升载荷，N；
　　　R——支承轨道的平均半径，m；

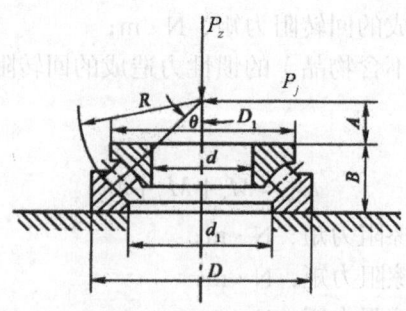

图 2-100　推力向心对称球面轴承摩擦阻力矩计算简图

r——滚子的半径（对圆锥形滚子为平均半径），m；
f_k——水平滚轮的滚动摩擦系数，见表 2-23；
μ_z——滚子止推轴承中的摩擦系数，可取 $\mu_z = 0.01 \sim 0.015$；
r_z——滚子止推轴承的平均半径，m；
φ——圆锥形滚子对其轴线的斜角（为锥角之半）。

对圆柱形滚子：
$$M_m = (P_{Gh} + P_Q) \left[\frac{R}{r} \left(C_f f_k + \frac{3\mu \mu_t b r_x}{b_t} \right) + \frac{\mu b}{4} \right] \quad (2-102)$$

式中 C_f——滚动摩擦的附加系数，可取 $C_f = 1.3$；
μ——滚子在轨道上的滑动摩擦系数，可取 $\mu = 0.10$；
μ_t——滚子轴套中的滑动摩擦系数；
r_x——滚子心轴的半径，m；
b——支承轨道的宽度，m；
b_t——滚子轴套的长度，m。

③ 滚动轴承式回转支承装置
$$M_m = \frac{1}{4} \mu_h D \sum N \quad (2-103)$$

式中 μ_h——换算摩擦系数，可取 $\mu_h = 0.01$；
D——滚动体中心圆直径，m；
ΣN——滚动体法向反力之绝对值总和，N。

对单向作用的结构（图 2-101），其滚动体法向反力只能向上：
$$\sum N = \frac{V}{\sin \beta} + \frac{1.25H}{\cos \beta} \quad (2-104)$$

式中 V——回转支承装置所受的总垂直力，N；
H——回转支承装置所受的总水平力，N；
β——滚动体的接触角，°。

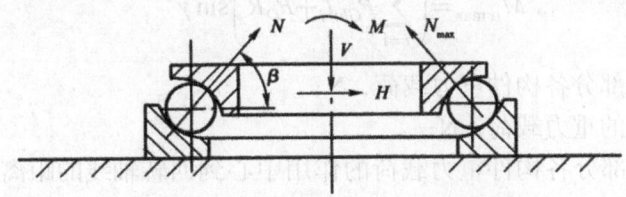

图 2-101 滚动体法向反力单向作用简图

对双向作用的结构（图 2-102），其上排部分滚动体的法向反力向上，但下排部分滚动体的法向反力可以向下。当上排所有滚动体的法向反力都向上，下排滚动体不受力时，其 ΣN 值仍可按式（2-104）计算。

当上排部分滚动体的法向反力向上；部分滚动体的法向反力向下（图 2-102 中 ABC

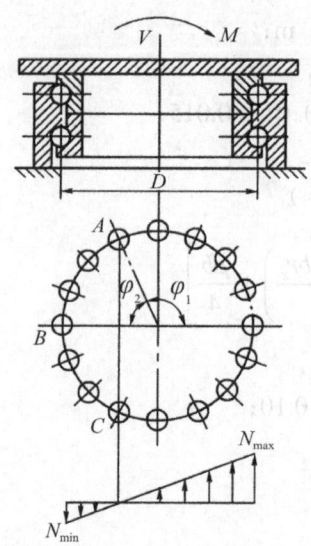
图 2-102 部分滚动体法向反力向下时的计算简图

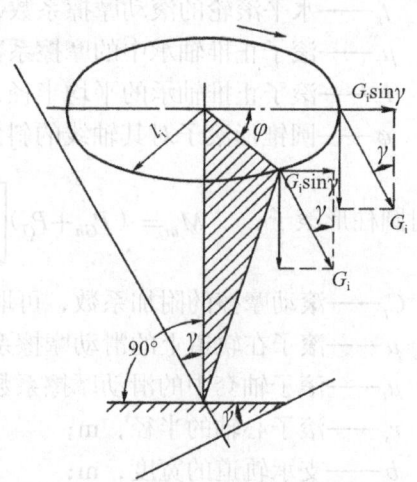
图 2-103 倾斜对于回转阻力矩的影响

圆弧段上的滚动体反力），其 ΣN 值按下式计算

$$\sum N = \frac{V}{\sin\beta}\left(1-\frac{2\varphi_2}{\pi}\right)+\frac{2kM\sin\varphi_2}{\pi D\sin\beta}+\frac{4H}{\pi\cos\beta} \quad (2\text{-}105)$$

式中 φ_2 ——与最小载荷滚动体之间的夹角，$\varphi_2=\arccos\dfrac{DV}{kM}$；

k ——与滚动体形状和滚道刚度有关的系数，对于滚柱轴承 $k=4\sim4.5$；对于滚珠轴承 $k=4.5\sim5$，滚道刚度小时取大值，刚度大时取小值。

（2）坡道阻力矩 M_α（图 2-103）

$$M_\alpha=\left(\sum_{i=1}^{n}P_{Ghi}l_i+P_Q R\right)\sin\gamma\cdot\sin\varphi \quad (2\text{-}106)$$

$$M_{\alpha\max}=\left(\sum_{i=1}^{n}P_{Ghi}l_i+P_Q R\right)\sin\gamma \quad (2\text{-}107)$$

式中 P_{Ghi} ——回转部分各构件重力载荷，N；

P_Q ——物品的重力载荷，N；

l_i ——回转部分各构件重力载荷的作用中心到回转轴线的距离，m；

R ——幅度，m；

γ ——门座起重机的坡度角，°；

φ ——门座起重机的回转角，°。

臂架从 $\varphi=0$ 转到 $\varphi=\pi$ 的过程中，M_α 不断变化，其等效坡道阻力矩为：

$$M_{\alpha eq} = M_{\alpha\max}\sqrt{\frac{\int_0^\pi \sin^2\varphi d\varphi}{\pi}} = \frac{1}{\sqrt{2}}M_{\alpha\max} \approx 0.7 M_{\alpha\max} \tag{2-108}$$

（3）风阻力矩 M_W

当臂架与风向垂直时，由风力产生的回转阻力矩达到最大值（图2-104）：

$$M_{WI,II\max} = P_{WI,II} \cdot l \tag{2-109}$$

式中　$P_{WI,II}$——起重机回转部分（不含物品）的风载荷，P_{WI} 用风压 P_I 计算，P_{WII} 用风压 p_{II} 计算；

　　　l——起重机回转部分迎风面积形心到回转轴线的距离，m。

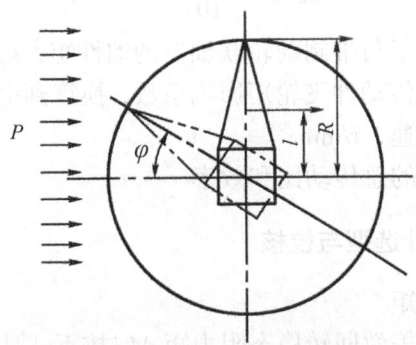

图2-104　求 M_W 的计算简图

对任意角度 φ 有：$M_W(\varphi) = M_{W\max}\sin^2\varphi$。

臂架从 $\varphi = 0$ 转到 $\varphi = \pi$ 的过程中，M_W 不断变化，其等效风阻力矩为：

$$M_{Weq} = M_{W\max}\sqrt{\frac{\int_0^\pi \sin^4\varphi d\varphi}{\pi}} = \sqrt{\frac{3}{8}} M_{W\max} \approx 0.7 M_{W\max} \tag{2-110}$$

（4）由物品偏摆造成的回转阻力矩 M_H

$$M_H^{I,II} = P_Q \tan\alpha_{I,II} R \tag{2-111}$$

式中　α_I、α_{II}——垂直于臂架平面的偏摆角，α_I、α_{II} 取值参照表2-10；

　　　R——幅度，m。

（5）由惯性力产生的回转阻力矩 M_A

回转惯性力由三部分质量引起：物品质量、起重机回转部分质量和驱动装置的回转零部件质量。由物品质量引起的回转惯性力矩已归入由物品偏摆造成的回转阻力矩中，这里不再计及。因此由惯性力产生的回转惯性阻力矩为：

$$M_A = M_{A1} + M_{A2} \tag{2-112}$$

由回转部分的质量引起的惯性阻力矩 M_{A1}：

$$M_{A1} = \frac{J_h n_h}{10 t_h} \tag{2-113}$$

式中　J_h——起重机回转部分（不含物品）各构件质量对回转轴线的转动惯量，

$$J_h = \sum_{i=1}^{n} m_{Ghi} l_i^2 \ ;$$

m_{Ghi}——起重机回转部分各构件质量，kg；

l_i——各构件质量的质心到回转中心线的距离，m；

t_h——回转机构的起制动时间，s。初步设计时，无风可取 $t_h = 3 \sim 5$ s，有风可取 $t_h = 4 \sim 10$ s；

n_h——门座起重机的回转速度，r/min。

由驱动装置的回转零部件质量引起的惯性阻力矩 M_{A2}：

$$M_{A2} = \frac{k(J_1 + J_2)n}{10 t_h} \cdot i_h \eta_h \tag{2-114}$$

式中　$J_1 + J_2$——电动机转子与带制动轮联轴器的惯性矩，kg·m²；

　　　k——计及其他传动件飞轮矩影响系数，换算到电动机轴，可取 $k = 1.1 \sim 1.2$；

　　　n——电动机转速，r/min；

　　　i_h、η_h——回转机构的总传动比和效率。

4）回转驱动装置的设计选型与校核

（1）等效回转稳态阻力矩

回转机构稳定运动时的等效回转稳态阻力矩 M_{eq} 按下式计算：

$$M_{eq} = M_m + M_{Weq} + M_{\alpha eq} \tag{2-115}$$

式中　M_{eq}——等效静回转稳态静阻力矩，N·m；

　　　M_{Weq}——正常工作状态下的等效风阻力矩，取按 P_{WI} 风阻力矩的 0.7 倍计算，N·m；

　　　$M_{\alpha eq}$——等效坡道阻力矩，按坡道阻力矩的 0.7 倍计算，N·m。

（2）电动机的选择和校验

① 电动机初选原则

用下式计算所得等效功率从电动机样本上初选所需的电动机。当惯性力较大时，应考虑惯性力的影响。

$$P_e = \frac{M_{eq} \cdot n}{9550 \eta} \tag{2-116}$$

式中　P_e——回转机构电动机的等效功率，kW；

　　　M_{eq}——等效回转稳态阻力矩，N·m；

　　　n——起重机回转速度，r/min；

　　　η——回转机构传动效率。

对能提供有关按 CZ 值计算选择电动机资料的绕线转子异步电动机，可按下式算得所需电动机功率。

$$P_n \geq G P_e \tag{2-117}$$

式中　P_n——所选电动机在相应的 CZ 值和实际接电持续率 JC 值下的功率，kW；

　　　G——稳态负载平均系数。

② 电动机的校验

a）过载验算

$$P_N \geq \frac{H}{m \cdot \lambda_m} \cdot \frac{(M_m + M_{\alpha\max} + M_{WII} + M_{\alpha I})n}{9550 \, i \cdot \eta} \quad (2-118)$$

式中　H——系数，绕线转子异步电动机 $H = 1.55$，笼型异步电动机取 $H = 1.6$，直流电动机取 $H = 1$；

　　M_m——回转摩擦阻力矩，主要是回转支承装置的摩擦阻力矩，$N \cdot m$；

　　$M_{\alpha\max}$——回转最大坡道阻力矩，$N \cdot m$；

　　M_{WII}——由计算风压 p_{II} 引起的最大风阻力矩，$N \cdot m$；

　　$M_{\alpha I}$——由起重绳正常偏摆角 α_I 计算的回转水平阻力矩，$N \cdot m$；

　　m——电动机的台数；

　　η——回转机构总传动效率；

　　n——电动机额定转速，r/min；

　　i——回转机构总传动比。

b）发热校验

稳态平均功率：

$$P_S = G \cdot \frac{(M_m + M_\alpha + M_{WI}) \cdot n}{9550 \, m \cdot i \cdot \eta} \quad (2-119)$$

式中　M_{WI}——按计算风压 p_I 计算的等效风阻力矩，$N \cdot m$。

根据计算出的 P_s 值，以及机构的实际 JC 和 CZ 值，若所选用的电动机在相应的 CZ 值、JC 值下的输出功率满足下式的要求，则电动机发热校验合格。

$$P \geq P_S \quad (2-120)$$

此外，还应根据使用的环境（海拔超过 1 000 m 或环境温度超过 40℃）进行功率修正。

③ 起动加速度计算

对于电动机直接起动的回转机构应计算机构的起动加速度，应使臂架起重机回转臂架头部切向加（减）速度不大于下列数据：对于回转速度较低的安装用起重机，根据起重量大小，此值一般为 0.1~0.3 m/s²；对于回转速度较高的装卸用起重机，根据起重量大小，此值一般为 0.8~1.2 m/s²。起重量大者取小值。

（3）减速器的选择

回转机构的减速器用等效功率进行选择，减速器的工作特点和选择原则与运行机构减速器相同。

（4）制动器的选择

回转机构宜采用可操纵的常开式制动器，在回转机构最不利工作状态（受工作状态最大风力，臂架处于最不利位置，悬挂的物品有最大偏角）下，其制动器力矩应能使回转部分从运动中停止；对塔式起重机，则是使已停住的回转部分在工作中能保持定位不动。制动减速度不宜超过上述起动加速度值。

制动力矩按下式计算：

$$M_Z = \frac{\sum J \cdot n}{9.55 t_z} + M_C \quad (2-121)$$

式中　M_Z——回转机构的制动转矩，$N \cdot m$；

ΣJ——物品回转制动时,回转机构的旋转质量及含起吊物品在内的回转运动质量换算到电动机轴(制动器轴)上的机构总转动惯量,kg·m²;

t_z——制动时间,s;

M_C——换算到电动机轴上的回转阻力矩,N·m;$M_C=\dfrac{\eta}{i}(M_W+M_\alpha-M_m)$;

η——回转机构的总传动效率;

i——由制动器轴到回转支承装置的回转机构总传动比。

在装有极限力矩联轴器的情况下,制动器一般装在电动机与极限力矩联轴器之间。

(5)极限力矩联轴器

回转部分受到的惯性载荷和风载荷较大,为了防止回转驱动装置偶尔过载,保护电动机、金属结构及传动零部件免遭损坏,通常在蜗轮或齿轮传动系统中装一个靠摩擦传递载荷的部件,即极限力矩联轴器。

极限力矩联轴器是一个圆锥形或圆盘形的摩擦式联轴器(图 2-105),摩擦面间用弹簧压紧,弹簧压紧所产生的摩擦力矩应为所在传动轴的起动力矩的110%。

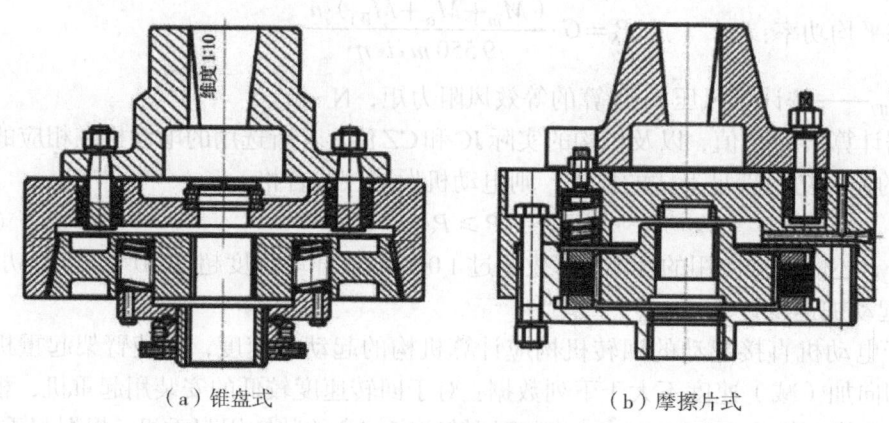

(a)锥盘式　　　　　　　　(b)摩擦片式

图 2-105　摩擦式联轴器

靠弹簧压力来调节力矩不易准确做到,而且摩擦系数还随着许多因素而变化,所以这种极限力矩联轴器工作不一定可靠,故现在许多电力驱动的起重机用电气保护措施来防止回转机构过载。

极限力矩联轴器的摩擦力矩,按下式计算:

$$M_{jl}=1.1\left[M_{max}-\dfrac{(J_1+J_2)n}{9.55t}\right]i_c\eta_c \quad (2-122)$$

式中　M_{jl}——极限力矩联轴器的摩擦力矩,N·m;

M_{max}——电动机最大起动转矩或制动器的制动力矩,N·m;

t——起、制动时间,s;

i_c、η_c——电动机至极限力矩联轴器的回转机构传动比、传动效率。

对于有自锁可能的传动机构应装设极限力矩联轴器。非自锁机构如果不装设极限力矩联轴器,则应计算传动机构在事故状态下的静强度。

第 3 章

港口连续输送机械

3.1 带式输送机

3.1.1 结构和布置特点

带式输送机是以封闭无端的输送带作为牵引构件和承载构件的连续输送货物的机械装置。用胶带作为输送带的带式输送机又称为胶带输送机，简称胶带机，俗称皮带机。

1）结构特点

带式输送机的输送带绕过驱动滚筒和改向滚筒，并支承在许多托辊上。工作时，由电动机通过减速装置使驱动滚筒转动，依靠驱动滚筒与输送带之间的摩擦力使输送带运行，货物随输送带运送到卸载地点，如图 3-1 所示。

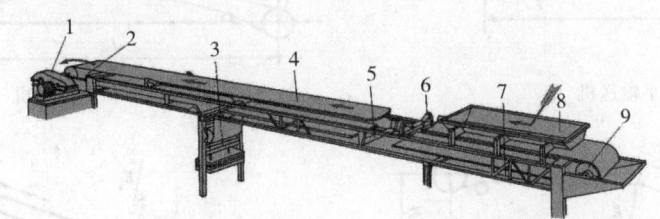

1—驱动装置；2—驱动滚筒；3—拉紧装置；4—输送带；5—平形托辊；6—槽形托辊；
7—机架；8—导料槽；9—改向滚筒

图 3-1 固定带式输送机简图

图 3-2 移动式带式输送机

带式输送机可用于输送散料或件货。根据工作需要，带式输送机可制成工作位置不变的固定式（图 3-1）、装有轮子的移动式（图 3-2）、输送方向可改变的可逆式（斗轮堆取料机的悬臂胶带机）、通过机架伸缩改变输送距离的伸缩式（装船机的悬臂段）等形式。

在各种连续输送机械中，带式输送机的生产率最高、输送距离最长、工作平稳可靠、能耗少、自重轻、噪声小、操作管理容易，最适于在水平或倾角小于 20°的倾斜方向上连续输送散料和小型件货，但它运送粉末状物料时容易扬起粉尘，特别是在装、卸料点和两台带式输送机的转载处，需采取防尘措施。

带式输送机在港口的应用极广，特别是在装卸煤炭、矿石、散粮等泊位上，它已成为不可缺少的输送设备。许多港口专用机械如散货装/卸船机、散货堆/取料机等常以带式输送机作为主要的组成部分。

2）布置形式

（1）基本布置形式

带式输送机的基本布置有水平、倾斜和带弧段三种形式（图 3-3）。为了减轻对输送带的磨损、提高生产率和便于布置装/卸载装置，给料点和卸料点宜布置在水平段内。

如果需要布置凸弧段或凹弧段，其曲率半径 R_1 和 R_2，分别按式（3-2）至式（3-4）确定。

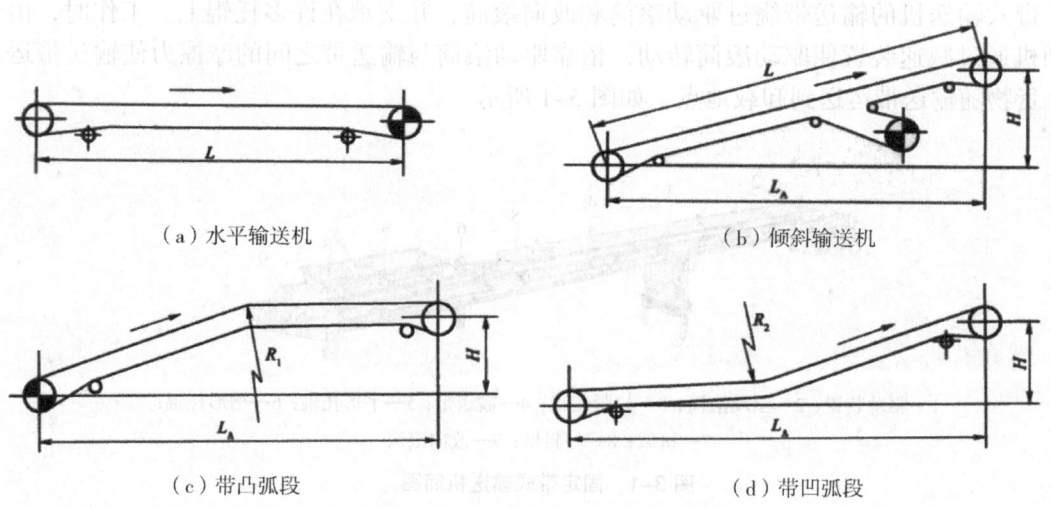

（a）水平输送机　　　　　　　　（b）倾斜输送机

（c）带凸弧段　　　　　　　　　（d）带凹弧段

图 3-3 带式输送机的基本布置形式

（2）带式输送机的最大允许倾斜角

带式输送机倾角太大时，会引起物料沿输送带下滑，造成生产率降低甚至不能输送货物。

由图3-4，根据物料在输送带斜面上的平衡条件可知，欲使物料不沿斜面下滑，物料的下滑分力 $G\sin\beta$ 不得大于物料与带面间的摩擦力 F_s 的临界值 $\mu G\cos\beta$，即 $G\sin\beta \leq F_s = \mu G\cos\beta$，可得：

$$\beta \leq \varphi_m = \tan^{-1}\mu \quad (3-1)$$

式中　　G——物料的重力；
　　　　β——输送带斜面之倾角；
　　　　μ——物料对输送带的摩擦系数；
　　　　φ_m——物料对输送带的摩擦角。

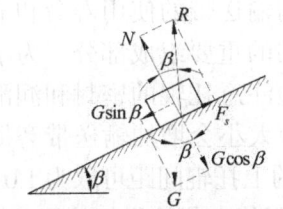

图3-4　物料在斜面上的受力情况

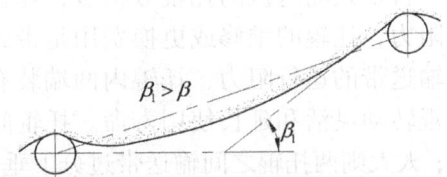

图3-5　输送机倾角 β 与托辊间输送带实际倾角 β_1

由上式可知，避免物料下滑现象的必要条件是带式输送机的倾角 β 不得大于物料对输送带的摩擦角 φ_m。但实际工作情况较之静止的输送带斜面要复杂得多。首先，输送带在两相邻支承点间有一定的悬垂度，这就使其个别区段的倾角 β_1 大于输送机倾角 β（图3-5）。其次，输送过程中物料有跳动，表面圆滑的块状物料容易发生滚动，将促使物料更早地发生下滑。再次，物料是否容易下滑也受供料情况的影响，如连续均匀地供料，前面的物料经常受到后来物料的支托，物料的下滑阻力增加；或在水平段装料，由于水平段物料有对倾斜段物料的承托作用，因而可取较大的倾角。但若周期装料会引起物料流的间断，则要取较小的倾角。因此，为保证正常输送，避免物料下滑，带式输送机的最大允许倾角 β_{max} 应比物料对输送带的摩擦角 φ_m 小 7°～10°，参考值如表3-1所示。

表3-1　带式输送机允许最大倾角 β_{max}

输送物料	散状物料			成件物品				
	粉粒状	块粒状	纤维状	纸袋	塑料袋	麻袋	纸箱	不包装
物料名称	面粉、盐、砂糖、木屑、煤粉、灰渣、胶粉、陶土、各种化工原料及产品	谷物、大颗粒盐、生胶块、块煤、糖块、各种块状化工原料及产品	稻草、芦苇、木片、棉花、烟草、化纤	邮包、面粉、食品、洗衣粉、化肥、炭黑、陶土、袋装化工原料及产品				轮胎、缴械、陶瓷制品、各种工业半成品
允许倾角	16°～20°	12°～18°	16°～20°	16°	18°	20°	16°	12°～18°

3.1.2 主要的组成部件

1）输送带

输送带用来传递牵引力和承放被运货物，既是牵引构件，又是承载构件。通常承载分支输送货物，无载分支牵引返回供料点，是一个往复循环的封闭系统。一般要求输送带要有强度高、伸缩率小、挠性好、耐磨和抗腐蚀性强等特点，详见本书 1.4.9。

输送带的主要参数是宽度、带芯层数（织物芯）、钢丝绳直径（钢绳芯）等。

2）支承托辊

支承托辊用以支承输送带，减小输送带的运行阻力和限制输送带的垂度（即下垂度），使输送机能够稳定运行。

一台带式输送机的托辊数很多，托辊质量的好坏影响输送带的使用寿命和输送带的运行阻力，托辊的维修或更换费用是带式输送机营运费用的重要组成部分。为了减少托辊对输送带的运行阻力，托辊内两端装有滚动轴承，必须注意托辊的密封和润滑，以保证托辊转动灵活和延长使用寿命。托辊间距要适当，间距太小会增加输送带磨损和功率消耗；太大则两托辊之间输送带过分下垂。通常装运散料的上托辊间距可取为 1.0~1.2 m，当物料堆积密度大于 1.6 t/m^3 且带宽大于 800 mm 时可取下限值。若件货每件超过 20kg 时，上托辊间距应小于物件输送方向长度之半。下分支为空载分支间距可取 3.0~6.0 m。装料处托辊间距一般取为上托辊间距的 1/3~1/2。

在输送线路上，可采用不同的托辊对输送带和物料进行支承：有载分支段，支承托辊成槽形，可以增大运量和防止物料向两边洒漏；过渡段，可采用不同槽角的托辊支承；加料段，为降低物料对输送带的冲击，可采用缓冲托辊或缓冲床支承；为防止输送带跑偏或对跑偏的输送带进行调整，在输送段中可布置调心托辊、立辊、前倾托辊等；为清扫输送带并减少污染，输送线路的回程段可布置螺旋托辊、梳形托辊等。

输送带在运转时偏离纵向中心线称为输送带"跑偏"，这是带式输送机运转中的常见故障。引起输送带跑偏的原因很多，主要有以下几方面：

① 支承托辊或滚筒安装不正，即托辊或滚筒的轴线与带式输送机的中心线不垂直。
② 机架两侧高低不平。
③ 输送带的连接不正，连接后的输送带边与输送机中心线不平行。
④ 滚筒表面粘有物料，使滚筒直径发生了不规则的变化，或部分托辊转动不灵活造成两边阻力不等。
⑤ 装载不当，物料过于集中一边，或采用犁形卸料器可能产生侧向力等。

出现跑偏现象后，如不及时采取措施，输送带边缘与机架磨擦，会磨损或撕裂/刮损输送带，造成经济损失，也可能引起带上的物料洒落。因此，要注意分析输送带跑偏的原因，消除安装、保养、使用不当等因素。在带式输送机上设置调心托辊，以调整输送带横向位置，保证输送机正常运行。

3）驱动装置

驱动装置的作用是驱动输送带运动，实现货物运送。

通用固定式和功率较小的带式输送机都采用单滚筒驱动（图3-6），即电动机通过减速器和联轴器带动一个驱动滚筒运转。一般采用封闭式鼠笼电动机、Y系列电动机。Y系列电动机具有体积小、重量轻、性能先进的特点。它的起动转矩大，起动电流小，对输送机满载起动的工况比较适应。当功率较大（例如大于100 kW）时，可配以液力偶合器或粉末联轴器，使起动平稳。长距离输送、生产率高的带式输送机可采用多滚筒驱动，大功率电动机可采用绕线异步电动机，它便于调控，使长距离带式输送机平稳起动。对于移动式带式输送机，为减轻输送机自重，传动装置多采用皮带、链条或一级开式齿轮传动。此外，还可采用摆线针轮减速器或电动滚筒。

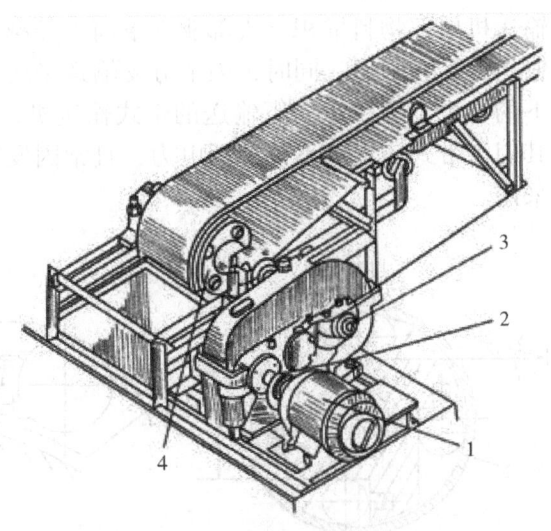

1—电动机；2—联轴器；3—减速器；4—驱动滚筒

图3-6 单滚筒驱动装置

电动滚筒是把电动机和传动装置放在驱动滚筒内，因而结构紧凑、重量轻、便于布置、操作安全。其缺点是电动机散热条件不好，检修不便。它适用于要求结构紧凑的场合，如悬臂上或移动的带式输送机。此外，还适于环境潮湿、有腐蚀性等场合。

驱动滚筒是带式输送机动力传递的主要部件，借助滚筒表面与输送带间的摩擦使输送带运行。驱动滚筒可分为光面与胶面两种，胶面滚筒摩擦系数较大。在功率不大、环境湿度小的情况下采用光面滚筒；当环境潮湿、功率又大，容易打滑时应采用胶面滚筒。驱动滚筒的设计计算见1.4.10。

4）制动装置

对倾斜布置的带式输送机，为了防止满载停机时输送带在货重的作用下发生反向运动，引起物料倒流，应在驱动装置处设制动装置。制动装置有滚柱逆止器、带式逆止器、电磁瓦块式或液压电磁制动器。制动装置的制动力矩不得小于带式输送机所需制动力矩的1.5倍。

滚柱逆止器如图3-7所示，当输送机正常工作时（逆止器的星轮逆时针方向旋转），滚柱处在星轮与外壳间隙的最宽处，因此它不妨碍星轮的运转。一旦发生反转，滚柱楔入星轮与其固定的外壳之间隙的窄处，因而星轮和输送机被制动。这种制动器的制动平稳可靠，可按减速器选配。在向上输送的带式输送机中都可采用，使用比较普遍。

带式逆止器如图3-8所示，当正常工作时，输送带拖动逆止带离开滚筒，如果反转，输送带就将逆止带楔入输送带和滚筒之间起制动作用。这种逆止器结构简单，造价便宜，在输送机倾角小于或等于18°的情况下制动可靠。缺点是必须先倒转一段才能制动，造成输送机尾部物料堆积。头部驱动滚筒直径越大，倒转距离越长。因此对功率较大的带式输送机不宜采用。同时，因上分支输送带运行方向和制动时输送物料下滑的方向都是向下的，也不适用于向下输送的带式输送机，须采用鼓式制动器（见起重机制动器），但其用于带式输送机不仅消耗电力，且常因发热或其他因素失灵，因此只在向下输送时才采用。

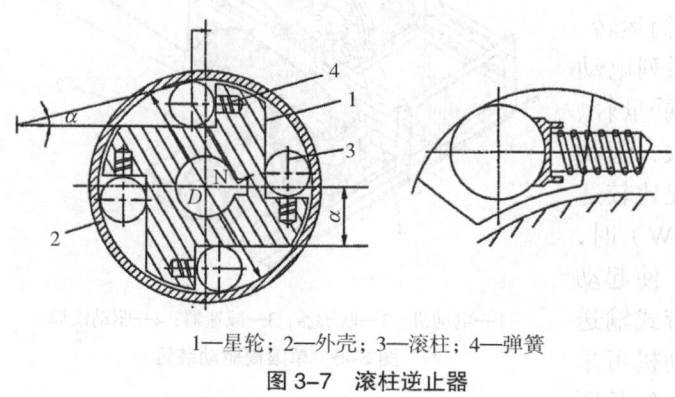

1—星轮；2—外壳；3—滚柱；4—弹簧

图 3-7　滚柱逆止器

1—逆止带；2—输送带；3—限止器

图 3-8　带式逆止器

5）拉紧装置

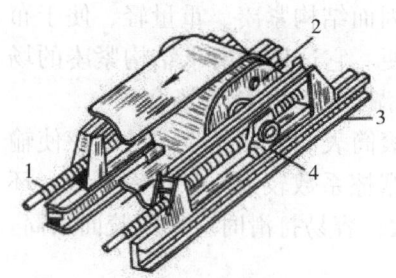

1—螺杆；2—滚筒；3—机架；4—可移动的滚筒轴承座

图 3-9　螺旋式拉紧装置

拉紧装置的作用是使输送带保持必要的初张力，以免在驱动滚筒上打滑，并保证两托辊间输送带的垂度在规定的范围以内。拉紧装置的主要结构形式有螺旋式、小车重锤式、垂直重锤式三种。

螺旋式拉紧装置（图 3-9）利用人力旋转螺杆，使带有螺母的滑架及装在其上的拉紧滚筒沿输送机纵向移动，以调节输送带的张力。它的结构简单，但张紧力的大小不易掌握；工作过程中，张紧力不能保持恒定。一般用在长度小于 50 m、功率较小的输送机上。

小车重锤式拉紧装置（图 3-10a）是把拉紧滚筒装在一个可在尾架上移动的小车上，由重锤通过滑轮拉紧小车。它的结构也较简单，可保持恒定的张紧力，张紧力的大小决定于重锤的重量。小车重锤式拉紧装置外形尺寸大、占地多、重量大，适用于长度、功率较大的输送机，尤其是在倾斜输送机上。

垂直重锤式拉紧装置（图 3-10b）用于小车重锤式拉紧装置布置有困难的场合。它的优点是可利用输送机走廊下面的空间位置，并布置在下分支输送带张力最小的地方，因而可减轻重锤的重量。其缺点是要增加改向滚筒的数目，增加输送带弯曲次数，而且物料容易掉入输送带与拉紧滚筒之间而损坏输送带，检修也麻烦。

拉紧装置应根据带式输送机长度、布置和要求确定，并应满足：①输送带在启动、制动、逆止工况必需的张力和输送带垂度要求；②拉紧滚筒在各种工况下位置的变化要求；③储备带长行程的要求。

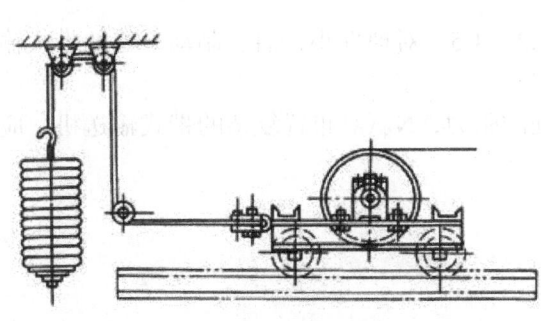
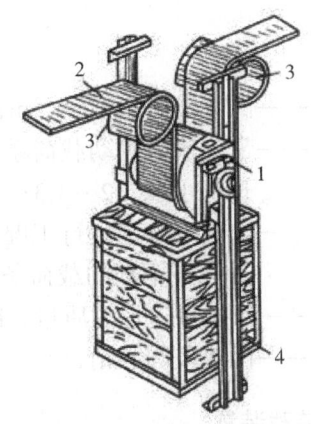

（a）小车重锤式拉紧装置　　　　　　（b）垂直式重锤拉紧装置

1—拉紧卷筒；2—输送带；3—改向卷筒；4—重锤

图 3-10　垂直重锤式拉紧装置

拉紧装置布置一般按下列要求进行：①应布置在输送带最小张力处；②对于较长的水平或倾角在 3° 以下的带式输送机，拉紧装置宜布置在紧靠驱动滚筒的输送带绕出侧；③对于较短的或倾角大于 3° 向上输送的带式输送机，拉紧装置可布置在带式输送机尾部；④长距离带式输送机拉紧装置的布置位置，应在张力分析后确定。

6）改向装置

改向装置有改向滚筒和改向托辊组两种，用来改变输送带的运动方向。

改向滚筒适用于带式输送机的平形托辊区段，如尾部或垂直重锤拉紧装置处的改向滚筒等。改向滚筒的直径一般取输送带衬层数的 100 倍（mm），如改向角度小或布置有困难，可取大于 50 倍。

改向托辊组是若干沿所需半径弧线布置的支承托辊。它用在输送带弯曲的曲率半径较大处，或用在槽形托辊区段，使输送带在改向处仍能保持槽形的横断面。改向段托辊间距可取上分支直线段托辊间距的一半。为使输送带转向比较平缓，输送带倾斜段向水平段过渡的凸弧段曲率半径 R_1 [图 3-11（a）] 应保证槽形输送带通过凸弧段时中间不隆起。R_1 的值可按下式计算：

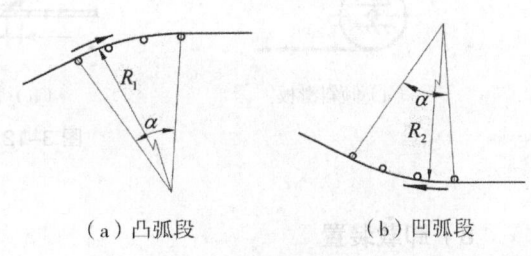

（a）凸弧段　　　（b）凹弧段

图 3-11　托辊组改向段曲率半径

织物芯输送带　　　　$R_1 \geq (38 \sim 42) B \sin \lambda$　　　　　（3-2）

钢丝绳芯输送带　　　$R_1 \geq (100 \sim 167) B \sin \lambda$　　　　（3-3）

式中　λ——托辊的槽角，°。

对于输送带凹弧段 [图 3-11（b）]，为使输送带在空载时也不会脱离托辊而沿曲线过渡，凹弧段最小曲率半径可按下式计算

$$R_2 \geqslant \frac{k_d F_i}{q_B g \cos \alpha} \tag{3-4}$$

式中 R_2——凹弧段曲率半径，m；

K_d——带式输送机动载荷系数，宜取 1.2~1.5。对惯性小，启、制动平稳的带式输送机可取 1.2~1.3；

F_i——输送带稳定运行工况弧段起点处的张力，N。对布置复杂的带式输送机，应计及最不利的载荷条件；

q_B——每米输送带的质量，kg/m；

α——凹弧段圆心角，°。

7）装载装置

装载装置（图3-12）的作用是对输送带均匀装载，防止物料在装载时洒漏在输送机外面，并尽量减少物料对输送带的冲击和磨损。这就要求装载装置应使物料进入输送机的方向与输送带的运动方向一致。同时，物料在下滑到输送带上时，应具有尽可能小的法向分速度（相对于带面）和尽量接近于带速的切向分速度。为此，装料槽的后壁应具有适当的倾斜度，通常比物料对槽壁的摩擦角大 5°~10°，料槽的宽度一般取带宽的2/3。同时，要使物料装载经常保持在中心线上，因为偏心载荷会引起输送带跑偏，易使输送带的边缘受到损伤。成件物品可用导板装载或直接把件货放到输送机上，散粒物料采用装载槽或漏斗。对于未筛分过的干燥散料，宜采用槽底带孔的装载漏斗，由于粉状和小粒状的物料经过小孔后在带面上形成一保护层，从而避免了块状物料对输送带的直接冲击。

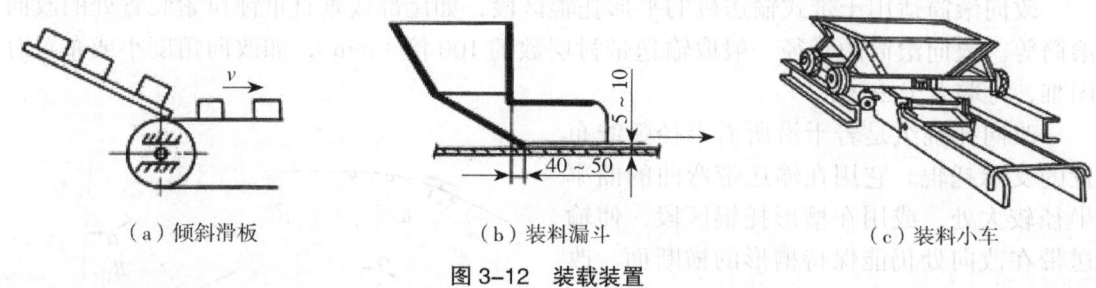

(a) 倾斜滑板　　　　(b) 装料漏斗　　　　(c) 装料小车

图3-12　装载装置

8）卸载装置

带式输送机既可在输送机端部卸料，也可在中间卸料，前者物料直接从滚筒处抛卸，后者可采用卸载挡板或卸载小车。

卸载挡板为平直挡板或V形挡板（梨形卸料器），适用于平形托辊区段，可用来卸件货（图3-13）或在一侧或两侧卸散料（图3-14）。卸载挡板的结构十分简单，但对输送带磨损较厉害，还会增加运动阻力。因此，对较长的输送机，特别是输送粒度大、磨损性大的物料时不宜采用。

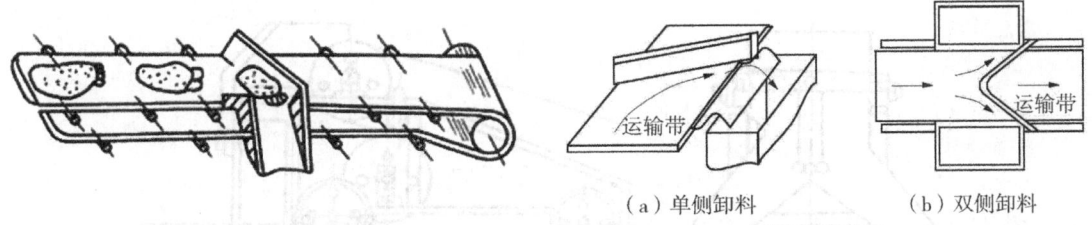

图 3-13 件货挡板卸料　　　　图 3-14 散料挡板卸料
（a）单侧卸料　　（b）双侧卸料

为了使卸料挡板能够正常地工作，必须正确选择它相对于输送带纵向轴线的倾角 α。物料的速度分析如图 3-15（a）所示，假设物品碰到挡板时以绝对速度 $v_{物} = v_a$ 沿挡板等速运动，则 v_a 可分解为输送带的牵连速度 v_e 和物品对带的相对速度 v_r，v_r 与带的纵向轴线夹角为 β。此时物品的受力分析如图 3-15（b）所示，因假设物品等速运动，故满足三力平衡条件。将这些力投影到挡板方向和挡板的法线方向，可得方程组：

$$N\mu_1 - G\mu\cos(\alpha + \beta) = 0$$
$$N - G\mu\sin(\alpha + \beta) = 0$$

式中　G——物品重力；
　　　N——物品受到挡板的法向反力；
　　　μ——物品对输送带的摩擦系数；
　　　μ_1——物品对卸载挡板的摩擦系数。

可得　　　　　　　　$\tan(\alpha + \beta) = \dfrac{1}{\mu_1} = \dfrac{1}{\tan\varphi'_m} = \operatorname{ctan}\varphi'_m$ 　　　　　（3-5）

即　　　　　　　　　　　　　$\alpha + \beta + \varphi'_m = 90°$ 　　　　　　　　　　（3-6）

式中　φ'_m——物品对挡板的摩擦角。

由图 3-15 可知，由于 β 角恒大于零，否则速度 $v_{物}$ 就不可能大于零，因而 $\alpha + \varphi'_m < 90°$。因此，$\alpha$ 角的极限值仅决定于物品对挡板的摩擦系数。通常 α 角取 30°～45°。由式（3-6）可知，当 φ'_m 一定时，α 角越小则 β 角越大，物品对输送带的侧向推力（其值等于 $G\mu\sin\beta$）也越大，易造成输送带跑偏。

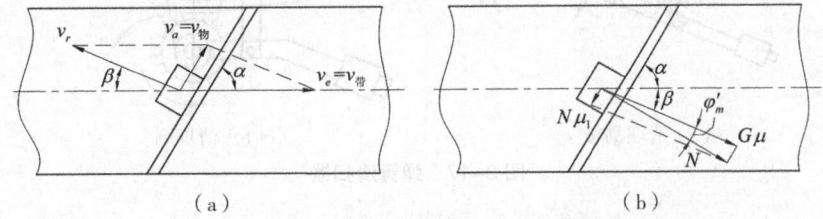

（a）　　　　　　　　　　　　（b）
图 3-15 挡板卸料运动与受力分析图

卸料小车（图 3-16）由车架、两个滚筒和两个跨在带式输送机两侧的导向槽组成。它装设在水平输送区段，可沿导轨在输送机纵长方向移动，特别适于生产率高、输送距

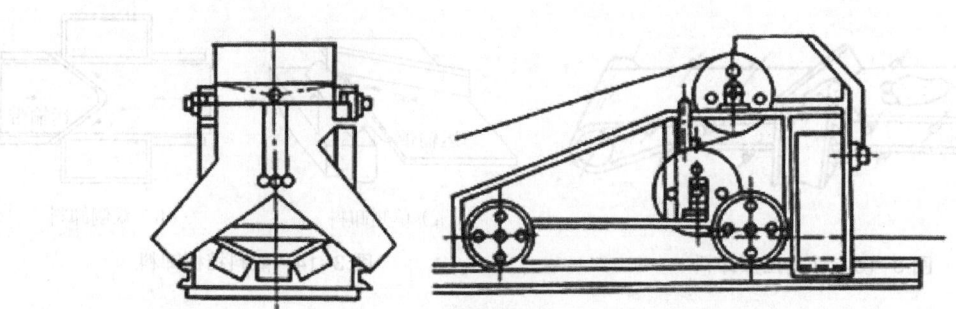

图 3-16 双向卸料小车

离长的带式输送机在中途卸载散料。工作时，物料从卸料小车的上滚筒抛出经导向槽从一侧或两侧卸下。

9）清扫装置

在带式输送机输送散料的过程中，不可避免地有部分散料颗粒粘在输送带工作表面上，卸料时不能完全卸净，当输送带通过下托辊或改向滚筒时，未卸净的颗粒就会粘到它们的表面而使其直径不均匀地加大，加剧托辊和输送带的磨损，促使输送带跑偏。不断掉落的物料又污染了场地环境。因此，为了提高输送带的使用寿命和保证输送机的正常运行，必须进行清扫。

常用的清扫装置是弹簧清扫器和犁形刮板。弹簧清扫器（图 3-17）一般装在头部滚筒的下方，它是利用弹簧力使橡胶刮板或金属刮板贴紧输送带，从而将物料刮净；亦可根据输送物料的特性，在滚筒下方安装清理刷进行清扫。尾部改向滚筒之前一般采用犁形刮板做成的空段清扫器，清扫落在无载分支上的物料。

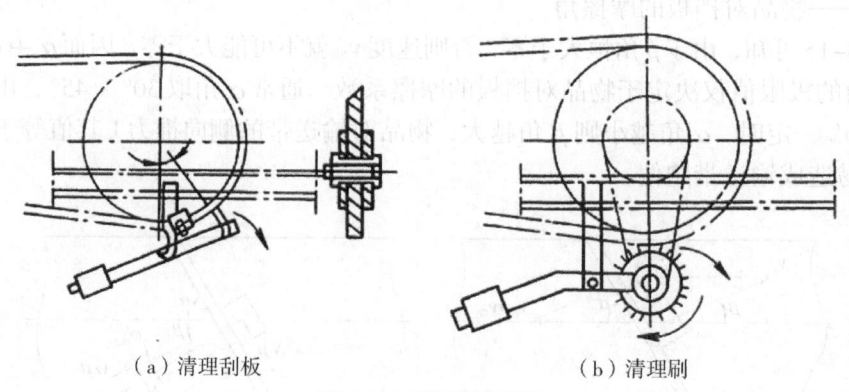

(a) 清理刮板　　　　　　　　(b) 清理刷

图 3-17 弹簧清扫器

此外，还可采用多种清扫方法，例如对于长距离的带式输送机，采用了输送带翻转清扫法。这种方法是利用特殊布置的托辊把无载分支的输送带在通过头部滚筒后翻转180°，以免弄脏下托辊，从而减轻输送带和托辊的磨损，减小输送带运行阻力，当输送带运行接近尾部滚筒时翻转恢复原状（图 3-18）。

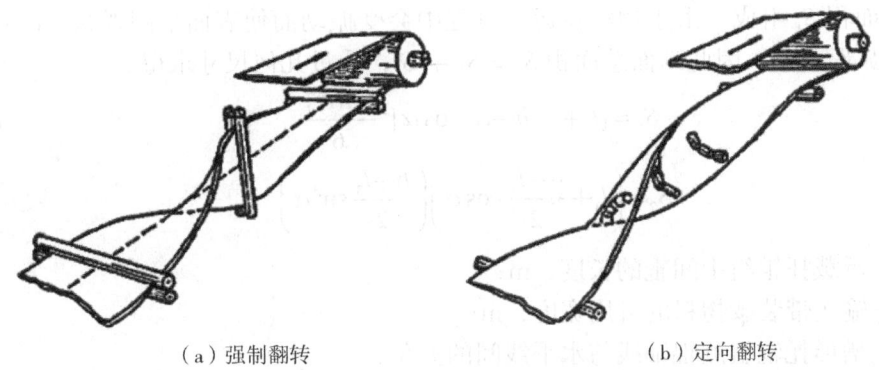

(a)强制翻转　　　　　　　　(b)定向翻转

图 3-18　翻转输送带简图

3.1.3　主要参数及基本计算

带式输送机的主要参数包括生产率、带宽、带速、驱动功率以及输送机的长度，倾斜输送的倾角等，详见《带式输送机工程技术标准》（GB 50431—2020）。

1）生产率的确定

带式输送机的生产率 Q 是指它在单位时间内的输送量，是选用或设计带式输送机的依据，需满足下式的要求：

$$Q_0 \leqslant Q \leqslant Q_v(Q_m) \tag{3-7}$$

式中　Q_0——工程设计要求的带式输送机工程系统输送量，m^3/h 或 t/h；

　　　Q——带式输送机设计输送量，m^3/h 或 t/h；

　　　Q_v——带式输送机理论体积输送量，m^3/h；

　　　Q_m——带式输送机理论质量输送量，t/h，可按下式算得：

$$Q_m = Q_v \rho_0' = 3\,600 Svk\rho_0' \tag{3-8}$$

式中　S——输送带上物料的最大横截面面积，m^2；

　　　v——输送带的速度，m/s；

　　　k——带式输送机倾斜系数；

　　　ρ_0'——被输送散状物料的堆积密度，t/m^3。

输送带上物料的最大横截面面积 S，应根据输送带的可用宽度、承载托辊的数量、中间辊长度、槽形托辊组侧辊轴线与水平线间的夹角及输送带上物料的动堆积角确定。以我国 DT 系列的三托辊式槽形输送带机为例，物料层断面如图 3-19 所示，为了避免物料溢出，输送带两侧留有适量的空边，输送带装载物料可用宽度为 b。因此，物料堆积断面 S 由梯形面积 S_2 和

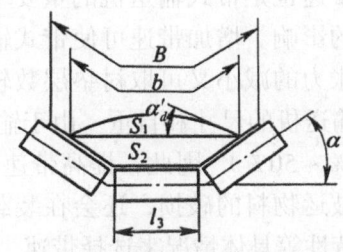

图 3-19　槽形托辊的输送带上物料的横截面积

梯形以上的面积 S_1 组成。由于物料在运送过程中会受振动而使表面呈圆弧状，故可认为 S_1 是一块弓弧形面积，因此断面总面积 $S = S_1 + S_2$，通过几何尺寸求得。

$$S_1 = [l_3 + (b-l_3)\cos\alpha]^2 \frac{\tan\alpha_d'}{6} \quad (3-9)$$

$$S_2 = \left(l_3 + \frac{b-l_3}{2}\cos\alpha\right)\left(\frac{b-l_3}{2}\sin\alpha\right) \quad (3-10)$$

式中 l_3——承载托辊组中间辊的长度，m；
　　b——输送带装载物料的可用宽度，m；
　　α——槽形托辊组侧辊轴线与水平线间的夹角，°。

输送带装载散粒物料的有用宽度 b（m）按下式计算：

当 $B \leqslant 2$ m 时，$b = 0.9B - 0.05$ （3-11a）

当 $B > 2$ m 时，$b = B - 0.05$ （3-11b）

带式输送机倾斜输送时，料层断面面积减小，带式输送机的生产率随着输送机倾角增大而减小。倾斜系数 k 反映了断面面积减小的因素，应符合下列规定：

① 当在带式输送机倾斜段加料，且均匀输送经筛分的中等块状物料时，倾斜系数按下式计算：

$$k = 1 - \frac{S_1}{S}\left(1 - \sqrt{\frac{\cos^2\beta - \cos^2\sigma_d'}{1 - \cos^2\sigma_d'}}\right) \quad (3-12)$$

式中 β——带式输送机在运行方向上的倾斜角度，°。

② 输送一般的流动性物料，倾斜系数可按表 3-2 选取。如输送松散的、堆积密度小、黏性小、流动性大的物料，适当减小 k 值；反之，可适当增大 k 值。

表 3-2　倾斜系数 k

β（°）	2	4	6	8	10	12	14	16	18	20
k	1.0	0.99	0.98	0.97	0.95	0.93	0.91	0.89	0.85	0.81

注：当 $\beta > 20°$，k 值选取参见《带式输送机工程技术标准》（GB 50431—2020）。

2）带速的选择

带速也是带式输送机的重要参数，它对输送机的尺寸、自重、造价和工作质量都有很大的影响。增加带速可使带式输送机在同样生产率的条件下采用较小的带宽，而线载荷和张力的减小又可取衬垫层数较少的输送带，这些都有效地降低了输送带的成本以及减小输送机的尺寸和自重。由于输送带的价格在带式输送机的造价中占有很大的比例（约占 25%～50%），因此，提高带速有很大的经济意义。但是，增加带速可能会扬起粉尘，造成被运物料的破损，还会在装载段、清扫段等处增加对输送带的磨损。所以，要根据物料特性等具体情况来选择带速，见表 3-3。带式输送机的带速还应符合 0.8 m/s、1.0 m/s、1.25 m/s、1.6 m/s、2.0 m/s、2.5 m/s、3.15 m/s、（3.55 m/s）、4.0 m/s、（4.5 m/s）、5.0 m/s、

表 3-3 带速的推荐值

单位：m/s

物料种类	带宽 B/mm				
	400~500	650~800	1 000~1 200	1 400~1 600	1 600~2 500
粉状与颗粒状物料	1.25~1.6	2.0~2.5	2.5~4.0	3.15~4.0	3.15~5.0
中小粒度物料	1.25~1.6	1.6~2.0	2.0~2.25	2.5~3.15	3.15
大块物料	—	—	1.6~2.0	2.0~2.5	2.5~3.15
干燥易起灰的粉尘状物料	0.8	0.8	1.0	1.0	1.0
大块脆性物料	1.25	1.6	1.6	2.0	2.0
谷物	1.6	2.0~2.25	3.15~4.0	—	—

（5.6 m/s）、6.3 m/s、7.1 m/s 的速度系列。具体可考虑以下几个方面。

（1）被输送物料的特性

对于输送磨磋性小、颗粒不大、不怕破碎的物料，如煤、谷物、砂等，宜取较高的速度（一般 2~4 m/s）；对于磨磋性大、大块、怕破碎的物料，如大块煤、大块矿石、焦炭等宜取低速（1.25~2 m/s）；对于粉状物料，为避免粉尘飞扬，宜取低速（≤1 m/s），对于件货，宜取低速（≤1.25 m/s）。

（2）带式输送机的布置和参数

较长距离及水平的输送机，可选较高带速；倾角越大或输送距离越短，带速应越低。图 3-20 为物料装入输送带时的速度矢量。当输送带倾斜时，物料速度 $v_{物}=v_r$ 沿输送带方向的分速度 v_1 较小，而在带面垂直方向上的分速度 v_2 较大，因此带速 v_e = $v_{带}$ 和 v_1 之差较大，使输送带磨损加剧，

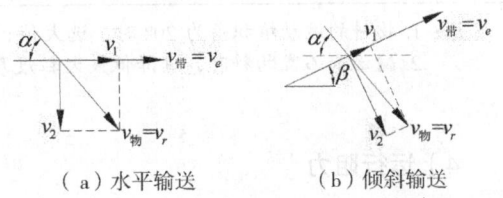

（a）水平输送　　（b）倾斜输送

图 3-20 物料装入输送带时速度分析

而 v_2 会引起对输送带的冲击。物料落到带上后，需借助摩擦力所做的功使物料动能增加，这就必须经过一段距离才能使物料速度等于输送带速。如果输送机较短，货物可能尚未达到输送带的速度就已走完其运移长度，在这种情况下，输送带的高速度只能使输送机功率和输送带磨损增加而不能提高输送机的生产率，所以是无益的。

输送带的宽度、厚度大时，跑偏的可能性较小，带速可取较高值，详见表 3-3。

（3）卸载方式

采用电动小车卸料时，因输送带进入卸料小车处的实际倾角较大，带速不宜超过 3.15 m/s，物料粒度大时取较小值；采用犁形卸料器时，因有附加阻力和磨损，带速不宜超过 2 m/s。

3）输送带宽度的确定

带式输送机的输送带宽度应根据输送机的生产率、带速及输送物料的粒度大小来确

定，还应符合相应国家标准值。通常是根据生产率初选带速与带宽，再按所输送物料的粒度尺寸来校核带宽。表3-4列出各种带宽所能输送物料的最大粒度。

表3-4 输送物料的允许最大粒度 单位：mm

带宽 B	物料中大块的含量（质量百分率）/%			
	10	20	30	40
500	90~140	80~130	70~120	50~100
650	110~210	100~190	90~160	65~120
800	130~270	120~250	110~220	80~150
1 000	160~340	150~300	140~260	100~180
1 200	200~390	190~350	170~300	130~220
1 400	230~450	220~400	200~340	150~260
1 600	260~500	240~450	220~380	180~290
1 800	290~550	270~480	240~420	200~320
2 000	320~580	300~500	260~450	230~350
2 200	350~600	320~520	290~480	260~380
≥2 400	380~620	360~550	330~500	280~410

注：1. 物料的运动堆积角为20°时，选大值；30°时，选小值。
2. 输送岩石类物料时，宜降低最大粒度尺寸。

4）运行阻力

带式输送机靠驱动滚筒与输送带间的摩擦而传递圆周力，从而克服各种阻力运送货物。总的运行阻力包括主要阻力、附加阻力、主要特种阻力、附加特种阻力及倾斜阻力。

（1）主要阻力 F_H

输送带运行的主要阻力包括托辊轴承摩擦阻力、托辊与输送带接触滚动摩擦阻力、输送带在两托辊间下垂以及输送带绕过托辊时由于曲线变形所引起的反复弯曲阻力等。这些阻力与作用在托辊上的正压力成正比，用模拟摩擦系数 f 来表示单位压力所引起的阻力，长度为 L 的带式输送机的主要阻力 F_H 为：

$$F_H = fL\left[q_{RO} + q_{RU} + (2q_B + q_G)\cos\beta\right]g \tag{3-13}$$

式中 f——模拟摩擦系数，按表3-5选取；

q_{RO}——有载分支每米机长托辊旋转部分质量，kg/m；

q_{RU}——无载分支每米机长托辊旋转部分质量，kg/m；

q_B——每米输送带质量，kg/m；

q_G——输送带上每米物料的质量，kg/m，$q_G = \dfrac{Q}{0.36v}$；

表 3–5　模拟摩擦系数 f

安装情况	工作条件	模拟摩擦系数 f
水平、向上输送及向下输送的电动工况	工作环境良好，制造、安装良好，带速不大于 5 m/s，物料的内摩擦系数中等以下，槽形托辊组侧辊轴线与水平线的夹角不大于 30°，环境温度不低于 20℃	0.020
	工作环境较好，制造、安装正常，物料的内摩擦系数中等，槽形托辊组侧辊轴线与水平线间的夹角大于 30°	0.022
	工作环境多尘，带速大于 5 m/s，物料的内摩擦系数大，环境温度低	0.023 ~ 0.030
向下输送	制造、安装正常，电动机为发电运行工况	0.012

g——重力加速度，9.81 kg/s²。

（2）附加阻力 F_N

带式输送机的附加阻力包含了受料点和加速段物料与输送带间的惯性阻力和摩擦阻力、加速段被输送物料与导料槽间的摩擦阻力、输送带绕经滚筒的缠绕阻力及非传动滚筒的轴承阻力等。附加阻力 F_N 的计算公式为：

$$F_N = F_{bA} + F_f + F_l + F_t \tag{3-14}$$

式中　F_{bA}——受料点和加速段物料与输送带间的惯性阻力和摩擦阻力，N；

$$F_{bA} = 1\,000 I_v \rho_0' (v - v_0) \tag{3-15}$$

式中　I_v——带式输送机每秒设计输送量，m³/s；

v_0——受料点物料在输送带运行方向的速度分量，m/s；

F_f——加速段物料与导料槽间的摩擦阻力，N。

$$F_f = \frac{1\,000 \mu_2 I_v^2 \rho_0' g l_b}{\left(\dfrac{v + v_0}{2}\right)^2 b_1^2} \tag{3-16}$$

$$l_b \geq \frac{v^2 - v_0^2}{2 g \mu_2} \tag{3-17}$$

式中　μ_2——物料与导料槽间的摩擦系数，取 0.5 ~ 0.7；

b_1——导料槽的宽度，m；

l_b——加速段导料槽的长度，m；

μ_1——物料与导料槽间的摩擦系数，取 0.5 ~ 0.7；

F_l——输送带绕经滚筒的缠绕阻力，N。

对于织物芯输送带

$$F_l = 9B \left(140 + 0.01 \frac{F}{B}\right) \frac{d}{D} \tag{3-18}$$

对于钢丝绳芯输送带

$$F_l = 12B \left(200 + 0.01 \frac{F}{B}\right) \frac{d}{D} \tag{3-19}$$

式中 F——滚筒上输送带的平均张力，N；
　　　d——输送带的厚度，m；
　　　D——滚筒直径，m；
　　　F_t——非传动滚筒的轴承阻力，N，可按 450 N 估算；

$$F_t = 0.005 d_0 \frac{F_T}{D} \tag{3-20}$$

式中 d_0——滚筒轴承的平均直径，m；
　　　F_T——滚筒上输送带绕入点与绕出点张力和滚筒旋转部分所受重力的矢量和，N。

（3）主要特种阻力 F_{S1}

主要特种阻力 F_{S1} 是由托辊前倾的附加摩擦阻力 F_ε 和物料与导料槽间的摩擦阻力 F_{g1} 组成，即：

$$F_{S1} = F_\varepsilon + F_{g1} \tag{3-21}$$

式中 F_ε 与 F_{g1} 的计算方法参见《带式输送机工程设计规范》（GB 50431—2008）。

（4）附加特种阻力 F_{S2}

带式输送机的清扫装置和犁形卸料器会产生局部的附加特种阻力 F_{S2}，其计算公式如下：

$$F_{S2} = F_r + F_p \tag{3-22}$$

式中 F_r——清扫器的摩擦阻力，N；

$$F_r = \sum A p \mu_3 \tag{3-23}$$

式中 A——清扫器与输送带的接触面积，m^2；
　　　p——清扫器与输送带间的压力，可取 $3 \times 10^4 \sim 1 \times 10^5$（$N/m^2$）；
　　　μ_3——清扫器与输送带间的摩擦系数可取 0.5～0.7；
　　　F_p——犁式卸料器的摩擦阻力，N。

$$F_p = B k_p \tag{3-24}$$

式中 k_p——犁式卸料器的阻力系数，可取 1 500 N/m。

（5）倾斜阻力 F_{St}

倾斜输送的带式输送机还应考虑倾斜阻力 F_{St}，倾斜阻力也称为提升阻力。当向上输送时，倾斜阻力为正值；向下输送时，倾斜阻力为负值。倾斜阻力按下式计算：

$$F_{St} = q_G H g \tag{3-25}$$

式中 H——受料点和卸料点间的高差，m。

5）驱动滚筒的圆周力 F_U

驱动滚筒产生的圆周力只有克服带式输送机在各种工况下的运行阻力，才能保证带式输送机正常平稳地运行。

布置简单的带式输送机，传动滚筒在稳定运行时所需圆周力应按全程满载计算。

具有倾角变化的带式输送机，传动滚筒所需圆周力应按下列工况分别计算：全长空载；全长满载；水平段、上运段或微倾角下运段做正功，其余区段空载；只下运段有载，有载段做负功，其他区段空载。根据上述不同工况计算出最大圆周力。

适用于所有的带式输送机长度的一般计算公式：
$$F_U = F_H + F_N + F_{S1} + F_{S2} + F_{St} \tag{3-26}$$
若带式输送机长度大于 80m 时，按下式计算：
$$F_U = CF_H + F_{S1} + F_{S2} + F_{St} \tag{3-27}$$
式中　C——附加阻力系数，为带式输送机长度 L 的函数，按表 3-6 取值。

表 3-6　附加阻力系数 C 值

输送机长度 /m	80	100	150	200	300	400	500	600
附加阻力系数 C	1.92	1.78	1.58	1.45	1.31	1.25	1.20	1.17
输送机长度 /m	700	800	900	1 000	1 500	2 000	2 500	5 000
附加阻力系数 C	1.14	1.12	1.10	1.09	1.06	1.05	1.04	1.03

6）输送带张力

输送带的张力在全长范围内是变化的，若要校核输送带的强度、垂度和确定拉紧装置的张紧力，就必须计算输送带各点所承受的张力。为保证带式输送机的正常运行，输送带的张力必须满足以下两个条件：一是在所有工况下，输送带与驱动滚筒间保证不打滑；二是相邻两托辊组之间的输送带垂度不超过允许值。

（1）保证输送带不打滑的条件

带式输送机是依靠输送带与驱动滚筒之间的摩擦力来传递动力，作用于驱动滚筒处输送带张力及圆周力如图 3-21 所示。工作时，为保证输送带与驱动滚筒间不打滑，应满足下式要求：

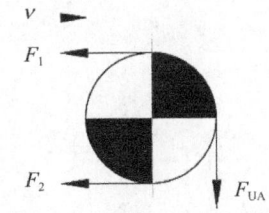

图 3-21　输送带张力与圆周力

$$\frac{F_1}{F_2} \leq e^{\mu\varphi} \text{ 或 } F_2 \geq F_{UA} \frac{1}{e^{\mu\varphi} - 1} \tag{3-28}$$

式中　F_{UA}——满负荷启动或制动时出现的最大圆周力，N，启动时 $F_{UA} = (1.3 \sim 1.7)$
　　　　　F_U；对于水平或向上输送以及运行总阻力为正值的向下输送的带式输送机驱动段圆周力也应满足 $F_{UA} = F_1 - F_2$ 的要求；
　　　　F_1——输送带绕入驱动滚筒点的张力，N；
　　　　F_2——输送带绕出驱动滚筒点的张力，N；
　　　　e——自然对数底（2.718）；
　　　　μ——输送带与驱动滚筒之间的摩擦系数（表 3-7）；
　　　　φ——输送带在驱动滚筒上的围包角，rad。

（2）张力逐点法计算

输送带上各点的张力可采用张力逐点计算法算得。这种计算法不仅适于带式输送机，而且也适用于其他具有牵引构件的连续输送机，如链式输送机、斗式提升机等。可把带

表 3-7 输送带与驱动滚筒之间的摩擦系数

运行条件	光面滚筒	人字形或菱形沟槽的橡胶覆盖面	人字形或菱形沟槽的聚酯覆盖面	人字形或菱形沟槽的陶瓷覆盖面
干燥	0.35 ~ 0.40	0.40 ~ 0.45	0.35 ~ 0.40	0.40 ~ 0.45
清洁、潮湿（有水）	0.10	0.35	0.35	0.35 ~ 0.40
污浊和潮湿（有泥土或黏泥沙）	0.05 ~ 0.10	0.25 ~ 0.30	0.20	0.35

式输送机的轮廓简图划分为相互衔接的直线区段与曲线区段，并把各连接点标上号码。一般选驱动滚筒绕出点（也可选任意点）为始点，沿输送带运行方向逐点计算到驱动滚筒的绕入点。根据力的平衡原理，除了驱动段以外，输送带上任一点的张力等于前一点的张力与这两点之间的运行阻力之和，即

$$F_i = F_{i-1} + F_{(i-1) \sim i} \tag{3-29}$$

【案例】如图 3-22 所示，F_1 为驱动滚筒绕出点张力，则其余 2、3、4 各点张力为：

$$F_2 = F_1 + F_{1 \sim 2} = F_1 + F_{HU} + F_r$$
$$F_3 = F_2 + F_{2 \sim 3} = F_2 + F_l + F_t$$
$$F_4 = F_3 + F_{3 \sim 4} = F_3 + F_{bA} + F_f + F_{HO}$$

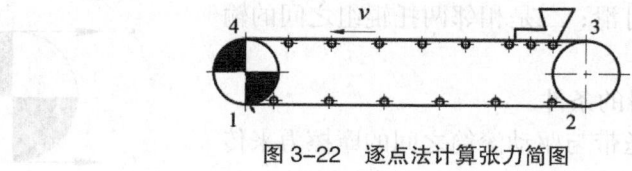

图 3-22 逐点法计算张力简图

上式中，F_{HU}、F_{HO} 分别为输送机的无载分支和有载分支的主要阻力。由此可以得出：

$$F_4 = F_1 + F_{HU} + F_r + F_l + F_t + F_{bA} + F_f + F_{HO} \tag{3-30}$$

以上各式表达了输送带在驱动滚筒绕出点张力 F_1 和绕入点张力 F_4 之间存在一定的函数关系。为了确定张力 F_1、F_4 的数值，还需根据输送带在驱动滚筒上不打滑的条件式（3-28），建立联立方程如下：

$$\begin{cases} F_4 = F_1 + \sum_{i=1}^{4} F_{(i-1) \sim i} \\ F_1 \geqslant \dfrac{F_4 - F_1}{e^{\mu \varphi} - 1} \end{cases} \tag{3-31}$$

解方程可求得两点张力 F_1 和 F_4，再逐点算出输送带上其他各点张力。

（3）输送带的强度和垂度校核

输送带的张力除满足驱动滚筒不打滑条件外，为保证带式输送机能够正常工作，还必须对输送带进行强度和垂度的验算。

输送带强度按其所受的最大张力，由式（1-17）进行校核。如果超过了许用值，则可增加输送带的衬层数，或采用强力输送带；由式（3-28）也可通过增加摩擦系数或加

大围包角等办法来降低输送带的最大张力。校核结果若不满足垂度要求，则要提高初张力，并重新确定各点张力。

输送带的垂度 h_r 通常是指承载或回程分支相邻两托辊组之间的垂度，用下式计算：

$$h_r = \frac{h}{a} \quad (3-32)$$

式中　h——输送带在相邻两托辊组之间的下垂量，m；

　　　a——两托辊组的间距，m，承载分支用 a_O 表示，回程分支用 a_U 表示。

输送带的垂度是用输送带最小张力进行校核，应满足下式：

承载分支
$$F_{\min} \geqslant \frac{a_O(q_G+q_B)g}{8h_{r\max}} \quad (3-33)$$

回程分支
$$F_{\min} \geqslant \frac{a_U q_B g}{8h_{r\max}} \quad (3-34)$$

式中　$F_{\min}$——输送带的最小张力，N；

　　　$h_{r\max}$——输送带的允许的最大垂度，应限制在 0.01~0.02，稳定运行工况，取 0.01。

7）电动机功率

带式输送机稳定运行时驱动滚筒所需运行功率，应按下列计算：

$$P_A = \frac{F_U v}{1\,000} \quad (3-35)$$

式中　P_A——驱动滚筒所需运行功率，kW。

驱动电动机所需功率 P_M，应符合以下规定：

① 带式输送机为正功率运行时，按下式计算：

$$P_M = \frac{P_A}{\eta_1} \quad (3-36)$$

式中　η_1——驱动系统正功率运行时的传动效率，通常为 0.85~0.95。

② 带式输送机为负功率运行时，按下式计算：

$$P_M = P_A \eta_2 \quad (3-37)$$

式中　η_2——驱动系统负功率运行时的传动效率，通常为 0.95~1.0。

根据计算所得的驱动电机功率 P_M 值，兼顾带式输送机的具体工作条件，按电动机的标准系列参数选定电动机。

8）驱动滚筒布置位置的选择

在合理的位置上布置驱动装置，能使整台输送机结构紧凑，且输送带张力、拉紧装置的张紧力、驱动功率等都可较小。

对港口装卸中所采用的普通输送机，驱动滚筒布置位置的分析过程如下，图 3-23 是两个布置方案的简图。

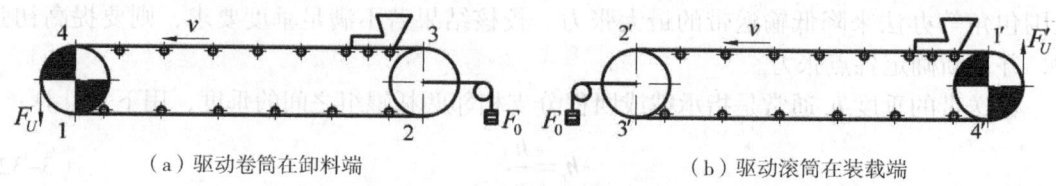

图 3-23 驱动滚筒的不同布置方案

由式（3-31）可算出输送带各点张力 F_1、F_2、F_3、F_4，而驱动圆周力 F_U 等于进出驱动滚筒点的张力差，拉紧装置的张紧力 F_0 等于拉紧滚筒两端张力之和。将两方案的计算结果列于表 3-8 中。

表 3-8 不同驱动位置的比较

驱动位置	（a）卸载端驱动	（b）装载端驱动	比 较
各点张力	F_1—1 点处输送带张力	F'_1—1' 点处输送带张力	设 $F_1 = F'_1$
	$F_2 = F_1 + F_{HU}$	$F'_2 = F'_1 + F_{HO} + F_{bA} + F_f$	$F'_2 > F_2$
	$F_3 = F_2 + F_l + F_t$	$F'_3 = F'_2 + F_l + F_t$	$F'_3 > F_3$
	$F_4 = F_3 + F_{HO} + F_{bA} + F_f = F_1 + F_{HU} + F_l + F_t + F_{HO} + F_{bA} + F_f$	$F'_4 = F'_3 + F_{HU} = F'_1 + F_{HO} + F_{bA} + F_f + F_l + F_t + F_{HU}$	$F'_4 > F_4$
圆周力	$F_U = F_4 - F_1$	$F'_U = F'_4 - F'_1$	$F'_U > F_U$
张紧力	$F_0 = F_2 + F_3 = 2F_2 + F_l + F_t$	$F'_0 = F'_2 + F'_3 = 2F'_2 + F_l + F_t$	$F'_0 > F_0$

注：表中 F_{HO}、F_{HU} 分别为有载、无载分支的主要阻力。

由表 3-8 可见，若把驱动滚筒放在装载端，则各点张力、驱动圆周力和拉紧装置的张紧力都较大，因而是不利的。所以驱动滚筒一般应放在运动阻力最大的承载分支的末端，即卸料端。但有时还要考虑到其他的一些要求，进行全面的分析比较。例如对于悬臂的堆垛机、装船机上的输送机，有时为了减轻悬臂端部的重量以降低整机自重，也可把较重的驱动装置布置在带式输送机的装载端即悬臂的根部；对移动式倾斜输送机为保持其稳定性，一般把驱动滚筒放在靠近轮子的低处。

9）带式输送机的驱动方案

带式输送机主要采用单滚筒驱动，此外，还有双滚筒驱动和多点驱动等形式。

（1）单滚筒驱动

如果驱动滚筒与输送带间的摩擦力不足以克服运行阻力，则输送带在驱动滚筒上打滑。由式（3-28）知防止打滑可采取以下措施：

① 输送带要有足够的初张力。增大初张力会使驱动滚筒绕入及绕出端张力 F_1、F_2 均有所增加，使式（3-28）更容易得到满足。但由于受到输送带强度的限制，初张力不宜过分增大。

② 输送带与驱动滚筒之间要有较大的摩擦系数。驱动装置尽可能保持干燥，防止雨水、油污等落入驱动滚筒表面，以免摩擦系数降低。可在驱动滚筒表面包橡胶来加大摩擦系数。

③ 输送带绕过驱动滚筒要有足够大的围包角。可采用增加改向滚筒的办法来加大围包角，使单滚筒驱动的围包角 φ 约可达到 230°（图 3-24）。

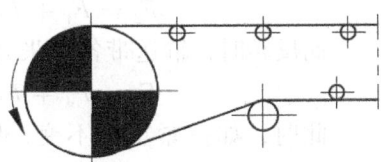

图 3-24　利用改向滚筒增大围包角

④ 要注意输送机的使用和保养。例如装载物料力求均匀、定时给轴承加油等可以减少运行阻力，从而使绕入驱动滚筒处的张力 F_1 减小以满足欧拉公式的要求。

（2）双滚筒驱动

如图 3-25 所示，为双滚筒驱动，围包角增大，因而可提高所传递的牵引力，以适应增大生产率和输送距离的需要。双驱动滚筒的布置要尽量避免输送带工作面与驱动滚筒表面接触，以免物料粘到驱动滚筒上而使摩擦系数和传递功率受到影响。图 3-25 中，最好采用（a）、（b），而尽量不用（c）的布置方式。

如果以一部驱动电机通过齿轮传动来带动两个驱动滚筒，那么，其工作特点和单滚筒驱动相同，区别仅在于增大了围包角。如果以两个或两个以上的电动机分别驱动双滚筒，则通常采用圆周力单元法来分配驱动功率，即每个驱动滚筒配置一套或两套（即滚筒每侧各一套）等功率的驱动装置，这时两滚筒的围包角只需各自保证不打滑条件。这种方案可选用规格相同的机电设备，有利于维修管理。但对于多点驱动（包括双滚筒、多滚筒或中间带驱动）的方案都应注意各驱动装置在运转时的功率均衡问题，其功率分配比可参照《带式输送机工程设计规范》确定。在设计中充分利用驱动装置综合的机械特性或专门设置功率平衡控制装置来确保功率均衡，以免发生部分电动机过载损坏。

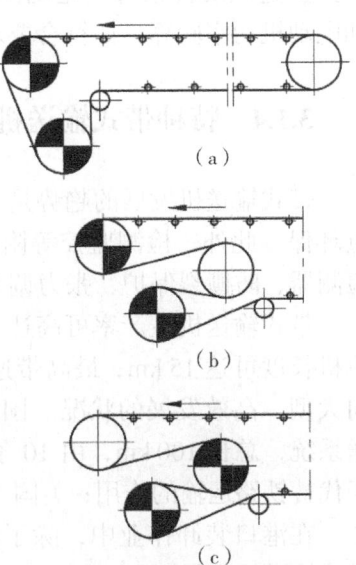

图 3-25　双滚筒驱动

（3）可逆带式输送机的驱动

为适应卸船和装船的需要，有时要求带式输送机反向运转，需设置可逆运转的带式输送机。可逆带式输送机除应装设与双向输送相适应的装料槽、调心托辊、卸料和清扫装置等以外，还应计算正反向运转时输送带的张力并使设计满足双向工作要求。

一个方案是在输送的头尾各设有驱动滚筒，根据运转方向只开动卸料端的电动机，这种情况和单滚筒驱动完全相同。

另一个方案是以一端的驱动滚筒实现双向运转，如图 3-26 所示。在这种情况下，应注意保证在正反转两种工况下均满足输送带不打滑、垂度不超过许用值、输送带强度和电动机容量足够。正转时各点张力为：

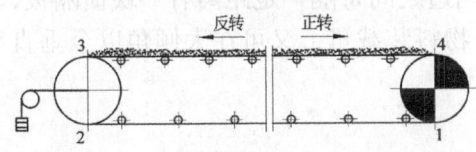

图 3-26　一端驱动双向运行的带式输送机

$$F_2 = F_1 + F_{HU}, \quad F_3 = F_2 + F_l + F_t, \quad F_4 = F_3 + F_{HO}$$

而反转时，输送带各点张力将发生如下变化：

$$F_3 = F_4 + F_{HO}, \quad F_2 = F_3 + F_l + F_t, \quad F_1 = F_2 + F_{HU}$$

此时，如拉紧重锤不变，则显然反转时的 F_2、F_3 将分别等于正转时的 F_3、F_2，由 F_3、F_2 即可推算出反转时的 F_4 和 F_1。通常在反转工作时比较容易出现打滑或垂度不满足要求的情况，所以可按反转方向计算出各点张力、所需的张紧力和驱动电机功率，然后再按上述正反转张力变化规律求得正转时的各点张力，并进行输送带垂度、强度、打滑和电动机功率验算，如符合要求，即可用于双向输送。

3.1.4 特种带式输送机

带式输送机发展的趋势是：大运量、长距离、大倾角、多品种、自动化及智能化并注重环保。此外，检测监控等附属安全保护装置也日趋完备，如输送带跑偏检测器、速度检测器、防撕裂保护、张力调节和检测、润滑装置、露天槽形带式输送机的除水装置等。

带式输送机生产率可高达 37 500 t/h（用于露天煤矿），其带宽 3 m、带速 6 m/s；最大单机长度可达 15 km；最高带速超过 8 m/s；最大带宽 3.6 m。这些参数说明了带式输送机向大型、高效发展的状况。国外出现了上百千米运距的系统，如北非撒哈拉的磷矿石输送系统，总长 100 km，由 10 条输送带组成，连结着矿山、工厂、港口，在部分地区起到了代替铁路运输的作用；美国一河湖工程的带式输送系统甚至长达 168 km。

在港口装卸作业中，除了广泛采用前述的普通带式输送机外，其他多种特殊结构的带式输送机也得到了应用。下面简单介绍几种其他型式的带式输送机。

1）大倾角带式输送机

为了提高输送倾角，缩短在提升同样高度时所需的输送机长度，节省占地面积，多种形式的大倾角带式输送机得到了应用，如花纹带式输送机、波状挡边带式输送机、双带式输送机等。这些机型使许用输送倾角大为增加，甚至能够实现垂直提升货物。

花纹胶带输送机的特点是将输送带的承载面制成有各种形状凸块的花纹胶带（图 3-27），靠这些凸块来增加摩擦力，阻挡物料下滑，使输送机许用倾角加大，它适用于散粒物料（堆积密度为 0.4~2.5 t/m³）或成件物品，其许用倾角较通用胶带输送机提高约 1.5 倍。由于花纹输送带工作面不易清扫干净，不宜采用双滚筒驱动及中间卸料。实验表明，花纹胶带输送机的带速增大到一定值后，因物料在带上的堆积断面减小而使生产率不再增加。一般最大带速控制在 2 m/s 以下。

波状挡边带式输送机在港口用于散货连续卸船机和散货自卸船中，波状挡边输送带（图 3-28）是在普通平胶带两侧装上波状挡边，两挡边之间每隔一定距离有一块横隔板，挡边和横隔板使输送带上形成格状料斗，既增大了物料装载量，又可在大倾角以至垂直方向上输送物料。

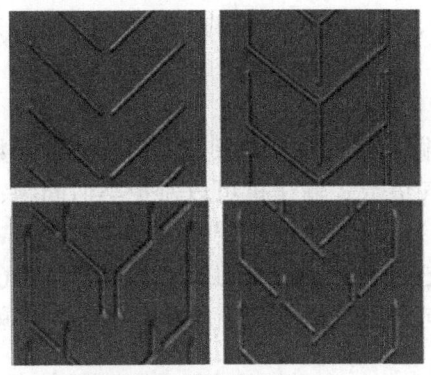

图 3-27 花纹输送带

图 3-28 波状挡边输送带

2）中间带驱动的带式输送机

中间带驱动的带式输送机是在一台长距离的带式输送机的中间再安装几台较短的输送机，依靠两条紧贴在一起的输送带之间的摩擦力驱动，实现长距离输送。图 3-29 是这种系统的几种结构型式简图：图 3-29（a）仅有中间带驱动；图 3-29（b）是中间带驱动加头部滚筒驱动；图 3-29（c）为中间带驱动加头尾部滚筒驱动；图 3-29（d）的系统中上下分支均有中间带驱动。

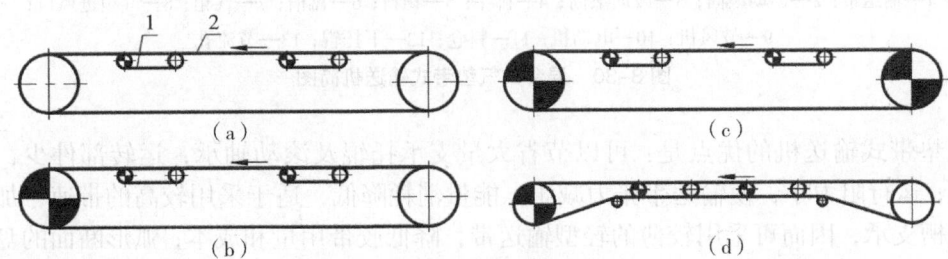

1—驱动胶带；2—承载胶带

图 3-29 中间驱动的带式输送机

中间带驱动可以大幅度降低长距离输送带的计算张力，因为这种驱动方式将动力源沿整个长度进行多点布置，这就可以避免输送带在进入驱动滚筒的那一段张力特别大的现象，因而对输送带强度的要求降低，使输送带厚度、自重、价格，以及所用的滚筒直径和传动机构尺寸随之减小，有可能使一台长距离的带式输送机采用价廉的标准输送带实现无转载的物料输送。同时，输送带的寿命可显著提高，因为驱动带与承载带的接触是直线性的，从而避免了多滚筒驱动的多次弯曲；物料不需转载也可减少对输送带的磨损和冲击。此外，还可采用标准的、成批生产的驱动装置。中间带驱动的输送机工作可靠，投资和经营都比单纯滚筒驱动的带式输送机低。中间带驱动的缺点是：由于有附加的驱动带，使输送带的需要量增加；在空载或间断性供料时，中间摩擦驱动装置的牵引能力降低；一旦过载出现输送带打滑，不像滚筒驱动那样容易采取措施加以避免；由于输送机各段载荷出现不均匀的情况,各驱动段的负载差别大,各驱动电动机的电气控制比较复杂。

3)气垫带式输送机

普通带式输送机以托辊为支承装置,长距离输送时,所需支承托辊的滚动轴承数量是相当可观的,运转过程中往往容易发生故障。气垫带式输送机可以避免类似问题,它用盘槽支承输送带,而在盘槽与输送带之间压入一定厚度的空气层作为滑动摩擦的"润滑剂",使运动阻力大为减小。如图3-30所示,鼓风机将具有一定压力的气流送入气箱,气箱的顶部即为输送带的盘槽,当气流沿气箱纵向分布并由盘槽上的小孔逸出时,就在输送带与盘槽之间形成一层气膜,支承输送。

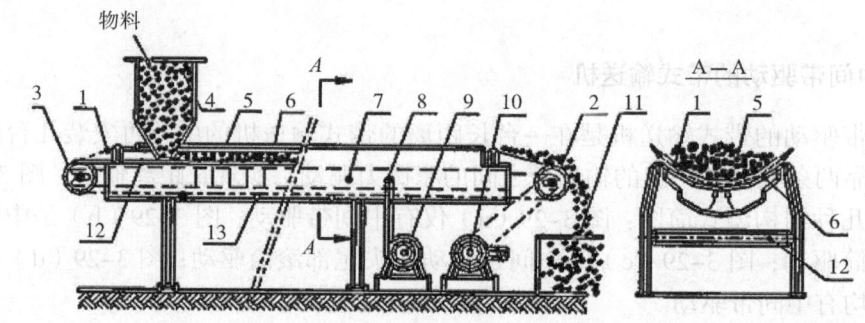

1—输送带;2—驱动滚筒;3—改向滚筒;4—料斗;5—物料;6—盘槽;7—气箱;8—气箱进风口;
9—鼓风机;10—电动机;11—料仓;12—下托辊;13—节流孔

图3-30 混合式气垫带式输送机简图

气垫带式输送机的优点是:可以节省大量支承托辊及滚动轴承,运转部件少,维修费用低;运行阻力小,使输送带张力减小,能量消耗降低,适于采用较高的带速,加上全长有盘槽支承,因而可采用较薄的轻型输送带,降低胶带用量和成本;弧形断面的盘槽使物料在输送时处于稳定状态,不需设置防止输送带跑偏的装置,适用于可逆运转。但是气垫带式输送机不适于输送大块的物料,因为粒度和比重大的物料有较大的集中载荷使局部区段气膜破坏,磨损和功率增大。

4)管形带式输送机

管形带式输送机是在普通槽形带式输送机基础上发展起来的一种新型结构。它的输送带仍为平面输送带,但在它的有载分支区段,通过适当布置托辊,使原先在装料点呈传统槽形的输送带向上卷成管形。如图3-31(a)所示的圆管形输送段,它由沿圆周分布的6个托辊将输送带卷成圆管,输送带两侧边缘彼此搭接,搭接长度约为圆管直径的1/3;图3-31(b)所示的一段输送带由悬挂的特殊托辊将其卷成梨形断面。物料裹在管中输送,直到接近卸料点输送带再展开,并可展平绕入端部滚筒。由滚筒到变为管形的这段距离约为圆管直径的25倍。

管形带式输送机的主要优点是:

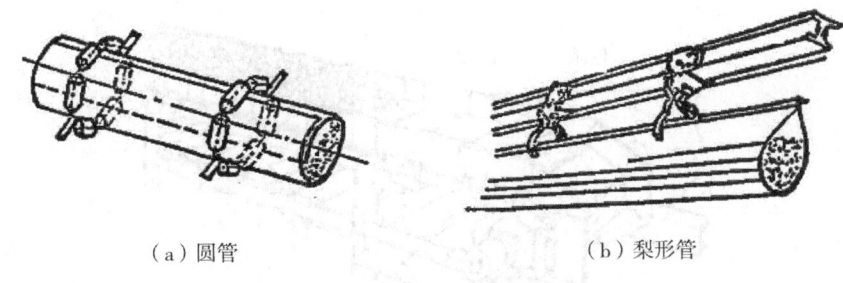

(a)圆管　　　　　　　　　　　　(b)梨形管

图 3-31　管形带式输送机输送段简图

（1）输送带在输送段呈管形，可以实现密闭输送，即使采用较高的带速，散料颗粒不会在输送途中飞扬、洒落、溢出，因而可有效防止污染环境，也不受外界杂质和气候影响。

（2）输送带呈管形，在水平和垂直平面内均可挠曲，因而可以曲线运行输送。

（3）输送带呈管形，增大了物料与胶带的摩擦力，根据物料的特性不同，最大输送倾角可达 30°～40°。

（4）输送带呈管形，在输送量相同的条件下，管形胶带断面尺寸小，约为一般带式输送机的 1/3，占地小，且回程输送带也可卷成管形进行反方向输送。

管形带式输送机的缺点是对超载敏感，超载运行将使输送带鼓胀而增加托辊阻力，并阻碍其平稳运行。因此，输送量必须在装料闸门处加以控制，使之不超过管形截面的 75%。

3.2　链式输送机

链式输送机是用绕过若干个链轮的无端链条作牵引构件，由驱动链轮通过轮齿与链节的啮合将圆周牵引力传递给链条，在链条上固接一定的工作构件以输送货物的连续输送装置。链式输送机的类型很多，用于港口装卸作业的主要有链板输送机、刮板输送机和埋刮板输送机等。

3.2.1　链板输送机

链板输送机是以循环运行的链条作为牵引构件，以链板作为承载构件的输送设备（图 3-32）。链板输送机的结构和工作原理与带式输送机相似，区别在于带式输送机的输送带既是牵引构件又是承载构件，依靠输送带与驱动滚筒之间的摩擦传递牵引力；而链板输送机则用固定在链条上的板片承载货物，靠链条与链轮轮齿的啮合传递牵引力。

链板输送机主要用于仓库或内河港口中输送件杂货，可实现水平或小倾角输送。与带式输送机相比，优点是板片上能承放较重的件货，链条挠性好、强度高，可采用较小直径的链轮和传递较大的牵引力。缺点是自重、构件磨损、噪声、消耗功率都较带式输

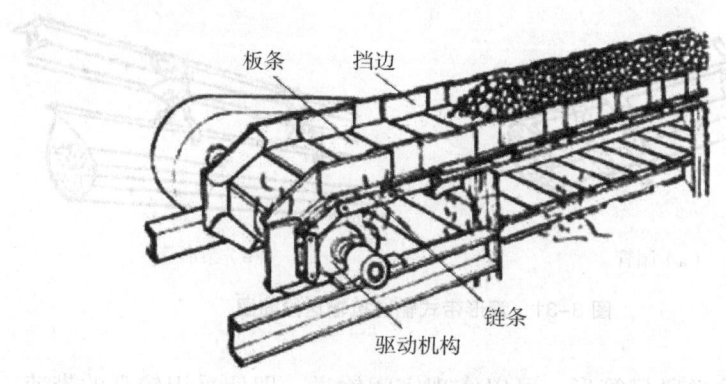

图 3-32 链板输送机

送机大,维修也不方便;而且在链条运动中会产生动载荷,使其工作速度受到限制。

3.2.2 刮板输送机

刮板输送机是利用相隔一定间距且固定在牵引链条上的刮板,沿敞开的导槽刮运散料的机械。上分支或下分支都可作为工作分支。前者供料比较方便,可在任一点将物料供入敞开的导槽内;后者卸料比较方便,可打开槽底任一个洞孔的闸门而让物料在不同位置流出,如图 3-33 所示。当需要向两个方向输送物料时,则上、下分支可同时作为工作分支。

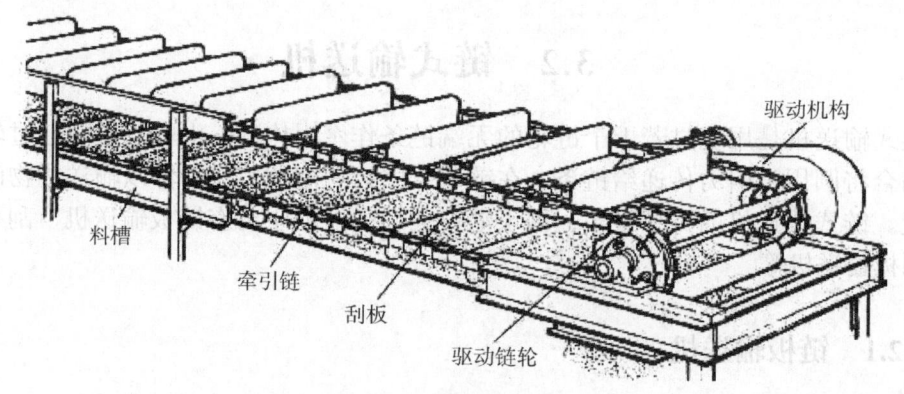

图 3-33 刮板输送机

刮板输送机适用于水平或小倾角输送煤炭、砂子、谷物和块状物料。它的优点是结构简单牢固,对被运物料的粒度适应性较强,改变输送机的输送长度较方便,可在任意点装载或卸载。缺点是:由于物料与料槽和刮板与料槽的摩擦,使料槽和刮板的磨损较快,噪声、输送阻力和功率消耗较大。因此,常用在生产率不大且短距离输送的场合,在港口可用于散料堆场或装车作业。

3.2.3 埋刮板输送机

埋刮板输送机是由刮板输送机发展而来的一种链式输送机，但其工作原理与刮板输送机不同。在埋刮板输送机封闭的机槽中，物料不是一堆一堆地被各个刮板刮运向前输送的，而是以充满机槽整个断面或大部分断面的连续物料流形式进行输送。工作时，链条以及与链条固接的刮板埋在被输送的物料之中，可在水平和垂直方向输送粉粒状物料。物料可由加料口供入机槽内，也可在机槽的开口处由运动着的刮板从料堆取料，因此，在港口不仅可用于散料输送，还可用作散料卸船。

1）主要部件

如图 3-34 所示，埋刮板输送机主要由封闭断面的机槽（机壳）、刮板链条、驱动装置及张紧装置等组成。封闭的机槽分两个部分，其中一个为工作分支，另一个为非工作分支，通常采用矩形断面。机槽的头部设有驱动链轮，由电动机和传动装置带动。尾部设有张紧链轮和螺旋式张紧装置。机槽还开有加料口和卸料口。

刮板链条既是牵引构件，又是承载构件。通常由不同型式的刮板和链条焊接而成。链条可用套筒滚子链或叉形片式链（图3-35），后者由于其关节的特殊形式可以防止物料颗粒进入链条板片之中。刮板的形状很多，依其形状可分为 T、V、U、B、O、L、H、L 等型（图3-36）。其中 V 型使用最普遍，可用于水平、倾斜和垂直方向输送；而 T 型、L 型适于水平输送。在选用刮板的时候，输送一般物料可选结构较简单的型式；输送黏性较大的物料也要选用结构较简单的型式，以减少物料在刮板上黏附，便于卸料和清扫；物料的悬浮性、流动性及机槽尺寸越大，所选用的刮板结构型式可复杂些（如 H 型）。V 型刮板有外向和内向两种布置方式（图3-37），内向布置，受力状态好；外向布置，刮板链条较为平稳，有利于卸料，但输送机头部和尾部尺寸较大。

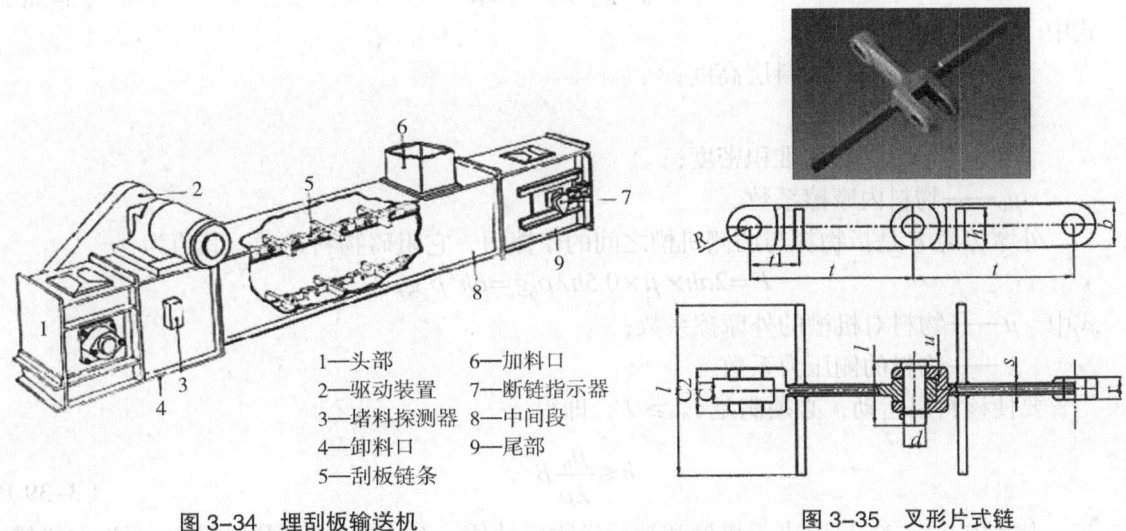

1—头部　6—加料口
2—驱动装置　7—断链指示器
3—堵料探测器　8—中间段
4—卸料口　9—尾部
5—刮板链条

图 3-34　埋刮板输送机　　　　图 3-35　叉形片式链

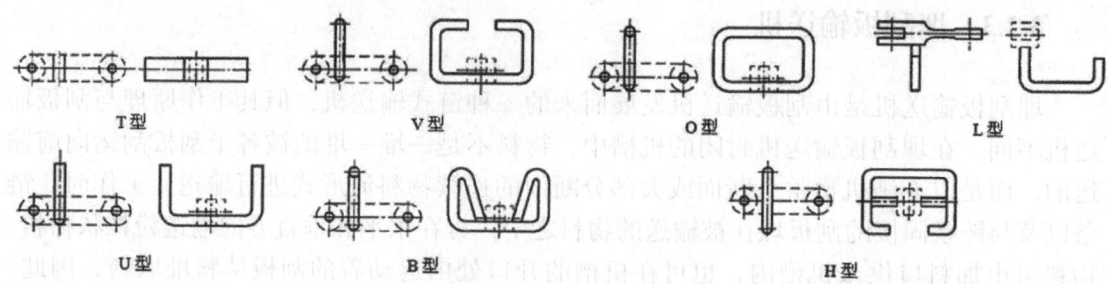

图 3-36 常用刮板型式

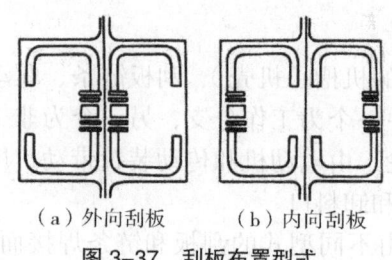

（a）外向刮板　（b）内向刮板

图 3-37 刮板布置型式

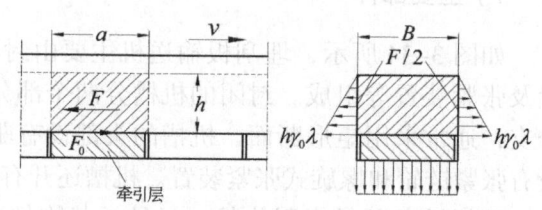

图 3-38 水平输送时作用在上层物料上的力

2）工作原理

埋刮板输送机是利用散粒物料具有内摩擦力和侧压力等特性工作的。

在水平输送时，由于刮板链条在槽底运动，刮板之间的物料被拖动向前形成牵引层。当牵引层物料对其上的物料层的内摩擦力 F_0 大于物料与机槽两侧壁间的外摩擦力 F 时，上层物料就随着刮板链条向前运动，如图 3-38 所示。

内摩擦力 F_0 带动物料层运动，它由重力引起并作用在物料层与牵引层之间，其值为：

$$F_0 = \mu_0(\rho_0' haB)g \tag{3-38}$$

式中　B——机槽宽度；
　　　h——上层物料的料层高度；
　　　a——刮板间距；
　　　ρ_0'——输送物料的堆积密度；
　　　μ_0——物料内摩擦系数。

外摩擦力 F 是指物料与两侧机槽之间的摩擦力，它阻碍物料运动，其值为：

$$F = 2ah \times \mu \times 0.5h\lambda\rho_0'g = ah^2\rho_0'g\mu\lambda$$

式中　μ——物料对机槽的外摩擦系数；
　　　λ——物料的侧压力系数。

要使该料层运动，必须满足 $F_0 \geq F$，即得

$$h \leq \frac{\mu_0}{\lambda\mu}B \tag{3-39}$$

上式中 $\mu_0/(\lambda\mu)$ 取决于机槽和被运送物料性质，对一定的物料和机槽，不论向机槽中供入多少物料，只能运送高度为 $B\mu_0/(\lambda\mu)$ 的物料层。利用水平埋刮板输送机的这一

特点，可以将它作为散粒物料的定量器。

在垂直输送时，机槽内的物料不仅受到刮板向上的推力和下部不断供入的物料对上部物料的支承作用，同时，物料的侧压力会使运动物料对周围的物料产生向上的内摩擦力。此外，物料还有起拱的特性，有利于随刮板运动。当以上的作用能够克服物料与槽壁间的外摩擦力及物料自身的重力作用时，物料就形成连续整体的物料流随刮板链条向上输送。但由于刮板链条在运动中有振动，料拱会时而破坏，时而形成，使物料在输送过程中对于链条产生一种滞后现象，因而会影响生产率。

3）埋刮板输送机特点和应用

埋刮板输送机构造简单、体积小、重量较轻、密封好；输送易扬尘的物料时可防止环境污染；输送线路布置灵活；安装维修比较方便；可多点加料、多点卸料，适应性比较强，可用于多种物料的输送。此外，它的机槽具有足够的刚度，往往不必另加支架。用于港口卸船时，可采用吊装式垂直输送的结构。

埋刮板输送机的缺点是：链条埋在物料层中，工作条件恶劣，因而磨损严重，机槽也易磨损。它不宜输送黏性、磨磋性很大和易结块的、怕碎的物料。此外，输送速度和生产率较低，功率消耗较大。

4）埋刮板输送机的基本参数

埋刮板输送机的基本参数包括生产率、输送长度、机槽断面尺寸与刮板布置尺寸、链条速度和电动机功率等。其型式、基本参数、技术要求和试验方法等可参见《埋刮板输送机》（GB/T 10596—2011）。

（1）生产率

其生产率 Q（t/h）表达为：

$$Q = 3600 BHv\rho_0'\eta \tag{3-40}$$

式中　H——承载分支机槽高度，m；

　　　v——链条速度，m/s；

　　　η——输送效率（数值在 0.5~0.9），与刮板链条的尺寸、输送机倾斜系数、物料充填状况和物料运动时的滞后等因素有关。

当水平型埋刮板输送机倾斜布置时，其输送效率还应考虑倾斜系数 C（数值在 0.73~1.0），用 η_c 替代：

$$\eta_c = \eta C \tag{3-41}$$

输送效率与倾斜系数具体值可参考相关手册选取。

（2）输送长度

由于物料与料槽、刮板与料槽之间的摩擦，运行阻力和功率消耗都比较大，再加上受制于链条的强度，埋刮板输送机的输送长度有限。一般水平输送的埋刮板输送机，长度不宜超过 80 m。

（3）机槽断面尺寸

埋刮板输送机的机槽是封闭的矩形断面壳体，机槽断面尺寸主要是指机槽的宽度 B

和承载分支机槽的高度 H。

机槽的断面面积是根据生产率按式（3-40）求得。一般水平型的输送机机槽的宽度和高度尺寸相近，其他型的机槽的高度约为机槽宽度的 0.6~0.8 倍，如表 3-9 所示。

表 3-9　埋刮板输送机的宽度 B 和高度 H 关系表

槽机宽度 B			160	200	250	320	400	500	630	800	1 000	1 250
耐磨性物料（M）有毒性渗透性物料（F）	水平型（S）	承载机槽高度 H	160	200	250	320	360	400	500	600	700	700
	平面环型（P）											
	垂直型（C）		120	130	160	200	250	280	320	400	—	
	Z 型（Z）											
	立面环型（L）											
	扣环型（K）											
100~450℃ 热料（R）	水平型（S）			250		360		500		—		
	垂直型（C）			130	160	200	250	280	320	—		

注：S、C、Z、P、L、K 为输送机结构型式代号；M、R、F 为输送机特性代号。

（4）刮板布置尺寸

合适的刮板间距 a 是保证输送机正常运行的重要因素。刮板间距过大，会导致机槽内的各层物料在运动时产生相对滑移；间距过小，又会使牵引构件重量增加。这两种情况都会增加功率消耗。刮板间距可根据机槽宽度选择，一般不宜超过机槽宽度。使用 T 型刮板时，刮板间距宜为刮板高度的 3~6 倍。所选定的刮板间距值必须与链条的节距相适应。

刮板与机槽之间间隙的大小与输送机的类型、机槽宽度及被输送的物料粒度等因素有关。间隙过大，会使物料运行的平均速度降低，影响生产率；间隙过小，物料会在间隙中卡住，不仅加剧了链条及机槽的磨损，也增加了能量的消耗。因此，必须确定合适的刮板与机槽之间的间隙。《埋刮板输送机》（GB 10596—2011）推荐了刮板与机槽之间的最小间隙，见表 3-10。

表 3-10　刮板与机槽之间的最小间隙

机槽宽度 B/mm	160	200	250	320	400	500	630	800	1 000	1 250
最小间隙 /mm	10			15				20		

（5）链条速度

为提高生产率，链条速度应选高些，但当链条速度超过一定值时，由于物料的滞后会引起输送效率降低和功率消耗增加，而且链条以及机槽的磨损也会加剧，所以埋刮板输送机的链条速度较低。刮板链条的速度系列为：0.04 m/s、0.063 m/s、0.08 m/s、0.10 m/s、0.125 m/s、0.16 m/s、0.20 m/s、0.25 m/s、0.315 m/s、0.40 m/s、0.50 m/s、0.63 m/s、0.80 m/s、1.0 m/s。

链条速度的选取应综合考虑物料特性、结构特点、功率消耗等因素，速度分析详见1.4.12节。大多数物料的常用速度小于 0.2 m/s；对于输送谷物或锯末等轻质的物料，链条速度可取 0.4 m/s 以上。

（6）电动机功率

埋刮板输送机阻力、张力、功率的计算原理和带式输送机一样，区别仅在于各项阻力的具体内容不同。埋刮板输送机的运行阻力包括运行摩擦阻力、提升刮板链条和物料的阻力、装料点及卸料点的局部阻力等。

用张力逐点法计算出链条在驱动链轮绕入和绕出端的张力 F_1 和 F_2，可得到驱动链轮的圆周力 $F_U = F_1 - F_2$，则驱动电动机功率按下式计算：

$$P = K \frac{F_U v}{1\,000\, \eta_m} \tag{3-42}$$

式中　P——驱动电机的功率，kW；
　　　v——链条速度，m/s；
　　　K——电动机功率备用系数，普通型、气密性输送机，取 1.1～1.3；耐磨型、热料型输送机，取 1.2～1.4；
　　　η_m——驱动装置传动效率。

3.3　斗式提升机

斗式提升机是在垂直或接近垂直的方向上连续提升粉、粒状物料的输送机械。它的牵引构件（胶带或链条）每隔一定距离装一料斗，并绕过上部和底部的滚筒或链轮；牵引构件由滚筒或链轮驱动，形成具有上升的有载分支和下降的无载分支的无端闭合环路。物料从有载分支的下部供入，由料斗把物料提升至上部卸料口卸出。

斗式提升机主要由牵引构件、承载构件（料斗）、驱动装置、拉紧装置、上下滚筒（或链轮）、机架与罩壳等组成（图3-39）。

斗式提升机有以下几种分类方法：

（1）按布置形式，可分为垂直式、倾斜式。

（2）按牵引构件形式，可分为带斗式、

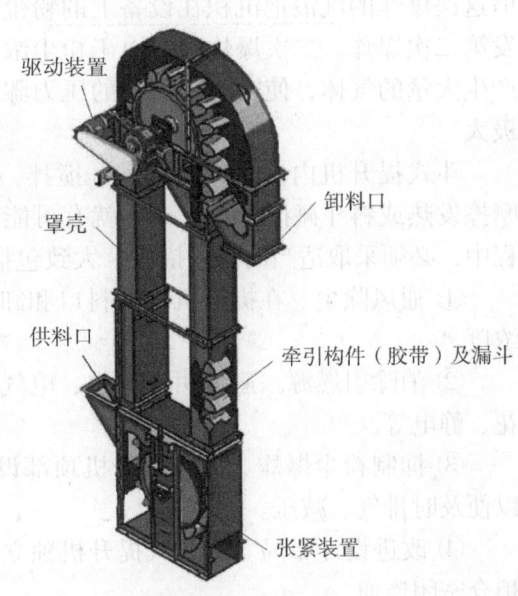

图 3-39　斗式提升机

链斗式，后者有单链式和双链式两种，其中单链式很少使用。

（3）按装载方式，可分为装入式、挖取式。

（4）按卸载方式，可分为离心式、重力式和混合式。

（5）按料斗形式，可分为深斗式、浅斗式、导槽斗式和组合斗式。

（6）按输送物料，可分为通用式、专用式。

3.3.1 特点与应用

1）特点

斗式提升机的优点是：结构比较简单，可在垂直或接近垂直的方向上提升物料，横向尺寸小，因而可节约占地面积，并可在全封闭的罩壳内工作，减少粉尘对环境的污染。必要时还可把斗式提升机底部插入料堆中自行取货。

斗式提升机的缺点是：对过载较敏感；斗和牵引构件易磨损。作业中，斗式提升机在密闭的机壳或散粮机械化圆筒仓内会扬起大量的粉尘，当粉尘达到一定的浓度时易发生爆燃。

粉尘的粒度越小，其表面积越大，表面吸附的氧就越多，因而着火后的爆炸下限也越低。粉尘爆炸是火焰在弥散于空间的可燃粉尘云中传播，引起显著的压力、温度跃升的现象。粮食粉尘就属于易燃易爆粉尘。

密闭空间中，若含尘浓度很低、粉尘粒子间距较大时，局部尘粒的燃烧火焰难以传播，不会引起爆炸；若粉尘浓度过高，如超过 2 kg/m^3，由于氧气相对减少，无法完全燃烧，也就不会发生爆炸。粮食粉尘的最低爆炸浓度为 $40 \sim 60 \text{ g/m}^3$，一旦具备可燃粉尘浓度和火种的爆炸条件，就会首先在一部分粉尘中燃烧，称为一次爆炸，其危害性尚小，但这次爆炸的气浪把沉积在设备上的粉尘吹扬起来，第一次爆炸的余火引燃其他尘粒引发第二次爆炸。二次爆炸时，由于粉尘浓度比一次爆炸时高得多，瞬间释放大量热能并产生大量的气体，使密闭空间内的压力骤然增高而引起强烈的爆炸和连锁反应，危害性极大。

斗式提升机内由于提升运动、搅拌，使粉尘与空气充分混合，如果出现超载打滑、摩擦发热或料斗碰撞产生火花，就有可能引起爆炸。因此，在设计和使用斗式提升机过程中，必须采取适当的防护措施，大致包括以下几方面：

① 通风除尘。在提升机的装料口和卸料口附近加设除尘吸口，以降低罩壳内的粉尘浓度。

② 消除引燃源。避免明火操作、电气火花、雷击、机械摩擦发热、金属物的撞击火花、静电等。

③ 抑制粉尘爆炸。如在提升机顶部设计活动顶盖，在罩壳的适当部位设置泄爆口，以便及时排气、减压。

④ 改进设计布局。将斗式提升机独立安装在圆筒仓外，尽量避免提升机的进出口与粮仓密闭连通。

2）应用场合

斗式提升机常用于输送粉粒状和中小块状的散货，如粮食、煤炭、黄沙碎石、水泥等，广泛应用于机械、冶金、电力、煤炭、化工、建材、粮食及港口等诸多行业。

斗式提升机生产率变化范围很大，一般小于600 t/h。提升高度受牵引构件强度的限制，一般在80 m以下。随着材料性能改变及牵引构件强度的增加，斗式提升机的生产率得到很大的提高。已投入使用的斗式提升的生产率达到2 000 t/h，提升高度达到350 m。

《垂直斗式提升机》（JB/T 3926—2014）给出了带式斗式提升机、钢丝绳芯带斗式提升机、圆环链斗式提升机、板式套筒滚子链斗式提升机、高速板式套筒滚子链斗式提升机的基本参数和料斗参数尺寸。港口粮食码头机械化圆筒粮仓内，为向筒仓顶部提升散粮，广泛应用TZD系列专用斗式提升机。表3-11为TD系列垂直斗式提升机的技术参数表（出自《垂直斗式提升机》）。此外，斗式提升机还可与卸船、卸车设备配套作业，如链斗卸船机、斗式卸车机。

3.3.2 主要部件

1）牵引构件

牵引构件可采用橡胶带或链条，常用的牵引链条有圆环链、套筒滚子链等。链条啮合驱动会产生动载荷。橡胶带轻便、工作平稳且噪声小，因而可采用较快的运行速度。在同样的生产率条件下，橡胶带因其线载荷较小可采用较小的带宽，降低自重和造价。同时，橡胶带具有弹性，在料斗进行装载时有减振作用，因此橡胶带比链条应用广泛。但是橡胶带的强度不如链条，且需在与料斗连接处要打孔，更削弱了橡胶带的强度。因此，对于提升高度大、生产率高、被运物料比较重、温度高于150℃或可能对橡胶带产生不良影响的情况下，或者

表3-11 TD型斗式提升机技术参数

料斗机型号	TD100 Q	TD100 H	TD160 Q	TD160 H	TD160 Zd	TD160 Sd	TD250 Q	TD250 H	TD250 Zd	TD250 Sd	TD315 Q	TD315 H	TD315 Zd	TD315 Sd	TD400 Q	TD400 H	TD400 Zd	TD400 Sd	TD500 Q	TD500 H	TD500 Zd	TD500 Sd	TD630 Q	TD630 H	TD630 Zd	TD630 Sd
输送量①/(m³/h)	4	7.6	9	16	20	27	20	36	38	59	28	50	42	67	40	76	68	—	63	116	96	154	—	142	148	238
料斗容积/L	0.15	0.3	0.49	0.9	1.2	1.9	1.12	2.24	3.0	4.6	1.95	3.55	3.75	5.8	3.1	5.6	5.9	—	4.84	9.0	9.3	14.9	—	14	14.6	23.5
料斗运行速度/(m/s)	1.4		1.4				1.6				1.6				1.8				1.8				2.0			
滚筒转速/(r/min)	67		67				61				61				55				55				48			

注：Q型（浅斗）、H型（弧底斗）、Zd型（中深斗）、Sd型（深斗）。

① "①"表示料斗容积为料斗盛水时容积，与实际填充容积相近，故输送量计算时未考虑填充系数 ψ，具体选型时应根据物料特性，求得 ψ 修正值，以此值修正表中所给输送量。

在装卸难以挖取的物料时，宜采用链条作为牵引构件。高强度的尼龙衬垫橡胶带和钢绳芯橡胶带的采用，也可有效增大提升高度和生产率。

2）料斗

常用的料斗主要有四种结构形式：深斗、浅斗、导槽斗（三角斗）、脱水斗等。

根据斗式提升机的运转速度和载运物料特性的不同，采用不同的料斗形式。深斗［图3-40（a）］的斗口与后壁夹角大，每个料斗可装载较多的物料，但较难卸空，适用于运送干燥的松散物料。浅斗［图3-40（b）］的斗口与后壁夹角小，每个料斗的装载量少，但容易卸空，适于运送潮湿的和黏性的物料。深斗和浅斗按一定间隔地固定于牵引构件上。导槽斗［图3-40（c）］是具有导向侧边的三角形料斗，这种料斗在提升机中采用密集连续的布置方式，当绕过上滚筒卸料时，前一个料斗的两导向侧边和前壁形成后一个料斗的卸载导槽（图3-41），它适用于工作速度不高的斗式提升机和运送沉重的块状物料和怕碰碎的物料。当提升含水物料时，采用前壁与侧壁开有滤网状槽孔的料斗，这种料斗称为脱水斗［图3-40（d）］。还有组合型料斗，用于装卸流动性好的粮食和粉末状物料。料斗中有深斗区和浅斗区，当中的隔板可以防止装满的料斗在绕入驱动滚筒时过早地卸空。

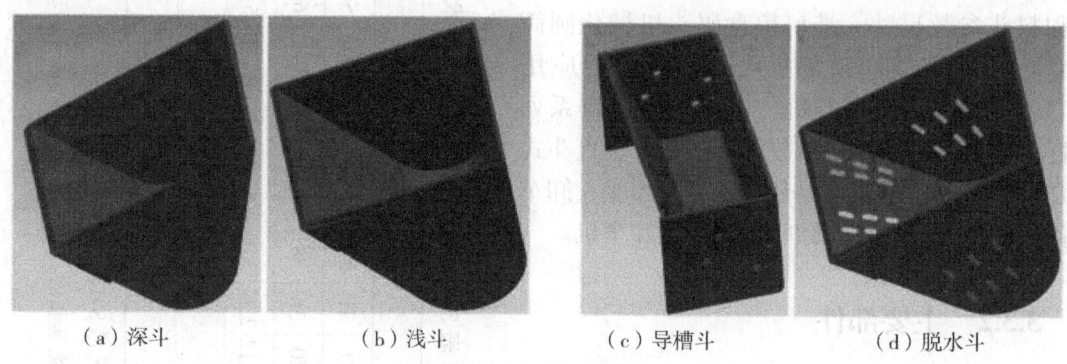

(a) 深斗　　(b) 浅斗　　(c) 导槽斗　　(d) 脱水斗

图3-40　料斗的形式

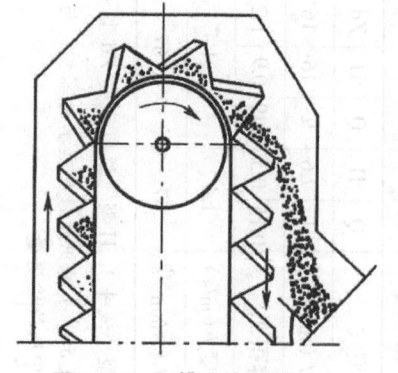

图3-41　导槽斗的布置

料斗与牵引构件的连接可采用后壁固定或侧面固定的方法。当牵引构件为橡胶带时，一般需在橡胶带上打孔，然后用螺钉将料斗后壁固接在橡胶带上［图3-42（a）］。当牵引构件为链条时，可在斗背（单链）或斗的侧壁（双链）进行固接［图3-42（b）、(c)、］。固接在料斗的侧壁可使牵引链条双向弯曲（图3-43）。

3）其他部件

斗式提升机上部的驱动装置包括电动机、传动装置（减速器或齿轮、皮带、链条传动等）、驱动滚筒（或链轮）。为防止突然断电等情况下由于有载分支上物料重力的作用而使提升机逆转引起损坏，必须装设制动

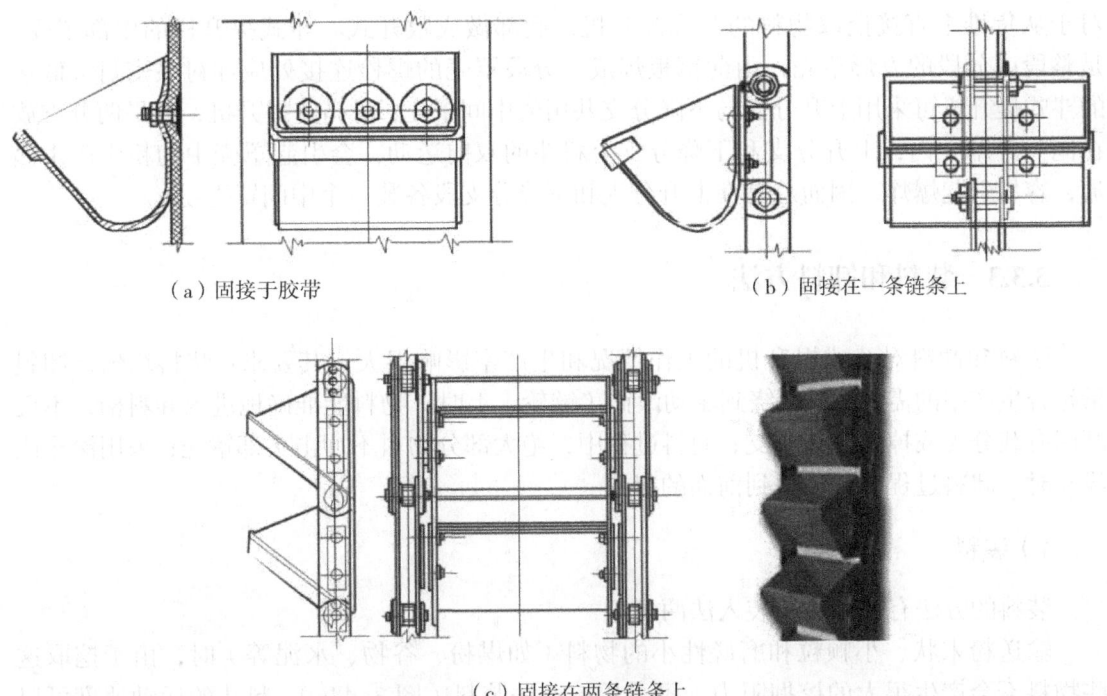

(a) 固接于胶带　　(b) 固接在一条链条上

(c) 固接在两条链条上

图 3-42　料斗的固定方式

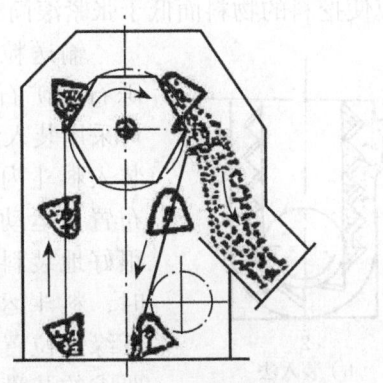

图 3-43　带导向轮的链式传动方案

器或滚柱逆止器。

斗式提升机底部有张紧滚筒（或链轮）和螺旋式张紧装置，靠张紧螺杆把牵引构件拉紧。

为防止粉尘污染环境，斗式提升机通常装在密封的罩壳之内。罩壳的上部与驱动装置、驱动滚筒组成提升机的头部。为使物料卸出，设有卸料槽，机头壳体的形状应根据物料抛出的轨迹进行设计，使物料从料斗中抛出并完全进入卸料槽中。罩壳的下部与张紧装置、张紧滚筒组成提升机的底座。底座罩壳形式应和物料装载过程相适应，为进行喂料开设装料口。为了对装卸料过程进行观察以及便于检修，开设有观察孔和检查孔。

对于从货堆上直接挖取物料的斗式提升机，底部做成敞开式。斗式提升机的中部罩壳，是整段或分段的方形罩壳，由薄钢板焊成。分段罩壳的螺栓连接处应加衬垫密封。低速的斗式提升机可采用上升分支与下降分支共用的中间罩壳；对高速提升机，如果两分支放在同一个罩壳内，上升分支和下降分支上料斗的双向运动，会引起罩壳中的粉尘产生涡流，容易引起爆炸，因而总是在上升分支和下降分支段各装一个中间罩壳。

3.3.3 装料和卸料方法

装料和卸料对斗式提升机的工作情况和生产率影响很大，其要求：装料均匀，卸料量符合生产率的需要；料斗绕到驱动滚筒（链轮）上时，物料能准确地进入卸料槽，不反洒回有载分支或掉入无载分支；抛料过程中，绝大部分物料不冲击头部罩壳；采用深斗或浅斗时，卸料过程中不碰撞到前面的料斗。

1）装料

装料的方法有挖取法和装入法两种。

输送粉末状、小颗粒和磨磋性小的物料（如煤粉、谷物、水泥等）时，由于挖取这些物料不会产生很大的挖掘阻力，可采用挖取法装料（图3-44a），料斗的运动速度可以较高。此外，也可根据需要，把某些斗式提升机直接插入料堆中挖取物料。用挖取法取料时，料斗挖得越深则物料装得越满，为避免超载和料斗在绕到上部驱动滚筒时物料从料斗反洒回提升机底部，应使挖料的物料面低于张紧滚筒（或链轮）轴的水平面。

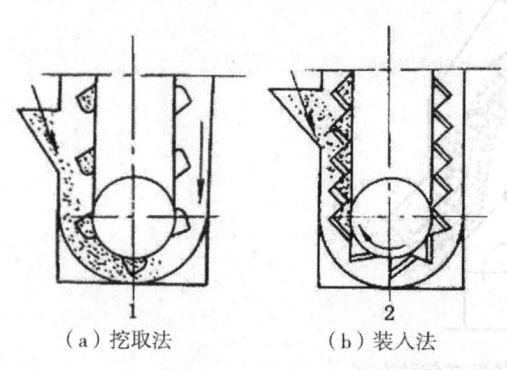

(a) 挖取法　　(b) 装入法

图3-44　装料方式

输送粒度较大和磨磋性大的物料（如砾石、矿石等）时，因为挖取阻力很大，可采用装入法［图3-44（b）］，直接将物料装入料斗内。这时料斗应该连续、密集地布置且运动速度较低，否则，料斗就不能很好地装料且会将物料抛出。采用装入法时，料斗运动方向应迎向物料流，进料口下缘的位置要有一定高度，以使料斗达到要求的装满程度，避免大量物料落入提升机底部。

2）卸料

物料从料斗中卸出的方式有三种：离心式、重力式和混合式。采用哪一种卸料方式，取决于驱动滚筒（链轮）的转速、半径和料斗的尺寸。为了了解它们之间的关系，先对料斗中的物料进行受力分析。

料斗在直线区段作等速上升运动时，物料只受到重力mg的作用；料斗绕上驱动滚筒后，料斗作绕回转中心（驱动滚筒轴O轴）的匀速圆周运动，物料同时受到重力mg和离心力$m\omega^2 r$的作用，如图3-45所示，重力和离心力的合力N的作用线与过回转中心O

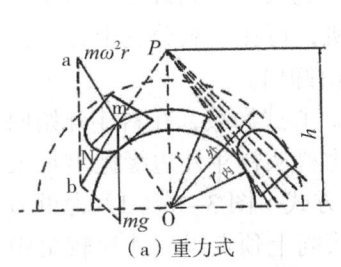 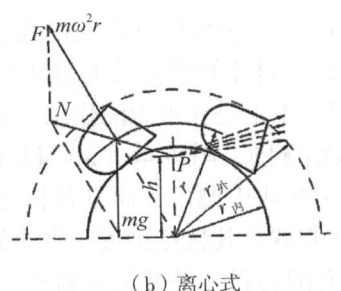 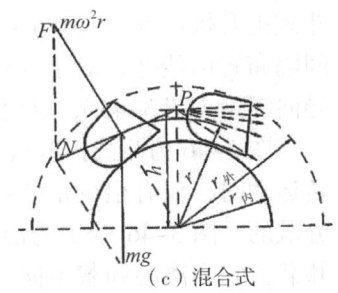

（a）重力式　　　　　　　（b）离心式　　　　　　　（c）混合式

图 3-45　卸料方式

的铅垂线交于一点 P，称为极点，极点 P 到回转中心 O 的距离称为极距 h。

由 $\triangle mab$ 与 $\triangle mOP$ 相似 [图 3-45（a）]，所以：$\dfrac{mg}{m\omega^2 r}=\dfrac{h}{r}$

以 $\omega=\pi n/30$ 代入得：
$$h=\frac{g}{\omega^2}=\frac{30^2 g}{\pi^2 n^2}=\frac{895}{n^2} \tag{3-43}$$

式中　h——极距，m；

r——物料到回转中心 O 轴的距离，m；

ω——驱动滚筒的角速度，rad/s；

n——驱动滚筒的转速，r/min。

由上式可知，极距 h 的大小只与驱动滚筒的转速有关，而与料斗及物料的位置无关。当驱动滚筒转速一定时，h 为定值，极点 P 的位置固定不变。若转速 n 增大，极距 h 将减小，离心力与重力的比值就增大；反之，极距 h 将加大，离心力与重力的比值就变小。卸料方式可根据极距 h 的大小加以判断。

当 $h>r_{外}$（料斗的外接圆半径），即极点位置在料斗的外边缘轨迹以外时 [图 3-45（a）]，重力大于离心力，料斗内的物料颗粒向料斗内边缘移动并向下卸出，这种卸料方式称为重力式卸载。它适用于料斗作连续密集布置的垂直或倾斜的斗式提升机上，用来输送比较沉重、磨磋性大（如较大块的煤、矿石）以及脆性的物料（如焦炭），可采用 0.4~0.8 m/s 的料斗运动速度；对于挖取阻力大的物料可采用链条作牵引构件。由于料斗运动速度低，卸载的时间较长，有利于料斗卸空，可以采用深斗。此外，也常采用导槽斗。

当 $h<r_{内}$（滚筒半径），即极点位置在驱动滚筒的圆周以内时 [图 3-45（b）]，离心力大于重力，所以料斗内的物料颗粒向料斗外边缘移动并从外缘抛出，这种卸载方式称为离心式卸载。它适用于运送干燥和流动性好的粉末状、小颗粒物料，主要以胶带作为牵引构件，所以料斗的运动速度较高，可取 1~3.5 m/s 以上的料斗运动速度。料斗可选深斗，在牵引胶带上采用稀疏间隔的布置形式，料斗之间的距离应使从料斗内抛出的物料不致碰到前面的料斗上。

当 $r_{内}<h<r_{外}$，即极点位置在驱动滚筒的外圆周和料斗的外边缘轨迹线之间时 [图 3-45（c）]，料斗内的物料同时按离心式和重力式的混合方式进行卸载，部分物料从料斗的外缘卸出，部分物料从料斗的内缘卸出，也就是从料斗的整个物料表面倾卸出来，这种卸料方式称为混合式卸载。它适用于输送潮湿的、流动性较差的粉状或小颗粒物料。

斗式提升机可取中速 0.6~1.5 m/s，牵引构件可取胶带或链条，为便于物料卸净，可采用间隔布置的浅斗。对于混合卸载、料斗侧壁固接的链斗提升机，可在空载分支上方装设导向链轮（图 3-43），以使物料基本上是在重力的作用下而自由卸出。

图 3-46 为斗式提升机卸载情况图。图 3-46（a）、（b）为离心式卸载，在料斗开始回转运动时，仅有很少量的物料由料斗中抛出，而且各料斗的物料从料斗外边缘抛出是很分散的。图 3-46（c）为混合式卸载，其特点接近于重力卸载方式。图 3-46（d）为重力卸载，它和离心卸载不同，所有的物料几乎都是在料斗到达滚筒上顶点以后才比较集中地卸出的。总之，极距 h 之值越小，物料开始卸出的时间越早，抛掷距离越远，运动轨迹越分散。

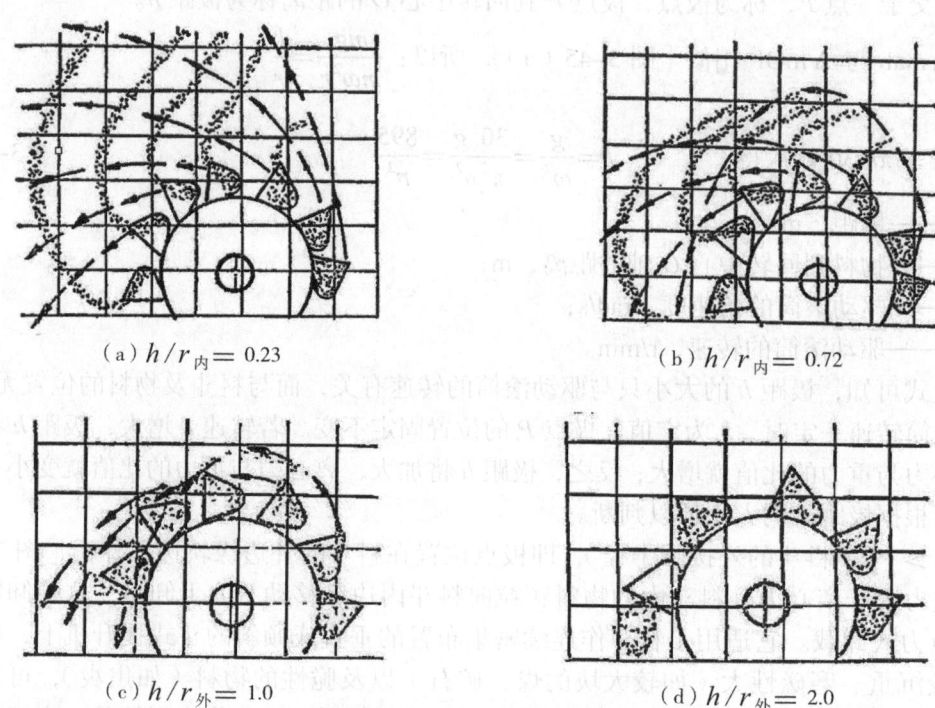

图 3-46 不同卸料方式的卸载情况

3.3.4 主要参数及基本计算

斗式提升机的主要参数有生产率、料斗提升速度、料斗尺寸、滚筒（链轮）直径、驱动功率等。

1）生产率和尺寸参数

（1）生产率

设料斗容积为 i_0（dm^3）、料斗间距为 a（m）、料斗提升速度为 v（m/s）、物料堆积密度为 ρ_0'（t/m^3），则斗式提升机的生产率 Q（t/h）可用下式计算：

$$Q = 3.6 \frac{i_0}{a} \rho'_0 v \varphi \qquad (3\text{-}44)$$

式中 φ——料斗内的物料充填系数，在初步计算中可取平均值 0.7~0.75，其中粉状物充填系数值较高，约为 0.75~0.95，块状物料可能降至 0.4~0.6。

（2）料斗尺寸（图 3-47）

$$\frac{i_0}{a} = \frac{Q}{3.6 v \rho'_0 \varphi} \qquad (3\text{-}45)$$

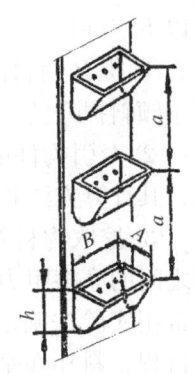

图 3-47 料斗的尺寸

根据料斗的线容积（牵引链或带单位长度上物料的容积）和料斗形式，参照表 3-12 选取适当的料斗尺寸（斗宽、斗幅、斗深）和斗距，并按被运物料的最大颗粒尺寸 a_{max} 对斗幅 A 的尺寸进行校验，要求：

$$A \geq C a_{max} \qquad (3\text{-}46)$$

当 a_{max} 的颗粒占被运物料（以质量计）的 10%~25% 时，C 取 2~2.5；当 a_{max} 的颗粒占 50%~100% 时，C 取 4.25~4.75。

表 3-12 料斗尺寸及容积

斗宽 B/mm	深斗					浅斗					导槽斗				
	斗幅 A/mm	斗深 h/mm	容积 i_0/dm³	斗距 a/mm	i_0/a/(dm³/m)	斗幅 A/mm	斗深 h/mm	容积 i_0/dm³	斗距 a/mm	i_0/a/(dm³/m)	斗幅 A/mm	斗深 h/mm	容积 i_0/dm³	斗距 a/mm	i_0/a/(dm³/m)
160	105	112	1.1	300	3.67	75	102	0.65	300	2.17					
250	140	153	3.2	400	8.0	120	163	2.60	400	6.5	140	192	3.3	200	16.5
350	180	203	7.8	500	15.6	165	223	7.0	500	14.0	166	232	10.2	250	40.8
450	220	244	14.5	600	24.2	215	289	15.0	600	25	210	305	22.4	320	70.0

（3）驱动滚筒（链轮）直径

对于带斗式提升机，和带式输送机一样，为降低橡胶带的弯曲疲劳应力，保证橡胶带有一定的使用寿命，要求其驱动滚筒直径 D（mm）与橡胶带衬层数 Z 之比应大于或等于 125。

对于链斗式提升机，其驱动链轮直径 $D_链$ 可按下式初步确定：

$$D_链 = \frac{t_链}{\sin(180°/z_链)} \qquad (3\text{-}47)$$

式中 $t_链$——链条节距（mm）；
　　$z_链$——链轮齿数，一般为 16~20。

2）运行阻力和驱动功率

（1）运行阻力

斗式提升机所需的驱动功率取决于牵引构件运动时所需克服的一系列阻力，主要包括以下三项：

① 提升物料的阻力。对于垂直提升的斗式提升机，它等于有载分支上物料的重力；对于倾斜提升的斗式提升机，它等于有载分支上物料重力的铅锤分力。

② 牵引构件的运行阻力。包括直线区段和绕过驱动滚筒或链轮时曲线区段的运行阻力，其计算方法和带式输送机类同。

③ 挖取物料阻力。当料斗挖取物料时，会产生料斗切割物料的阻力、料斗斗壁与物料之间的摩擦阻力、使物料具有一定速度的加速惯性阻力等。影响挖取阻力的因素很多，通常用实验法确定。实验证明，对于不同种类的物料，料斗的外形尺寸、料斗运动速度及行程、料斗在牵引构件上固定的位置及斗距、料斗充填系数、挖取物料过程中料斗运动轨迹等都对挖取阻力的数值有影响。

（2）牵引构件的张力

斗式提升机的牵引构件张力可用逐点张力法进行计算，且需满足摩擦驱动的不打滑条件。由于斗式提升机空载分支向下运动，其运行阻力为负值，故牵引构件绕入下部张紧滚筒（链轮）处的张力值最小。为保证提升机正常工作，该点初张力 S_0 至少要为 1 000~2 000 N；对于高度较大、生产率较高的提升机应把 S_0 提高到 3 000~4 000 N 以上。

（3）驱动功率

斗式提升机的驱动功率可采用与带式输送机类同的方法算出。初步计算时，可用近似公式：

$$N=\frac{k'QH}{367\eta_\text{总}}(1.15+K_0v) \tag{3-48}$$

式中　N——电动机功率，kW；
　　　Q——生产率，t/h；
　　　H——提升高度，m；
　　　v——提升速度，m/s；
　　　K_0——功率计算系数，按表 3-13 选取；

表 3-13　斗式提升机的功率计算系数 K_0

生产率 Q/（t/h）	牵引构件型式					
	带式		单链式		双链式	
	料斗型式					
	深斗、浅斗	导槽斗	深斗、浅斗	导槽斗	深斗、浅斗	导槽斗
	系数 K_0					
< 10	0.96	—	1.43	—	—	—
10~25	0.8	—	1.04	0.88	1.56	—
25~50	0.72	0.66	0.78	0.66	1.30	—
50~100	0.64	0.61	0.65	0.56	1.04	0.88
> 100	0.56	0.55	—	—	0.78	0.72

$\eta_{总}$——包括减速器、开式齿轮、皮带或链传动在内的总传动效率；

k'——功率备用系数，当 $H < 10\,\text{m}$ 时，$k' = 1.45$；当 $H = 10 \sim 20\,\text{m}$ 时，$k' = 1.25$；当 $H > 20\,\text{m}$ 时，$k' = 1.15$。

3.4 气力输送机

气力输送机运用风机（或其他动力设备）使管道内形成一定速度的气固两相流，将散粒物料沿一定管路进行输送。在港口主要用于散粮、散水泥等散料的卸船作业。

气力输送中，必须要使气流达到一定的速度，使物料呈悬浮状态。所谓悬浮状态，是指垂直管道内的物料颗粒在气流的作用下，呈现出既不下落也不被向上气流带走、在某一位置浮动的状态（图 3-48）。

在垂直管中，物料颗粒以静止状态在空气中自由下落时，由于受到重力的作用，下落速度将愈来愈快，同时，颗粒受空气的阻力亦逐渐增大。当颗粒的自重 $G = mg$ 以及物体在空气中受到的浮力 P 和阻力 R 达到平衡时，即 $G = P + R$，则颗粒将因惯性作用而以等速 $v_{沉}$ 向下沉降，这一速度就叫作沉降速度。若沉降速度为 $v_{沉}$ 的颗粒放在垂直向上的速度为 $v_{气}$ 的均匀气流中，则颗粒运动的绝对速度可以表示为 $v_{物} = v_{气} - v_{沉}$。如果 $v_{气} = v_{沉}$，则物体的绝对速度 $v_{物} = 0$，即物体在气流中停在原处，既不上升，也不下降，这时的气流速度称为物体的悬浮速度，此状态为悬浮状态。物体的悬浮速度在数值上与沉降速度相等，即 $v_{悬} = v_{沉}$。由此可见，当物体处在大于其悬浮速度的气流中时，物料才能被悬浮输送。因此，悬浮速度是气力输送的重要参数，它可通过计算求得或由实验测定。

图 3-48 悬浮状态图

在水平管道内，由于气流的动力方向同物料颗粒的重力方向垂直，因而其悬浮和运动状态更为复杂。但当输送气流速度足够大时，也能使物料颗粒克服其自身的重力而悬浮在气流之中。

和其他输送机相比，气力输送机具有以下优点：

（1）可以改善劳动条件，提高货运质量。如采用气力输送像谷物之类比较松散的散料，可以把吸料软管伸到船舱内不易到达的地方进行清舱，避免装卸工人在船舱内扬尘严重的环境下进行繁重的体力劳动。由于物料在密闭管道中输送，可大大减少粉尘污染，工作环境得到改善，降低了物料输送过程中的损耗。如装卸袋装水泥，常因纸袋破损或倒不干净，使平均货损达 2%～3%，而采用气力输送方式可降至 1% 以下。

（2）输送装置结构简单，无牵引构件和空返分支，系统中活动零部件少，有利于实现自动化。

（3）可把输送和有些工艺过程（干燥、冷却、混合、分选等）联合进行。如采用吸粮机卸船，不仅避免了抓斗抓取中的洒漏，还可使粮食通风冷却和减少虫害。

（4）生产率较高，一般不受管路周围条件和气候（风浪）的影响。大型吸粮机单机生产率最高能达到 1 000 t/h 以上，还可多台输送机同时操作，因而能够缩短卸货时间，提高装卸效率。

（5）有利于散装运输，节省包装费用，降低成本。

气力输送机的缺点是：单位能耗比较高；管道和供料器磨损过快；输送的物料有限制，目前多用于输送粉状物料，不易输送潮湿易黏结、怕碎的物料及高速运动时产生静电的物料；鼓风机的噪声大，若消声设施不完善，会造成噪声污染等。

3.4.1 分类与应用

气力输送机主要分为吸送式、压送式和混合式三种。此外，还有一种构造形态有所差异的悬浮输送型式——空气槽。

1）吸送式气力输送机

如图 3-49 所示，它运用鼓风机从整个管路系统的末端吸气，使管道内的气体压力低于外界大气压力（即形成一定的真空度），吸嘴外的空气透过物料间隙与物料形成混合物，从吸嘴被吸入输料管，并沿管路输送。到达卸料点时，由分离器把物料与空气分离出来，物料从卸料器卸料口卸出，空气则通过风管经除尘器除尘后再通过鼓风机、消声器等排入大气中。吸送式气力输送机在港口中用于车船卸料，它可以装一根吸料管，也可装几根吸料管从几个供料点上吸取物料。由于真空的吸力作用，供料简单方便，吸料点不会扬尘。但输送距离不能过长，因为随着输送距离增加，阻力将会加大，这就要求提高系统的真空度，而吸送系统的真空度不能超过 50～60 kPa（0.5～0.6 个大气压），否则，空气变得稀薄，气流携带能力降低，以至影响正常工作。此外，吸送式气力输送机要求管路系统严格密封，避免漏气。为减少鼓风机的磨损，要对进入鼓风机的空气认真除尘。

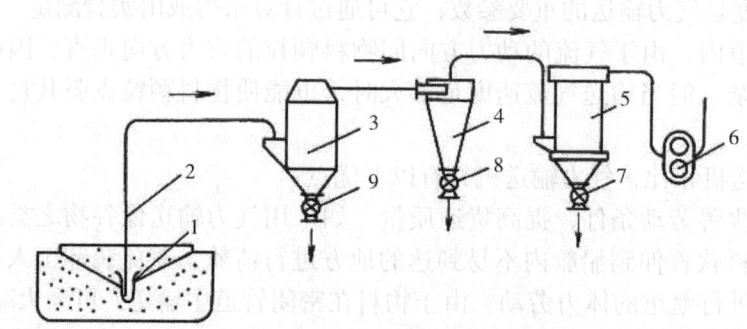

1—吸嘴；2—输料管；3、4—分离器；5—除尘器；6—鼓风机；7—卸灰器；8、9—卸料器

图 3-49 吸送式气力输送机示意图

2）压送式气力输送机

压送式气力输送机中的气体在高于大气压的正压状态下工作，如图 3-50 所示，鼓风机把压缩空气压入管道，与由供料器装入的物料形成混合流，沿输料管送至卸料点，在那里物料通过分离器卸出，空气则经风管和除尘器而排入大气中。

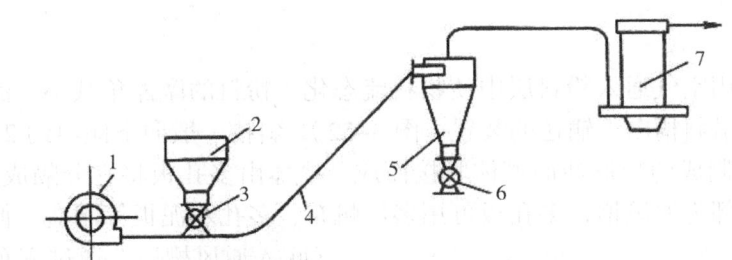

1—鼓风机；2—料斗；3—供料装置；4—输料管；5—分离器；6—卸料器；7—除尘器

图 3-50　压送式气力输送机示意图

压送式气力输送机可以实现较长距离和较高生产率的输送，也可由一个供料点输送到几个卸料点。由于通过鼓风机的是清洁空气，鼓风机的工作条件较好。但是这种装置的供料器要把物料送入高于大气压的输料管中，因而结构比较复杂。

压送式气力输送机在散装水泥装卸作业中的应用较多。散装水泥由专用铁路车厢卸至水泥圆筒贮仓以及由筒仓装至船舱，均采用了压送式气力输送装置。此外，散装水泥专用汽车和小型自卸船机也可采用气力压送方式卸货。

3）混合式气力输送机

由图 3-51 可见，混合式气力输送机由吸送式和压送式两部分组成。物料从吸嘴进入输料管被吸送至分离器，经下部的卸料器（又起着压送部分物料的供料器作用）卸出并送入压送部分的输料管，而从分离器中的除尘器出来的空气经风管送至鼓风机压缩后进入输料管，把物料压送至卸料点，物料被再次分离出来，而空气则由分离器上部排出。当卸货地点没有装卸设备时，船舶可在甲板上配置混合式气力输送机以便自行卸货，将物料从舱内吸出再压送到岸上。

混合式气力输送机兼有吸送式和压送式的特点，可从数点吸入物料并压送至若干卸料点，但它的结构较复杂，而且鼓风机的工作条件较差，因为进入鼓风机的空气含尘较多。

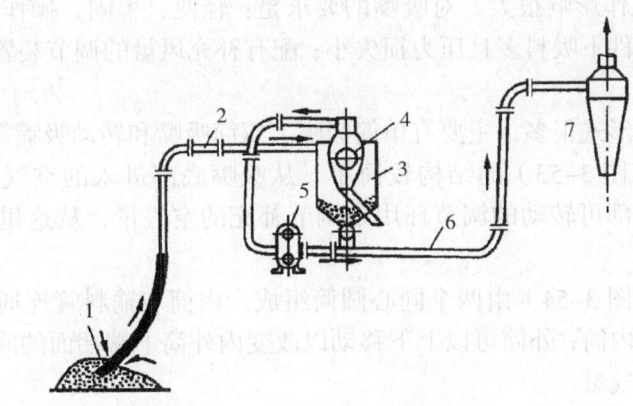

1—吸嘴；2、6—输料管；3、7—分离器；4—除尘器；5—鼓风机

图 3-51　混合式气力输送机示意图

4）空气槽

空气槽是利用空气通入粉料层中使物料流态化（粉料的摩擦角减小，流动性增加），并依靠粉料自重沿斜槽向下输送的装置（图3-52），斜槽一般向下倾斜约2°~8°。它是由若干段薄钢板制成的矩形断面槽体联接而成。槽体由多孔板将它分隔成上下两部分，上部为料槽，下部为通风槽，多孔板可用多层帆布、多孔水泥板等制造。低压的压缩空气吹入通风槽后，通过密布孔隙的多孔板均匀分布在物料颗粒之间，使物料层流态化，并在重力作用下沿料槽输送至卸料口，通过料层的空气可由排气口经布袋过滤排出。

空气槽没有运动的部件，具有磨损小、结构简单、无噪声、工作可靠、管理方便、动力消耗非常小（仅为螺旋输送机所需功率的1/100）等优势。其缺点是能输送的物料有限，只宜输送流动性好的干燥粉状物料。此外，空气槽的布置有斜度要求，只能向下输送。

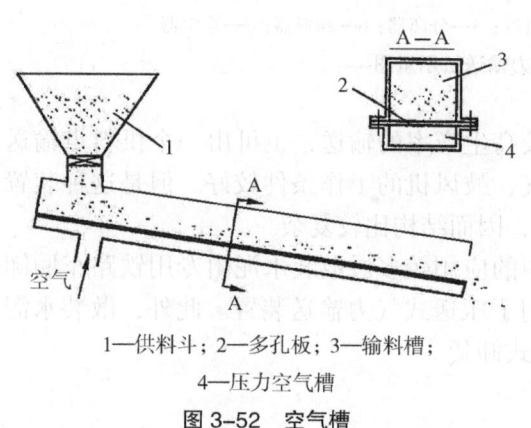

1—供料斗；2—多孔板；3—输料槽；
4—压力空气槽

图3-52 空气槽

3.4.2 主要部件

本节以港口气力吸粮机为主要对象，其主要部件如图3-49所示，包括吸嘴、输料管、分离器、除尘器、卸料（灰）器、风管、鼓风机、消声器等。

1）吸嘴

吸嘴的作用是把物料吸入输料管中并形成合适的物料和空气的混合比。它的性能好坏对吸粮机的工作影响很大。对吸嘴的要求是：轻便、牢固、操作灵活、易于插入料堆；在同等风量的条件下吸料多且压力损失小；配有补充风量的调节装置，以便获得最合适的混合比。

吸嘴的结构形式很多，主要有单筒吸嘴、双筒吸嘴和转动吸嘴等。

单筒吸嘴（图3-53）的结构较简单。从吸嘴底部进入的空气能起到携带物料进入吸嘴的作用；上部可转动的调节环用来调节补充的空气量，从这里进入的空气能使物料加速。

双筒吸嘴（图3-54）由两个同心圆筒组成。内筒与输料管连通，物料及大部分空气经吸嘴底部进入内筒；外筒可以上下移动以改变内外筒下端端面的间隙，以此调节环形空间进入的补充空气量。

对于流动性差、粒度不匀或湿度较高易结块的物料，可采用下端装有松动装置（塌料刀和喂料刀）的转动吸嘴，如图3-55所示。转动吸嘴由电动机经减速传动装置带动，使其在装有滚动轴承的转台中转动。吸嘴筒壁上焊有若干补充风管以便把补充空气通到

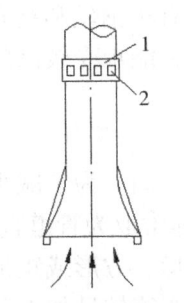 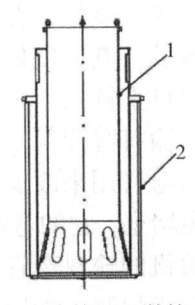 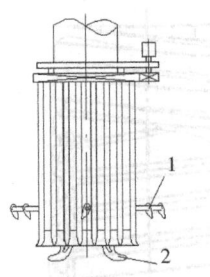

1—调节环；2—补充空气孔　　1—内筒；2—外筒　　1—塌料刀；2—喂料刀

图 3-53　喇叭口单筒吸嘴　　图 3-54　双筒吸嘴　　图 3-55　转动吸嘴

吸嘴口。工作时，吸嘴转动，送料刀不断耙料，塌落松动的物料被吸入输料管，在搅动中物料能较好地与空气混合，并获得进入吸嘴的起动初速度，保证吸嘴连续充分地吸料，因而提高了混合比和生产率。转动吸嘴的转速一般取 40~60 r/min。

吸嘴内径 $D_内$ 一般与其连接的输料管内径相同。双筒吸嘴外筒内径 $D_外$ 可根据吸嘴内外筒之间的环形间隙面积与内筒有效截面面积相等的原则求出，即按下式计算：

$$D_外=\sqrt{D_内^2+(D_内+2\delta)^2} \quad (3-49)$$

式中　$D_内$、δ——内筒的内径和壁厚，mm。

吸嘴高度通常约为 1 m。

2）输料管和风管

气力吸粮机的管道分为两类：输料管和风管。输料管用来输送物料，连接在吸嘴（供料器）和分离器之间，有直管、软管、弯管、铰接弯管、伸缩管等多种结构。风管主要用来输送空气，连接分离器、除尘器、鼓风机和作为通大气的排气管。

对输料管的基本要求是：具有足够的强度和刚度，良好的气密性和耐磨性，内壁表面应足够光滑，便于拆装和清理堵塞等。

（1）输料直管

通常采用圆形截面，常用普通的无缝水、煤气管或无缝钢管；直径较大可用厚度 3~7 mm 的钢板卷焊制成。一般每段长度 4~10 m，常拆的管段可适当减短。管段间用法兰连接，法兰间放入橡胶衬垫以保持气密。

输料管的直径可依据物料的种类、气流的速度和流量、管路的布置情况及压力损失等因素，通过设计计算来确定。

（2）输料软管（挠性管）

为了吸粮机的吸嘴能在船舱内任意位置灵活地吸料，在垂直输料直管与弯管连接处、吸嘴与输料管连接处安装一段软管（挠性管）。但由于软管的流动阻力约为硬管阻力的两倍，故应尽量少用。软管的形式主要有金属软管、耐磨橡胶软管等。

金属软管（图 3-56）由内外镀锌薄钢带绕制而成。在内外钢带之间装有密封填料。这种软管重量较轻，但抗拉强度很差，承受载荷能力小。

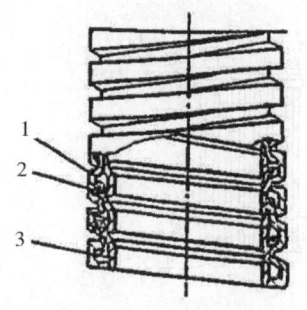

1—外螺旋薄钢带；2—密封填料；
3—内螺旋薄钢带

图 3-56 金属软管

耐磨橡胶软管，在橡胶中间嵌有小钢丝和夹布层，内壁为耐磨橡胶。其强度好，不易漏气，能承受较高的压力和真空度，但自重较大。

（3）输料弯管

输料弯管用来改变输送物料的方向。为了减少压损、磨损和避免堵塞，它的弯曲曲率半径通常取为管道直径的 6～10 倍。吸粮机的输料弯管断面可为圆形、方形或矩形，一般用钢管或钢板焊制，采用方形或矩形弯管较易加工制造和便于更换磨损的外壁。由于受物料冲击的弯管内壁面最易磨损，常把它做成可拆换式结构，或者采取加厚、加耐磨衬垫等措施。通常用陶瓷、环氧树脂耐磨钢板、铸石等材料做衬垫。也可采取其他一些有效办法，如在弯管外边加装一夹层，当弯管被磨穿后，夹层被物料所充填，弯管仍可继续工作；或在弯管外壁装一充气夹层和若干小喷嘴，利用喷入压缩空气形成气垫，减少物料对弯管的磨损，延长弯管使用寿命等。

（4）铰接输料弯管

由于卸船作业要求输料管能够在垂直平面内俯仰变幅和在水平面内左右回转，因此要在输料管与分离器连接处设铰接弯管，主要采用皮碗式、柱铰式和球铰式等结构形式。

皮碗式铰接弯管（图 3-57），其上下俯仰由输料管与铰接弯管壳体间的销轴和橡皮碗来实现。橡皮碗由专门模具浇制，厚度为 4～10 mm，它保证了气密。铰接弯管的左右回转由回转机构实现。在铰接弯管下部装有滚动轴承和蜗轮齿圈，由蜗杆带动其回转，回转的角度要考虑卸船作业的要求和整机的稳定性，皮碗式铰接弯管结构比较简单，但橡皮较易老化，且俯仰摆角不大，一般能达到 55°左右。

柱铰式弯管（图 3-58），在铰接弯管壳体内装有一个圆柱形的转动体，后者中间开孔并与连接料管相连；当圆柱体在弯管壳体内转动时，输料管就可上下俯仰。柱铰式弯管可达到较大的俯仰摆动角，使用寿命也较长，适用于大型吸粮机。

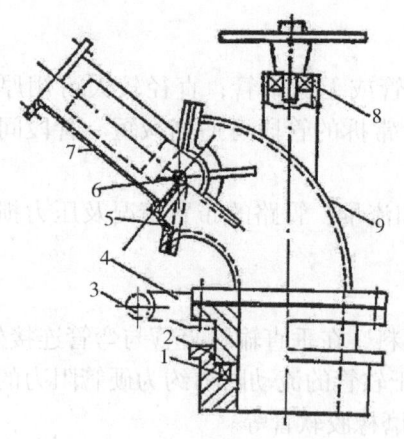

1—轴承；2—密封圈；3—蜗杆；4—蜗轮；5—橡皮碗
6—销轴；7—连接料管；8—上轴承；9—壳体

图 3-57 皮碗式铰接弯管

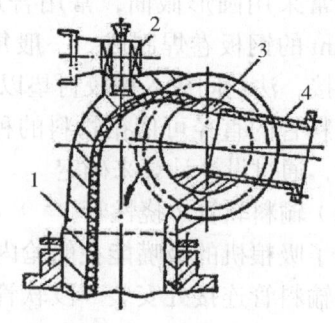

1—壳体；2—上轴承；3—圆柱体；4—连接料管

图 3-58 柱铰式弯管

（5）伸缩输料管

为了适应装卸船型和载货量、潮位的变化，便于灵活操作并改变吸嘴的工作幅度和伸入船舱的深度，在气力输送系统中除了输料管变幅和回转之外，在垂直输料和水平输料中也可采用伸缩管。伸缩管应保证气密，尽可能做到伸缩动作灵活平稳、结构简单、维修方便。视作业需要，水平伸缩行程取 7~10 m，垂直伸缩行程取 4~8 m，伸缩速度一般为 4~6 m/min。伸缩动作可通过钢丝绳牵引或液压传动来实现。

（6）风管

如同输料管，断面较小的风管可采用各种圆钢管，断面较大的风管通常用钢板焊接而成。风管断面可为圆形或矩形，但矩形断面抗压能力差，若真空度较大，应在其外表面焊上角钢加固，以防被吸扁变形。由于输送系统布置的需要，风管不仅有直长段，而且还有使气流改向的弯管、风管断面增大或减小时用的渐扩管或渐缩管、管路进口的集风管、排气出口的扩散管等管件。风管内的风速选取要适当，若风速过高，会使压力损失增大；而风速过低，会造成灰尘在风管中沉积和风管断面过大。通常，分离器至除尘器之间的风管风速取 14~18 m/s，除尘器以后可取 10~14 m/s。风管断面尺寸可根据风量的大小、布置上的要求和所选的风速来确定。

3）分离器

分离器是为了把物料从两相流中分离出来。港口吸粮机一般采用容积式或离心式分离器。

（1）容积式分离器

容积式分离器（图 3-59），当物料与空气的两相流经过输料管经分离器入口进入，由于圆筒形分离器的直径很大，使两相流流动的有效截面突然扩大，因而流速会突然降低，使气流失去对物料的携带能力，物料因重力作用而从两相流中沉降分离出来。容积式分离器结构简单、便于制造、工作可靠、压力损失小，对于粒度大的物料分离效率较高，但外形尺寸很大，常用于大型的吸粮机上。

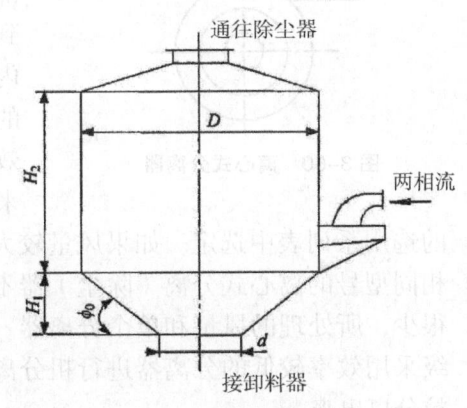

图 3-59 容积式分离器

容积式分离器筒形部分直径 D，一般按照把其截面内的风速降低到 $(0.03 \sim 0.05) v_悬$ 的原则确定，对于易扬尘的物料取小值；反之，取大值。因此，通过分离器的风量 $Q_分$（m³/s）可表达为

$$Q_分 = \frac{\pi}{4} D^2 (0.03 \sim 0.05) v_悬$$

即

$$D = 1.13 \sqrt{\frac{Q_分}{(0.03 \sim 0.05) v_悬}} \tag{3-50}$$

式中 $v_悬$——悬浮速度，m/s。

筒形部分的高度 H_2（m）可与其直径成正比，而锥形部分高度 H_1（m）必须保证物料能顺利流入卸料器。

$$H_2 = C \cdot D \tag{3-51}$$

式中 C——系数，对粒度大于 3 mm 的粗颗粒，取 1.0~1.5；粒度为 0.5~3 mm 取 1.3~1.8；粒度小于 0.5 mm 的粉末取 1.5~2.0。

$$H_1 = \frac{(D-d)}{2}\tan\phi_0 \tag{3-52}$$

式中 d——锥形下部卸料孔直径，可按物粒度大小确定，m；
ϕ_0——锥体倾角，应大于物料对分离器内壁的摩擦角，°。

（2）离心式分离器

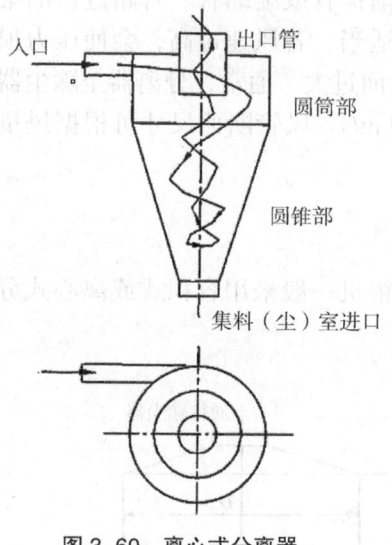

图 3-60　离心式分离器

离心式分离器利用两相流旋转时产生的离心力使物料与气流分离。与容积式分离器相比，其尺寸较小，容易制造，分离效率较高，压力损失较小。不仅可作为分离器，装于分离器之后还可用作除尘器，常用于中小型气力输送系统。

离心式分离器（图 3-60）由带有切向进口的圆筒体，下部开有带卸料口的圆锥体和圆筒体内的同心排气管组成。工作时，两相流从上部切向进口进入后，由上而下作螺旋形运动形成外涡旋并逐渐到达锥体底部，物料或灰尘在离心力的作用下被甩向器壁并下落；到达底部的气流沿分离器轴心转而向上，形成上升的内涡旋，最后经排气管排出。但由于离心分离器内部的实际气流运动比较复杂，为达到较好的分离或除尘效果，各种离心式分离（除尘）器通常是由实验结果来定型，其尺寸大小可根据通过分离器的风量在有关的选用系列表中选定。如果风量较大，可将两个或几个离心式分离器并联使用。但两个相同型号的离心式分离（除尘）器不应串联使用，因为串联时其分离（除尘）效率提高很少，所处理的风量和单个分离器一样，阻力却成倍地增加。如果确需串联使用，第一级采用效率较低的分离器进行粗分离，第二级采用效率较高的分离器，以便把较细的颗粒分离出来。

在离心式分离器中，物料所受的离心力 mv^2/R 越大就越易被分离出来。对一定质量 m 的物料颗粒，可以通过提高物料进入分离器的速度 v 和缩小分离器的半径 R 来加大离心力，提高分离效果。但速度过快会使压力损失增加，耗费动力，而且气流会在器壁内表面形成很多旋涡，反而影响物料甩向壁面，一般采用 12~18 m/s 进气速度；缩小分离器半径不仅可增大物料所受的离心力，同时还缩短了物料与分离器壁的距离，使物料容易到达壁面，所以离心式分离器的直径一般不大于 1 m。

为了提高分离效率，在设计或使用中应特别注意气密问题。试验证明，若分离器下方中心的卸料孔处稍有漏气，就会由于内外压差而产生很高的向上气流，将已分离的物料重新带走。如果下部漏气超过 8% ~ 10%，分离效率将下降为零，失去分离除尘作用。

4）除尘器

由于经分离器出来的气流尚含有大量灰尘，为了保护环境、保护鼓风机和回收气流中有经济价值的粉末，需在分离器和鼓风机之间装设除尘器，吸粮机常用离心式除尘器和袋式过滤器。

（1）离心式除尘器

普通离心式除尘器又称旋风除尘器，它的工作原理和结构与离心式分离器相同，由于结构简单、体积小、除尘效率较高，得到了广泛的应用。为提高除尘效率，离心式除尘器在结构上还做了一些改进，如扩散式旋风除尘器就是其中一种。

扩散式旋风除尘器（图 3-61）的结构特点是圆筒体下面采用倒圆锥体，在其下部固定着一个反射屏，反射屏与倒锥体之间形成环形的间隙，反射屏中心有透气孔。除尘器工作时，在离心力作用下被甩向器壁，下滑的粉尘由反射屏四周的缝隙落入受尘斗；大部分气体则由反射屏上部旋转而上，少量气体随粉尘一起进入受尘斗，经反射屏透气孔上升至除尘器中心排气管。由于反射屏的设置可防止已被分离出来的灰尘再次飞扬和被重新带走，因而提高了除尘效率。

（2）袋式过滤器

袋式过滤器是利用纤维织物袋子来过滤含尘气体的装置。它的优点是除尘效率高，可达 99% 以上；对极细的微粒（0.1μm）也具有较高的除尘效率。但它的体积较大，设备投资、维修费用较高，清灰控制系统比较复杂；不适合过滤含有油雾、凝结水及黏性粉尘的气流。

图 3-62 为袋式过滤器的一种型式，含尘气流由进气口进入箱体，在经过箱体内的若干滤袋时，粉尘被阻留在袋外，干净气体穿过袋子经上部箱体由排气口排出。

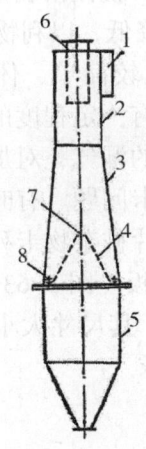
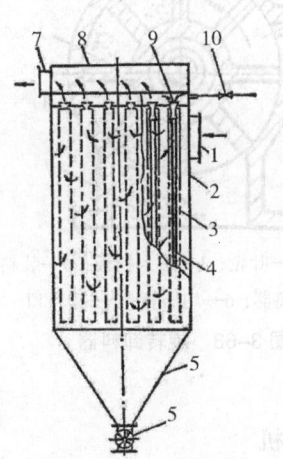

1—切向进口；2—圆筒体；3—倒锥体；4—反射屏；
5—受尘斗；6—排气管；7—透气孔；8—固定板

图 3-61 扩散式旋风除尘器

1—进气口；2—中部箱体；3—滤袋骨架；4—受尘斗；5—卸灰器；
6—排气口；7—上部箱体；8—喷吹管；9—控制阀

图 3-62 袋式过滤器

滤袋可由各种棉、毛、化纤织物制作。一般采用特制工业涤纶绒布，它具有过滤能力大、阻力小、强度高、比较耐磨、耐温（可达130℃）和吸潮小等优点。

袋式过滤器工作时，滤袋上的积灰必须及时清除，否则积灰过多会使除尘器阻力增加，除尘效率下降。常用的清灰方法有手工振打、机械振打、气流反向吹洗等。手工振打可用人力通过绳索拉动滤袋吊架使滤袋抖动，清除积灰。手工振打方式简单可靠，但允许采用的过滤风速较低，需要较多的滤袋，占地面积较大。机械振打可将滤袋挂在振动架上，由电动机带动偏心块旋转，使振动架和滤袋一起振动，清除积灰。图3-62所示为采用气流反向吹洗方式，压缩空气由一套控制装置控制，以一定的脉冲频率轮流向各滤袋内部喷吹压力空气，将袋外的积尘吹落。

目前，在气力输送系统中已出现分离器和除尘器合二为一的分离除尘器。它可以在相对较小的空间内实现物料的分离和除尘，从而省去了卸灰器及其传动机构、连接风管和排尘管道等设备，具有质量小、结构紧凑、成本低、漏气量少等优点。

5）卸料器（卸灰器）

卸料器（卸灰器）的作用是将物料（粉尘）从分离器（除尘器）中卸出并阻止空气自由进入吸粮机内，以免减少吸送物料的有效风量，降低生产率。目前广泛采用的是旋转卸料（灰）器。

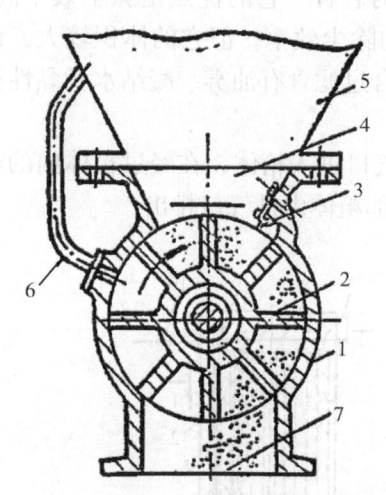

1—外壳；2—叶轮；3—防卡挡板；4—装料口；
5—分离器；6—均压管；7—卸料口

图3-63 旋转卸料器

如图3-63所示，旋转卸料器主要由圆柱形外壳及内部的叶轮组成。外壳的装料口与分离器相连。当叶轮在电动机和减速装置带动下旋转时，物料从分离器卸料口装入旋转叶轮的格腔并随叶轮转至下部卸出。为了提高格腔中物料的装满程度，应装有与分离器相连的均压管，使叶轮格腔在转到装料口之前，就让格腔中的空气从均压管排出，使腔内压力降低，以利物料装填。

旋转卸料器结构比较简单、体积小，基本上能进行连续卸料，具有一定程度的气密性。为了减少叶轮与外壳间隙的漏气，对加工的要求较高，还要注意磨损和防卡问题。有时在叶片端部装设耐磨镶条。为防叶片被杂物卡死，可在装料口处设有弹性的防卡挡板（图3-63）。叶轮的转速一般取15~30 r/min，其尺寸大小和卸料量应满足吸粮机生产率的要求。

6）风机

风机是气力输送的气源机械。它是把机械能传给空气，使空气产生压力差而流动的机械。气力输送对风机的要求是：效率高、风量风压满足输送物料的要求、风压变化时风量变化要小、有少量灰尘通过也不会发生故障、经久耐用、便于维修等。

按工作原理，风机可分为透平式（又称叶片式或叶轮式）和容积式（又称定排量式）两类；按排气压力，可分为通风机、鼓风机和压缩机三类。吸粮机常采用离心式鼓风机或罗茨式鼓风机。

（1）离心式鼓风机

离心式鼓风机属于透平式风机，是由叶轮、机壳和机座等部分组成（图3-64）。它的工作原理是利用离心力使空气的压力和速度增高。当叶轮高速旋转时，由轴向进入叶轮的空气便在离心力的作用下被推向叶轮的外缘，这些高速流动的空气受到压缩，并集中到蜗壳形机壳中，然后再经过断面逐渐扩大的蜗壳形机壳，速度逐渐降低，一部分动能又转变成压力能，进一步提高空气的压力，最后由机壳出口压出。

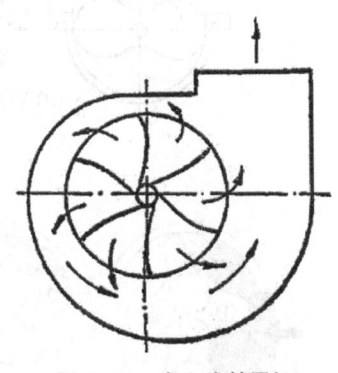

图3-64 离心式鼓风机

离心式鼓风机的优点是结构简单紧凑、重量轻、容易制造、可以在含尘空气中工作等。缺点是当吸送物料量和输送系统的压力损失变化时，鼓风机的风量就发生很大变化。因而工作不够稳定。此外，离心式风机产生的风量较大，但压力较低，一般不超过15 kPa，因此，只能用于压力损失小的小型气力输送机中。离心式鼓风机串联使用或采用多级叶轮时，可增大压差，但效率有所降低。

离心式鼓风机的轴功率随风量增加而增大的，风量为零时，轴功率最小。因此，应在关闭调节风门即风量为零的情况下起动风机，以便降低起动功率，以免电动机因超负荷受损。

（2）罗茨式鼓风机

罗茨式鼓风机属于容积式风机，分立式［图3-65（a）］和卧式［图3-65（b）］两种，由机壳和两个具有固定相位差的二叶或三叶转子组成（图3-66）。转子旋转时，转子与外壳间包含的空气随其体积的变化而被压缩排出。

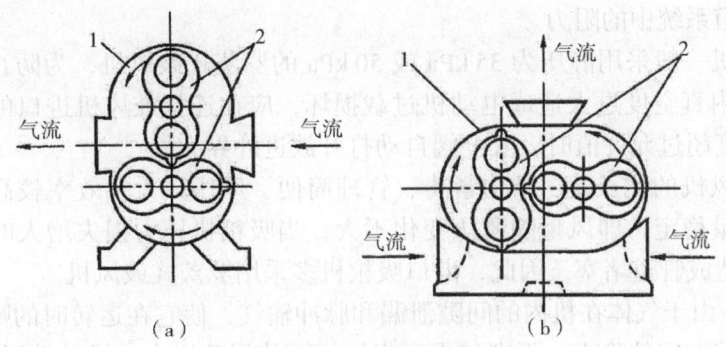

1—机壳；2—转子

图3-65 罗茨式鼓风机构造简图

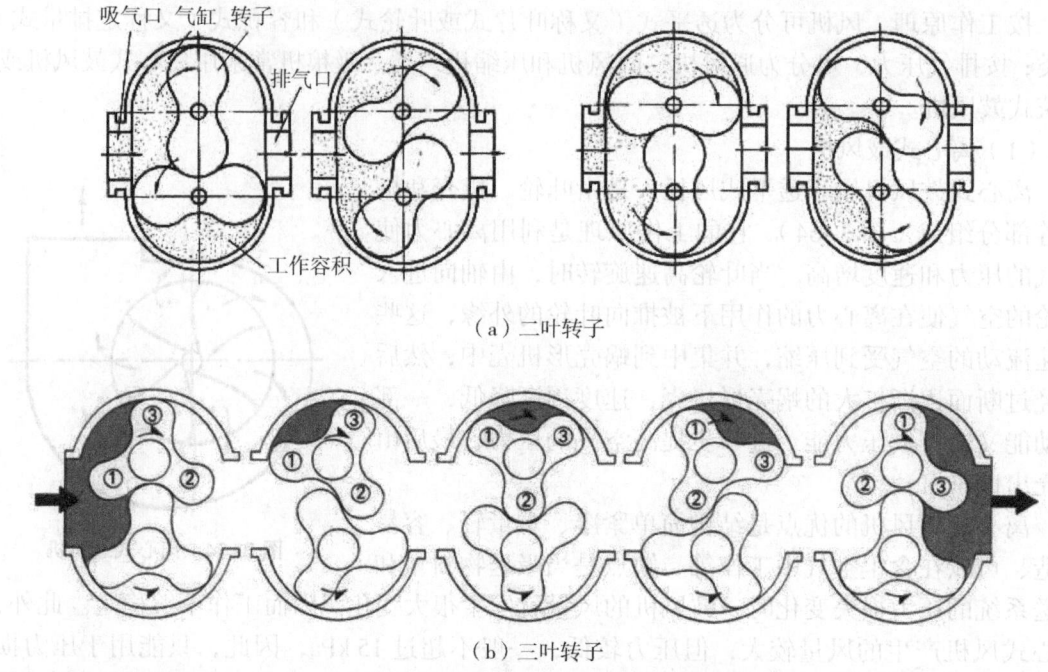

(a) 二叶转子

(b) 三叶转子

图 3-66 罗茨式鼓风机结构和工作原理

立式罗茨式鼓风机的工作过程如图 3-66 所示，两个转子在由转子和机壳围成的密封空间中相向转动，由于转子与转子之间、转子与机壳之间的间隙很小（0.25～0.4 mm），从而使进气口形成了真空状态，空气在大气压的作用下进入进气腔；气体在由转子和外壳包围的空间内仅仅被围住，而没有被压缩和膨胀；随着转子的转动，当转子顶部到达排气的边缘时，由于压差作用，排气口处的气体将扩散到围住的空间内；随着转子的进一步转动，空间内的混合气体将被送至排气口，由于排气腔内的转子是相互啮合的，从而把两个叶片之间的空气挤压出来，这样连续不停地运转，空气就源源不断地从进气口输送到排气口。因此，罗茨式鼓风机所产生的压力不取决于鼓风机本身，而取决于其负载，即与其连接的管道系统中的阻力。

港口吸粮机一般采用静压为 35 kPa 或 50 kPa 的罗茨式鼓风机，为防止管道堵塞或工作超负荷时管内真空度过大造成电动机过载损坏，应在连接鼓风机进口的风管上装设安全阀。当真空度超过允许值时，安全阀自动打开放进外界大气。

罗茨式鼓风机的优点是：结构紧凑、管理简便、风压较大、效率较高。用于气力输送时，工作流量稳定，即风量随风压变化不大，当吸粮机压力损失增大时，不致因风量大幅度减小而造成管道堵塞。因此，港口吸粮机多采用罗茨式鼓风机。

其缺点是：由于气体在机内的间隙泄漏和脉冲输气，使它在运转时的噪声较大。它要求对空气进行较彻底的除尘，否则灰尘磨损转子而使间隙增大，导致鼓风机的性能下降。此外，风量的调节比较困难。

罗茨式鼓风机的轴功率是随静压力的增加而加大的，不能用关小阀门来调节风量。因此，罗茨式鼓风机应空载起动，禁止完全关闭进出风管道的闸阀，以免造成爆裂事故。

7）消声设备

为满足粮食码头高效装卸的要求，吸粮机采用了大型的鼓风机，工作时发出的噪声往往很大，必须采取消声措施，以免噪声污染。

按工作原理，消声设备可分为阻性消声、抗性消声和阻抗复合消声。吸粮机一般采用阻性消声或阻抗复合消声。常用的措施是在鼓风机的排气管或进、排气管上装设消声器。消声器一般是利用吸音材料消声，也可利用流通截面积突变使声波反射回声源而起到消声作用。消声器可根据鼓风机的型号配套选用。还可在鼓风机和电动机机组下面安装减振器，并对整个机组设隔音室，使机组封闭在一个小的空间中且与周围环境隔开，对浮式吸粮机，若位置允许，可设置消音舱。

3.4.3 主要参数及基本计算

气力吸粮机的主要参数包括生产率、混合比、输送风速、风量、输料管径、压力损失、风机压力、功率、单位功率消耗指标等。

1）生产率（理论生产率）

生产率 Q 是设计和选用吸粮机的主要参数。它应根据装卸的需要和技术可能性确定，且应符合《港口吸粮机》（GB/T 14741—2009）。

2）混合比

混合比 μ 又称质量浓度，是指在单位时间内所输送的物料质量与空气质量之比，即每 1 kg 空气所能输送的物料量，如下所示：

$$\mu = \frac{G_{物}}{G_{气}} \qquad (3-53)$$

式中　$G_{物}$——单位时间内所输送物料的质量流，kg/h；

　　　$G_{气}$——单位时间内输送所需空气的质量流，kg/h。

由上式可见，输送一定量的物料时，空气消耗量是与混合比成反比。混合比数值越大，输送定量物料所需的空气量和功率消耗越少，可选用管径较小的管道和容量较小的分离、除尘等设备；但增大混合比，会使系统中的压力损失增加，还可能发生输料管堵塞，需采用高压鼓风机。因而混合比的大小不但受到鼓风机压力的限制，还取决于气力输送装置的类型（吸送或压送）、输送距离、输送风速、输料管直径和物料性质等。一般吸送式气力输送系统的混合比较小，通常不超过 40；而在压送式中，混合比的变化范围很大，可达 40~80 或更高。选择混合比的可靠方法是由实验确定，也可参考气力输送实例和有关资料确定。

3）输送风速

输送风速 $v_{气}$ 是指输送物料的气流速度，它是气力输送的一个重要参数。如果输送风速过低，容易造成管道堵塞；过高，则会增加动力消耗及管道和部件的磨损、增大部件的尺寸，还可能造成物料破碎。合理的输送风速应是能够保证物料正常悬浮输送的最低风速。

输送风速 $v_{气}$ 通常可根据物料悬浮速度 $v_{悬}$ 和经验系数来确定：

$$v_{气} \geq C v_{悬} \tag{3-54}$$

式中　C——经验系数，一般取 1.5～2.5；在垂直管中输送松散物料时，取小值；在水平管中送松散物料时，取中值；管路中有两个以上弯头或布置较复杂时，取大值。

悬浮速度 $v_{悬}$ 与物料的重度、粒度、形状、表面状态和输料管直径、混合比等有关，是气力输送计算中具有实用意义的原始数据。常见的散粮悬浮速度：稻谷为 7.5 m/s，小麦为 9.8～11 m/s，大豆为 10 m/s，玉米为 11～12.2 m/s。

4）输送风量

在输料管起始段，输送物料所需的风量 Q_C（m³/h）按下式计算：

$$Q_C = \frac{1\,000\,Q}{\mu \rho_0} \tag{3-55}$$

式中　Q——生产率，t/h；

ρ_0——标准技术状态（大气压力 101 325 Pa，温度 20℃，相对湿度 50%）下的空气密度，$\rho_0 = 1.2$ kg/m³。

在确定风机的风量 Q_b 时，还应将系统的漏气量考虑进去。通常，卸料器的漏气量约占总风量的 10%～15%，除尘器约占 3%，其他管路系统约占 2%，总漏气量约占总风量的 15%～20%。此外，高真空吸送系统还要考虑由于系统内空气密度的变化对所需风机风量的影响。例如对一台真空度较大的吸粮机（装置内的压差大于 15 kPa），吸嘴接通大气，吸嘴处的空气压力等于大气压，进入吸嘴以后真空度逐渐加大，到鼓风机进口处真空度最大。也就是说，空气从吸嘴进入后在管路系统中经历一个逐步减压的过程。随着压力减小，空气会膨胀，空气密度会减小。所以，风机进口处的风量应考虑这些因素进行换算，换算公式为：

$$Q_b = \frac{\rho_0}{\rho_b} Q_C (1+c) \tag{3-56}$$

式中　ρ_b——鼓风机进口处空气的密度，kg/m³；

c——漏气系数，通常取 0.12～0.2。

5）输料管内径

输料管内径 D_n（m）可按下式计算：

$$D_n = \sqrt{\frac{4Q}{3\,600 \pi n v_{气}}} = 0.018 \sqrt{\frac{Q}{n v_{气}}} \tag{3-57}$$

式中　n——一台吸粮装置上同时工作的输料管套数。

6）系统总压力损失

气力输送系统的压力损失 $\Sigma\Delta P$ 是指其内部的空气压力由于克服气固两相流输送过程中的各种阻力而降低的量值，包括在输料直管段内的压力损失和各部件产生的局部压力损失。在输料管内，压力损失主要是由气流和物料流起动加速、摩擦碰撞、悬浮提升等消耗能量引起的；而局部压力损失是气流和物料流经过吸嘴、弯管、分离器、除尘器等部件时，由于流动情况发生骤然变化而引起的能量消耗。总压力损失 $\Sigma\Delta P$ 可通过计算，或通过对类似的装置进行测试确定。

7）风机压力

气力输送机是利用具有一定压力差的气流来输送物料的，鼓风机的压力必须高于气力输送系统的总压力损失 $\Sigma\Delta P$，气力输送机才能正常工作。考虑到计算中的确定等因素，在选用鼓风机的压力 P_b（Pa）时，要考虑一定的富裕系数，即：

$$P_b = K_b \cdot \Sigma\Delta P \tag{3-58}$$

式中　K_b——富裕系数，取 1.1~1.2。

8）鼓风机功率

鼓风机所需的功率 N（kW）可按下式计算：

$$N = \frac{Q_b H_b}{3.6 \times 10^6 \eta_b \eta_d} \tag{3-59}$$

式中　η_b——鼓风机的效率，一般为 0.6~0.8；
　　　η_d——机械传动效率，电机直接传动为 1.0，其他传动方式取 0.95~0.98；
　　　H_b——鼓风机压缩 1 m³ 气体所消耗的功，Pa，对于离心式鼓风机，取 $H_b = P_b$。

对于罗茨式鼓风机，由于其压缩过程接近于绝热过程，可近似按下式确定：

$$H_b = \frac{K}{K-1} P_{ob} \left[\left(\frac{P_e}{P_{ob}} \right)^{\frac{K-1}{K}} - 1 \right] \tag{3-60}$$

式中　K——绝热系数，对空气取 $K = 1.4$；
　　　P_e——风机出口处空气的绝对压力，对于吸粮机，$P_e \approx P_o \approx 101\,325\,\text{Pa}$；
　　　P_{ob}——风机进口处空气的绝对压力，$P_{ob} = P_o - P_b$，Pa。

9）单位功率消耗指标（动力指数）

$R_耗$ 是指气力输送机按输送量和输送距离平均消耗的功率数值，也称为动力指数，按下式计算：

$$R_耗 = \frac{N}{QL} \tag{3-61}$$

式中　N——鼓风机功率，kW；
　　　Q——技术生产率，t/h；

L——输料管全长，m。

由于鼓风机功率与鼓风机的风量、压力成正比，而鼓风机所需风量与风速成正比，与混合比成反比，鼓风机所需的压力则近似与风速的平方成正比。因此，可采取降低输送风速、争取较高的混合比和改进各部件的结构、降低输送系统的压力损失等措施降低气力输送的能量消耗。

3.5　螺旋输送机

螺旋输送机是无挠性牵引构件的输送机械，利用旋转的螺旋叶片将物料推移而进行输送，主要用来输送粉粒状散货，如水泥、谷物、面粉、煤、砂、化肥等。螺旋输送机可沿水平、倾斜或垂直方向输送物料，分为水平螺旋输送机和垂直螺旋输送机，广泛应用于粮食、冶金、建材、化工、机械、交通运输等部门。

主要优点是：螺旋输送机无空返分支，可以连续作业；结构简单，造价较低，工作可靠，易于维修；能在料槽内实现密闭输送，对环境污染小，输送易扬尘的物料优势更为明显；尺寸紧凑，横断面尺寸小，易于进出船舱，对船型适应性强；能够多点装货或卸货。

缺点是：工作过程中，由于物料对螺旋、物料对料槽的摩擦和物料的搅拌，易磨损螺旋和料槽，物料也可能破碎；对超载较敏感，易产生堵塞现象。因此，输送距离短，单位能耗较大。

螺旋输送机适用于输送磨砺性较小的物料，不宜输送黏性大、易结块及大块的物料。

3.5.1　水平螺旋输送机

水平螺旋输送机可在水平或±20°以内的倾斜范围内输送物料，工作环境温度为-20~50℃，物料温度≤200℃，输送长度一般≤40 m，长的可达60~70 m，常用于港口的螺旋卸车机和多种连续式机械的取料耙集装置。

1）工作原理和主要部件

水平螺旋输送机的工作原理是：当螺旋叶片在料槽内旋转时，装入料槽的物料由于受到本身重力和物料与料槽间摩擦力的作用，不随螺旋一起旋转，而沿着料槽轴线方向移动，物料输送的过程类似螺母相对于螺杆的运动，当螺杆在固定位置旋转时，螺母就会沿着螺杆轴线方向向前移动。

水平螺旋输送机主要由封闭料槽、螺旋、驱动装置及轴承等构成，如图3-67所示。料槽采用带平盖的半圆形断面，螺旋与料槽内壁的间隙一般为7~10 mm。料槽开有装料口和卸料口，为便于改变装或卸料的位置，还设有中间装料口和中间卸料口，不用时可将闸门关上。螺旋由电动机通过减速装置带动，支撑在首、尾端轴承和中间轴承上。物料卸载端的末端采用止推轴承，以承受作用在螺旋上的轴向力；中间为悬吊轴承，以保证各节螺旋的同轴度，并承受螺旋的重量和工作时所产生的力，其结构应紧凑、轴向和径

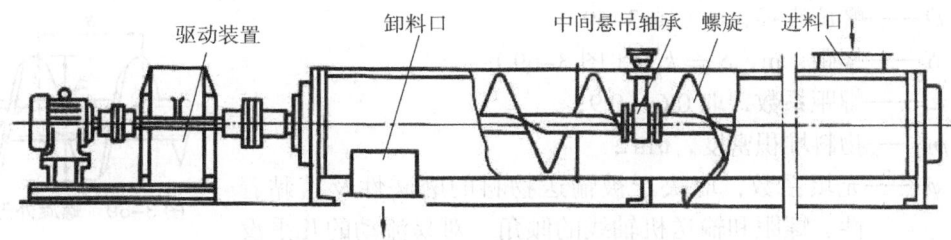

图 3-67　水平螺旋输送机构造简图

向尺寸小，以免造成积料、阻力过大和螺旋叶面间断过大。

螺旋是螺旋输送机的基本构件，由转轴和焊接在其上的叶片构成。螺旋的方向分为右旋和左旋两种。物料的输送方向是由螺旋的方向和螺旋的转动方向来决定的。

螺旋叶片的形状可分为满叶式、带叶式、桨叶式和齿形式四种（图 3-68），应根据物料的特性来选用。满叶式螺旋应用最广，它适用于流动性好，干燥的小颗粒或粉状物料；带叶式螺旋适用于块状或稍带黏性的物料，它运送的物料量比较均匀，若装货较多时，部分物料有可能从带式螺旋的空隙处挤出；桨叶式或齿形式螺旋适用于容易被挤紧的物料，它在输送过程中可对物料起搅拌、松散作用。

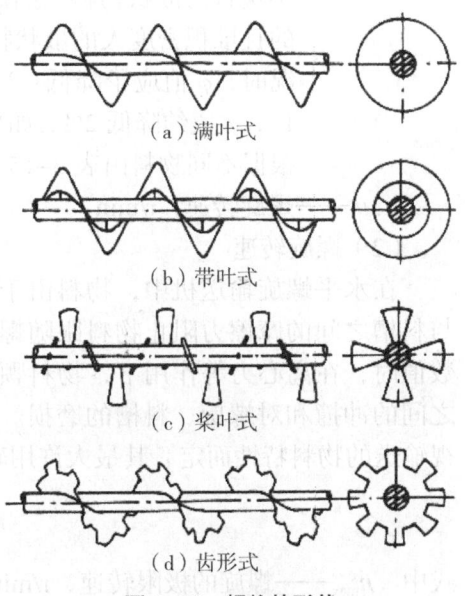

（a）满叶式
（b）带叶式
（c）桨叶式
（d）齿形式

图 3-68　螺旋的形状

2）主要参数及基本计算

水平螺旋输送机的基本参数包括生产率、螺旋转速、螺旋直径和驱动功率等，可参见《螺旋输送机》（JB/T 7679—2019）。

（1）生产率

水平螺旋输送机的生产率 Q（t/h）为质量输送量，其与输送机螺旋的轴向投影面积 $A=\dfrac{\pi}{4}D^2$、输送速度 $v=S\dfrac{n}{60}$ 和螺旋输送机料槽的填充系数 φ 有关，可按下式计算：

$$Q=3\,600\times\frac{\pi}{4}D^2\times\frac{Sn}{60}C\rho_0'\varphi=47k_1C\rho_0'\varphi D^3 n \tag{3-62}$$

式中　C——水平螺旋输送机的倾角修正系数，见表 3-14；

表 3-14　水平螺旋输送机的倾角修正系数 C

倾斜角 $\beta/°$	0	0~5	5~10	10~15	15~20
C	1.00	0.90	0.80	0.70	0.65

D——螺旋直径，m（图3-69）；
S——螺距，m，$S = k_1 D$（图3-69）；
k_1——螺距系数，取$0.6 \sim 0.9$；
ρ_0'——物料堆积密度，t/m^3；
φ——充填系数，取决于被输送物料的磨碴性及其黏着性、螺距和输送机轴线的倾角。对易流动的几乎没

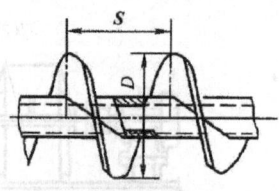

图3-69 螺旋外形尺寸

有磨碴性的物料（如面粉、谷类），取$\varphi = 0.45$；对轻度磨碴性且为颗粒状至小块状的散状物料（如盐、砂、煤），取$\varphi = 0.33$；对磨碴性和侵蚀性都很大的且堆积密度大的散状物料（如矿渣、砾石、矿石），取$\varphi = 0.15$。在下列情况时，φ值应予降低：当螺距特别大时，φ值降低10%；输送机轴线每倾斜$1°$，φ值约降低2%；如果必须要求在中间支承处装料，φ值降低10%。也可根据不同物料由表3-15选定；

n——螺旋转速，r/min。

（2）螺旋转速

在水平螺旋输送机中，物料由于自重而紧贴料槽的下半部分，当螺旋旋转时，物料与料槽之间的摩擦力阻止物料跟随螺旋旋转而产生的轴向移动。但当螺旋转速超过一定数值时，在离心力等作用下，物料颗粒便开始产生垂直于输送方向的跳动，加剧了物料之间的冲撞和对螺旋、料槽的磨损。因此，水平螺旋输送机的螺旋转速n不能过高，要视输送的物料特性而定。其最大许用转速可由下式确定：

$$n \leq n_{\max} \leq \frac{E}{\sqrt{D}} \tag{3-63}$$

式中 $n_{\max}$——螺旋的极限转速，r/min；
D——螺旋直径，m；
E——物料的综合特性系数，$m^{1/2} \cdot r/min$，由表3-15选取。

计算时，先初选螺旋直径，由式（3-62）求得的螺旋转速，并应圆整为螺旋标准系列转速，即40 r/min、47 r/min、50 r/min、53 r/min、60 r/min、67 r/min、75 r/min、85 r/min、95 r/min、105 r/min、120 r/min、130 r/min、150 r/min、170 r/min、190 r/min。螺旋转速允许有10%的偏差范围。后续确定螺旋直径后，还需用式（3-62）进行校核。

（3）螺旋直径

为满足生产率的要求，由式（3-61）可得螺旋直径D的计算公式：

$$D \geq 0.277 \cdot \sqrt[3]{\frac{Q}{C k_1 \rho_0' \varphi n}} \tag{3-64}$$

如果输送的物料粒度较大，螺旋直径还应按物料的粒度进行校核：
对筛分过的物料：$D \geq (4 \sim 6) a_{\max}$，$a_{\max}$为物料最大粒度（mm）；
对未筛分过的物料：$D \geq (8 \sim 10) a$，a为物料平均粒度（mm）。
选定的螺旋直径还应圆整为标准直径，即：150 mm、200 mm、250 mm、300 mm、400 mm、500 mm、600 mm。

表 3-15　螺旋叶片形状、充填系数 φ 和物料综合特性系数 E 的选用

物料粒度	物料磨磋性	物料种类	推荐螺旋叶片形状	充填系数 φ	E ($m^{1/2} \cdot r/min$)
粉状	无磨磋性 半磨磋性	石灰石、石墨	满叶式螺旋	0.35～0.40	75
粉状	磨磋性	干炉灰、水泥、石膏粉	满叶式螺旋	0.25～0.30	35
粒状	无磨磋性 半磨磋性	谷物、泥煤	满叶式螺旋	0.25～0.35	50
粒状	磨磋性	砂、型砂、炉渣	满叶式螺旋	0.25～0.30	30
小块状 $a<60$ mm	无磨磋性 半磨磋性	煤、石灰石	满叶式螺旋	0.25～0.30	40
小块状 $a<60$ mm	磨磋性	卵石、砂岩、炉渣	满叶式或带叶式	0.20～0.25	25
中等及大块 $a>60$ mm	无磨磋性 半磨磋性	块煤、块石灰	满叶式或带叶式	0.20～0.25	30
中等及大块 $a>60$ mm	磨磋性	干黏土、硫矿石、焦炭	满叶式或带叶式	0.125～0.20	15

注：a 为粒度。

（4）驱动功率

水平螺旋输送机的驱动功率取决于在物料输送过程中为克服各种阻力所消耗的能量。输送中的各项阻力包括：物料与料槽间的摩擦阻力、物料与螺旋叶片之间的摩擦阻力、输送过程中物料颗粒间的摩擦和被搅拌与挤碎所发生的阻力、轴承的阻力以及倾斜输送时用于提升物料的阻力等。这些阻力都必须由驱动电机输出的扭矩来克服。

物料运行时所需功率 P_H（kW）可按下式计算：

$$P_H = \frac{QL}{367}\lambda \tag{3-65}$$

式中　Q——生产率，t/h；

L——输送长度，m；

λ——运行阻力系数，取决于输送机所输送的物料，通常 λ 为 2～4，可参见 JB/T 7679—2019 中表 A.2。

螺旋输送机空载运转的功率 P_N（kW）按下式计算：

$$P_N = \frac{DL}{20} \tag{3-66}$$

式中　D——螺旋直径，m。

输送机在倾斜输送时，用于克服提升物料的阻力所需功率 P_{st}（kW）按下式计算，向下输送时取负值。

$$P_{st} = \frac{QH}{367} \tag{3-67}$$

式中　H——输送机的提升高度，m。

水平螺旋螺旋轴的轴功率 P_0（kW）为上述三项功率之和，即：

$$P_0 = \frac{Q}{367}(\lambda L \pm H) + \frac{DL}{20} \tag{3-68}$$

电动机的驱动功率 P（kW）按下式计算：

$$P = K\frac{P_0}{\eta} \tag{3-69}$$

式中　K——功率备用系数，根据满载启动的要求及电动机的起动能力，在 1.1 ~ 1.4 范围内选取；

　　　η——驱动装置总传动效率，一般取 0.9 ~ 0.94。

3.5.2　垂直螺旋输送机

垂直螺旋输送机可自动从料堆或船舱内取料，在港口可作为连续散货卸船机的取料装置。

1）工作原理和主要部件

垂直螺旋输送机（图 3-70）的基本构件与水平螺旋输送机相同。它采用满叶式螺旋和圆柱形料槽，利用下部一段短的水平螺旋输送机进行供料，若水平螺旋不加罩壳，可直接从货堆取料。垂直螺旋与水平螺旋分别有单独的驱动装置。垂直螺旋输送机的运行阻力和功率消耗比水平螺旋输送机大。在各种连续输送机中，它的功率消耗仅低于气力输送机。

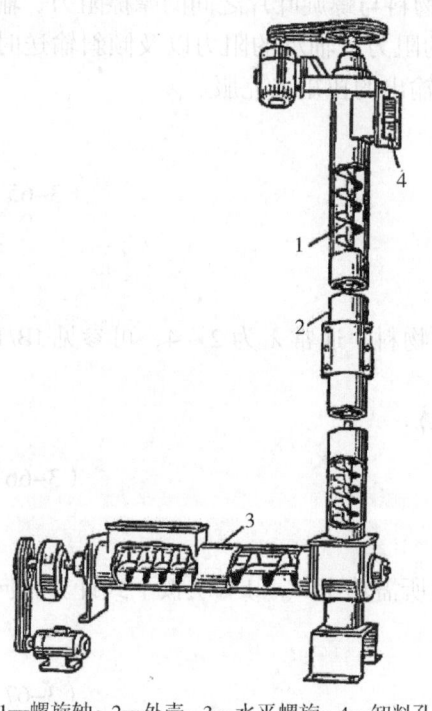

1—螺旋轴；2—外壳；3—水平螺旋；4—卸料孔
图 3-70　垂直螺旋输送机

垂直螺旋输送机的工作原理与水平螺旋输送机不同。在垂直螺旋输送机中，物料的自重是向下的，当螺旋旋转时，物料与螺旋叶片之间的摩擦力使物料也跟着旋转。对于一般的垂直螺旋输送机，其填充率较低，一般在 0.4 ~ 0.7。分析螺旋面上单一颗粒的运动可知，垂直输送时物料主要受离心力的作用而与外壳内管壁贴紧，并由此产生对管壁的摩擦力而实现物料垂直输送。当螺旋的转速不高时，物料颗粒随螺旋转动所产生的离心惯性力不足以克服物料与螺旋面之间的摩擦力，这时物料位于螺旋面上保持相对静止状态。当螺旋转速较高时，物料所产生的离心惯性力大于物料与螺旋面之间的摩擦力，物料就向螺旋叶片边缘移动，直至压向料管内壁而产生管壁对物料的摩擦力。但如果这个摩擦力较小，不足以克服物料与螺旋面之间的摩擦力和物料重力沿螺旋面的分力，则物料仍随叶片绕螺旋轴旋转，颗粒仍不能上升。只有在螺旋转速足够高、物料的离心力足够大，使管壁对物料的摩擦力足以克服螺旋面与物料间的摩擦力和物料重力沿螺旋面的分力时，物料的转速将低于螺旋转速，开始沿螺旋形轨迹上升，因此，螺旋轴具有足够高的转速是物料能在垂直螺旋输送机内向上输送的必要条件。

2）主要参数及基本计算

垂直螺旋输送机的基本参数包括生产率、螺旋转速、螺距、输送速度、螺旋直径和驱动功率等。

（1）生产率 Q

垂直螺旋输送机的生产率 Q（t/h）可按下式计算：

$$Q = 3600 A \rho_0' v_z \varphi \tag{3-70}$$

式中 A——料槽断面面积，m^2，由于料槽断面为圆形，则 $A = \dfrac{\pi}{4}(D^2 - d^2)$；

D——螺旋直径，m；

d——螺旋轴直径，m；

ρ_0'——物料堆积密度，t/m^3；

v_z——物料的垂直输送速度，m/s；

φ——充填系数，与水平螺旋的供料压力及物料进入垂直段加速情况有关，一般取 0.4~0.7。

近年来由于供料方式的改进，垂直螺旋输送机的充填率有了很大提高，采用具有内外螺旋双向旋转并带有喂料翼板的特制给料器，可使垂直螺旋输送机充填率 φ 高达 0.7~0.9，大大提高了垂直螺旋输送机的生产率。

（2）螺旋转速、输送速度和螺距

垂直螺旋输送机中，物料开始出现垂直向上运动时螺旋的最低转速称为临界转速 n_k（r/min）。它由下式计算得到：

$$n_k = \dfrac{30}{\pi} \sqrt{\dfrac{g \cdot \tan(\alpha + \varphi_m)}{R \mu}} \tag{3-71}$$

式中 α——螺旋面的升角，一般取 12°~18°，单线螺旋取小值，双线螺旋取大值；

φ_m——物料与螺旋面间的摩擦角，°；

g——重力加速度，9.81 m/s²；

R——螺旋的半径，m；

μ——物料与料槽内壁的摩擦系数。

由式（3-70）可知：μ 越小，则 n_k 越大，说明光滑的管壁要求较高的螺旋转速。当螺旋转速超过临界转速以后，物料将向上运动。这时，在垂直于螺旋轴的横断面上，整个物料的分布就像一个个同心圆。最外一层物料贴紧在管壁上，由于管壁的摩擦，这层物料因其转速落后于螺旋的转速而被输送；其余处于同心圆上的物料由于物料之间内摩擦力的作用，也随外层物料一起向上运动。

可见，垂直螺旋输送机正常运行时，螺旋转速 n_s 应大于临界转速 n_k，其值按下式确定：

$$n_s = k_2 n_k \tag{3-72}$$

式中 n_s——螺旋转速，r/min；

k_2——转速放大系数，一般在 1.5～3.0 之间选取，当 n_k 较高时，k_2 可适当取小值。

螺旋外缘线速度 v_s 与螺旋速度的关系为：

$$v_s = \frac{\pi}{30} R n_s \tag{3-73}$$

垂直螺旋输送机的物料输送速度 v_z 按下式计算：

$$v_z = \frac{\pi D}{60}(n_s - n_k)\frac{\sin 2\alpha}{2} \tag{3-74}$$

根据式（3-70），当 $\alpha + \varphi_m = 90°$ 时，$n_k \to \infty$，所以应使 $\alpha + \varphi_m < 90°$，即 $\alpha < 90° - \varphi_m$，即

$$\tan\alpha < \tan(90° - \varphi_m) = \frac{1}{\tan\varphi_m} = \frac{1}{\mu_m}$$

式中 μ_m——物料与螺旋面间的摩擦系数，$\mu_m = \tan\varphi_m$。

又因螺旋面升角 α 与螺距 S、螺旋直径 D 的关系是：$\tan\alpha = \frac{S}{\pi D}$，由此可知，螺距 S 与螺旋直径 D 必须满足的条件是：

$$\frac{S}{D} < \frac{\pi}{\mu_m} \tag{3-75}$$

（3）螺旋直径

垂直螺旋输送机螺旋的直径 D 按下式计算：

$$D = 0.189 \times \sqrt[3]{\frac{(\cot\alpha + C_2/C_1)Q}{\varphi\rho_0'(1-k_3^2)n_s}} \tag{3-76}$$

式中 k_3——螺旋轴直径 d 与螺旋直径 D 的比值；

C_1，C_2——计算物料的过渡系数，与物料的垂直输送速度 v_z、物料的水平圆周速度 v_x 有关，其值按下式确定：

$$C_1 = \frac{v_z v_x^2}{\sqrt{v_z^2 + v_x^2}}, \quad C_2 = \frac{v_x^3}{\sqrt{v_z^2 + v_x^2}} \tag{3-77}$$

（4）驱动功率

垂直螺旋输送机的轴功率 P（kW）主要消耗在提升物料、克服物料与管壁、物料与螺旋之间的摩擦以及物料颗粒之间的搅拌上，可按下式进行计算：

$$P = \omega \frac{QH}{367\eta} \tag{3-78}$$

式中 Q——输送机的生产率，t/h；

H——提升高度，m；

ω——阻力系数，根据经验选取。对于谷物类可取 5.5～7.5；对于食盐等可取 6.5～8.3；

η——输送机的输送效率，其值可查阅相关图表或按下式计算：

$$\eta = \frac{C_1 \tan\alpha}{C_2(C_1 + C_2\tan\alpha)\tan(\alpha + \varphi_m)} \tag{3-79}$$

第 4 章 港口搬运及专用机械

4.1 集装箱正面吊

集装箱正面吊运起重机（简称集装箱正面吊或正面吊）是一种用来完成集装箱水平运输和堆码作业的搬运机械，具有机动性强、作业效率高、操作简便舒适等优点，是一种应用较广的港口装卸搬运车辆，如图4-1所示。但跨箱装卸作业能力有限，倒箱率高，单箱作业成本和维护成本高，能耗高，排放的废气污染环境。

（a）堆码

（b）装卸

（c）水平搬运

图 4-1 集装箱正面吊示例

4.1.1 分类

按吊运的载荷，可分为重箱正面吊和空箱正面吊。前者，主要对重载的集装箱进行作业，一般第一排可以堆码4~5层集装箱；后者，仅对空集装箱进行作业，一般前排可以堆码7~8层集装箱，最高到10层。目前，空箱正面吊应用较少，港口/码头的空箱吊运作业主要采用集装箱空箱堆高机（见本章第4.3节）。

按臂架的结构形式,分为单臂架正面吊和双臂架集装箱正面吊。单臂架正面吊的特点是起重臂采用单箱结构,用两只俯仰液压缸在臂架两侧支承,结构简单、制造方便、操作灵活。单臂架正面吊按照臂架的结构形式又可分为直线形单臂架正面吊[图 4-1(a)]和圆弧形单臂架正面吊[图 4-1(b)]。市场上的主流产品为直线形单臂架正面吊,圆弧形单臂架正面吊虽然适合对第 2、3 排进行隔箱作业,扩大了作业范围,但制作工艺相对复杂,购置和维护成本高。双臂架正面吊应用较少,采用双起重臂时,每个臂架分别由一只俯仰液压缸支承。

4.1.2 主要部件及系统

正面吊主要由动力及传动系统、制动系统、转向系统、吊具、车架、臂架、司机室及操纵系统、液压系统、电气系统、安全保护装置等组成。

1)动力及传动系统

动力及传动系统包括发动机、液力变矩器、变速箱、传动轴和驱动桥等,如图 4-2 所示。

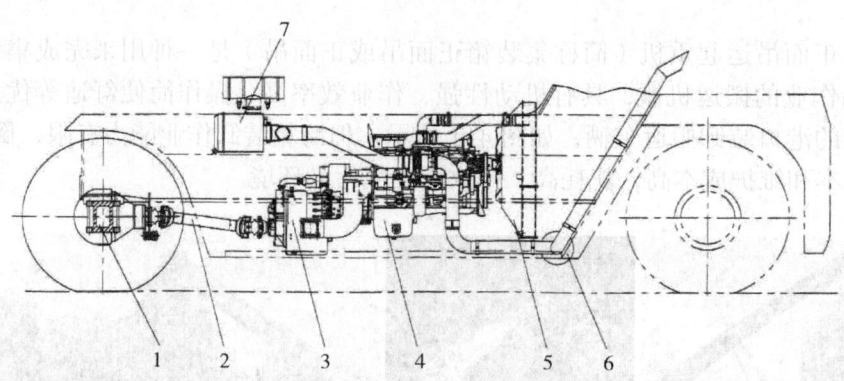

1—驱动桥;2—传动轴;3—变速箱;4—发动机;5—风扇;6—消声器;7—空气滤清器

图 4-2 动力及传动系统示意图

(1)发动机

正面吊采用柴油发动机为整机提供动力。需要合理配置发动机功率,如功率太小,会造成工作速度降低,生产率下降;功率太大,会增加油耗,加大造价和运营成本,整机经济性降低。发动机性能应与变速箱、驱动桥等合理匹配。目前产品一般为全电控系统以使燃油雾化充分,提高节油率,并带有涡轮增压器,提高发动机效率。发动机的排放一般应符合欧美非公路机动设备环保排放第三阶段标准要求。

(2)变速箱

变速箱通过改变传动比实现减速增扭,以及实现倒退行驶、利用空挡中断动力等功能。

正面吊一般采用定轴式动力换挡变速箱,液压操纵,控制变速箱多片摩擦离合器动力换挡。动力换挡摩擦离合器与液力变矩器配合使用，不需切断发动机动力就可以实现换挡。

（3）传动轴

变速箱和驱动桥之间采用可伸缩万向传动轴连接，变速箱输出动力，通过传动轴传递给驱动桥，实现整机前进或后退。传动轴的输入轴和输出轴夹角应符合变速箱厂家的要求，一般不宜大于8°。

（4）驱动桥

驱动桥位于传动系末端，能改变来自变速箱的转速和转矩，并将它们传递给驱动车轮。另外，驱动桥还要承受作用于路面和车架或车身之间的垂直力、纵向力和横向力，以及制动力矩和反作用力。

正面吊一般采用前桥驱动，带载完成整车的运行。空载时，驱动桥承受约整车50%的重量；重载时，驱动桥支承整车（包括吊重）85%~90%的重量，这要求驱动桥具有足够大的动、静态承载能力，驱动桥的承载力一般在100 t以上。

驱动桥组成包括主减速器、差速器、半轴、轮边减速器、制动器和桥壳。差速器可使两侧车轮以不同角速度旋转同时传递转矩，保证车轮的正常滚动。

（5）车轮

正面吊的前桥每端有2个车轮，共4个车轮；后桥每端有1个车轮，共2个车轮。车轮主要由轮胎和轮辋构成，轮胎通过轮辋固定在前、后桥上。一般选用18.00-25型号的无内胎式充气轮胎。在具体使用中，有些港口企业为了提高后轮转向轮胎的耐磨性，后轮轮胎采用实心轮胎。

2）制动系统

制动系统的主要功能是使行驶中的正面吊减速甚至停车、使下坡行驶速度保持稳定、使停驶的正面吊保持不动。

制动系统包括行车制动器和驻车制动器。通常行车制动与驻车制动的控制装置是相互独立的。行车制动器一般为湿式多片制动器，集成在驱动桥端部。驻车制动器一般为盘式制动器，装设在驱动桥的输入端。

3）转向机构

转向机构采用全液压转向，一般设置在后桥。正面吊的轴距长、外形尺寸大，为了提高其通过性，转向轮转角需达到70°~75°。

转向机构（图4-3）由转向桥梁、连杆转向节臂、转向液压缸、轮毂及轮胎等组成，转向机构通常采用曲柄滑块式转向方式，每侧的车轮6转向都由曲柄滑块式机构驱动，由双出杆转向液压缸提供动力，液压缸的活塞实现滑块功能，驱动两侧的连杆和转向节臂使车轮转动。该形式构造简单，操纵方便，转向效果好。为操作方便，用户要求正面吊在停驶状态下，转向车轮能够转向，所以转向液压缸的直径较大。

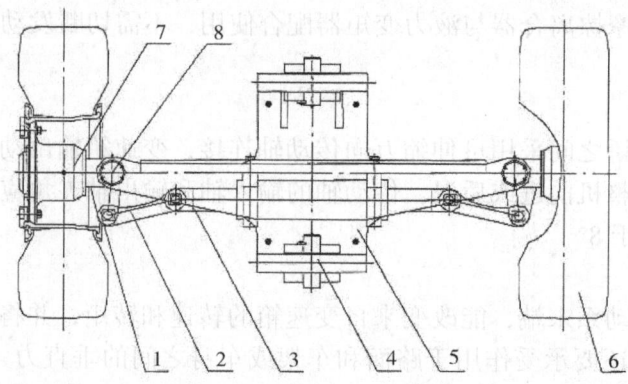

1—转向节臂；2—连杆；3—转向液压缸；4—转向支座；5—转向桥梁；6—车轮；7—轮毂；8—转向销轴

图 4-3 转向机构示意图

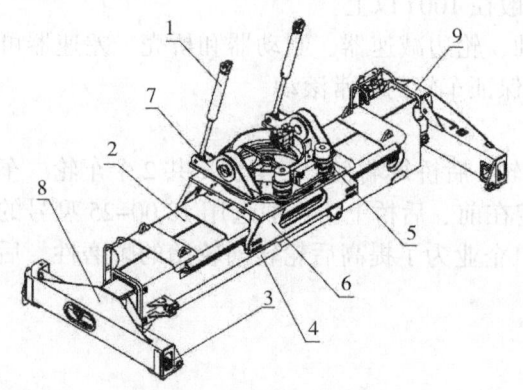

1—吊具减摇机构；2—底架；3—吊具转锁机构；4—吊具横移机构；5—吊具回转机构

图 4-4 自动伸缩式吊具结构示意图

4）吊具

吊具是正面吊装卸集装箱的重要工作部件，也是较易出现故障的零部件之一，其性能直接影响到正面吊整机性能和工作效率。目前应用较多的是自动伸缩式吊具（图 4-4），该吊具应能装卸《系列 1 集装箱 分类、尺寸和额定重量》（GB/T 1413—2008）规定的 20 ft 和 40 ft 集装箱，具有左右伸缩、横移、回转、倾斜、减摇等功能。

5）车架

车架是正面吊的主要结构件，承受着正面吊上部结构自重、起升载荷、风载荷和各机构的惯性力以及阻力矩。在车架中间悬挂布置有动力及传动系统，前部和后部分别连接驱动桥和转向桥，并将载荷通过轮胎传递到地面。

6）臂架

臂架是正面吊重要的升降构件，通常由基本臂和伸缩臂构成。它不仅可以绕车架销轴作俯仰动作，还可以作伸缩运动。图 4-5 为臂架工作示意图。在控制臂架重量的前提下，增强臂架强度是改善正面吊起吊性能的重要途径之一。

如图 4-5 所示，正面吊臂架系统工作机构包括臂架伸缩机构和臂架俯仰机构。两个机构均采用液压缸驱动，使整车操作平稳、灵活。臂架机构应保证正面吊能可靠地进行带载变幅。

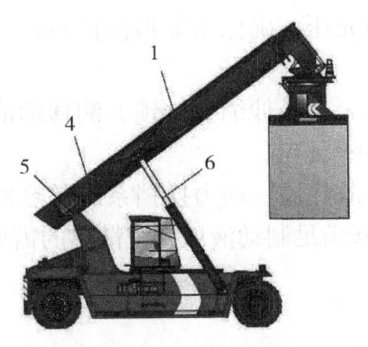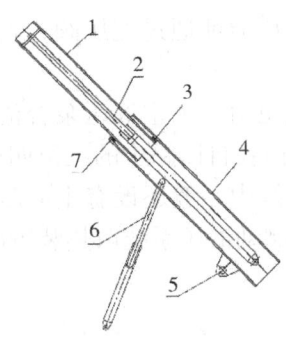

1—伸缩臂；2—伸缩液压缸；3—上支撑装置；4—基本臂；5—车架链接支座；6—俯仰液压缸；7—下支撑装置

图 4-5 臂架伸缩和俯仰工作示意图

7）司机室及操作系统

为了获得良好的操作视野和方便设备维修和检查，司机室一般为移动式，有自动移动和手动推拉两种方式。司机室的移动应平稳、可靠，并应设置限位装置。司机室后面带有铺设电缆和液压管路的拖链随司机室一起前后移动。

司机室一般为无框架玻璃视窗，在其正面、两侧面、顶面采用大面积防眩目层压安全玻璃。司机作业时不应产生视线盲区。司机室顶部应设有头顶保护装置，能抵抗一般的冲击和扭曲。司机室内装有冷暖空调，空调应具有防雾、除霜和换气功能，保证前视野不会由于温差而产生雾气。

操作系统的操作手柄、按钮应布置合理、人性化，应符合安全人机工程学，保证操纵的舒适性和安全性，以及操作方便、灵活、耐用，并配有功能指示标识。

8）液压系统

正面吊除行驶部分外，臂架俯仰/伸缩、车辆转向/制动以及吊具的回转/横移/伸缩/转锁动作均采用液压驱动。液压系统为开式传动回路，压力油由 2 台主泵和与之串联的若干齿轮泵提供。2 台主液压泵安装在变速箱的 2 个取力口上，由柴油发动机驱动。主液压泵为恒压恒流量（负荷传感）变量柱塞泵。整个主系统的变量泵与主阀之间多采用负荷传感方式进行控制。

起升液压系统（臂架俯仰或伸缩）由 2 个主液压泵合流供油，均为双作用液压缸，采用电液比例先导溢流阀控制多路换向阀，进行换向，从而实现臂架伸缩和俯仰动作。俯仰和伸缩液压缸上应安装有平衡阀或防破裂阀，防止高压胶管破裂引起负载下落。

转向液压系统油路由主泵或串联在主泵后的齿轮泵、优先阀、液压转向器和转向液压缸等组成。液压缸由液压转向器控制。优先阀一般集成在主控制阀组中，其作用为确保转向器总能得到充足的流量，以保证方向盘的操作力、角度与转向速度、转向角度始终保持平衡。转向液压系统最高工作压力由该系统中的溢流阀设定。转向器设有一只单向阀，防止来自转向机构的意外冲击负载传到司机手上。

制动液压系统由行车制动和驻车制动两条液压回路组成。行车制动和驻车制动回路中均装有蓄能器,压力油通过充压阀为蓄能器充压,确保蓄能器保持不低于允许的最低工作压力。

吊具液压系统也由2个主液压泵合流供油。吊具伸缩、转锁、侧移动液压缸,以及回转马达等的动作由各自回路中的三位四通电磁阀控制。

在整机液压系统中一般还设有主液压系统散热器、动力换挡系统散热器以及制动液压系统散热装置。制动液压系统散热装置应能够满足制动液压系统散热的需要。

9) 电控系统

电控系统利用集成的控制器进行正面吊各种动作的控制,应具有扩展功能。一般采用先进的控制器局域网络(controller area network,CAN)总线技术,保证数据的可靠通信。

蓄电池保证发动机能够在低温下启动,蓄电池出线处应设有开关。

臂架及吊具电缆,应选用耐油、挠性、多芯软电缆,并对电缆与端子板或元件的连接处采取防水措施。对有相对运动的电缆及电气元件应采取保护措施,所有连接导线两端应有与电气原理图和配线表一致的明显编号牌,标明线号和线束号。

在臂架和吊具处应设置工作照明装置,并在车辆前后端设置行驶照明装置。正面吊应设置转向指示灯、示廓灯、制动灯、工作警示灯和喇叭。

10) 安全保护系统

正面吊属于特种设备,机动性强,可以带载行驶,臂架也可以带载伸缩和俯仰,因此需要有完善的安全保护系统,以保证安全工作。

(1) 防倾覆安全保护

可采用指针指示型或开关型控制方式,也可同时采用两种方式。

指针指示型控制方式是根据起升载荷和幅度的关系,用指针显示正面吊各种状态的起重力矩,在危险状态下发出声响警报。开关型控制方式是根据正面吊车架和后桥铰轴的相对位置变化来监控正面吊的起重力矩,当相对位置到达预设极限状态时,感应开关动作,此时保护系统起作用,臂架伸出和俯下动作被禁止,从而确保正面吊不前倾,但这时可以进行臂架仰起和缩回的操作。

必要时,在切断防倾覆保护后,臂架在危险状态下可以伸出或俯下,这时,蜂鸣器及指示灯发出危险报警信号。

正面吊的防倾覆安全保护装置具有显示、报警、停止动作等功能。当实际力矩达到额定力矩的90%~95%时,应报警。当实际力矩达到额定力矩100%~105%时,应起作用。

一般在司机室内配有实时显示载荷大小、载荷距离和载荷高度的显示装置。

(2) 带载高速行驶安全保护

当正面吊的吊具下吊有集装箱时,转锁处于关闭状态,此时保护系统将变速箱的高速挡位锁定禁用,正面吊仅可低速挡行驶。

正面吊还设置带箱高速行走的警示系统。当吊具下吊有集装箱时,如果正面吊的行驶速度达到或超过 10 km/h 时，该系统能发出提示性报警信号。

（3）制动安全保护

正面吊设置驻车制动未脱离制动位置前不能挂挡的保护功能。如果制动油路压力不足或驻车制动没有释放，相应指示灯闪光，同时保护系统切断有关回路，使正面吊无法行走。

（4）起升安全保护

当吊具转锁没有旋转到位时，转锁旋转到位开关不动作，臂架仰起保护电磁阀动作切断仰起控制油路，此时不能操纵臂架仰起。

（5）转锁到位安全保护

转锁到位安全保护系统设置为只有当4个转锁全部开、闭锁到位后才能进行仰起作业，而集装箱被吊起后，吊具的伸缩、转锁操作无效。该系统处于保护状态时，应同时有灯光显示。

司机室内配置吊具转锁旁路按钮开关，也需配置与吊具同步的开闭锁和着床指示灯。

（6）应急保护

正面吊应设置紧急停止开关，在紧急情况下能使臂架和吊具停止动作。应具有应急下放功能，当正面吊在工作过程中失去动力时，应能安全可靠地放下集装箱。

（7）倒车保护

正面吊应设置倒车报警装置，倒车时，报警装置应能发出清晰的报警音响信号和闪烁的灯光信号。为了增加倒车的可视范围，正面吊宜设置倒车监视装置。

（8）其他保护

正面吊应配备发动机冷却水温度、机油压力、转速、变速箱油压、油温和液压系统油温的显示或报警装置。正面吊应设置燃油箱保护装置，用单独的封罩或挡板将燃油箱和加油装置与电气系统、废气排放系统隔离。

4.1.3 主要技术参数和指标

1）起重量

重载正面吊的额定起重量一般为 35 t、40 t、41 t、42 t、45 t 和 46 t 等，空箱正面吊的额定起重量一般为 6~10 t。如果要求正面吊配备吊钩吊运件杂货，不同幅度起重量是不同的。

2）起升高度

起升高度 H 为吊具在最高工作位置时，其转锁下缘与地面的距离，如图 4-6 所示。起升高度是堆层高度和安全高度之和。堆层

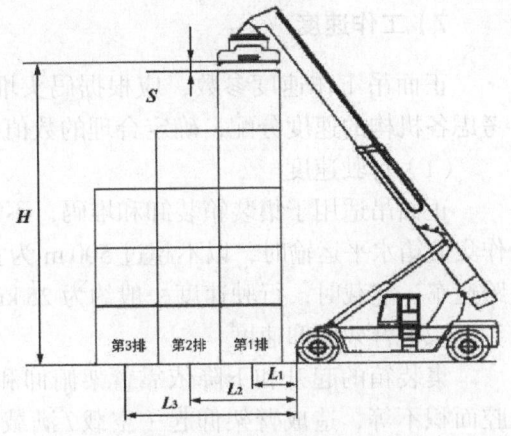

图 4-6 正面吊外形及技术参数图

高度指正面吊前方可吊运的第一排集装箱最大堆层的高度。安全高度 S 指正常工作情况下，吊具在最高工作位置时，吊具转锁下缘与最高层集装箱上表面的垂直距离，不应低于 350 mm。

起升高度要根据堆场的实际堆码情况选取。起升高度应为考虑吊具、臂架及车架的刚性后的净高度。

3）幅度

最小工作幅度 L_1 指能够吊起第一排额定起重量的集装箱时，吊具垂直中心线至车体前缘的水平距离。车体前缘与集装箱要有定的安全距离，这一距离选择过大，将增加正面吊整机重量，过小则影响作业。最小工作幅度一般取 1.6 ~ 2 m。

最大工作幅度 L_3 指正常工作情况下正面吊车体前缘距能堆码的最外排集装箱中心线的距离。正面吊一般应能过两排堆码到第 3 排，最大工作幅度一般大于 6.2 m。

4）外形尺寸

正面吊需要在货场内作业，要求控制整车的外形尺寸，便于通过较狭窄的货场通道。车身高度一般控制在 4.8 m 以内，宽度控制在 4.3 m 以内，整机长度根据堆码层数具体确定，还应综合考虑整机稳定性和结构受力情况。

5）转弯半径

转弯半径指转弯过程中，正面吊尾部最外侧距转弯中心的距离。转弯半径直接影响正面吊通过的通道尺寸，一般要求在 8.5 m 以下，大部分厂家产品的转弯半径为 8 m 左右。

6）爬坡度

爬坡度分重载和空载爬坡度。重载爬坡度是正面吊吊运额定载荷行驶时，能以慢速挡行驶上去的最大坡度。空载爬坡度是正面吊空载行驶时，能以慢速挡行驶上去的最大坡度。

7）工作速度

正面吊工作速度参数，应根据码头堆场（或中转站）的集装箱装卸量来确定，同时考虑各机构的速度分配，确定合理的数值。

（1）行驶速度

正面吊适用于集装箱装卸和堆码，不宜用作长距离的集装箱搬运。在码头前沿与堆场作集装箱水平运输时，以不超过 500 m 为宜，距离远时应采用集装箱牵引车—半挂车组或跨运车。空载时，行驶速度一般约为 25 km/h；满载时，行驶速度一般在 15 km/h 以下。

（2）臂架俯仰速度

集装箱的起升和下降依靠臂架俯仰和伸缩的联合动作来完成。臂架俯仰液压缸两油腔面积不等，造成臂架仰起（空载/满载）与俯下（空载/满载）的速度不等。仰起时，空载较快；俯下时，重载较快；臂架头部平均速度一般约为 0.2 m/s。

（3）吊具工作速度

吊具工作时需要准确对位，速度不宜过高，但功能应齐全，操纵应方便，包括吊具伸缩速度、吊具横移速度、吊具回转速度。

吊具伸缩速度——正面吊作业时，总是连续吊运同一规格集装箱，不同箱形交叉作业情况较少。伸缩速度一般约为 0.2 m/s。

吊具横移速度——吊具左右横移主要用于调节集装箱重心和对箱，横移距离一般为 ±800 mm，横移速度一般取 0.1 m/s。

吊具回转速度——吊具回转主要用于对箱和直行通过较狭窄的通道，回转机构应能实现至少一个方向回转角度不小于 185°，另一方向回转角度不小于 95°，回转速度为 1～1.5 r/min。

8）轮压

最大工作轮压是指正常工作情况下，正面吊在最小工作外伸距，吊运额定载荷时前轮的压力。额定起重量为 40～45 t 时，正面吊整机质量（包括起升质量）为 100～115 t，前轮每个轮胎承压可达到 225 kN 以上。

最大非工作轮压是指非工作情况下，正面吊将臂架完全缩回并仰起时后轮的压力。后轮每个轮胎的承压一般约为整机自重（不含集装箱时约 600 kN 以上）的 1/4。

行驶轮压是指正常工作情况下，正面吊吊运额定载荷，臂架仰起，载荷中心线距前轮外沿 0.5 m 时前轮的压力。正面吊吊运 40～45 t 额定载荷处于行驶工况时，前轮每个轮胎压力约为 200 kN。在正面吊选型时，应注意轮压的影响，其作业范围内的路面应满足轮压的要求，才能保证正面吊正常平稳运行。

9）轮胎接地压力

轮胎接地压力指正面吊轮胎接地单位面积承受的压力。正面吊工作情况下，轮胎最大接地压力一般约为 1 MPa，非工作情况下约为 0.65 MPa，行驶时约为 0.9 MPa。

10）生产率

正面吊在规定的工作条件下连续作业时（图 4-7），单位时间内完成作业的集装箱数量，以 TEU/h 计，包括设计生产率和实际生产率。设计生产率是按照典型吊运工艺过程和机构工作速度进行计算。一次吊运工艺过程包括起升时间、行驶时间、下降时间、吊具对位时间、转

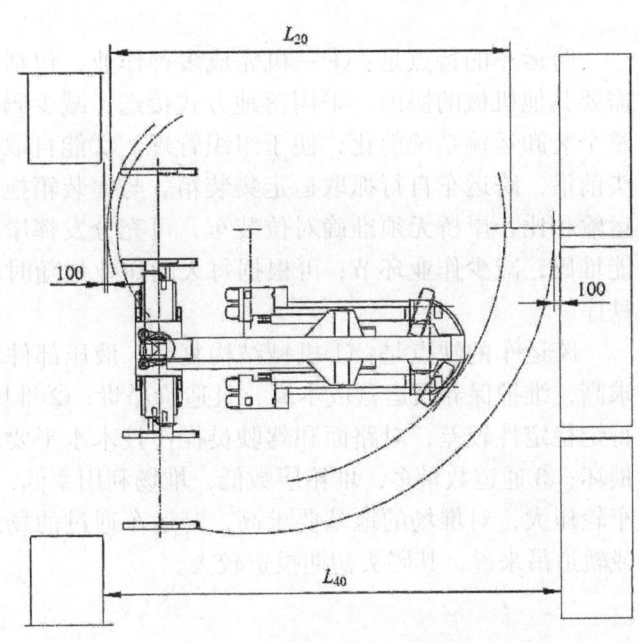

图 4-7　正面吊通过通道示意图

锁锁紧、脱开时间等。起升、下降和行驶时间与速度和距离有关，同时还应考虑起、制动所需要的时间。

实际生产率是指具体工作条件下，正面吊连续进行作业，一小时内实际完成作业的集装箱数量，受货场作业条件、装卸工艺方式和司机操作熟练程度等因素的影响，一般为设计生产率的 50%~75%。

4.2 集装箱跨运车

集装箱跨运车（简称跨运车）是将集装箱搬运、堆码、换装和装卸功能集一体的专用搬运机械，如图 4-8 所示，一般用于集装箱码头的短中途运输集装箱并可用作场地的堆垛，尤以欧洲国家及北美地区码头使用较多。

（a）搬运　　　　　（b）堆码　　　　　（c）换装　　　　　（d）装卸

图 4-8　集装箱跨运车示例

跨运车的特点是：①一机完成多种作业，包括自取、搬运、堆垛、装卸等。中间不需要其他机械的协助。采用落地方式接送，减少码头的机种和数量，减少作业环节，使整个装卸运输系统简化，便于组织管理。②能自取、对位快。岸桥只需将集装箱卸在码头前沿，跨运车自行抓取运走集装箱。与集装箱拖挂车、集装箱自动导引车等进行水平运输相比，岸桥无须准确对位装车，可充分发挥岸桥的效率。③机动性强。既能搬运又能堆码，减少作业环节；可根据每天的作业量随时增减作业机械数量，而不会打乱作业秩序。

跨运车的缺点是：①机械结构复杂，液压部件多，故障率高，对维修人员的技术要求高，维护保养及运营成本高，且造价昂贵；②堆垛型跨运车整机车体高而窄，重心高，行走稳定性较差，对路面和驾驶员操作技术水平要求高，驾驶员对位不准易造成集装箱损坏；③通道数量多，堆箱层数低，堆场利用率低，堆场内翻箱、倒箱困难；④由于跨运车轮压大，对堆场的地基要求高，跨运车通过的场地都要进行地基的加固。相对轮胎吊或轨道吊来说，其码头初期投资较大。

4.2.1 分类

按功能和高度，可分为堆垛型跨运车和低矮型跨运车。传统的堆垛型跨运车通常堆高层数在2~3层箱。由于结构高大，为减轻自重，堆高用的机型门框间采用钢丝绳牵拉等方式，以提高门框的刚度（图4-9）。低矮型跨运车一般用于岸桥与堆场间的水平运输，只能堆1层集装箱或无堆码功能，其起升高度一般只能将集装箱吊运到集装箱拖挂车上。

按车轮数量，可分为八轮跨运车和六轮/四轮跨运车。传统的堆垛型跨运车基本采用每侧4轮形式，即八轮跨运车。低矮型跨运车一般为每侧3轮或2轮形式，即6轮跨运车或4轮跨运车。

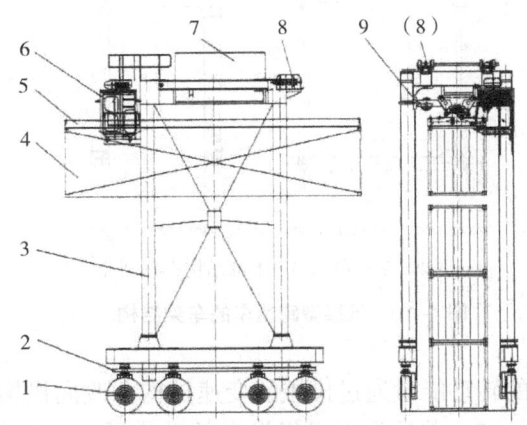

1—行走系统；2—转向系统；3—车架结构；4—集装箱；
5—吊具；6—驾驶室；7—动力系统；8—升降系统；9—导向装置

图 4-9 堆垛型跨运车示意图

按转向方式，可分为全轮转向和两轮转向。前者的各轮均有转向功能，通过液压缸及连杆机构来实现全部车轮的转向，转弯半径小。后者每侧只有一个车轮具有转向功能。其转向机构简单，能够满足一定转弯半径的转向需要。

按传动系统，可分为机械式或液力机械式传动、液压式传动、内燃电动式传动、内燃电动混合动力四类。

4.2.2 主要部件及系统

跨运车主要包括车架结构、动力系统、运行系统、转向系统、制动系统、升降系统、吊具与导向装置、液压系统、电控系统等（图4-9）。

1）车架结构

跨运车的车体结构为门框形式，低矮型跨运车和堆垛型跨运车的车架结构分别如图4-10和图4-11所示。结构顶部安装有柴油发电机组、电控控制柜、升降机构等组件，并在平台上安装有视线较好的驾驶室。框架底梁下设有运行系统，通过轮胎将整机重量和吊重传到地面。

2）动力系统

随着近年来电动机技术和电池技术的发展和成熟应用，其动力源经历了从柴油发电机组到油电混合动力源的发展历程。跨运车所使用的动力系统配置主要可分为以下三类：

（1）柴油机直接驱动的动力源。这是一种应用最早的动力源，是将柴油机飞轮所提

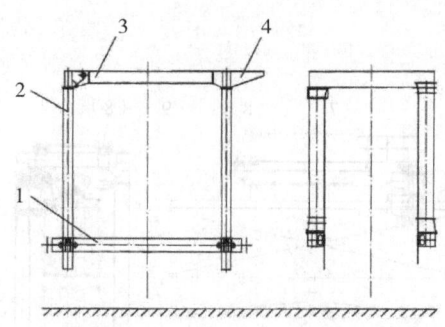

1—底梁;2—立柱;3—上部结构;4—平台

图4-10 低矮型跨运车的车架结构

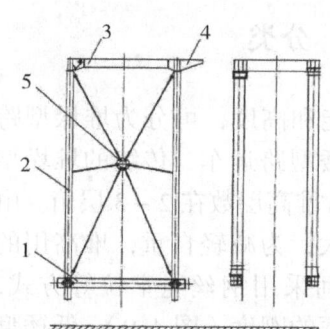

1—底梁;2—立柱;3—上部结构;4—平台;5—斜拉绳索

图4-11 堆垛型跨运车的车架结构

供的转动能量通过机械的变速机构和改向机构,直接传递给运行机构,完成驱动动作。

(2)柴油发电机组发电的动力源。柴油发电机组发出的电能经过电缆连接驱动器和驱动电动机,通过对驱动电动机的控制来实现驱动动作。由于大功率柴油发电机组体积较大,一般放置在车顶位置。

(3)柴油发电机组加电池组的混合动力源。与第二类动力源类似,混合动力源的供电方式由单纯的柴油发电机组供电变成了柴油发电机组和大功率电池组混合供电的形式。根据不同的配置情况来选择不同的柴油发电机组功率。利用大功率电池组储存电能的特点,在遇到突加载荷时使用电池组供电,而在没有大载荷出现时使用小功率柴油发电机组给电池充电。通过这样的方式,无须再为跨运车配置大功率柴油发电机组,达到降低油耗的目的。

3)运行系统

(1)大车运行机构

大车行走的驱动形式有以下几种:

① 早期的跨运车通常是柴油机直接驱动减速箱,传动轴传递动力到车轮进行驱动,这样两侧均要布置柴油机。现在已基本不用。

② 液压马达通过伸缩式万向轴驱动或直接驱动轮边减速箱,再驱动车轮。这种驱动形式约占60%,但液压部件故障率较高,维护保养成本高。

③ 普通电动机通过伸缩式万向轴、驱动轮边减速箱再驱动车轮形式,维护成本低。

④ 最新的大车运行驱动采用圆盘电动机与轮边减速箱连接直接驱动车轮的形式,这种形式结构紧凑,体积小,易于减小底部的尺寸,但圆盘(永磁)电动机造价高,且要配备冷却系统。

传统(堆高层数3层)的堆垛型跨运车运行机构一般采用每个角2个轮胎的形式;穿梭用(堆高1层)的低矮型跨运车一般单边采用2个轮胎或每个角2个轮胎,轮胎规格视轮胎压力而有所变化。

(2)车轮悬挂系统

跨运车每个轮胎或车架上部会安装有类似弹簧的悬挂系统,使轮胎始终接触地面并有避震作用。

有了悬挂系统后,轮胎可在垂直方向实现一定高度的伸缩,当跨运车通过高低不平的场地时,可使得每个车轮都着地,而不会对金属结构造成倾斜或扭曲;还可减少跨运车在颠簸路面上行驶的振动。另外,当轮胎意外损坏时,轮胎会随着失压而自动顶出,不至于产生翻车事故,保证跨运车平稳站立。

悬挂系统通常采用螺旋弹簧或液压缸来实现,但随着新型材料的不断发展,聚氨酯缓冲垫在悬挂系统中也有应用。

4)转向系统

跨运车通常为全部车轮转向,并采用全液压操纵。转向系统由转向液压泵、全液压转向器、流量控制阀、动力液压缸和梯形拉杆机构等组成。梯形拉杆机构由左右两组拉杆和横拉杆组成,保证全部车轮在转弯时能够接近纯滚动,以减少轮胎的磨损。

近期还有一些跨运车通过采用电气控制电液推杆等执行机构来实现转向驱动功能。

5)制动系统

制动系统与前节"4.1 集装箱正面吊"相同,具有行车制动和驻车制动两套独立的制动装置。

常用的大车行走轮内集成了"行星减速箱+液压(湿式)制动器",可通过驾驶室脚踩刹车力度来控制小液压缸的推力而产生不同的制动扭矩,类似于汽车的制动系统。当跨运车不使用时,此制动器还可作为驻车制动,防止溜车。此类湿式制动器应配备冷却系统,利用液压油来冷却制动片因高速制动而产生的热量,避免烧坏制动片。

6)起升机构

起升机构是跨运车进行集装箱的吊取、升降和堆码等作业的重要装置。为了适应对箱作业的要求,跨运车所用吊具具有特殊的吊挂装置,可实现平移、(水平)偏转及回中等调整动作。

起升机构通常有液压式和机械式两种形式。目前,较常使用机械式起升机构,如图4-12所示,由"电动机+减速箱+卷筒"等部件组成。通过收放卷绕在卷筒上的钢丝绳实现吊具的升降。

7)吊具导向装置

跨运车通常配备前、后2个吊具横梁,如图4-13所示,集装箱吊具通过卸扣与横梁连接。每根横梁上有供起升机构钢丝绳缠绕的2个滑轮,钢丝绳的倍率通常为2。横梁上安装有液压缸,前后2个液压缸同时相向运动,则吊具作平移动作,通常可平移的距离为

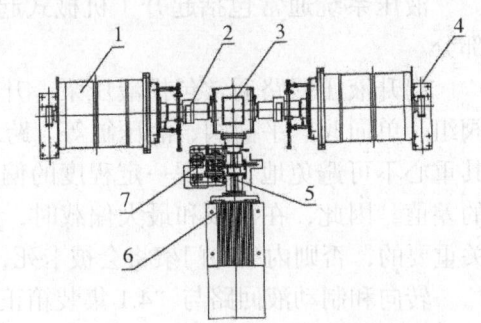

1—卷筒;2—低速联轴器;3—减速箱
4—轴承座;5—高速联轴器;6—电动机;7—制动器

图 4-12 机械式升降机构的布置

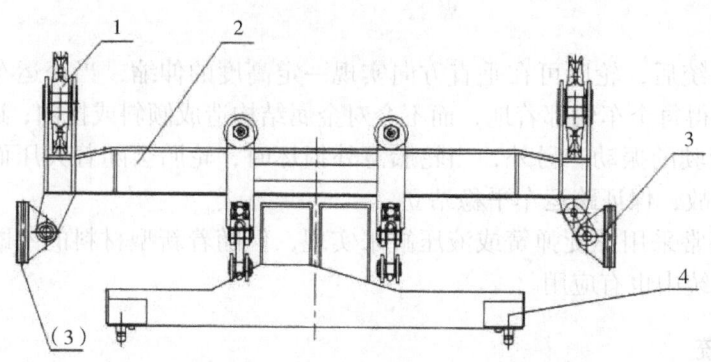

1—滑轮；2—横梁；3—导块；4—吊具

图4-13 导向装置

±350 mm；2个推杆作反向运动时，则吊具作回转动作，通常回转角度为±6°，平移和回转功能便于对箱。每根横梁两端都有导块及卡（导）槽，作横梁起升/下降的导向用，以及在跨运车运行时吊具及集装箱的减摇用。

8）驾驶室及操纵系统

由于跨运车车体庞大，要求驾驶室具有良好的视野，保证驾驶员操作的安全性。通常驾驶室四周和底部均布置有玻璃窗，尤其是底部窗要开阔，要使驾驶员能尽量看到吊具的4个锁头位置，有利于驾驶员对箱操作。

驾驶员操纵跨运车如同驾驶汽车，驾驶室内有可供操纵转向的方向盘，右脚边有加速油门踏板和制动踏板，另外还有驻车制动的踏板或手柄。驾驶室内还配备起升或下降、对箱操作等手柄按钮、控制面板及显示屏等操作仪表，另外还有可供驾驶员查看的转速表、冷却液温度计、燃油表、车辆稳定显示器等仪表，配备柴油机启动/停止按钮、车辆急停等按钮。

9）液压系统

液压系统通常包括起升（机械式起升机构无升降液压回路）、转向、制动和吊具四部分。

起升液压回路通常包括液压泵、升降阀、同步分流阀、微调流量同步阀、单向溢流阀组、单向阀、平衡阀、液压缸等。跨运车在吊运集装箱过程中，由于集装箱在装货后其重心不可避免地会出现一定程度的偏心，从而引起偏载，使每个液压缸的负载有一定的差值。因此，在满载和最大偏载时，保证实现高压大流量的4只液压缸升降同步是至关重要的，否则内、外门架将会被卡死，并破坏起升系统的正常工作。

转向和制动液回路与"4.1集装箱正面吊"相同，本节不再赘述。

跨运车吊具液压回路，除了常规的吊具转锁动作外，还包括吊具侧移液压缸左右移动，使吊具侧移或回转。采用液压式起升机构的系统，当吊具起升时，起升液压泵的压力油控制侧移液压缸两端互相连通，吊具就自动浮动，即在重力作用下自动回到中间位置，以此保证起吊集装箱时吊具总是处于中间位置，便于驾驶员对箱。

10）电控系统

电控系统是对动力、运行、起升、吊具、转向、制动等执行机构进行控制的系统。

电控系统实现的功能通过驾驶室内的操作系统来实现。电控系统一般都装有可编程序控制器，实现对各个参数和主要功能的监测与控制。一般采用 CAN 总线技术进行通信，实现控制和通信一体化。跨运车装有工作照明灯，主要包括前照灯、转向灯、制动灯、吊具工作照明灯等。

4.2.3 主要技术参数和指标

1）额定起重量

额定起重量代表了跨运车的起重能力，其值常为 30.5 t、35 t、40.5 t、50 t 等（符合 ISO 标准规定的相应集装箱的最大质量），常用的有单箱 40.5 t 或双箱 50 t，另外在设计跨运车时，应考虑集装箱中货物的偏载，通常可取 10% 的偏心载荷。

2）起升速度和运行速度

跨运车的装卸搬运效率应与岸桥的效率相适应。跨运车的装卸搬运作业循环时间主要由两部分组成：搬运运行时间及装卸堆垛时间。

对集装箱专用码头，从安全操作角度考虑，跨运车直线行驶的速度一般为 10 ~ 15 km/h，最高速度为 25 ~ 30 km/h；在转弯时必须限速。如超过设定的限速时，驾驶室显示屏会有红色警戒显示并发出报警声。跨运车由于起升高度较低，为减小加/减速时的冲击载荷，起升速度不宜取得过大。同时考虑到升降时间只占整个作业循环时间的 15% ~ 20%，一般起升速度在 20（满载）~ 30 m/min（空载）范围内选取。

3）起升高度

起升高度体现跨运车起升和搬运的空间作业能力，与整个码头的堆存面积、堆存能力和具体作业条件有密切的关系。增加起升高度可以提高堆场的单位面积堆存量，缩短搬运距离。但层数增多，翻箱和倒箱比较困难；且重心高，跨运车运行的稳定性变差。

目前，跨运车的堆码层数一般为 3 ~ 4 层箱高，也有 2 层的。如常见的能起吊重箱通过 3 层箱的跨运车，起升高度通常为 12 m。

4）宽度尺寸

跨运车的宽度尺寸是指其整机外形最大宽度 B_e 和跨内最小宽度 B_i（图 4-14）。

由于跨运车是跨越集装箱行驶作业的，控制其外形宽度和内部净宽尺寸显得尤为重要，其宽度尺寸将影响到集装箱货场的总体布置，如堆码间距、堆场利用率、跨运车底部的宽度和装卸安全等。各列集装箱之间的间距越小（图 4-15），堆场上可堆放的集装箱

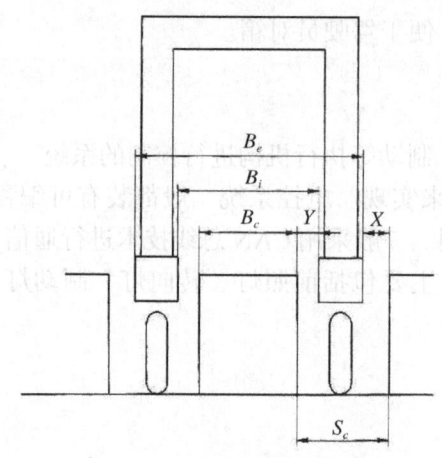

图 4-14 集装箱间距与跨运车宽度关系

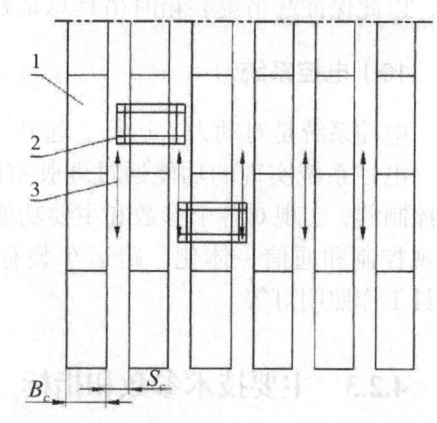

1—集装箱；2—跨运车；3—跨运车行走通道

图 4-15 跨运车工艺方式的平面布置

数量就越多；而跨运车内净宽尺寸太过狭小，会影响跨运车在集装箱或集卡车上的安全通过。

各列集装箱间距与跨运车宽度尺寸（外形和内部宽度）之间的合理关系：

$$B_i - B_c \leqslant B_c + 2S_c - B_e \text{ 或 } Y \leqslant X \tag{4-1}$$

式中 S_c——集装箱堆列之间的距离，m；

B_i——跨运车的内部宽度，m；

B_e——跨运车的外形宽度，m；

B_c——集装箱的宽度，m。

通常 S_c 的值可取 1.4 m，内外间隙 Y（或 X）取值则约为 0.5 m。通常外形宽度尺寸 B_e 控制在 5 m 以内，内部宽度尺寸 B_i 控制在 3.5 m 以内，这样跨运车就可以在不碰到内外侧各列集装箱的情况下顺利通行。

5）转弯半径

转弯半径是衡量跨运车转向性能和通过性的一个重要指标，转向性能本身也能反映出跨运车的灵活机动性。跨运车的外廓最小转弯半径是指跨运车在平坦的硬路面上搬运集装箱，转向轮转至极限位置并以最低行驶速度作转弯运动时，其瞬时转弯中心与外轮廓（包括吊箱）最远点的距离。跨运车搬运 40 ft 集装箱的外廓最小转弯半径比搬运 20 ft 集装箱的要大。通常外廓最小转弯半径约为 10 m，内侧约为 4 m。转弯半径的大小关系到码头堆场面积的合理使用，转弯半径越小，所占的通道面积就越小，堆场利用率就越高。

此外，在港口和中转站的集装箱堆场作业中，有时还要考虑跨运车最小直角转弯通道的宽度等情况。

6）生产率

跨运车的作业循环时间主要包括卸堆码时间和搬运行驶时间两部分。跨运车的生产率是一个反映整机作业能力的综合参数，与装卸搬运工艺、驾驶员的操作技术水平和熟练程度等密切相关。

比较发现，对装卸效率为 30 TEU/h 的岸桥，在水平运输中，低矮型跨运车与集装箱拖挂车的作业效率分别为 10 TEU/h 和 5 TEU/h，因此使用跨运车能提高码头的效率。

4.3 空箱堆高机

集装箱空箱堆高机（简称空箱堆高机或堆高机）是集装箱运输的关键设备，广泛用于港口、码头、铁路公路中转站及堆场内的集装箱空箱的堆垛和转运，如图 4-16 所示。其流动性高，操作灵活。

（a）堆场转运

（b）空集装箱堆码

图 4-16 空箱堆高机示例

4.3.1 主要部件及系统

堆高机主要由动力系统、传动系统、制动系统、转向系统、起重系统、车身系统、吊具系统、驾驶室和操作系统、空调系统、电气系统以及液压系统等部分组成。

1）动力系统

动力系统包括发动机、进气系统、排气系统、冷却系统等。

发动机与传动装置连为一体，发动机的动力由飞轮通过变矩器将动力传给主传动系统，发动机支架通过缓冲橡胶垫与车架连接以减少振动。

（1）发动机

发动机应满足堆高机的起升、行驶、爬坡（牵引力）基本性能的要求。发动机外形应方便整车各部件的布置，应尽量与其他常用机型外形相近，以使整车各部件通用性好，利于生产管理，发动机的外形还会影响堆高机的稳定性、装配性、维修性等。

（2）进气系统

发动机进气系统中，空滤器的选用直接关系到发动机整个进气系统的效率和发动机功率。空滤器的作用是过滤粉尘，净化进入发动机里的空气。选择空滤器时，必须满足过滤效率高、寿命长、气流阻力低等要求。

当进气温度较高时，发动机性能将恶化。进气温度每升高10℃，发动机性能恶化约4%。因此，空滤器应尽可能安装在温度较低的位置。

为延长寿命，空滤器应该安装在灰尘较少的位置，如空滤器的进气口远离地面和发动机的排气口，以免吸入地面扬起的灰尘和发动机的排气粉尘。空滤器应安装在能够防水、防雨的位置，避免水通过空滤器进入燃烧室引起水锤现象，从而导致活塞、连杆、轴衬的损坏。

（3）排气系统

排气系统要尽可能地降低燃烧废气排出时发出的强烈噪声，并消除废气中的火焰，有时还要加装催化剂有效改善尾气中的有害气体。为保证发动机能够有效地提供额定功率，必须重视排气系统的布置和安装。

设计排气系统时需要确定发动机的排气流量。排气流量可以通过进气流量按下式换算获得：

$$Q_{排} = \frac{T_b + 273}{T_s + 273} \cdot \psi Q \tag{4-2}$$

式中 $Q_{排}$——排气流量，L/min；

Q——进气空气流量，L/min；

T_b——排气温度，℃；

ψ——系数，取0.98；

T_s——进气温度，℃。

（4）冷却系统

冷却系统通过冷却液循环（图4-17），带走机体产生的热量，从而保证发动机在最适宜的温度状态下发挥最好的效能，由散热器、发动机的水套、水泵、节温器及连接管路等组成。根据不同的气候，选择合适的冷却介质。应能保证冷却系统的密封性和满足冷却液的液位要求。

2）传动系统

传动系统是将发动机发出的转矩通过传动装置传给驱动车轮，使之产生必要的牵引力，克服外界阻力，驱动堆高机运行。传动系统一般包括变速箱、传动轴、驱动桥等。

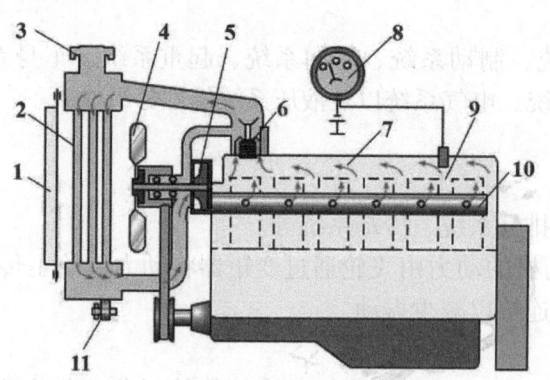

1—百叶窗；2—散热器；3—散热器盖；4—风扇；5—水泵；6—节温器；
7—汽缸盖水套；8—水温表；9—机体水套；10—分水管；11—放水阀

图4-17 冷却液在强制循环水冷系中的流动

变速箱一般由液力变矩器、动力换挡变速箱、液压系统和电气系统等组成。变速箱内油的作用是保持换挡系统的清洁，润滑传动系统，延长变速箱的使用寿命。如果油位过低，变速箱和离合器得不到润滑，会损坏变速箱或影响其性能；如果油位过高，油起泡沫，会使变速箱过热。在各挡工作时，变速箱不应有乱挡和脱挡现象，动力换挡应保证无冲击、无滞后。

传动轴是传动系统中传递动力的重要部件，主要由轴管、伸缩套和万向节组成。伸缩套能自动调节变速器与驱动桥之间距离的变化；万向节可以保证变速箱输出轴与驱动桥输入轴两轴线夹角的变化，并实现两轴的等角速传动。

驱动桥处于传动系统的末端，其任务为改变由堆高机变速箱传来的转矩并将它传给驱动轮。驱动桥通过螺栓及定位销与车架上前支承梁下的桥安装板刚性连接。驱动桥包括主减速器、差速器、轮边减速器、制动器、半轴和桥壳等零部件。

3）制动系统

制动系统与前"4.1 集装箱正面吊""4.2 集装箱跨运车"相同，主要包括行车制动器和驻车制动器。目前，堆高机的驱动桥行车制动多为封闭的湿式盘式制动器。堆高机的制动性能应符合《机动工业车辆　制动器性能和零件强度》（GB/T 18849—2011/ISO 6292：2008）的规定。

4）转向系统

转向系统主要由转向器、方向机总成和转向桥组成。转向器为低扭矩负荷传感型全液压转向器，对转向负载的变化有良好的压力补偿。转向回路与其他工作回路互不影响，主流量优先保证转向回路，转向可靠。方向机总成的方向盘可以上下、前后调节，以适应不同身材驾驶员的需要，如图4-18所示。转向桥承担堆高机的后部重量，承受行驶时道路对后轮的各种作用力和力矩，并且吸收振动和冲击，以保证堆高机的正常行驶。转向桥为箱形横断面的焊接结构形式，由转向壳体、转向液压缸、连杆和转向轮组成，如图4-19所示。

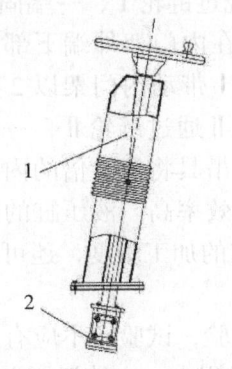

1—方向机总成；2—全液压转向器

图4-18　转向系统

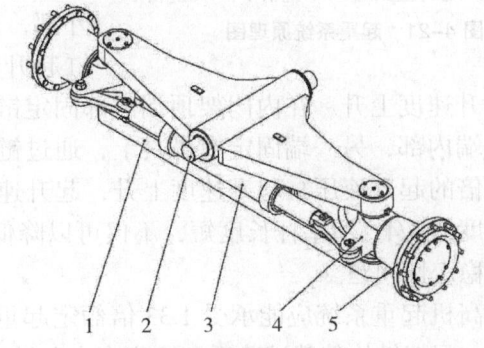

1—转向壳体；2—安装轴；3—转向液压缸；4—转向节；5—转向轮毂

图4-19　转向桥

5）起重系统

起重系统用来完成集装箱吊取、升降、堆放、码垛等工序，是堆高机的重要部件。起重系统由门架、起升液压缸、倾斜液压缸、起升链条、吊具等组成，如图4-20所示。

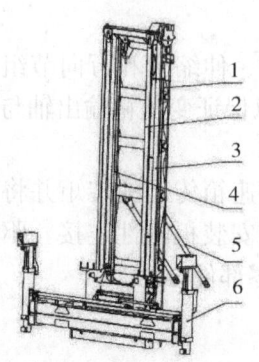

1—外门架；2—内门架；3—起升液压缸；
4—起升链条；5—倾斜液压缸；6—吊具

图4-20 起重系统外形图

为了减小堆高机的外形高度，使堆高机进入限制高度的仓库等场所，门架做成伸缩式，一般为两节式门架，分别为外侧的一节不可升降的外门架和内侧的一节可以沿着外门架上槽钢轨道上下升降的内门架。内、外门架是起重系统的骨架，均为整体式门形框架结构。

外门架底部用销轴固定在车架支承梁上。外门架中部通过倾斜液压缸与车架连接在一起，并在倾斜液压缸作用下前后倾斜，以实现集装箱吊具的前俯和后仰，便于吊具吊起和卸下集装箱，并保证运行时集装箱稳定。内、外门架间安装有滚轮及侧向定位滑轮，保证内门架在外门架内部平顺地滑动。内、外门架通常为二级滚动式结构，工作滚轮分别设置在内、外门架上，能沿着内、外门架的槽钢滚道运动，使内、外门架做垂直伸缩运动。

由于货物的升降动作是短距离的直线运动，门架的倾斜动作是小角度的前后摆动，采用液压传动系统并以液压缸作为动作的执行元件，结构紧凑，布置方便合理。

起重系统是一种双链条机构，如图4-21所示。起升液压缸下端固定在外门架下端外部，链轮Ⅰ固定在起升液压缸的上端部，沿外门架外部滑道上下运动；链条Ⅰ绕过链轮Ⅰ，一端固定在外门架外部，另一端固定在内门架外端下部，起升液压缸起升时通过链条Ⅰ带动内门架以2倍的起升

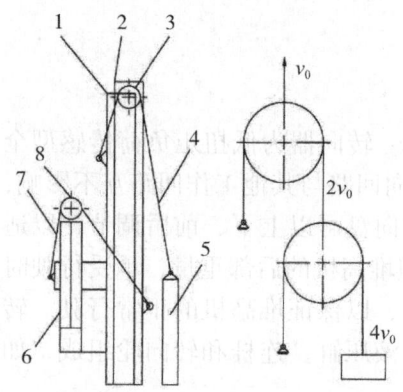

1—外门架；2—内门架；3、4—链条Ⅱ；
5—吊具；6—起升液压缸；7—链条Ⅰ；8—链轮Ⅰ

图4-21 起重系统原理图

液压缸起升速度上升。在内门架顶端内部固定链轮Ⅱ，链条Ⅱ通过链轮Ⅱ，一端固定在外门架上端内部，另一端固定在吊具上，通过链条的带动，吊具将以2倍的内门架起升速度或4倍的起升液压缸起升速度上升，起升速度快，工作效率高。液压缸的最大行程为起升高度的1/4，活塞杆长度短，不仅可以降低起升液压缸的加工难度，还可以解决活塞杆压杆稳定性问题。

堆高机起重系统应能承受1.33倍额定起重量的超载试验，试验后不应有永久性变形和损坏。门架结构偏载试验后，不应有永久性变形；试验过程中，内外门架之间应运动自如、无阻滞现象及异响。

由于起重链条具有相对伸长率低、承载能力大的优点，因此，堆高机一般采用片式链作为挠性牵引构件，其安全系数不应低于5。

6）车身系统

车身系统主要由车架、机罩类、底板类、燃油箱、液压油箱和平衡重等组成。

车架是支承堆高机各个部件并传递工作载荷的承载结构，主要由前支承梁、大梁和尾架三部分组成。整车车架为箱形结构，刚性大、强度好，很好地保证了车辆整体的强度和刚性。

7）驾驶室和操纵系统

堆高机应具有良好的视野，以便使驾驶员能实施各种行驶和操作动作。当视野受到限制时，应采用辅助设施，如反光镜等。

驾驶室前、后窗及顶窗应配置刮水器，门窗应开关方便、固定可靠。司机室应有良好的密封、保温、通风散热和防雨性能，地板应防滑，座椅应舒适可调。

堆高机运行转向时，作用在方向盘上的手操作力为 8~20 N，左右转向作用力相差不大于 5 N，原地转向操纵力不大于 25 N。当堆高机以最大速度直线行驶时，不应有明显的蛇行现象。

8）液压系统

液压系统主要为起升液压缸、倾斜液压缸、转向液压缸和制动系统提供动力。

液压系统主要包括液压泵、多路阀、转向器、先导控制手柄、先导供油阀块、限速阀、平衡阀、电磁阀、吊具油路和管路附件等，并应装备有防止过载的安全阀。液压系统应密封性能良好，在额定载荷的正常作业情况下，各部位不应有泄漏现象。

液压系统的软管、硬管和连接件应能承受液压回路3倍的额定工作压力1min而不破裂且无异常现象。液压油的清洁度不应低于《液压传动 油液 固体颗粒污染等级代号》（GB/T 14039—2002）规定的油液的固体颗粒污染等级—/19/16级（注："—"表示油液中≥4μm（c）的颗粒不需要计数）。

9）电气系统

电气系统主要包括电源和动力电气系统、传动电气系统、仪表和液压电气系统、照明和信号电气系统、液压吊具电气系统、驾驶室电气系统和空调电气系统等，均应保证绝缘良好和控制部分灵敏可靠。

根据使用场所要求，堆高机的信号和照明装置应符合《工业车辆 安全要求和验证 第1部分：自行式工业车辆（除无人驾驶车辆、伸缩臂式叉车和载运车）》（GB 10827.1—2014/ISO 3691-1：2011）和《汽车及挂车外部照明和光信号装置的安装规定》（GB 4785—2007）的有关规定。

4.3.2 主要技术参数和指标

堆高机的技术参数分为三种：性能参数，包括额定起重量、载荷中心距、最大起升高度、门架倾角、最大起升速度最大行驶速度、最大牵引力、最大爬坡度、最小转弯半径、直角堆垛的最小通道宽度等；尺寸参数，包括最小离地间隙、轴距、前后轮距、外形尺寸等；重量参数，包括自重、桥负荷、稳定性等。

1）性能参数

（1）额定起重量

额定起重量是指集装箱重心到吊具与集装箱接触面的距离不大于载荷中心距时，允许吊起集装箱的最大重量。根据每次堆垛集装箱的最大重量，确定堆高机的额定起重量。

（2）载荷中心距

因标准集装箱的宽度尺寸为定值 2 440 mm，一般集装箱堆高机的载荷中心距为定值 1 220 mm。

（3）最大起升高度

在平坦坚实的地面上，堆高机满载，轮胎气压正常，门架直立，吊具升至最高，吊具转锁至地面的垂直距离，称为堆高机的最大起升高度。

（4）门架倾角

门架倾角是指空载的堆高机在平坦坚实的地面上，门架相对其垂直位置向前和向后的最大倾角。

门架前倾角的作用是便于吊箱和堆垛；后倾角的作用是当堆高机带载行驶时，增加堆高机行驶时的纵向稳定性。门架倾角与轮胎类型有关。充气轮胎的变形与轮胎所受负荷和内胎气压两个因素有关。堆高机空载时，后轮负荷大，前轮负荷小，前后轮胎不同的变形量将使门架实际的前倾角度减小。满载行驶时，前轮负荷大，后轮负荷小，前后轮胎变形量的差异，将使门架的实际后倾角减小。为了补偿轮胎变形量对门架倾角的影响，对采用充气轮胎的堆高机，门架的前后倾角度都应当适当增大。

（5）最大起升速度

最大起升速度是指堆高机在满载或空载时，货物起升的最大速度。

起升速度直接影响堆高机的作业效率，是用户在选型时考虑的重要指标。最大起升速度主要取决于堆高机的液压系统。过大的起升速度容易发生货损和机损事故，给堆高机安全作业带来威胁，目前堆高机的满载最大起升速度一般为 36 m/min。

（6）最大行驶速度

据统计，堆高机作业时，行驶时间一般是全部作业时间的 2/3，因此缩短行驶时间对堆高机作业生产率有很大影响。但是堆高机的运行特点是运距短，停车和起步的次数多，过分提高行驶速度会使发动机功率增大，经济性降低。目前堆高机的最大行驶速度一般为 28 km/h。

堆高机一般按照运行 50 m 测定其最大行驶速度，即用堆高机以最高速度挡位运行通过该距离的平均时间算得。

（7）最大牵引力

堆高机的牵引力大，则起步快、加速能力和爬坡能力强。由于堆高机的运行距离短，停车、起步次数多，加速能力十分重要。

（8）最大爬坡度

最大爬坡度是指堆高机空载或满载时，在正常的路面情况下，以低速挡匀速行驶时能爬越的最大坡度，以度或百分数表示。

堆高机满载行驶时的最大爬坡度，一般由发动机的最大转矩和低速挡的总传动比决定。空载行驶时的最大爬坡度，通常取决于驱动轮与地面的黏着力。

（9）最小转弯半径

堆高机空载时，转向轮转到最大转角后，车体最外侧和最内侧绕转弯中心所形成的回转半径即为最小转弯半径。不做特殊说明时，通常是指堆高机最外侧轮廓的最小转弯半径。外侧最小转弯半径是决定堆高机性能（在最小面积内转弯的能力）的主要参数。

影响堆高机最小转弯半径的因素，除堆高机的轴距、后轮轮距、转向车轮的最大偏转角外，还有堆高机的外形尺寸和尾部的形状。设计堆高机时，应尽可能地缩短车身长度，堆高机尾部应做成以转弯中心为圆心的圆弧形。

（10）直角堆垛的最小通道宽度

直角堆垛的最小通道宽度是指堆高机满载状态、在货物之间的直线通道上，可以做90°旋转堆垛的最小通道宽度。直角堆垛通道宽度也就是厂房或集装箱堆场中货架或通道的空间尺寸，反映了厂房或堆场的利用率。

2）尺寸参数

（1）最小离地间隙

最小离地间隙是指除车轮之外，车体上固定的最低点到车轮接地表面的距离，它表示车辆无碰撞地越过地面凸起障碍物的能力。堆高机最小离地间隙是表征车辆通过性能的主要参数。

（2）轴距

轴距是指堆高机前后桥中心线的水平距离。轴距直接影响车辆的最小转弯半径和纵向稳定性。减小轴距，将使车身长度缩短，转弯半径减小，有利于提高机动性，但不利于纵向稳定性。

（3）轮距

轮距是指在同一轴上左右车轮（或者轮组）中心的距离。

堆高机前轮距是根据车架前部、门架和轮胎宽度及其相互位置确定的。后轮距主要由车架后部的宽度和转向车轮的最大偏转角决定。增加轮距有利于车辆的横向稳定性，但会使最小转弯半径和车辆总宽增大。

（4）外形尺寸

外形尺寸一般指堆高机的总长、总宽、总高，外形尺寸的大小影响整机外观、转弯半径的大小和通过性（图4-22）。根据车架前支承梁和驱动桥的连接尺寸确定门架外宽，根据最小离地间隙和最大起升高度确定门架高度。

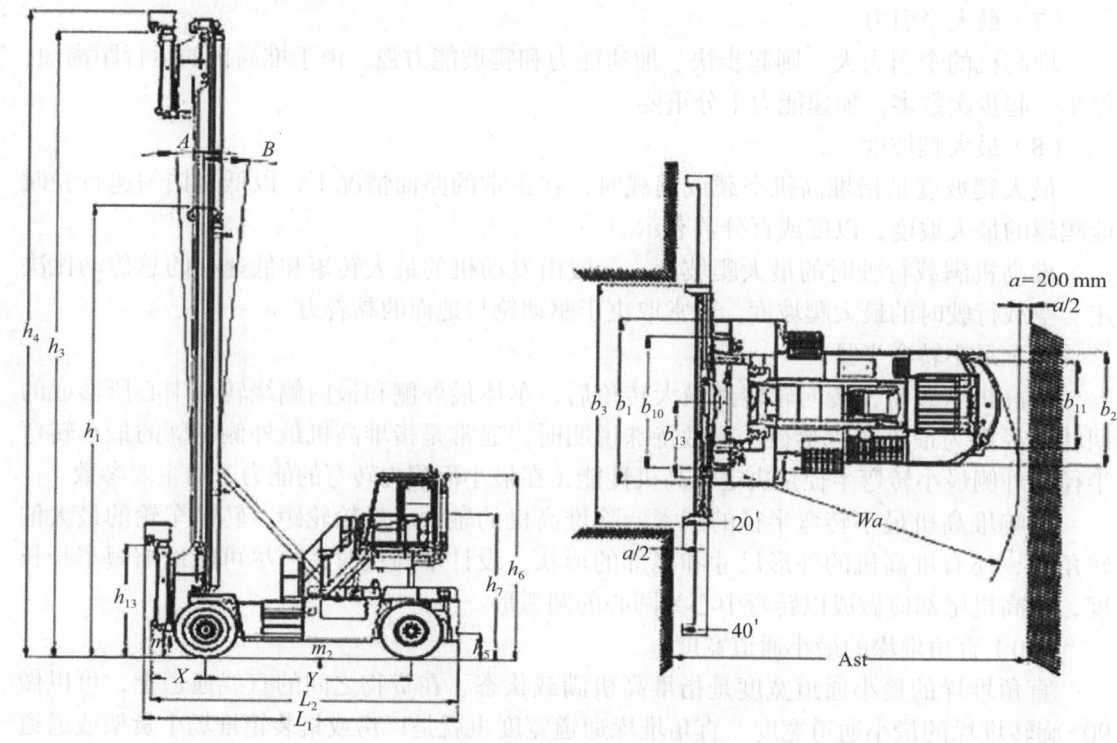

图 4-22 堆高机的几何尺寸参数

3）重量参数

（1）自重

自重是表征堆高机重量的技术指标。性能相同的堆高机，在额定起重量和载荷中心距相等的条件下，自重轻说明材料利用经济、结构设计合理、节能减排效果好。

（2）桥负荷

一般指水平路面上、门架直立、堆高机在满载和空载状态下，路面对前后桥车轮的垂直静反力。

桥负荷的设计值一般为：

空载时，前桥负荷 = 60% × 整车自重，后桥负荷 = 40% × 整车自重。

满载时，前桥负荷 = 90% ×（整车自重 + 货物额定重量），后桥负荷 = 10% ×（整车自重 + 货物额定重量）。

（3）稳定性

稳定性是保证堆高机安全作业的必要条件，由于集装箱的重心位于堆高机纵向车轮支承底面以外，堆高机有可能在纵向丧失稳定，向前倾翻。堆高机丧失纵向稳定性有以下两种可能情况：一种是堆高机满载堆垛时向前倾翻，即纵向静稳定性。另一种是堆高机满载运行时，由于紧急制动，堆高机向前倾翻，即纵向动稳定性。

当堆高机转弯过急，或在坡道上转弯，或高速行驶时转弯，都有可能使堆高机丧失横向稳定,向一侧翻倒。堆高机的横向稳定性问题,属于动稳定问题。使堆高机丧失横向稳定的外力有:车辆转弯时的离心力、侧向风载荷、坡道载荷等,其中离心力是最主要的一项。

因此,为保障安全作业,堆高机必须具有纵向稳定性和横向稳定性。

4.4 散货专用机械

港口专用机械的种类很多。按货种,可分为散货和件货装卸机械;按工作特点,可分为连续工作和间歇工作装卸机械;按装卸作业场合,可分为装船、卸船、舱内、库场、装车、卸车等类型。

在港口,件货多采用集装箱运输。对于形状特殊和规格的不便于或无法集装箱化的件货,可通过更换专用吊具的方式实施装卸作业。

为提高港口散货作业的效率,便于装卸机械的调度、维修及管理,专业化的散货码头根据特定的货种、流向、船型及库场等设计专门的装卸机械。由于这些专用机械的性能参数充分考虑到作业条件与货种的作业要求,同时又能与其他机械相互衔接配合,组成装卸作业线,因而能大幅度地提高装卸效率,实现装卸作业的机械化、自动化,使专业码头的优势得以充分发挥。

本节简要介绍几种常见的港口散货专用机械。

4.4.1 散货装、卸船机械

各种装船机和卸船机,主要用于散货专业码头,是根据散货装卸船的作业特点而设计的多动作、高效率的散货专用机械。

1)散货装船机

散货装船机是用于大宗散货装船作业的连续式机械,它可与后方带式输送机系统相衔接组成作业线。按散货种类,可分为煤炭、矿石、黄沙、散粮装船机等;按整机结构特点,可分为固定式、移动式和浮式等;按机构的性能特点,可分为转盘式、弧线摆动式和直线摆动式等不同机型。其中转盘式常固定设在码头前沿墩座或内河的墩柱上,如果港口的水位变化大,也可将转盘式或弧线摆动式装船机安装在趸船上成为浮式装船机。

各种型式的散货装船机尽管结构不同,但大多由悬臂带式输送机、装载溜筒、工作机构(如回转、俯仰、臂架伸缩、运行等)、金属结构、驱动装置、控制系统等组成。作业时,物料由岸边的带式输送机转入装船机的带式输送机,再运送至悬臂前端经溜筒灌入船舱。通过悬臂的回转、变幅、伸缩以及整机的运行等动作实现卸料点位置的改变,使物料装满船舱。悬臂的长度、各工作机构的运行速度和范围应满足船型、潮位和装卸生产率的要求。

(1)固定式散货装船机

典型的固定式散货装船机，固设在岸边的墩座上（又称为墩柱式散货装船机，如图4-23所示），其悬臂带式输送机与转盘铰接，另一端通过俯仰钢丝绳滑轮组吊挂在固定立柱顶端。悬臂带式输送机可通过其伸缩机构改变装船的工作幅度，还可通过俯仰和溜筒伸缩来适应船型和水位的变化。为避免船舶近岸时碰撞，非工作时，俯仰机构仰起臂架或回转机构使臂架能左右回转到码头岸线以内，也方便在码头上维修。装船机通过钢丝绳牵引实现悬臂的俯仰和伸缩；其回转机构常采用转盘式回转支承，类似于门座起重机的回转机构。

图 4-23 固定式散货装船机

固定式散货装船机结构紧凑、布置方便、性能可靠，可节省码头水工投资，但当船型较宽时，必须增大悬臂长度和臂架伸缩距离，导致自重较大，对基础的承载要求较高。此外，由于整机固定，多舱船舶的装船困难。为解决这一问题，有的泊位采取多台装船机密集布置（一机对应一舱口），或靠移动船舶调整舱位。固定式散货装船机一般适用于中小型船舶。新建的散货装船码头基本不再采用这种机型。

（2）移动式散货装船机

图 4-24 为上海振华重工（集团）股份有限公司（ZPMC）为宁波港制造的 5 000 t/h 移动式散货装船机，它是把固定的转盘式散货装船机安装在可运行的门架上，整机可沿

图 4-24 移动式散货装船机

岸边的轨道运行。码头上的带式输送机把物料从堆场通过装船机的尾车输送到悬臂上的带式输送机，再经溜筒灌入船舱。移动式装船机在海港直立式散货码头上得到了较为广泛的应用。

移动式散货装船机具备较完善的回转、俯仰、臂架伸缩、运行等机构。通过各个机构的配合可以灵活地改变溜筒的位置，有利于对准各类船舶的舱口位置，可与相邻泊位上的装船机配合作业。大型移动式散货装船机的溜筒不仅能伸缩，且可回转，有的溜筒下端还装有抛料装置以满足平舱需要。

移动式装船机作业覆盖面大、作业机动灵活、输送量大，适应多种船型。但它的构造较复杂、自重较大、后方输送系统也较复杂。

（3）摆动式散货装船机

如图4-25所示，大型摆动式装船机由一大跨度钢制桥架和置于桥架上方的臂架及移动小车组成。供料点位于桥架的后支点处；桥架的后支点为水平铰点；前支点为行走车轮，其运行轨道分为弧线式（图4-25）和直线式（图4-26）两种；装船小车带着溜筒可沿桥架前后移动，桥架和小车组成了一条完整的带式输送机。

摆动式装船机前支点移动，使整个桥架绕后支点摆动；桥架上的带式输送机随装船小车的移动而具有伸缩功能。通过上述两个动作，弧线式摆动装船机形成扇形作业覆盖面；而直线式摆动式装船机形成了近似矩形的作业覆盖面。在基本几何参数相似的情况下，直线式摆动式装船机的作业覆盖面大于弧线式摆动装船机。两者在结构上的主要区别在于后支承铰点型式的不同：直线式摆动式装船机后支承铰点位置可以移动。

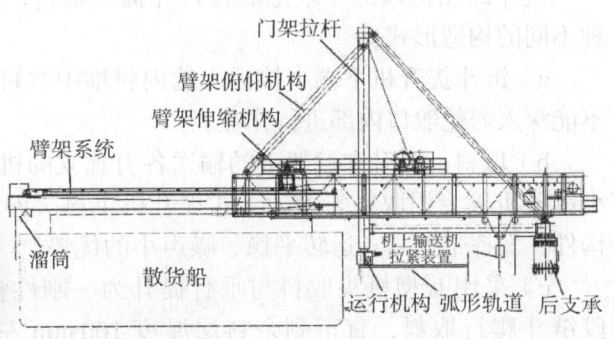

图4-25 弧线摆动式装船机

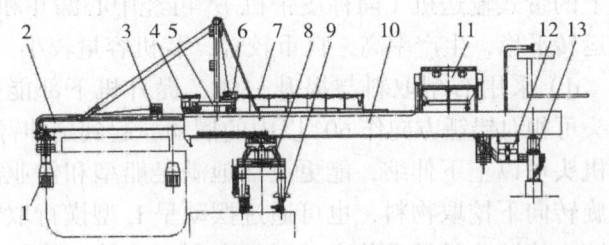

1—伸缩溜筒系统；2—臂架系统；3—溜筒伸缩驱动机构；4—司机室；
5—机架；6—臂架俯仰驱动机构；7—拖缆装置；8—门座架及前支撑；
9—大车行走机构；10—大梁；11—除尘系统；12—电气系统；
13—后支撑系统

图4-26 直线摆动式装船机

摆动式散货装船机的构造较简单，自重较轻，机动性能也较好，但要占用较大的布置面积。此外，弧形轨道的建造较困难。在国内，摆动式散货装船机主要应用在内河港口的趸船浮码头或水位差不大的直立式码头上；国外一些国家的海港大型散货码头也有应用。

2) 散货卸船机

从装卸工艺的角度来说，散货卸船远比散货装船困难得多。长期以来，散货卸船的传统机械是间歇作业的抓斗式门座起重机和桥式抓斗卸船机，本教材第2.5节已有详细的介绍。随着连续输送技术的发展，各港口已根据自身的经济、环境、设施与装卸生产率要求等条件，采用了更多型式的连续卸船机。

(1) 机械式散货连续卸船机

机械式散货连续卸船机靠连续输送机从船舱中取料，将物料提升出舱并输送到岸上，它与码头上的输送机系统相衔接组成作业线。其机型大多为移动式，也有采用浮式的。一般将整机装在可沿轨道行走的门架上，装有输送机的臂架伸向船舱上方，臂架可回转、俯仰，臂架端部的提升物料和取料机构根据卸货的需要还常设有伸缩、回转、摆动等机构。

连续卸船机依据提升物料出舱的连续输送机而命名，有链斗卸船机、悬链斗卸船机、双带式卸船机、波状挡边带式卸船机、螺旋卸船机、斗轮卸船机、埋刮板卸船机等。

① 链斗卸船机

链斗卸船机以链斗来挖取物料并提升物料，其取料和提升物料的机构主要有以下几种不同的构造形式：

a) 链斗提升机下端直接插入舱内料堆中取料。结构简单，适用于敞口驳船卸货，但不能深入海轮舱口内部进行作业。

b) 取料、提升和臂架上的输送各有独立的机构，在提升机下端设有小斗轮、叶轮或小链斗机等专用取料装置为斗式提升机供料，提升机因不需控料而采用输送带作为牵引构件，发挥带速高、运转平稳、噪声小的优势。

c) 采用L型机头取料与垂直提升为一刚性整体的结构。作业时，靠L型底部水平段链斗爬行取料，直至剩余料层厚度100 mm左右时靠清舱机配合作业，清舱量小于5%~10%，可卸的散货粒度允许达300 mm。物料被提升后经上部的螺旋导料槽转载到臂架上的带式输送机（简称皮带机），再经中心漏斗和门架皮带机输送上岸。L型链斗卸船机运转平稳，生产率高，自重较轻，装机容量较小。

d) 采用L型取料与提升一体、提升机下部能摆动/伸缩的结构，如图4-27所示。机头可相对铅锤方向作60°以内的摆动，起到延伸臂架长度的作用，加大了取料范围，加上机头可以上下伸缩，能更灵活地满足船型和作业需要。机头既可在垂直位置通过提升机旋转向下挖取物料，也可通过摆动呈L型横行取料。当清舱时，机头偏置并借助链轮收缩，使链斗呈悬垂状态，不仅有利于清舱，而且当船舶受风浪影响而起伏颠簸时也不会撞伤舱底。该机型适用于卸粒度为150 mm以下的煤炭卸船。提升到顶部的物料通过圆环式刮板转载到皮带机运送上岸。这种机型操作灵活，但机构复杂，自重较大。

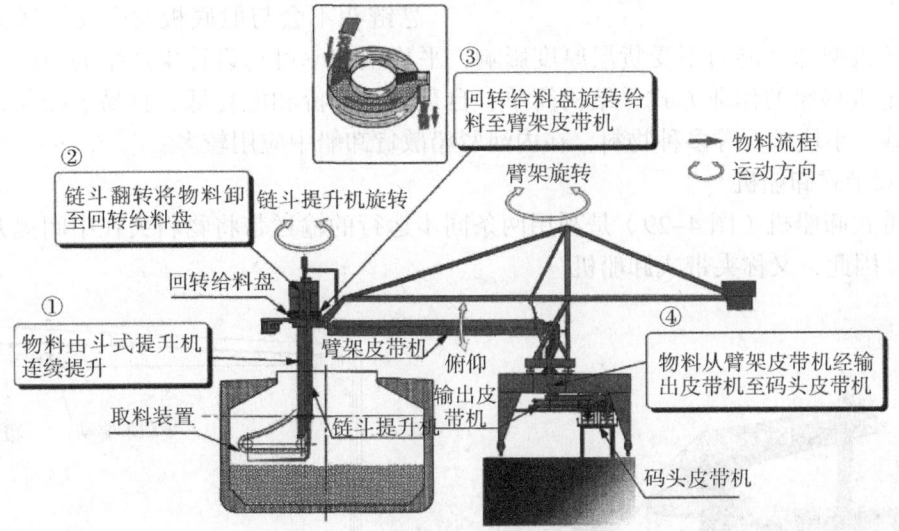

图 4-27 链斗卸船机和工作原理

e) 采用可摆动伸缩的 L 型机头、取料与提升一体的结构。当 L 型机头受到船舱物料顶升而向上收缩时,机头的水平段伸长,以补偿上缩造成的链条松弛;当机头不受顶升时,靠油缸作用恢复原位。机头末端还可上下摆动 ±60°,适应在形状不同的料堆上取料。清舱时,机头呈 L 形爬行取料,物料通过挡板圆盘卸料器而由提升机卸入臂架皮带机。这种机型的优缺点与上述第四种基本相同。

f) 链斗取料机构独立,机头装有专供取料用的小链斗,小链斗可绕机头轴线回转,并可以摆动和伸缩,因而能根据船舱形状和物料状况取料。清舱时,头部伸缩机构能使链斗呈悬垂状态。提升和沿臂架输送共用一台波状挡边带式输送机,因而物料不需要转载。但机头下方小链斗挖取的物料需要通过圆盘卸料器供给波状挡边带,致使头部结构复杂庞大,回转半径达到 4 m,尽管波状挡边输送带速度高、自重较轻,但整机自重仍比固定 L 型卸船机大,物料粒度也受波形带的限制,要求小于 200 mm。而且由于带速较高、链速低,为保证足够的取料能力,小链斗采用的斗容较大,当卸粒度大小不一的物料时,难免会有超过粒度允许值的大块物料进入取料链斗,从而触动保护装置造成停机,影响

卸船效率。

② 悬链斗卸船机

悬链斗卸船机是一种非张紧型链斗卸船机，如图4-28所示，它的链斗取料区段呈自由悬垂状态，悬链斗可以将其挖取的物料提升至接卸带式输送机运送上岸。

悬链斗卸船机最突出的优点是具有悬链斗取料段而能完成清舱作业，使驳船的清舱量在2%以下，甚至小于1%。同时，当驳船减载上浮或受风浪影响而摆动时，悬链斗不会与舱底板发生硬性碰撞而损伤

图4-28 悬链斗卸船机

舱底。该机型卸货能力不受货层厚度影响，平均生产率可达设计生产率的80%，加上大多采用定机移船的作业方式，结构简单、自重轻、造价和能耗低，且易于操作，可适用于煤、砂、小块矿石等多种物料，在内河驳船散货卸船中应用较多。

③ 双带式卸船机

双带式卸船机（图4-29）是利用两条同步运行的输送带将物料夹在中间提升出舱的卸船机，因此，又称夹带式卸船机。

图4-29 双带式卸船机

图4-30（a）为双带式卸船机工作原理图，输送带由一条承载带和一条覆盖带组成。在提升段，两条带靠压缩空气夹紧，嵌有加强层的两带边紧贴密封，而富有弹性的带腹夹料拱起，呈弧状提升输送；在臂架输送段则以气垫带式输送机方式工作，将物料运送至回转中心的接料漏斗中，再通过漏斗下方的溜管装车或通过门架上的气垫带式输送机将物料送到码头上的输送机系统。

图4-30（b）为双带提升段下端的供料装置，它由位于左右两侧的集料螺旋和中间的叶片式取料器构成，驱动靠主输送带滚筒、气动离合器和链传动来实现。工作时，供料

装置将物料送入双带中间,当舱内 80%～90% 的物料卸出后,借助清舱机械配合进行清舱作业。

双带式卸船机的优点是:自重轻、能耗低(卸散粮时,单位能耗仅 0.20～0.35 kW·h/t)、生产率高(卸散粮,单机效率可达 1 200～1 500 t/h);由于物料由提升过渡到水平输送无须转载,因而不洒漏、不扬尘,有利于环境保护;这种卸船机没有复杂的传动部件,运转平稳、噪声小、物料破损少、操纵维护方便。主要缺点是:适应物料的种类少,不

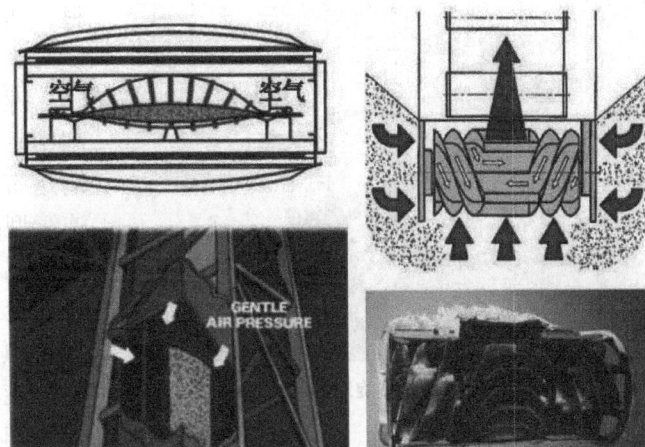

(a) 双带式卸船机工作原理图　(b) 双带提升段下端的供料装置

图 4-30　双带式卸船机的工作原理

宜输送流动性差和比重较大的物料,如有锋利的异物混入物料则易损伤输送带。此外,双输送带系特种胶带,成本较高。

④ 波状挡边带式卸船机

波状挡边带式卸船机是用旋转叶轮或水平螺旋等挖取物料,以波状挡边输送带垂直提升和水平输送物料的卸船机。

采用波状挡边输送带,增大了物料装载量,由于可在垂直方向上输送物料,从而能够进行卸船作业。图 4-31 为用于海船的波状挡边带式卸船机示意图。卸船机具有臂架回转、俯仰、门架运行、提升段回转和取料等机构,卸船机机头可伸到船舱各处取料。为进一步提高装载量和进行封闭式输送,可采用一条普通平胶带覆盖波状挡边输送带形成双带系统,这时物料在由波状挡边、横隔板和覆盖带构成的一格格封闭空间中被提升输送。

波状挡边带式卸船机的优点是:生产率高(卸散粮可达 1 000 t/h),结构紧凑,自重轻,能耗低(卸散粮在 0.22～0.25 kW·h/t);物料由垂直提升过渡到水平输送时无须转载,运行平稳,噪声低,封闭输送无扬尘,物料破损少,维护容易。其主要缺点是:不能卸大块物料(一般粒度 ≤ 150 mm)和黏性物

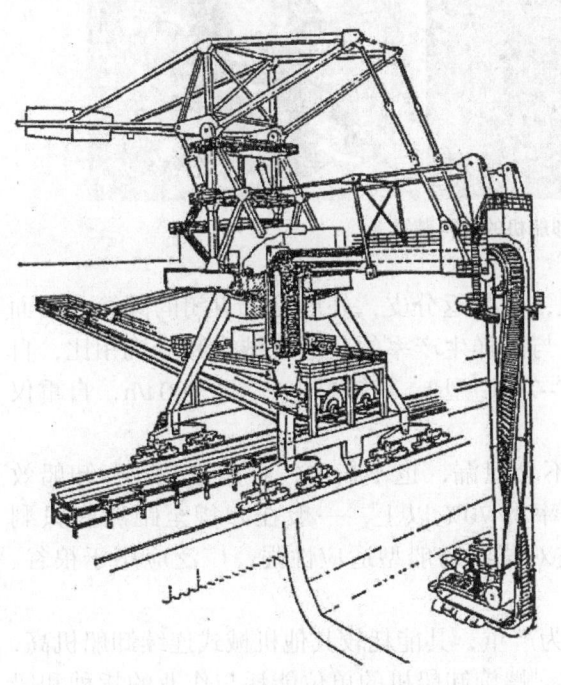

图 4-31　波状挡边带式卸船机

料,否则易卡死和输送带难以清理。

⑤ 螺旋卸船机

螺旋卸船机(图4-32)以螺旋取料并利用垂直螺旋提升物料,采用水平螺旋或输送带输送物料的卸船机,是一种高效的连续型散货卸船机。

图4-32 螺旋卸船机

螺旋卸船机由于采用了一种特制的反向螺旋式取料装置(图4-33),螺旋管内的物料填充系数高达70%~90%,该取料装置由旋转方向相反的管外螺旋、管内垂直螺旋和带有倾斜翼板的给料器组成。作业时,管外螺旋使周围物料松动,它的转速可按物料性质和生产率需要而调整,搅松的物料由螺旋下端的给料器进入管内,垂直螺旋将物料提升至顶端转至水平螺旋输送机或带式输送机运送上岸。借助臂架回转、伸缩、垂直螺旋摆动等机构的协同动作,螺旋卸船机机头可伸至舱内各点取料。

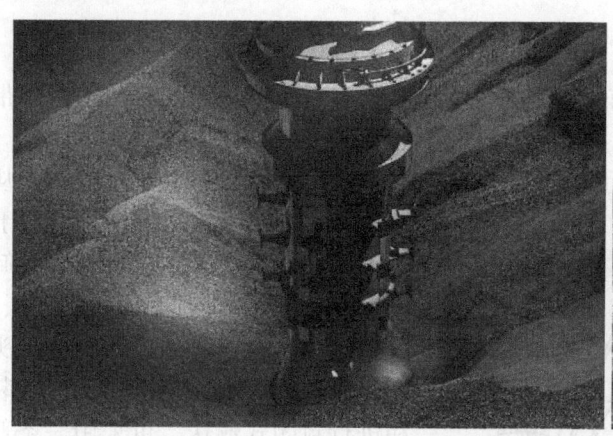 

图4-33 螺旋卸船机的取料装置

由于螺旋输送机是无牵引构件的输送机,无空返分支,外形是个封闭的圆筒,断面尺寸小,结构紧凑,其机头容易进出船舱。与同样生产率的其他机械式卸船机相比,自重最轻,如瑞典制造的大型螺旋卸船机(ST-790C型),其卸煤生产率2 000 t/h,自重仅为580 t。

螺旋卸船机的卸料过程是全封闭的,不会泄漏,也不扬尘,噪声也较小;卸船效率高,其平均生产率通常可达到额定生产率的70%以上,一般在卸货至距舱底只剩300~500 mm时,运用清舱机协助清舱。它对货物与船型适应性强,广泛应用于粮谷、化肥、水泥和煤炭等散货的卸船作业。

螺旋卸船机的工作构件在作业时磨损较为严重,其能耗较其他机械式连续卸船机高,与抓斗卸船机相当,但比气力卸船机低很多。螺旋卸船机的单位能耗与作业的货种和船型有关，卸水泥、谷物、煤炭等重度小、磨削性小、流动性比较好的物料时，单位能耗较低；卸铁矿粉等重度大、磨磋性较大的物料时，单位能耗较高；船型增大，螺旋卸船机的提升高度与输送距离都加大，其单位能耗也将随之显著增大。

⑥斗轮卸船机

斗轮卸船机是利用低速旋转的斗轮挖取物料，再通过斗式提升机或带式输送机将物料连续地卸出船舱的机械，如图4-34所示。

斗轮挖取的物料经垂直提升机（常用斗式提升机或波状挡边带式输送机）提升到臂架上的输送机，经机内的螺旋漏斗、门架上的带式输送机转载到场地带式输送机，再运至堆场。利用斗轮卸船机的回转、俯仰、臂架伸缩、整机行走等机构的配合，可以调整斗轮在船舱内的取料位置。

图4-34 斗轮卸船机

斗轮卸船机的斗轮具有较强挖取能力，能适应多种物料（尤其是大块、坚硬或潮湿、黏性的物料）和多种船型作业，卸船效率高、环境污染小、能耗低（平均作业能耗为0.3~0.4 kW·h/t）、较易适应船舶随波浪的波动（取料装置可在一定范围内上下摆动）。其主要缺点是整机自重较大、制造成本偏高。

⑦埋刮板卸船机

图4-35 埋刮板卸船机

埋刮板卸船机（图4-35）是以埋刮板输送机为主体的封闭式连续卸船机，由垂直提升臂和水平输送臂组成。对流动性好的物料，可利用垂直埋刮板输送机下端的水平段在舱内料堆中自行取料；对流动性较差的物料可在机头下端装上可回转的供料装置。利用卸船机的回转、俯仰、臂架伸缩、整机运行及提升臂的摆动等机构的配合，在船舱内各位置取料。物料经垂直提升、水平臂架上的输送机的输送、机架内的卸料机构装车或转载到顺岸的带式输送机上。

埋刮板卸船机适用于散粮、磷酸盐、水泥等多种物料，可为移动式或浮式，也可作卸船、装船两用。它的生产率较高、结构坚固紧凑、外形尺寸较小、工作可靠、工作中无扬尘（封闭式作业）、操作简单、噪声小，能耗低（单位能耗0.3~0.35 kW·h/t）。主要缺点是：整机较重、造价较高、牵引链条较易磨损等。

（2）气力卸船机

气力卸船机采用气力吸送装置连续卸船，因而与上述机械式卸船机有所不同。在港口，较多运用于散粮、散水泥等散粒物料的卸船作业。用于散粮作业时，通常称之为吸粮机。吸粮机由气力吸送系统、便于吸嘴灵活吸粮的各种工作机构和机架组成，有固定

图 4-36 吸送式气力卸船机和吸嘴

式、移动式和浮式吸粮机。图 4-36 为移动式气力吸粮机，其垂直、水平输料管均可采用软管和伸缩管，弯管可采用铰接或旋转等型式，配合整机运行、臂架的俯仰、伸缩和回转等动作，能使吸嘴灵活地伸到舱内各角落，尤其在清舱作业中更能显示出其特有的优势。

气力卸船机的生产率高、构造简单、质量小，易于实现集中控制和自动化，工作可靠，容易维修；对船舶的适应性强且作业时不会损伤舱底，输料管尺寸小；在密闭系统卸货，舱内不扬尘。其主要缺点是功率消耗和噪声较大，对物料的粒度、黏度和湿度有一定的限制，不适宜易碎的物料。近年来，随着气力卸船机技术的革新和进步，已有不少改善。

4.4.2 散货堆场机械

为了把带式输送机输送的散料堆至堆场存放或将堆场的散料装载到带式输送机出场，通常采用散货堆场专用机械。按其用途，可分为堆料机、取料机和堆取料机。

1）堆料机

堆料机是与进入堆场的固定式带式输送机配合使用、专供堆料的机械。图 4-37 为 ZPMC 制造的位于黄骅港的 4 400 t/h 堆料机正在堆料作业。

按结构，堆料机可分为单臂式、双臂式和悬臂式；按货种，可分为堆煤机、堆矿机等。

堆料机主要由堆料机架和尾车两大部分组成。堆料机的机架跨在水平的固定式带式输送机上，并可沿轨道移动。堆料机的尾车实际上就是固定式带式输送机的卸料车。堆料部分是机架上伸出的堆料悬臂，臂上设有带式输送机。工作时，由固定式带式输送机运来的物料通过尾车卸至悬臂上的堆料带式输送机，然后输送到悬臂端部堆放到货场上。

不能回转的单（双）臂堆料机是根据堆场特定的平面布置和工艺要求而设计的，只能在固定式带式输送机的一侧堆料。臂架只能在垂直面内俯仰，料堆长度总是小于与之联系的固定式带式输送机的长度。其适用于单边有堆场的场合，工作范围有限。可回转的单臂堆料机虽然只有一个堆料臂，但通过回转机构仍可在固定式带式输送机的两侧堆料，而且堆出的料堆长度

图 4-37 堆料机

可超过与之相联系的固定式带式输送机长度,适用在大面积的散货堆场上。

为便于堆场内车辆的通行,堆料机还可制成高门架型,既可以与高架栈桥带式输送机配合,也增加了堆场的容量。

堆料机主要性能参数包括生产率、堆料尺寸、臂架俯仰角度和俯仰速度、臂架回转半径、整机运行速度、轮压及大车轨距等。堆料机的生产率很高,目前我国生产制造的堆料机理论生产率的范围为 300～8 000 t/h,常用范围为 1 000～4 500 t/h,最大的理论生产率可达 15 000 t/h 以上。堆料机的生产率应与码头前沿卸船机械、送料进场的带式输送机相匹配,由此确定悬臂上的带式输送机的带宽和带速;堆料高度和范围应根据堆场的面积、容量等条件确定,也是确定堆料机悬臂长度的依据。具有俯仰、回转机构的堆料机可调整堆料高度和堆料的位置,但这些机构是非工作性的,速度较低,不影响生产率;轮压受轨道的支承能力限制;轨距与固定式带式输送机的宽度、堆料机的整机稳定性、场地条件等因素有关,还应符合轨距的系列标准。堆料机的运行、俯仰和回转机构可采用一般起重机的通用型式。

2)取料机

取料机是使散料从堆场运出的专门机械。取料机通常有以下几种:斗轮取料机、门式取料机和螺旋喂料机等(图 4-38)。与堆料机相似,取料机的机架也是跨在场地固定的带式输送机上,可沿轨道上移动。目前,港口散货码头常用斗轮取料机和门式取料机从堆场向场地带式输送机供料或取料装车,采用螺旋喂料机(或采用推土机等)在堆场上给坑道输送机供料。

(a)斗轮取料机

(b)门式取料机

图 4-38 取料机常见类型

在大型港口散货码头上常见是斗轮取料机,由取料和送料两部分组成。取料部分和斗轮堆取料机相似,送料部分和堆料机相似。工作时,斗轮转动从料堆取料,通过臂架上带式输送机送料,再经卸料漏斗、尾车等转载到固定式带式输送机上。斗轮的工作位置可由斗轮臂的俯仰、回转来调整,并由整机运行机构保证斗轮连续取料。为减少扬尘而造成的环境污染,在取料机上还设有除尘装置。

斗轮取料机主要参数与堆料机类似，其生产率也很高，也要与送料出场的带式输送机、码头前沿装船机相匹配。目前，我国生产制造的取料机的理论生产率范围为300～8 000 t/h，常用范围为1 000～3 500 t/h；最大的理论生产率也有达到10 000 t/h。

3）斗轮堆取料机

斗轮堆取料机是兼有堆料和取料两种功能的大型、高效、连续式机械，虽然具有双向作业功能，但堆、取料作业不能同时进行。它主要由斗轮取料机构、悬臂带式输送机、运行机构、回转机构、俯仰机构和尾车架等部分组成。图4-39为ZPMC制造的位于唐山港曹妃甸港区的4 400/3 600 t/h斗轮堆取料机。

图4-39　斗轮堆取料机（堆料状态）

斗轮取料机构的斗轮有三种型式：有格式、无格式和半格式，前两种如图4-40所示。常采用无格式（开式）斗轮，这种取料斗没有斗背，取料斗在斗轮的前下方非卸料区段与固定的环形导板构成封闭容积，使物料不会在这个区段从敞开的斗背漏下。

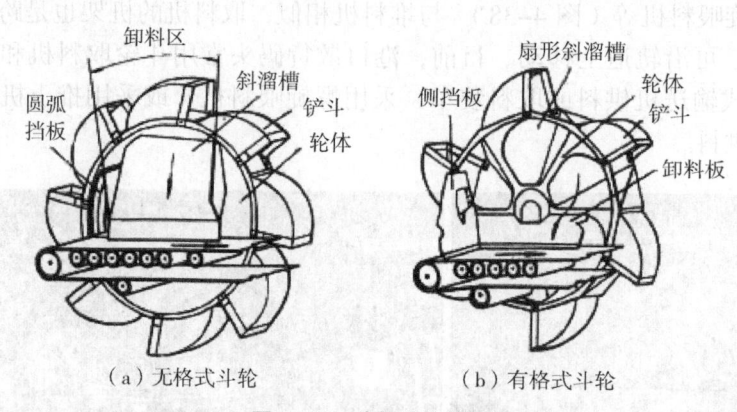

(a) 无格式斗轮　　　(b) 有格式斗轮

图4-40　斗轮结构简图

料斗的卸载有离心式和重力式两种。

（1）离心式卸载可将斗轮布置在悬臂带式输送机的正前方，斗内的物料主要靠离心力抛到悬臂带式输送机上。由于斗轮转速高，故生产率高。同时，斗轮机头简单紧凑，臂架无附加扭矩因而受力情况较好，整机自重较轻。其缺点是物流分散，物料卸不干净，适宜卸干燥、流动性好的物料。

（2）重力卸载的物料自斗口装入并随斗向上旋转到上部卸料位置后，依靠重力自斗背处卸下，经溜板滑入悬臂带式输送机的供料导槽。虽然斗轮转速较低，但卸料区间大，卸料时间长，卸料干净。为了使斗轮机既能取料又能堆料，将斗轮布置在悬臂带式输送机的侧面。因此绝大多数斗轮堆取料机采用与斗轮侧面布置相适应的重力侧卸式输送方式。为了改善侧卸使臂架受扭的情况和使料斗卸料尽量对准输送带，一般将斗轮在水平面上倾斜 2°～13°，在垂直面上倾斜 0°～10°。

为满足堆取料的要求，悬臂、尾部带式输送机都是双向输送机。尾车架通过挂钩机构与堆取料机相连。尾部带式输送机即主带式输送机尾车架上的部分，可采用液压油缸升降。堆料时，利用液压油缸将尾部带式输送机升高，将由主带式输送机运来的物料供给悬臂带式输送机堆料。取料时，先将尾车架与堆取料机脱开，并移动堆取料机让开位置，使尾部带式输送机借助液压油缸降下，当调整到供料的位置时，再将堆料机与尾车架重新挂钩衔接，进行斗轮取料作业。

依靠斗轮堆取料机回转、俯仰、运行动作的配合，可逐层或逐点地依次堆料、逐层或按阶梯形方式分层取料。回转、俯仰、运行机构基本上与通用起重机相似。回转支承装置可采用滚轮式或滚动轴承式。滚轮式的滚道直径可做得较大，使受力情况好些，维修也较方便，但由于密封不好，容易磨损，日常的维护工作量较大。滚动轴承式构造简单，高度尺寸小，密封及润滑条件好，不易磨损，日常维护工作量少，较适于粉尘较大的堆场，但大修较麻烦。斗轮堆取料机的悬臂不是 360° 全回转的，而且堆料与取料的回转角度不同，这是由于堆料时尾部带式输送机升高，妨碍臂架回转范围，故堆料回转角只能左右各 100° 左右，而取料时为了把由于料堆自然坡度角而堆至两边的物料取回，取料回转角应比堆料时大，一般为左右各 165°。臂架俯仰是为了调整取料深度或堆料高度，变幅角度一般取 ±13°～16°，并采用钢丝绳牵引俯仰机构。运行机构与门座起重机相仿，但设有两档运行速度：工作时用慢速，空载运行时则快速。

斗轮堆取料机可采用液压或机械传动。液压传动能较好地适应外载荷的变化和进行无级调速，结构紧凑，重量轻，但对制造精度、维修保养技术要求高。对于要求重量轻、布置紧凑的小型斗轮机，或需取大块矿石以及载荷变化大的情况时，采用液压传动较为有利。而对于大型堆取料机和取小粒或粉状料时，采用机械传动比较可靠且维修保养较简单。

斗轮堆取料机主要性能参数是生产率、回转半径、堆料高度、整机运行速度、轮压和轨距等，这些参数的确定与上述的堆料机或取料机类似。其生产率要与装卸作业线上其他机械的生产率相适应。斗轮堆取料机具有生产率高、能耗低、易于实现自动化或半自动化、操作简便等优点；它的缺点是不适于粒度大的物料，整机的外形尺寸和自重较大。

4.4.3 散货装卸车机械

1）散货装车机

散货装车机是将物料自堆场转载到汽车或火车车厢上的装卸机械，分周期式和连续式两种。

装载机（又称单斗车）是常见的周期式装车机，图 4-41、图 4-42 分别为广西柳工机械股份有限公司制造的 40 型、50 型装载机。装载机前部的铲斗容积在 1～4 m^3，铲斗可依靠液压缸驱动升降和倾翻，能铲取散货并进行装车、搬运、清舱等作业。其动作迅速，

图 4-41 CLG842H—40 型装载机

图 4-42 CLG856H—50 型装载机

运行灵活，使用方便；但由于采用柴油机驱动，噪声较大、排放有污染。这种机型普遍应用于港口堆场散货装载汽车作业。

连续式散货装车机有链斗式、斗轮式、圆盘式、纵向螺旋式等多种型式，它们大多以其取料装置型式而命名。链斗装车机与链斗卸车机相似，由链斗从料坑中取料提升至带式输送机装到车上，有的在链斗提升机下方取料处，两边装有耙集螺旋，将物料耙集至中间位置，便于链斗从料堆挖取物料。斗轮式装车机与斗轮取料机相似，由斗轮取料并通过带式输送机运料装车。

2）散货卸车机

港口 / 码头上，大多采用连续动作的链斗卸车机、螺旋卸车机或周期动作的翻车机等散货卸车机来进行卸车作业。

（1）链斗卸车机

链斗卸车机（图 4-43）主要由门架、链斗提升机及其起升机构、堆料带式输送机及其移动机构、整机运行机构等组成。有些机型的堆料带式输送机可随链斗提升机升降，

图 4-43 链斗卸车机

还有些大跨度卸车机的链斗提升机还可沿桥架横移。

链斗提升机的起升机构采用钢丝绳滑轮组,其作用是使链斗能够随货层的高低升降。当链斗下降至被卸车内挖取散粒物料(煤、砂、矿粉等)时,整机可沿轨道慢速移动,使链斗提升机能由车厢的一端到另一端逐层挖取物料,并将物料提升到堆料带式输送机上,再送至路轨的一侧或两侧堆场。

卸车机的运行机构采用分别驱动方式,与门座起重机相仿,但工作时速度较低(2~5 m/min),空载运行时,为缩短辅助作业时间要求速度较快(15~20 m/min),通常采用机械或电气调速来改变运行速度。

链斗卸车机生产率约为300~400 t/h,每小时可完成5~6节敞车的卸货。适用于接卸粒度不大的松散的粉粒状物料,不适宜接卸黏性大、湿度大的物料。链斗卸车机构造较复杂,磨损较严重,卸车时要提升物料,故其功率消耗比螺旋卸车机大,且堆料时易扬尘。

(2)螺旋卸车机

螺旋卸车机(图4-44)是在侧开门铁路敞车上,利用螺旋机构插入物料中旋转,将物料由车厢的侧门卸出的专用散料卸车机械。主要由螺旋的旋转、摆动、提升、运行机构及机架等组成。卸车时,螺旋卸车机开到待卸敞车端部,打开敞车侧门,逐渐放下卸料螺旋,调整好位置,然后开动螺旋。同时,开动卸车机的运行机构,使螺旋缓慢地从车厢的一端移至另一端,将散货逐层推至车厢侧面卸下。螺旋起升和机架运行机构与链斗卸车机相仿。螺旋摆动机构可使螺旋稍作摆动,以便于螺旋在车厢靠近端部和地板位置卸料。

一般螺旋卸车机生产率为300~400 t/h,大型的可达1 000 t/h,卸料螺旋直径多为800~900 mm的三线螺旋,其转速约100 r/min,适用于卸松散的、重度不大的颗粒状物料。

图4-44 螺旋卸车机

(3)翻车机

翻车机是用来自动翻卸铁路敞车的整套机械设备,也称为铁路货车翻车机,是一种高生产率的散货卸车机械。按每次翻车节数的不同,分为单车、双车、三车及多车翻车机;

按结构形式，分为侧倾式和转子式两种。

侧倾式翻车机，主要由一个偏心旋转的平台和压车机构等组成。当车辆被送到平台上以后，压车机构压住车辆，平台旋转，将散货卸到侧面的漏斗里。翻车机结构庞大，特别是侧倾式翻车机，由于整机自重大，工作线速度较高，翻车轴线位于敞车的侧上方，对旋转系统重心的配置不利，因而功率消耗很大。

转子式翻车机由一个设置在若干组支承滚轮上的转子构成，当车辆被送入转子内的平台上以后，通过压车机构压紧车辆，并和转子一同旋转，将散货卸出。转子式翻车机的翻转轴线靠近旋转系统的重心，虽然需要较大的压车力和较深的基础，但因重量较轻、耗电量小、生产率较高、故应用比较广泛。图4-45和图4-46分别为"O"形和"C"形转子式翻车机。

由于翻车机效率很高，在我国主要的大型煤炭输出码头上，卸车作业都采用了翻车机卸车系统。目前，翻车机正朝着"设备能力高效化、大型化、自动化、环保化、通信网络化、设备选型多样化"等趋势发展，广泛应用液压驱动系统、PLC控制和变频调速系统、以太网通信等先进技术，并不断适应铁路运输、港口/码头的发展需求。

图4-45 "O"形转子式翻车机

图4-46 "C"形转子式翻车机

参考文献

[1] 董达善，梅潇. 港口起重机 [M]. 上海：上海交通大学出版社，2014.
[2] 全国起重机械标准化技术委员会. 起重机设计规范：GB/T 3811—2008 [S]. 北京：中国标准出版社，2008.
[3] 余洲生. 港口装卸机械 [M]. 北京：人民交通出版社，1984.
[4] 陶德馨. 工程机械手册 港口机械 [M]. 北京：清华大学出版社，2017.
[5] 上海港机重工有限公司. 港口起重运输机械设计手册 [M]. 北京：人民交通出版社，2007.
[6] 张质文，虞和谦. 起重机设计手册 [M]. 北京：中国铁道出版社，1998.
[7] 交通部水运司. 港口起重运输机械设计手册 [M]. 北京：人民交通出版社，2001.
[8] 陆国贤，倪庆兴，张荣康，等. 门座起重机设计 [M]. 北京：人民交通出版社，1985.
[9] 陈道南. 起重运输机械 [M]. 北京：冶金工业出版社，2010.
[10] 中国煤炭建设协会. 带式输送机工程设计规范：GB 50431—2020 [S]. 北京：中国计划出版社，2021.
[11] 全国连续搬运机械标准化技术委员会. 埋刮板输送机：GB/T 10596—2011 [S]. 北京：中国标准出版社，2011.
[12] 全国粮油标准化技术委员会. 粮油机械 螺旋输送机：GB/T 36865—2018 [S]. 北京：中国标准出版社，2018.
[13] 北京起重运输机械研究所. 螺旋输送机：JB/T 7679—2019 [S]. 北京：机械工业出版社，2020.
[14] 黄学群. 运输机械选型设计手册 上册 [M]. 2版. 北京：化学工业出版社，2014.
[15] 黄学群. 运输机械选型设计手册 下册 [M]. 2版. 北京：化学工业出版社，2011.
[16] 宋伟刚. 通用带式输送机设计 [M]. 北京：机械工业出版社，2006.
[17] 纪宏. 起重与运输机械 [M]. 北京：冶金工业出版社，2012.
[18] 成大先. 机械设计手册 [M]. 6版. 北京：化学工业出版社，2016.

图书在版编目（CIP）数据

港口机械装备 / 梅潇，单葆郁主编. -- 上海：上海科学技术出版社，2022.9（2024.3 重印）
ISBN 978-7-5478-5850-9

Ⅰ．①港… Ⅱ．①梅… ②单… Ⅲ．①港口机械－高等学校－教材 Ⅳ．①U653

中国版本图书馆CIP数据核字（2022）第160441号

港口机械装备
主编　梅　潇　单葆郁
主审　余洲生　董达善

上海世纪出版（集团）有限公司
上海科学技术出版社　　出版、发行
（上海市闵行区号景路159弄A座9F-10F）
邮政编码201101　　www.sstp.cn
上海当纳利印刷有限公司印刷
开本787×1092　1/16　印张17
字数 390 千字
2022年9月第1版　2024年3月第3次印刷
ISBN 978-7-5478-5850-9/U·133
定价：60.00元

本书如有缺页、错装或坏损等严重质量问题，请向工厂联系调换